中南法律评论

（第四辑）

《中南法律评论》编委会 编

郑州大学出版社

图书在版编目(CIP)数据

中南法律评论. 第四辑/《中南法律评论》编委会编. —— 郑州：郑州大学出版社，2024.6

ISBN 978-7-5773-0293-5

Ⅰ. ①中… Ⅱ. ①中… Ⅲ. ①法律 - 文集
Ⅳ. ①D9-53

中国国家版本馆 CIP 数据核字(2024)第 073911 号

中南法律评论. 第四辑

ZHONGNAN FALÜ PINGLUN. DI-SI JI

策划编辑	王卫疆　宋妍妍	封面设计	王　微
责任编辑	张卫明	版式设计	苏永生
责任校对	宋妍妍	责任监制	李瑞卿

出版发行	郑州大学出版社	地　址	郑州市大学路 40 号(450052)
出版人	孙保营	网　址	http://www.zzup.cn
经　销	全国新华书店	发行电话	0371-66966070
印　刷	郑州宁昌印务有限公司		
开　本	787 mm×1 092 mm　1 / 16		
印　张	20.5	字　数	564 千字
版　次	2024 年 6 月第 1 版	印　次	2024 年 6 月第 1 次印刷

书　号	ISBN 978-7-5773-0293-5	定　价	68.00 元

编 委 会

主　　　编　张　宝

常务副主编　李　晓

副 主 编　江　河　李　雷　张申鹏　张秋蕊

责 任 编 辑　（以姓氏笔画为序）

马丽欣　王国政　王婷婷　朱宏瑄　杜宗沅　李心捷
李珈娴　杨云清　来恺澳　邱丽云　张含钰　张铠容
周方圆　周博惟　夏　凌　黄琪雯　曹湘珺　康润滢
焦　攀　温晖蕾　靳如歌　潘天乐

专家指导委员会

（以姓氏笔画为序）

马　迅　王裕根　付　婧　冯兴俊　吕　琳　吕明瑜
李乔彧　李　雷　杨　婷　肖珊珊　吴汉东　吴林生
何　艳　何　鹏　张　静　陈　虹　陈柏峰　郑　磊
屈永华　侯　卓　袁中华　夏昊晗　徐汉明　徐银华
徐智华　喻少如　喻术红　谢　潇　蔡　虹　管　斌
谭冰霖

前　言

　　自 2018 年以来,《中南法律评论》一直秉持学术自主、关注现实的宗旨,致力于为法学生提供学术交流平台,以推动法学学科的纵深发展。通过各方的不懈努力,《中南法律评论》顺利完成了第四辑的组稿工作。在此特别向中南财经政法大学法学院党委副书记李晓、中南财经政法大学法学院李昊教授、中南财经政法大学法学院昝强龙副教授、中南财经政法大学法学院研究生辅导员张秋蕊,以及中南财经政法大学研究生院和法学院的各位领导、老师表示衷心的感谢! 同时,本辑的审定也离不开《中南法律评论》编辑部全体成员的辛勤付出。其中,来自不同专业的硕博研究生以及知名院校的外审老师对文章进行了严格把关,感谢各位责任编辑和专家为审稿工作所做的贡献!

　　《中南法律评论》第四辑经编委会审核讨论,最终收录二十篇文章。作者分别来自武汉大学、中山大学、四川大学、东南大学、北京航空航天大学、中国科学技术大学、中央民族大学、中南财经政法大学、南京航空航天大学、北京师范大学、中国政法大学、暨南大学、广东外语外贸大学、浙江师范大学、广东工业大学等国内知名院校,值本辑出版之际,编辑部衷心感谢各位作者的不吝赐稿!

　　本辑由"学术前沿""法学专论""实务研究""专著书评""青年洞见"五个栏目组成。"学术前沿"紧扣学术热点,聚焦于网络平台治理、个人数据资源流通模式及监管机制、大特保 MGA 渠道业务监管、行政复议机关做被告的正当性及其限度等方面,收录了来自广东工业大学经济学院教授王忠、武汉大学法学院博士研究生刘妍、北京航空航天大学法学院博士研究生苏强、北京航空航天大学法学院博士研究生田桂瑶、东南大学法学院硕士研究生赵汝慧的四篇文章。"法学专论"注重理论探讨,共收录来自中央民族大学法学院硕士研究生沈再兴,广东外语外贸大学法学院硕士研究生郑浩彬,中南财经政法大学法学院硕士研究生谷放,中国政法大学民商经济法学院博士研究生费美望,暨南大学法学院硕士研究生金传送,中山大学法学院硕士研究生谢坤怡,四川大学法学院硕士研究生钟念珈,浙江师范大学法学院硕士研究生陆宇栋,中国科学技术大学公共事务学院副教授杨辉、硕士研究生孙雪明,南京航空航天大学人文与社会科学学院副教授贺富永、硕士研究生郭力榕,武汉大学法学院硕士研究生王青云的十一篇文章,主题囊括解释论视角下的居住权规则、民商区分视阈下"存疑推定为保证"规则、国际投资仲裁视域下东道国管理权、实现担保物权案件程序主体的规制、功能责任论的反思与归正、股权代持案外人执行异议之诉的裁判路径、职业足球运动员劳动权益保障、NFT数字作品的物权属性和主体责任分配、汽车供应商纵向非价格限制竞争行为、我国航空旅客个人信息保护的立法问题以及《宪法》第51条的公共利益内涵阐释等。除此之外,还收录了C. H.(Remco)Van Rhee、E. A. Maan合著的文章《民事诉讼法改革:前路何在》,由中山大学司法体制改革研究中心助理研究员尤文杰翻译。"实务研究"栏目则关注实务研究,主要收录了来自中南财经政法大学法学院硕士研究生樊雯雯、万石安,北京师范大学法学院硕士研究生于跃的两篇文章,其结合具体实践分别对性侵未成年人案件中被害人陈述真实性的认定、家庭暴力犯罪刑罚适用展开分析。"专著书评"侧重经典名著研读,收录了南京航空航天大学法律系讲师洪骥的文章《立宪非立宪:战前佐佐木惣一的宪治思想》,文章主要围绕《立宪非立宪》一书对战前佐佐木惣一的宪治思想进行研究。本辑"青年洞见"围绕中国政法大学法学院院长雷磊教授的讲座展开,由中南财经政法大学法学院硕士研究生潘天乐所写。

作为法学院的自编图书,我们始终不忘初心,坚持与时俱进的创办理念,密切关注新时代下法学学科的前沿问题;坚持以质取稿的审稿原则,以严谨的审稿态度对待每位作者的来稿。诚然,《中南法律评论》在编辑过程中还存在许多不足之处,望学界同仁给予谅解并指正。未来我们将努力改进、继续成长,为更多法学生提供展示自我的机会!

《中南法律评论》编辑部

2023年3月

目 录

◎学术前沿◎

◎法学专论◎

学术前沿

网络平台私人规制及其宪法控制

——从链接屏蔽说开去

苏　强[①]

摘　要：链接屏蔽作为网络平台广泛使用的手段，除了在"避风港规则"下被动为之，更多地作为一种主动加诸用户的限制，其实质是以个人权力为基础的私人规制。从横向与纵向视角分别观察，网络平台私人规制都可分为两个面向，其排列组合成四种具体的规制路径，大致表现为三种权益冲突模式。与其所涉基本权利的水平效力和垂直效力相适应，可以采取"比例原则+个案利益衡量"的二元宪法控制模式。

关键词：链接屏蔽　私人权力　私人规制　比例原则　利益衡量

一、问题的提出

网络平台发布的图文消息已成为网民获取资讯的重要信息源，但图文消息链接界面显示为"此内容因违规无法查看"的情景并不鲜见，在网络内容管理不断强化、平台责任持续落实的今天俯拾皆是。链接被屏蔽后，网页界面上一般显示为"404 Not Found"[②]，此时客户端键入链接后无法正常获取网页内容。404 Not Found 是 HTTP 状态码中的一种标准回应代码（standard response code），此代码代表客户端在浏览网页时服务器无法正常提供信息，或服务器无法回应且不知原因。这表明在客户端所访问的时点对应网页被删除（link rot）、移动或从未存在。404 Not Found 只标示网页丢失之情状，并不说明这种情状是暂时的还是永久性的。[③] 因 404 Not Found 状态码总是伴随着些许不便，所以不少网络服务提供者对此进行了柔化处理，如 Internet Explorer

---

①苏强，北京航空航天大学法学院博士研究生、北京航空航天大学德国研究中心助理研究员。

②除了 404 Not Found 的 HTTP 状态码，还有 HTTP 404、404 Error、Page Not Found、File Not Found、Server Not Found 等表达方式，其实质并无二致。

③Internet Engineering Task Force（IETF），*Hypertext Transfer Protocol*（*HTTP*/1.1）：*Semantics and Content*，June 2014，p.59.

5 及其更高版本在服务器返回错误状态码时,显示为"友好(friendly)"的界面。

　　然而我国的网络平台并未进行同样柔化的处理,一反折中调和之常态,采取了较为强硬的表达方式。譬如,微博平台对链接采取屏蔽处理时一般显示为"该微博因被多人投诉,根据《微博社区公约》,已被删除";豆瓣平台在进行链接屏蔽方面较为精细,将被链接屏蔽分类标示,如"问答内容与主题无关""含不良暗示内容""侵犯名誉权"等;知乎平台则更为直截了当地表明"内容已被删除",同时辅以一卡通人物落入窨井的图片。综观之不难发现,我国的网络平台进行链接屏蔽时多了一抹威权色彩。但与同样具有威权色彩的行政机关不同,网络平台对链接进行屏蔽的强制处理,并不具备现代法治国家行政机关所作之具体行政行为的程序正义品质,其处理时或不援引任何规范而径行删除,或概括援引规范性文件①却语焉不详。此外,部分网络平台还辅以"相关投诉"的民主力量,以证成其正当性。波谲云诡的"民意"和难觅其踪的"依据"共同造就了"刑不可知,则威不可测"的效果,网络平台的链接屏蔽亦成为高悬在每个人头顶的"达摩克利斯之剑"。学者对网络平台链接屏蔽相关问题的研究寥寥,仅能检索到的十余篇论文,均集中在知识产权保护、侵权纠纷等方面,将"链接屏蔽"作为网络平台履行其相关义务的手段,而对链接屏蔽本身的研究基本属于空白。本文尝试界定网络平台链接屏蔽的法律性质,借助基本权利理论检讨其中所涉及的权益冲突,进一步提出宪法控制的框架。

二、网络平台链接屏蔽的性质

(一)"权力"与"权利"之辨析

　　何者为权力?至今学界对权力的定义并未达成共识,只对其特点进行归纳描述。社会学家尼克拉斯·卢曼将权力置于"交往媒介"的地位,认为"所有权力的一个基本前提是,与掌握权力的他人选择相关而存在的不确定性",因而权力必须与"强制去做什么具体、特定事情"区别开来②,他把权力约化为"有选择空间的强制"。然而,"强制"仅仅是权力的一个面向,权力的质素不止于此。郭道晖教授梳理了欧美学者有关权力的论述,归纳出四种学说:①影响力说,即对他人造成其所期望或预定影响的能力;②强制力说,即加诸他人而罔顾其意志的可能性;③变更关系说,即使他人之行为发生改变的关系;④法律支配力说,即制定、维持、运用法律的组织性之支配力,此种意

---

①此处的"规范性文件"并非"规范性法律文件"之替代指称,而是包括法律、法规、规章、规范性法律文件(红头文件)、自治公约(软法)等在内,具有普遍适用效力的一切文本之概称。

②[德]尼克拉斯·卢曼:《权力》,瞿铁鹏译,上海人民出版社 2005 年版,第 10 页。

义限于国家权力之指称。①

上述四说虽形式各异,但不外乎肯定了权力的主观运用可致原社会关系发生形变甚至颠覆之客观效果。但这并不足以将权力与权利区分开来。事实上,在一些英美法学家的著作中也存在着权力与权利通用的情况。如新分析法学派法学家哈特将法划分为第一类规则和第二类规则,其中"第一类规则设定义务,第二类规则授予权力,公权力或私权力"②,此处的"私权力"与"权利"内涵相同。

在哈特之前,霍菲尔德就对"权利"做了精细的划分,具体而言包括四种含义,分别是:①狭义的权利(right),是指人们可以主张和请求(claim)他人为或不为一定的行为,这与大陆法上的请求权(anspruch)概念相似,与之相对的概念是无权利(no-right);②特权(privilege),是指人们不受干涉地为或不为一定行为,霍氏认为这与英语中的自由(liberty)相近,与之相对的概念是义务(duty);③权力(power),指享有主体可依自己的行为创设自己与他人间或不涉自己的他人间之法律关系,与之相对的概念是无权力(disability);④豁免(immunity),指保持特定法律关系免于他人行为或不行为干涉之自由,与之相对的概念是责任(liability)。③

霍菲尔德对权利概念的划分侧重法律关系主体的行为方式,而在中国法律语境下使用上述概念时,侧重的则是不同法律关系的主体和性质。④ 在这一方面,马岭教授对权利与权力的界定可谓切中肯綮,她认为不论是权利还是权力都包含着"所有权"与"使用权"两个面向。权利的主体主要为个人,其特点是所有者与使用者俱归一身;权力则不同,权力所有者往往并非个人,而是作为整体存在的实体,而权力的使用者通常仅仅是这个实体中的少数人,质言之,权力的特点是所有者与使用者相分离⑤。另一个显著的区别是,"权力人与权利人之间、权力人与权力人之间是不平等的,但他们的权利在法律上平等,但他们的权力在法律上不平等"。⑥

---

① 郭道晖:《权力的特性及其要义》,载《山东科技大学学报(社会科学版)》2006 年第 2 期,第 66 页。

② [英]哈特:《法律的概念》,张文显等译,中国大百科全书出版社 1995 年版,第 83 页。

③ 王涌:《寻找法律概念的"最小公分母"——霍菲尔德法律概念分析思想研究》,载《比较法研究》1998 年第 2 期,第 154-158 页。沈宗灵:《对霍菲尔德法律概念学说的比较研究》,载《中国社会科学》1990 年第 1 期,第 69-71 页。对本文引述的权利的四种含义为何,王涌教授和沈宗灵教授基本达成共识,但对"豁免"与相关概念"无权力"之间的关系则略有分歧,沈宗灵教授认为"豁免—无权力的关系是:我可以免除,你不能",而王涌教授认为"豁免—无能力的关系是:我可以免除,你不能够强加"。

④ 沈宗灵:《权利、义务、权力》,载《法学研究》1998 年第 3 期,第 3-5 页。

⑤ 马岭:《宪法权力解读》,北京大学出版社 2013 年版,第 6-8 页。

⑥ 马岭:《宪法权力解读》,北京大学出版社 2013 年版,第 11 页。

（二）私人权力说及其证成

基于对前文梳理，大致可得出如下结论：第一，以不同语境、不同侧面观察，尽管对权利与权力的认知不尽相同，但均承认二者存在着不同程度的交叠；第二，从主体出发区分权力与权利，可以阐发出两条标准，其一是使用者与所有者是否为同一主体，其二为在其运用过程中双方是否居于平等的地位。前者造成了权力与权利"有时可以通用，有时又有区别"①的混沌局面，后者则在我们对二者进行区分时供给了较具可操作性的指引，但仍难称之为明确标准。

权利与权力与人类社会永远是相伴生的。与此同时，权利和权力也随着人类社会的发展而不断演化。当今社会，其演变体现着"公共权力向民众权利的回归、权力的社会化、国际化"②等基本走势。在上述过程中，尤其是互联网的蓬勃发展，使得"国家权力的某些职能逐步让渡给社会自律性团体"，国家权力机关行使的职能的公共化与社会组织代行国家职能的增加相结合，"推进着国家权力的社会化，并促使国家权力向一般社会公共权力转化"。③ 由此一来，权力的"公"属性与权利的"私"属性二元划分的界线更加模糊，对权力与权利坚持绝对化的立场便失之草率。从实践层面来看，"伴随着 web 2.0 时代的不断演进和网络空间中主体的逐步分化，单纯的二元视角已经无法纵览网络空间全局，难以充分揭示网络空间的治理困境"。④ 具体说来，如果将网络平台置于公权力同等的地位，则其须受行政法原则尤其是程序性原则的检验以及严格的司法审查，与此同时，其民事责任也会受到限制⑤；但如果继续将网络平台视为纯粹的私权利主体，放纵其权利的行使，则难免走向恣意与专横。

面对此困局，有学者发出了"新时代呼唤新概念"⑥的喟叹，试图以"私权力"的新概念弥合单纯二元视角的缺陷。严格说来，私权力并不是一个新的概念，早在 21 世纪初，美国学者朱迪·弗里曼就提出要"认真应对私人权力"⑦，这是伴随着民营化、放松

①沈宗灵：《权利、义务、权力》，载《法学研究》1998 年第 3 期，第 8 页。
②漆多俊：《论权力》，载《法学研究》2001 年第 1 期，第 30 页。
③漆多俊：《论权力》，载《法学研究》2001 年第 1 期，第 31 页。
④周辉：《变革与选择：私权力视角下的网络治理》，北京大学出版社 2016 年版，第 22 页。
⑤周学峰、李平主编：《网络平台治理与法律责任》，中国法制出版社出版 2018 年版，第 402-403 页。
⑥周辉：《变革与选择：私权力视角下的网络治理》，北京大学出版社 2016 年版，第 22 页。
⑦[美]朱迪·弗里曼：《私人在公共治理中的作用》，毕洪海译，载《合作治理与新行政法》，商务印书馆 2010 年版，第 313-490 页。原载于《纽约大学法律评论》，总第 75 卷，2000 年 6 月，第 543-675 页。

管制、权力下放以及服务外包等国际趋势提出来的。私人主体正在广泛参与社会公共治理①，"私人主体会加剧行政法中传统的正当性危机"这一观念逐渐发生扭转，私人主体可能使对"公共的"合理追求偏离方向的隐忧也逐渐消解。② 因而，私人权力有了存在的社会认识基础。在网络空间中，私人权力的核心基础最集中地体现为"技术资源、平台资源和信息资源优势"③，而资源优势的运用是权力产生、作用的基础。按照运用的主体不同，权力可分为公权力与私权力，前者对应的是国家，后者对应的则是社会公共组织。④ 与公权力相似，私人权力乃私人主体运用其拥有的资源，施以强制性的影响、控制，使对方贯彻其意志和价值标准。⑤ 与公权力来源于法律授权不同，以资源优势作为权源的网络空间私人权力，因技术资源、平台资源和信息资源的交织关联也表现出复杂性的特征。譬如，信息资源优势的运用对选择权的影响可以表现为强制性，亦可表现为非强制性之特征。⑥

（三）私人规制：以私人权力说为基础

私人规制（private regulation）发轫于20世纪80年代，在过去几十年中迅速膨胀为一个"私人规制网络"（network of private regulation regimes），创造了一种新的国际化的治理模式。私人规制的形式多样，其复杂程度、涵盖范围及监管与执行的强度也各不相同。⑦ 与网络空间的开放性、互动性、发散性、社会性和虚拟性等特征⑧相适应，网络平台的私人规制采用多利益相关方的模式（multistakeholder model），"多利益相关方模式涉及公司企业、非政府组织、专家组织、行业协会和政府之间的合作，以制定和监测标准（但重要的是，多利益相关方模式下的政府充当合作者和支持者的角色，而不是控制者或监管者，从而避免了传统监管模式下的等级从属制度）"。⑨

---

①弗里曼教授认为，此处用"治理"并不适当，因为"治理"意味着一种等级性的控制体系，其中某种或某些事情是管理的对象，而控制中心则负责进行管理。然而在她看来，只存在要面对的问题和要做出的决定，没有什么是要被管理的。

②［美］朱迪·弗里曼：《私人在公共治理中的作用》，毕洪海译，载《合作治理与新行政法》，商务印书馆2010年版，第319页。

③周辉：《变革与选择：私权力视角下的网络治理》，北京大学出版社2016年版，第51页。

④张小强：《互联网的网络化治理：用户权利的契约化与网络中介私权力依赖》，载《新闻与传播研究》2018年第7期。

⑤郭道晖：《权力的特性及其要义》，载《山东科技大学学报（社会科学版）》2006年第2期，第66页。

⑥周辉：《变革与选择：私权力视角下的网络治理》，北京大学出版社2016年版，第83-84页。

⑦Joel Bakan, *The Invisisble Hand of Law*：*Private Regulation and the Rule of Law*, 48 Cornell International Law Journal 279, 281-283 (2015).

⑧陈纯柱等：《互联网上宪法权利的保障与界限》，法律出版社2016年版，第7-13页。

⑨Joel Bakan, *The Invisisble Hand of Law*：*Private Regulation and the Rule of Law*, 48 CORNELL INT'l L. J. 279 (2015).

私人规制有着深厚的历史根源和背景,据学者的考察,私人规制的兴起与行政权的扩张有关,行政权的高歌猛进致其身后留下了大量空白,供给了私人规制播种的土壤。同时,行政权力膨胀下,其本身的不周延性问题也逐渐暴露出来,专业性、资金和条件的欠缺也呼唤着私人规制的勃兴。① 网络平台成为规制主体的方式是制定和执行网络规则,而平台规则是网络平台私人权力的外现。脱胎于互联网实践的平台规则使得网络平台拥有准公共权力,具体而言包括:准立法权,即通过自治管理契约制定"网规";准行政权,即对用户的内部管理权(与自治规则②相近),此为前者在权力运行层面的具体化;准司法权,即对用户之间争议纠纷的裁决权。③ 由此,我们可以得出如下结论:网络平台通过平台规则将其私人权力传导为准公共权力,平台规则本身又细致地描摹了准公共权力的具体形态,而准公共权力中准立法权、准行政权、准司法权的具体运用加诸网络平台用户,就实现了网络平台私人规制的过程。

三、网络平台私人规制下的权益冲突

(一)基本权利冲突抑或是民事权益冲突?

基本权利冲突是指数个主体的基本权利相互对立、冲突,"即一个主体在行使基本权利时会侵入另一个主体的基本权利"。④ 宪法所保障的利益与价值极端多元,故基本权利的主张之间相互对立是极为正常的⑤,导致基本权利发生冲突的根本原因在于不同基本权利在保护范围上的重叠与碰撞。⑥ 有论者认为,以宪法视角去解读不同法律领域的权利冲突,可以发现其均可涵盖基本权利冲突问题的射程内。从这个意义上说,一切的权利冲突都是基本权利的冲突。他进一步挖掘了基本权利表面的"加害人—被害人"二元关系,认为其内在地包含"加害人—国家—被害人"的三角结构。⑦ 这是因为,基本权利虽作为消极防御权而存在,但必须肯定的是,基本权利的规

①胡斌:《私人规制的行政法治逻辑:理念与路径》,载《法制与社会发展》2017 年第 1 期,第 158-160 页。

②在"原告柳孔圣与被告刘德治名誉权纠纷一案一审民事裁定书"(微信踢出群聊第一案)中,山东莱西法院以"微信群主与群成员的关系属自治规则"驳回了原告的起诉,参见(2019)鲁 0285 民初 4407 号民事裁定书。

③解志勇、修青华:《互联网治理视域中的平台责任研究》,载《中共中央党校(国家行政学院)学报》2017 年第 5 期,第 103-104 页。

④于文豪:《基本权利》,江苏人民出版社 2016 年版,第 151 页。

⑤张翔:《基本权利的规范建构》,法律出版社 2017 年版,294 页。

⑥于文豪:《基本权利》,江苏人民出版社 2016 年版,第 151 页。

⑦张翔:《基本权利冲突的规范结构与解决模式》,载《法商研究》2006 年第 4 期,第 94-95 页。

定体现着一种"价值理念"（wertidee），欲创造一个"价值的秩序"（wertordnung），因而国家对基本权利不仅仅需要履行不干涉的消极义务，还要积极地维护之。①

然而，有学者对此提出了批评，认为"基本权利与私法并不存在价值上的一致性（二者违法性也即义务不同），这决定基本权利只能是'国家—公民'的二元关系，而非包含'加害人—国家—被害人'的三角关系"，因此"这一解释经不起法教义学的推敲"，随后，他进一步分析基本权利的刚性特征和民事权益的结构，推导出"基本权利冲突实为民事权利冲突"的结论。② 于飞教授也从二者的义务限度出发来区分基本权利与私人权利，具体而言，人民为国家的缔造者，故人民当然可以对国家提出超道德要求，而私人之间为平等关系，并不具备提出超道德要求的条件。③ 譬如，要求私人对任何人平等对待，是超道德的。

上述批评难以让人心悦诚服。首先，由二者违法性不同即推出不存在价值上一致性，难免失之草率，与其本身所主张的"民法与宪法'价值暗合'"④也存在矛盾之处；其次，以基本权利的刚性，尤其是以"对基本权利的限制须运用比例原则"的"实质刚性"来否定基本权利的冲突可能性，是对德国宪法释义学的误读，事实上，比例原则的"分析、说理与衡量紧扣个案具体脉络而进行"，并非固定的、僵化的，这体现了"执中行权"与"理一分殊"的核心精神⑤；最后，随着社会结构的变化，对个人尊严和基本权利的侵害，除国家之外，亦存在大量的"社会势力者"⑥，对处于"信息弱者"的地位的网络平台用户，私法自治、契约自由并无太大实益。

（二）两个面向的观察

根据前文的结论，网络平台通过平台规则将其私人权力传导为准公共权力，准公共权力的具体运用加诸网络平台用户，实现私人规制。而网络平台的资源优势供给网络平台个人权力权源的同时也划定了其范围，这个范围只是公权力留白的结果，并不意味着个人权力可以从公权力中完全解脱出来，成为"自我作品"的独著者，否则有形成"网络利维坦"之虞。公权力时刻形塑着私人权力，并通过私人权力传导意志与价值给网络平台用户，此时公权力对私人权力的行使表现为"强制（命令）"，这是其

---

① 陈新民：《德国公法学基础理论》（上卷），法律出版社 2010 年版，第 384-385 页。

② 曹相见：《基本权利私法介入的否定立场》，载《河北法学》2020 年第 3 期，第 116 页。

③ 于飞：《基本权利与民事权利的区分及宪法对民法的影响》，载《法学研究》2008 年第 5 期，第 52 页。

④ 曹相见：《基本权利私法介入的否定立场》，载《河北法学》第 3 期，第 111-112 页。

⑤ 杨登杰：《执中行权的宪法比例原则——兼与美国多元审查基准比较》，载《中外法学》2015 年第 2 期，第 369 页。

⑥ 陈新民：《德国公法学基础理论》（上卷），法律出版社 2010 年版，第 385 页。

"公"的面向。另外,网络平台的私人规制采用的是"多利益相关方"的模式,在此模式下,公权力的角色由管理者转向合作者,此时公权力的行使又表现为"共治(商谈)",这是其"私"的面向。

网络平台在私人规制中所运用的准立法权、准行政权、准司法权也包含着不同的面向。"准"在《辞海》中有"依据、允许、决定、比照"之意,本处当采"比照"之意,即虽此不为彼,但"以此准彼"①。"准+名词"的构造是边界模糊化的产物,准公共权力意味着其与公权力在行使的方式、效果等有高度的一致性,但也表明其有别于真正的公共权力。私人权力的产生本就是对公私二元划分调和,不可避免地表现出过渡化的形态。网络平台私人权力作用于平台用户,表现为"强制(命令)—服从"的外观,这是其"公"的面向。网络平台进行私人规制的前提是用户自愿进入平台,将自己置于平台私人权力的笼罩下,通常这一过程通过"契约"来完成。但不同于纯粹的私法契约的完全意思自治,用户与网络平台之间的契约是"全有或全无"的。质言之,用户只能为是否接受其规制的意思表示,对平台规则的制定并无为意思表示的空间,也即"半商谈"的模式,这是其"私"的面向。

如图1所示,从纵向上观察,网络平台私人规制包含公权力侧和平台侧两个面向,公权力与网络平台的个人权力、网络平台个人权力与平台用户之间相互作用,弥合了传统单一层级管理模式的缺陷,形成了良好的互动。从横向上观察,公权力侧和平台侧又各自包含了"私"与"公"两个面向,强制(命令)与商谈并行,削弱了公私二元划分格局下"公"的固定与僵化,同时亦减少了"私"的随意性,损有余以补不足,使其更具"中道"的特征。

①舒新城:《辞海》,中华书局1936-1941年出版,第367页。

```
┌─────────────────────────────────────────────┐
│                  公权力侧                       │
│            ┌───────────────────┐              │
│            │      公权力         │              │
│            └───────────────────┘              │
│    服      ↖                     ↗   权         │
│    从   ┌命令┐强制          权利┌共治┐         │
│         └  ┘              商谈└  ┘ 利         │
│                                               │
│ 公的面向   ┌───────────────────┐    私的面向    │
│            │  网络平台私人权力     │              │
│            └───────────────────┘              │
│    命令┌  ┐强制           半┌契约┐             │
│    服  └  ┘              商谈└  ┘权利          │
│    从   ↙                     ↘                │
│            ┌───────────────────┐              │
│            │      平台用户        │              │
│            └───────────────────┘              │
│                  平台侧                         │
└─────────────────────────────────────────────┘
```

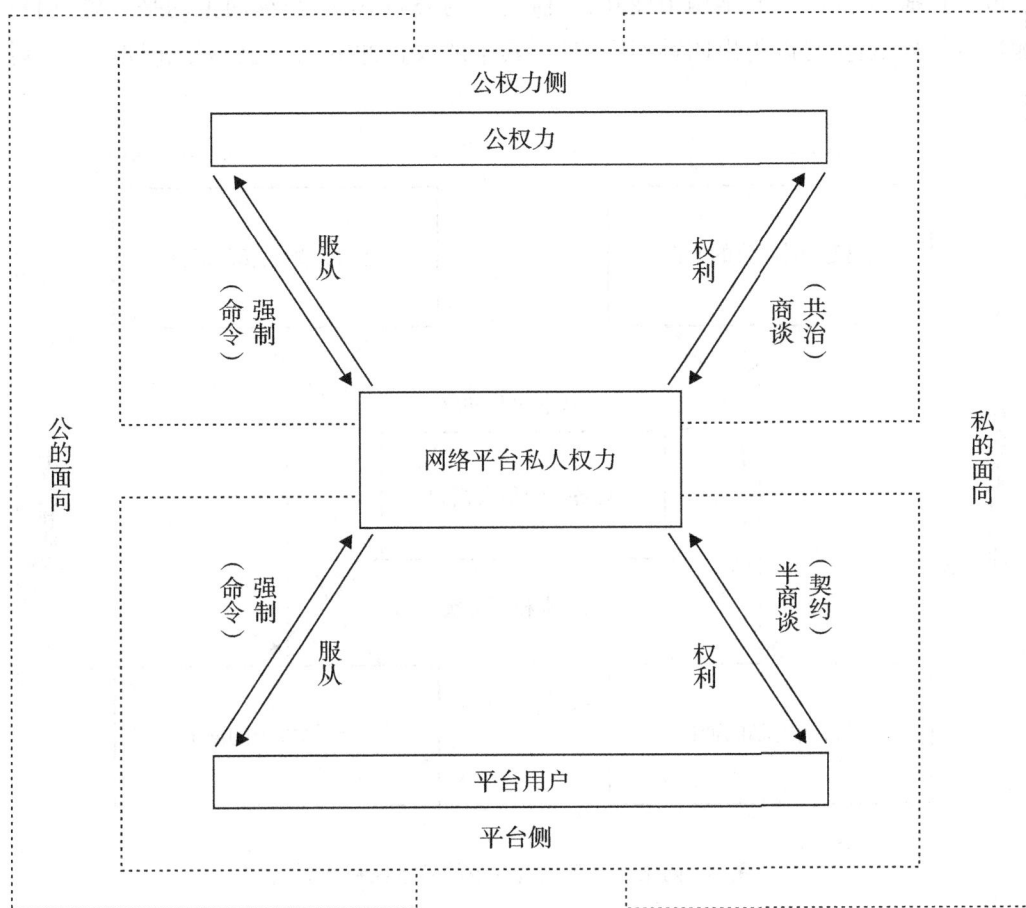

图 1　网络平台私人规制关系图

(三)权益冲突的实践考察

　　网络平台的私人规制包含着横、纵各两个面向,所以其中的权益关系极为复杂。前文的叙述中,笔者肯定了在不同的主体中存在着基本权利冲突的现象,但即便不同法律领域的权利冲突,都可通过宪法解释纳入基本权利冲突问题的射程[1],基本权利冲突也不可泛化理解。在基本权利冲突之外,还存在利益冲突的情形,利益冲突是人类社会始终无法回避的现实,不仅有个体利益之间的矛盾,更有个体利益与公共利益的抵牾。[2] 但在网络平台私人规制的不同过程中是否存在基本权利冲突,其出现权益冲突时是否属于基本权利冲突,还需要进一步探讨。如图 2 所示,网络平台私人规制

---

　　[1]张翔:《基本权利冲突的规范结构与解决模式》,载《法商研究》2006 年第 4 期,第 95-97 页。
　　[2]张斌:《利益衡量论:以个体主义方法论为视角的现代立法研究》,海天出版社 2015 年版,第 2 页。

的过程在横、纵向的二元结构中展开,以横向上的公、私面向与纵向上的平台侧、用户侧进行排列组合,可以得出四种不同路径,其中的权益冲突状态也不尽相同。详细讨论如下:

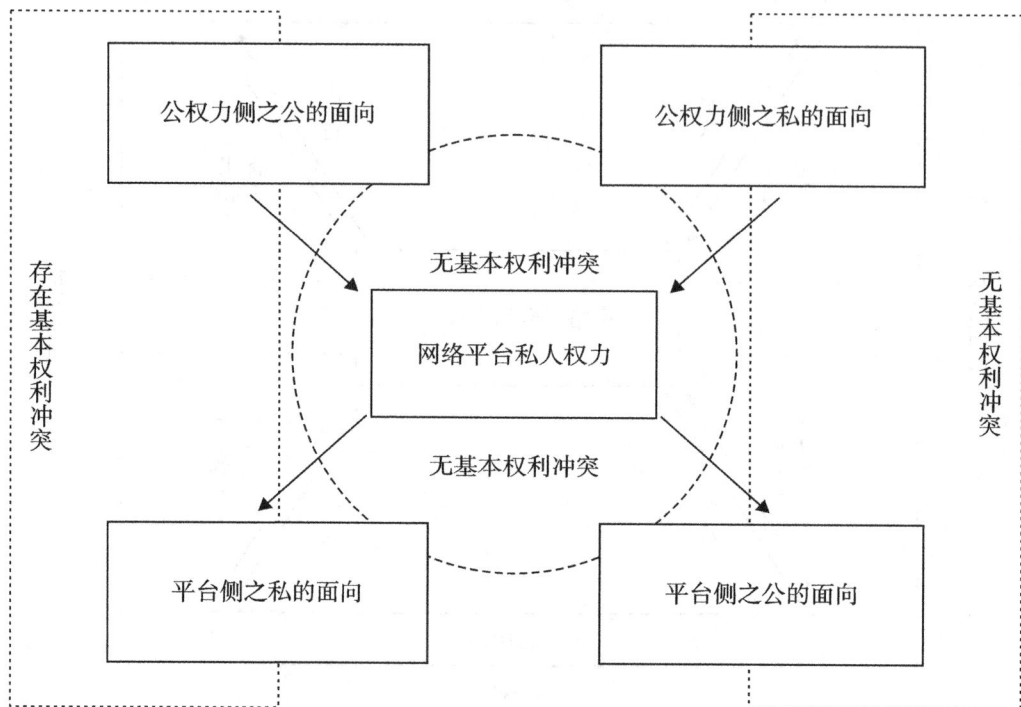

图2　网络平台私人规制中的基本权利冲突

1. 公权力侧之公的面向—私人权力—平台侧之公的面向

在此路径下,公权力(网络平台的管理机关)以法律的规定作出行政行为,网络平台本身作为守法主体,需要服从公权力作出的强制(命令),履行其法律责任,运用准行政权为之。一般而言,此种情形中须作出处理的行为与用户有直接联系,私人权力不过是公权力的传声筒。譬如,微信公众平台的图文链接内容系宣扬恐怖活动,发布者(用户)的行为依《刑法》第120条第3款的规定,已然构成宣扬恐怖主义罪,属违反强行性规定的犯罪行为,本身并无任何正当性可言,无法落入言论自由的保护范围。网络平台对其链接采取删除等屏蔽措施亦属法定义务①,无裁量余地。因此对于用户而言,并不存在向网络平台主张基本权利之可能性,更遑论发生基本权利冲突。

---

①《互联网用户公众账号信息服务管理规定》第13条规定:"互联网用户公众账号信息服务提供者应当对违反法律法规、服务协议和平台公约的互联网用户公众账号,依法依约采取警示整改、限制功能、暂停更新、关闭账号等处置措施,保存有关记录,并向有关主管部门报告。"

2. 公权力侧之公的面向—私人权力—平台侧之私的面向

此路径与前一路径大致相同,即涉及公权力实施管理控制的领域,网络平台须履行对应的义务,倘使未履行或未完全履行,则须承担相应的不利后果。但与前者不同的是,此种义务并不直接与用户关联。如根据规章要求,对留言、跟帖、评论等互动环节实时管理不力的互联网用户信息服务使用者(用户),服务提供者(平台)应当依用户协议对上述功能进行限制。① 因此,如果平台并未行使准行政权限制其功能的使用,或者并未在用户协议里预先规定此项内容,则平台依严重程度不同须承担的责任可能有罚款、暂停相关业务、停业整顿、关闭网站、吊销相关业务许可证等不同情形。这可能导致平台职业自由(营业自由)与财产权等基本权利的减损,相反,用户通过留言、跟帖、评论等,充分行使了言论自由、艺术自由等基本权利。此时,网络平台与用户之间就表现出了基本权利的紧张关系。

3. 公权力侧之私的面向—私人权力—平台侧之私的面向

此路径下一般并不涉及强行性规定的排除内容,有着更大的自治空间。特别是在公权力侧和用户侧都凸显了“私”的面向,网络平台私人权力脱去了公权力的“镣铐”,得以更好地分配其拥有的资源。这对用户来说是受益性的,即使在用户侧私的面向体现为“半商谈”式的不完全意思自治,亦不会使其受有损害。如网络平台自行设置激励机制,以促进其内容建设,即使用户并无参与规则制定之机会,但与网络平台达成契约(如主动注册账号使用)并不会造成基本权利之减损。若用户认为平台激励规则不尽合理,完全可以通过市场选择衡酌,“用脚投票”,无须主张基本权利。因此,此路径无涉基本权利冲突,其权益冲突多表现为法律利益冲突的外观。

4. 公权力侧之私的面向—私人权力—平台侧之公的面向

依前文的梳理,网络平台的私人规制采用“多利益相关方”的模式,在此模式下,公权力的角色由管理者转向合作者,此时公权力的行使表现为“共治(商谈)”。但在某些公权力因专业性、资力等欠缺而无力涉足的领域,网络平台私人权力因其资源上的显著优势,实际上占据了主导权,而权力的行使空间亦处于公权力的“留白”地带,所以此时的私人权力具备了公权力之质的规定性(类公权力)。此时网络平台私人权力以“强制(命令)—服从”的模式作用于平台用户,与公权力的行使并无本质差别。此时仅涉基本权利的垂直效力,以要求该“类公权力”履行保护义务②,不涉及基

---

① 《互联网用户公众账号信息服务管理规定》第 12 条第 3 款规定:“互联网用户公众账号信息服务使用者应当对用户公众账号留言、跟帖、评论等互动环节进行实时管理。对管理不力、出现法律法规和国家有关规定禁止的信息内容的,互联网用户公众账号信息服务提供者应当依据用户协议限制或取消其留言、跟帖、评论等互动功能。”

② 龚向和、刘耀辉:《论国家对基本权利的保护义务》,载《政治与法律》2009 年第 5 期,第 63-65 页。

本权利冲突的问题。

综上所述,"公权力侧之公的面向—私人权力—平台侧之公的面向"与"公权力侧之私的面向—私人权力—平台侧之公的面向"与基本权利冲突无涉,其中前者为公权力之传导,后者为"类公权力";"公权力侧之私的面向—私人权力—平台侧之私的面向"亦不涉及基本权利冲突的问题,仅涉及利益冲突;"公权力侧之公的面向—私人权力—平台侧之私的面向"中存在基本权利冲突。

四、网络平台私人规制之宪法控制

(一)二元控制模式的展开

网络平台私人规制大致表现为三种权益冲突模式:基本权利冲突、利益冲突和基本权利垂直效力问题。据学者的梳理,解决基本权利冲突大致有如下几种方法:价值位阶秩序、具体规定优先于概括规定、比例原则、个案中的利益衡量、立法衡量等。① 若对上述方法具体考察会发现,价值位阶秩序仅可对部分基本权利进行位阶安置②,对基本权利体系并不具有普遍适用性,从比较法视角观察,德国联邦宪法法院对两次"雷巴赫案"的处理,坚持了个案衡酌而非将广播电视报道自由或一般人格权恒置于更高的位阶③;具体规定优先于概括规定与中国宪法的规定存在不匹配的地方,在适用上有很大的问题④;立法衡量的方式对立法权信任的理念,不利于对网络平台准立法权的约束;比例原则与个案衡量原则着眼于具体解决模式,提供思考框架而非放之四海而皆准的"标准",无疑更适宜飞速迭代的网络空间。

在"公权力侧之私的面向—私人权力—平台侧之私的面向"中涉及的利益冲突问题实质是利益偏差如何弥合的问题,这需要参与主体在充分利益表达的基础上进行衡量。在基本权利垂直效力发挥作用的场合,对基本权利之干预进行合宪性控制,通常须对干预之目的与手段进行衡量,防止公权力的滥用造成的恣意干涉,这个思考的框

①张翔:《基本权利的规范建构》,法律出版社2017年版,第300-306页。

②苏力:《〈秋菊打官司〉案、邱氏鼠药案和言论自由》,载《法学研究》1996年第3期,第65-79页。朱苏力教授在该文中将言论自由放在更重要的价值地位上。但这一安置也遭到了学者的批评,认为"权利位阶秩序并没有整体的确定性,不可能形成像'化学元素表'那样先在的图谱"。参见林来梵、张卓明:《论权利冲突中的权利位阶——规范法学视角下的透析》,载《浙江大学学报(人文社会科学版)》2003年第6期,第9页。

③冯威:《基本权利的紧张关系与权衡裁判——以德国雷巴赫案对一般人格权的保护为例》,载《交大法学》2017年第4期,第58-59页;另见杨登杰:《执中行权的宪法比例原则——兼与美国多元审查基准比较》,载《中外法学》2015年第2期,第376-379页。

④张翔:《基本权利的规范建构》,法律出版社2017年版,第302页。

架就是比例原则。① 有学者认为，"比例原则是制度利益衡量的另一种表达"②，这也体现了比例原则思考框架中抽象的面向。

综上，网络平台私人规制中的宪法控制应采取"比例原则+个案利益衡量"二元控制的模式，前者针对基本权利发生垂直效力的场合，后者针对基本权利发生水平效力的场合。

（二）衡量的艺术：比例原则检验

比例原则发端于普鲁士警察法，旨在强调国家干预行政时不得恣意为之，其实质是寻求目的与手段之间的均衡③，德国联邦宪法法院通过"香烟强制标示案"④"兄妹乱伦案"⑤"药店案"⑥等将比例原则引入宪法并加以丰富发展。后比例原则扩展到整个欧洲大陆、普通法系国家（加拿大、新西兰、南非）和以色列等⑦，美国宪法上也承认了比例原则。⑧ 比例原则是一种分析学说和方法论，同时也是一种法律解释，但其并非是价值中立的，旨在以与民主兼容的方式保护人权。⑨ 近年来，亦有学者将比例原则引入部门法，尝试解决部门法上"衡量"的难题。⑩

比例原则旨在确定干涉某项基本权利是否有正当理由。比例原则包括一个预备阶段——限制的目的正当性检视（legit-imate goal stage）——以及三个子原则：一是妥当性原则（rational connection or suitability stage），要求至少能在很小程度上实现目标的适当手段；二是必要性原则（necessity stage），此时没有侵扰性较小但同样有效的替代方案；三是衡量原则或狭义比例原则（balancing stage；proportionality in the strict sense），指不能对权利人施加不相称的负担。⑪

将比例原则引入网络平台私人规制，可以阐发出如下审查要点⑫：

---

①蔡宏伟：《作为限制公权力滥用的比例原则》，载《法制与社会发展》2019年第6期，第131-136页。

②梁上上：《利益衡量论》，法律出版社2016年版，第202页。

③Bernhard Schlink, *Proportionality in Constitutional Law：Why Everywhere but Here*, 22 DUKE J. COMP. & INT'L L. 291（2012）.

④BVerfGE 95, 173-188.

⑤BVerfGE 120, 224.

⑥BVerfGE 7, 377.

⑦Alec Stone Sweet & Jud Mathews, *Proportionality Balancing and Global Constitutionalism*, 47 COLUM. J. Transnat'l L. 72（2008）.

⑧Vicki C. Jackson, *Constitutional Law in an Age of Proportionality*, 124 YALE L. J. 3094（2015）.

⑨Aharon Barak, *Proportionality and Principled Balancing*, 4 L. & Ethics HUM. Rts. 1（2010）.

⑩张明楷：《法益保护与比例原则》，载《中国社会科学》2017年第7期，第88-108页。纪海龙：《比例原则在私法中的普适性及其例证》，载《政法论坛》2016年第3期，第95-103页。

⑪Kai Möller, *Proportionality：Challenging the Critics*, 10 INT'l J. Const. L. 709（2012）.

⑫狭义比例原则或衡量原则置于四的"（三）衡量的要点"中一并讨论。

1. 目的正当性

在公权力及网络平台私人权力（类公权力）在制定规则时,要考量其目的是否具有正当性,此正当性不仅指宪法上的正当性,还要评估其对网络空间中基本权利的保护力度,确保基本权利保护与网络的发展相匹配,不能为限制而限制。如《计算机信息网络国际联网安全保护管理办法》第 5 条规定:"任何单位和个人不得利用国际联网制作、复制、查阅和传播下列信息:……(八)损害国家机关信誉的……"显然不当限制了我国《宪法》第41条规定之批评、建议权。

2. 妥当性原则

网络平台在进行私人规制时,应当采取考虑与欲达目标的适配度。链接屏蔽是为阻遏有害内容的传播,但信息纷杂,"有害"亦须设定基准,尤应援引条款说明之,方能发挥指引、示范作用,使发布者得以自查。仅显示"此内容因违规无法查看",辅以"相关投诉",所列之《互联网用户公众账号信息服务管理规定》却语焉不详,尤其包含一些所谓"敏感信息"时,"犹抱琵琶半遮面"往往会刺激其传播,适得其反。

3. 必要性原则

必要性的核心是"损害（基本权利范围）最小",其另一侧面是"保护（基本权利范围）最大"。质言之,网络平台进行私人规制时,应考虑如何能最大程度保护用户的基本权利。互联网用户公众账号信息服务提供者,应考虑其本身对公共意见形成的重要影响,在可能涉及言论限制时格外审慎。有论者提出,为了发挥网络言论民主监督以及社会"安全阀"功能,发挥其民主"催化剂"作用,不应广泛推行实名制[1],便是出于此考虑。

(三)衡量的要点

比例原则的本质即"衡量",前述的三个阶段不过是为后面的衡量做铺垫,即使满足了目的正当性原则、妥当性原则和必要性原则,尚需对限制与保障是否相称加以衡酌。基本权利发生水平效力的场合,个案中的利益衡量更是一种极具实用性的思考进路。在"吕特案"中,德国联邦宪法法院提出了"不可或缺的法益衡量理论",认为须考虑个案中的一切客观因素,对相冲突之基本权利做充分考察,以确定何者应得到保障。[2] 网络平台私人规制中衡量,应注意以下要点:

1. 在具体个案中进行衡量

"权利位阶秩序并没有整体的确定性,不可能形成像'化学元素表'那样先在的图

---

①陈纯柱等:《互联网上宪法权利的保障与界限》,法律出版社 2016 年版,第 74 页。

②BVerfGE,198,1958. 转引自张翔:《基本权利的规范建构》,法律出版社 2017 年版,第 304 页。

谱"①,故衡量并不寻求找到"一刀切"的解决方案,像自动售卖机一样程序性地导出个案的公平正义。② 在个案的衡量中,没有一方具有一般性的优先地位,而要穷尽双方的相关事实与价值因素、穷尽衡量标准,方可作出判断,判断结果亦不能形成普适性的标准。典型的个案衡量可以在两次"雷巴赫案"裁定中找到端倪,两次"雷巴赫案"均涉及人格权益与广电自由的个案衡量,第一次"雷巴赫"案天平向前者倾斜,第二次"雷巴赫"案天平则倒向了后者。这种具体衡量的方式,兼顾与平衡了相冲突法益的合理要求。③

2.不要过分估量公共利益的分量

网络平台私人规制下,平台规则的制定过程并没有向平台用户开放,平台规则以"公共利益"为正当性基础难有说服力。此外,网络平台概括援引的《互联网用户公众账号信息服务管理规定》,仅为部门规范性文件,立法效力等级极低。而以网络作为媒介的言论自由,对于宪法的民主秩序来说,是"绝对的建构性"的要素。④ 王锴教授认为,我国《宪法》第35条规定之言论自由属无法律保留的基本权利,制宪者并没有授权法律去限制这些自由。⑤ 所以,在衡量中以公共利益作为砝码,看起来有其合理之处,实际上忽视了基本权利的宪法高度,容易倒向功利主义。

3.认真对待时间的要素

利益衡量是在具体个案中进行的,任一具体的案件,都是发生在一定的时间、地点的具体事件。此外,具体的事件都有其法律制度背景与历史情景,并受到它们的影响⑥,所以"时间"这个要素格外重要。随着网络空间边界的拓宽,沟通条件发生了显著变化。与传统纸媒时代记忆逐渐褪色不同,网络媒介的记忆互联使得旧事随时都有重提的可能。但"在信息社会中个人不仅想要被记得,同样也有想要被遗忘的期待"⑦,脱胎于"自决权"和"隐私权"的被遗忘权逐渐走进大众的视野。被遗忘权取决

---

① 林来梵、张卓明:《论权利冲突中的权利位阶——规范法学视角下的透析》,载《浙江大学学报(人文社会科学版)》2003年第6期,第9页。

② 房广亮:《利益衡量的依据与标准——基于实现个案公正的司法考量》,载《法律方法》第17卷,第97页。

③ 杨登杰:《执中行权的宪法比例原则——兼与美国多元审查基准比较》,载《中外法学》2015年第2期,第377-378页。两次"雷巴赫案"另见冯威:《基本权利的紧张关系与权衡裁判——以德国雷巴赫案对一般人格权的保护为例》,载《交大法学》2017年第4期,第54-60页。

④ [德]康拉德·黑塞:《联邦德国宪法纲要》,李辉译,商务印书馆2007年版,第306-307页。

⑤ 王锴:《论法律保留与基本权利限制的关系——以〈刑法〉第54条的剥夺政治权利为例》,载《师大法学》2017年第2辑,第86-87页。

⑥ 梁上上:《利益衡量论》,法律出版社2016年版,第83页。

⑦ 张志伟:《记忆或遗忘,抑或相忘于网络——从欧洲法院被遗忘权判决,检视资讯时代下的个人资料保护》,载《政大法学评论》2017年第148期,第28页。

于一定期间的经过，只有当一段时间流逝，信息过时，"被遗忘"的构成要件始具备。① 但个人信息流通具有公共性价值②，被遗忘权的主张会对用户公开获取资讯信息造成障碍，因此，被遗忘权和言论自由会发生紧张关系。在进行利益衡量时，需要关注数据主体的身份、数据的性质与处理行为等。③

五、结　论

过去网络平台链接屏蔽一直以作为其义务履行之手段的被动姿态出现在学者的视野里，而对主动作出链接屏蔽行为本身的研究基本空白。但是，笔者认为随着网络空间的扩张，揭示链接屏蔽背后的运行逻辑已经成为我们无法回避的问题。本文从对权力与权利的辨析出发探讨这一问题，剖析其中的权益冲突，进一步寻找宪法控制的路径。

本文得出的结论是：①网络平台的链接屏蔽是私人权力行使的结果，私人权力是对传统公私二元划分的调和，同时具备公权力和私权利的部分特征；②网络平台通过平台规则将其私人权力传导为准公共权力，平台规则本身又细致地描摹了准公共权力的具体形态，而准公共权力中准立法权、准行政权、准司法权的具体运用加诸网络平台用户，就实现了网络平台私人规制的过程；③网络平台的私人规制是一个复杂的过程，从横向观察，可以分为"私"的面向和"公"的面向，从纵向上观察，可以分为"平台侧"和"用户侧"，两两排列组合，则可以推导出四条不同的规制路径；④四条不同的网络平台私人规制路径表现出三种不同的权益冲突形态，与其所涉基本权利的水平效力和垂直效力相适应，可以采取"比例原则+个案利益衡量"的二元宪法控制模式。

（责任编辑：周方圆）

---

①张志伟：《记忆或遗忘，抑或相忘于网络——从欧洲法院被遗忘权判决，检视资讯时代下的个人资料保护》，载《政大法学评论》2017年第148期，第38页。

②丁晓东：《个人信息私法保护的困境与出路》，载《法学研究》2018年第6期，第195页。

③于向花：《被遗忘权研究》，中国社会科学出版社2020年版，第192-197页。

个人数据资源流通模式及监管机制研究①

王　忠②　刘　妍③

摘　要：大量文献指出个人数据要素流通的关键在于确权，确权能够提高效率。然而，个人数据由收集者与个人共同生产，且有些数据具有公共物品属性，确权不可行。排他性的权利赋予收集者，则降低个人分享意愿，引发垄断，减损消费者福利；赋予个人，则降低收集者生产积极性、增加数据挖掘和创新的成本。因此，本文提出以交易而非生产环节为核心进行流通监管，并明确了三类个人数据流通模式及其监管机制：禁止流通模式，应建立数据流通负面清单机制；实名流通模式，应建立私有流通市场，适用 opt-in 用户授权规则，并通过许可机制监管；匿名流通模式，应建立公共流通市场，适用 opt-out 用户授权规则，并建立匿名化处理+认证机制，依托监管平台和交易指南监控交易进程。本文希冀根据流通模式特点，动态规制个人数据要素流通。

关键词：个人数据　数据确权　数据流通　数据交易　流通监管

一、引　言

2020 年 4 月，国务院出台《关于构建更加完善的要素市场化配置体制机制的意见》，明确将数据纳入生产要素。2021 年 9 月，《数据安全法》正式施行，指出国家保护个人、组织与数据有关的权益，鼓励数据依法合理有效利用，保障数据依法有序自由流动，促进以数据为关键要素的数字经济发展。由于直接反映消费者各类特征和偏好，个人数据早已成为商业领域的核心资产。国内外知名公司之间的数据纷争案例，如菜鸟和顺丰、华为和腾讯、Craigslist 和 3Taps、HiQ Labs 和 LinkedIn 等，也将个人

①　本文系国家社科基金一般项目"个人数据流通隐私保护的机制设计研究"（项目编号：21BJL038）的研究成果之一。
②王忠，广东工业大学经济学院教授。
③刘妍，武汉大学法学院博士研究生。

数据权利归属论争推向了风口浪尖。由于个人数据涉及隐私,而且具有可复制性,大量文献建议从法律上确定个人数据权利归属①,以便保护隐私并促进流通。根据科斯定理,普通经济物品确权有利于提高资源配置效率②,然而个人数据作为一种特殊经济物品,对其进行确权是否可行及有效? 若不进行确权,又该如何监管其流通? 现有文献较多地对抽象的个人数据展开探讨,本文将结合具体的个人数据验证确权可行性和有效性,并提出相应的监管建议。

二、文献回顾

无论是企业之间的数据纷争,还是用户与数据收集者之间的利益纠葛,都反映出个人数据已成为一种重要的竞争资源和战略性资产。对于这种特殊资产的权属问题,涉及信息技术、政治(如数据主权)等多学科视角,其中法学和经济学界的研究文献较多。

(一)法学界有关个人数据权利的观点

很多学者认为权属界定是个人数据利用的基础。一旦所有权很好地被定义,随之而来的相关权利就可以更精确地表达,如访问、许可、传输、修改、组合、编辑和删除数据的权利就能自然地从所有权归属的控制中流动。③ 为了有效保障权益,法学界对个人数据权利的属性进行了研究,观点大致归为表 1 所列的五类。

---

① 杜振华、茶洪旺:《数据产权制度的现实考量》,载《重庆社会科学》2016 年第 8 期,第 19-25 页。武长海、常铮:《论我国数据权法律制度的构建与完善》,载《河北法学》2018 年第 2 期,第 37-46 页。周林彬、马恩斯:《大数据确权的法律经济学分析》,载《东北师大学报》(哲学社会科学版)2018 年第 2 期,第 30-37 页。文禹衡:《数据确权的范式嬗变、概念选择与归属主体》,载《东北师大学报》(哲学社会科学版)2019 年第 5 期,第 69-78 页。

② 约瑟夫·费尔德、李政军:《科斯定理 1-2-3》,载《经济社会体制比较》2002 年第 5 期,第 72-79 页。

③ Jeffrey Ritter, Anna Mayer. *Regulating Data as Property:A New Construct for Moving Forward*, Duke law and technology review,220-277(2018).

表1　法学界有关个人数据权利属性的主要观点

序号	主要观点	主要内容	主要弊端
1	物权说或所有权说	个人数据是随着时代进步的一种特殊物权客体,具备无形性,是为无形财产。① 个人对其数据享有无可争议的包含"控制权、享益权、知情权、修改权、完整权、请求司法救济权"的所有权②	作为例证的虚拟财产如比特币等并无可识别性,不属于个人信息。同时,有财产价值的未必是物权客体,如肖像③
2	人格权说	人格权的出发点是保护个人的精神利益,同时也保护人格权所衍生的财产利益。当前法律中的隐私权就是一种人格权。还有学者提出创设一种新型人格权,即"个人信息资料权"④,来保障自主控制信息适当传播的权利	可能扩大人格利益的范畴,当代个人数据保护的范围已远超传统隐私的界限
3	财产权说	数据的商品化使数据具备了有用性、稀缺性和可控制性三种法律上财产的属性。⑤ 数据在信息社会的流通、交易的频繁,使得有必要赋予数据财产权,保护数据财产⑥	有些数据作为天然的公共物品无法契合我国民法、物权法等法律的传统客体理念
4	人格权兼财产权说	个人数据权利兼具防御型的人格权属性和支配型的财产属性,围绕该二元权利,可分别给人格权和财产权赋予不同的权利内容,统摄于以个人为中心的数据权利内⑦	二者是不同类型的权利,难以有效统一

①张莉:《个人信息权的法哲学论纲》,载《河北法学》2010年第2期,第136-139页。

②汤擎:《试论个人数据与相关的法律关系》,载《华东政法学院学报》2000年第5期,第40-44页。

③叶名怡:《论个人信息权的基本范畴》,载《清华法学》2018年第5期,第145页。

④王利明:《"个人信息资料权"是一项独立权利》,载《北京日报》2012年7月9日,第18版。

⑤彭云:《大数据环境下数据确权问题研究》,载《现代电信科技》2016年第5期,第17-20页。

⑥齐爱民、盘佳:《数据权、数据主权的确立与大数据保护的基本原则》,载《苏州大学学报》(哲学社会科学版)2015年第1期,第69页。

⑦肖冬梅、文禹衡:《数据权谱系论纲》,载《湘潭大学学报》(哲学社会科学版)2015年第6期,第72-24页。

续表1

序号	主要观点	主要内容	主要弊端
5	数据产权说	数据确权正经历着"权利范式"、"权利-权力范式"和"私权-经济范式"的嬗变,提出在立法中增设一种新型的财产权——数据产权,授予用户数据控制权、授予企业数据经营权	数据本身的非独占性致使一方收集某份数据时无法阻碍另一方收集同样的内容,将其产权化将引发有关收集和占有的更大纠纷

事实上,对个人数据适用财产权、数据产权、物权或所有权等支配权或财产性权利的绝对权确权范式并不可行。从我国现有《网络安全法》《数据安全法》《个人信息保护法》等数据立法的规制来看,立法机关仅仅是给予个人在个人信息处理活动中的知情权、访问权、更正权、删除权等权利,并未赋予个体数据财产性质的权利。而这些并非一种排他性的支配权,而是对数据上利益的概括性称谓。也有学者认为,知情权本质上是贯穿于收集和使用全过程的基础制度,而不是一项独立权利。① 总之,个人现在享有的数据权利维护的并非财产权利,在权利位阶上来讲属于公民基本权利,保护的是个人的尊严、自由和平等利益,也就是说,现有我们对数据主体的知情权、访问权、更正权、删除权等的规定,实际上是对数据主体的各种利益保护的概括,而非赋予个人数据排他性支配权比如财产权的信号。

(二)经济学界对个人数据产权分配的讨论

20世纪90年代以来,不少经济学家就曾探讨个人数据的产权分配问题。许多学者基于科斯定理提出数据产权分配建议,但得出的结论大相径庭。大体观点可分为以下三类。

1. 分配给个人

Kenneth C. Laudon认为应建立个人信息财产权的制度,将初始权利赋予个人,并建立信息市场,个人可以将他们的数据权利转让给需求方以换取某种类型的补偿,这样既有利于保护隐私,又能促进数据流通。②

2. 分配给数据收集者

持此观点者主要提出两个理由:一是个人数据作为一种经济物品,在生产过程中

---

①高富平:《大数据知识图谱——数据经济的基础概念和制度》,北京出版社2020年版,第122页。

②Kenneth C Laudon, *Markets and privacy*, 39 Communications of The ACM,92-104(1996).

企业付出了更多的成本,将其产权分配给个人不合理;[1]二是个人数据分配给个人并不能很好地挖掘其价值,数据主体本身不太可能完全了解他们的数据是什么或者可以用于什么,因此将其分配给企业更有利于提高经济效率。[2]

3.分配给出价高者

Swire 认为,根据科斯定理,消费者的数据是否会得到保护并不取决于个人数据权利的初始分配,最终是否披露或保护数据取决于对信息感兴趣的各方的相对估值。[3] 谁愿意为此报价更高,谁就能获得该数据。一个典型的应用场景是个性化定价车险。保险公司会询问车主是否同意安装保险公司的 GPS,一般保险公司先报价,提出同意安装即可减免保费 1000 元,个人如果认为报价合意则可同意要约,让渡其驾驶数据。反之,则宁可不减免保费,也要保护其数据。

诚然,基于数据具有的经济价值,应当对个人数据予以保护,但是赋予特定数据主体绝对权范式,并不适合数据资源的流通利用,难以构筑数字经济的秩序。财产的形态是不断发展的,从农业社会的土地,到工业社会的知识产权,再到信息社会的数据财产,社会不断探索和建立有价值资源的利用秩序。在这个过程中形成了两种方式:一种是赋权方式,赋予特定主体对特定资源的排他性支配权,实现社会资源的配置和利用;另一种是对有价值资源控制事实的保护,基于这种保护使控制者对难以权利化的资源进行利用甚至有限的交易。在法律意义上,后一种财产保护制度已经落入了行为规范,而不再是赋权规范。

三、个人数据权属界定的可行性与有效性排除

个人数据权利归属问题,无论是法学界还是经济学界都没能达成共识。被广泛援引的科斯定理指出,产权界定只是资源优化配置实现的条件之一,并非充分条件,也更非必要条件。从抽象概念落实到具体个人数据(例证见表 2),权属界定不具有可行性且有损效率。

---

① 杜振华、茶洪旺:《数据产权制度的现实考量》,载《重庆社会科学》,2016 年第 8 期,第 24 页。

② 费方域、闫自信、陈永伟等:《数字经济时代数据性质、产权和竞争》,载《财经问题研究》2018 年第 2 期,第 7-8 页。

③ Peter P Swire, *The uses and limits of financial cryptography:A law professor's perspective*, International Conference on Financial Cryptography, Springer, 239-258(1997).

表2　个人数据确权不可行的例证

个人数据类型	确权不可行的原因
社交媒体数据	互联网时代有些个人数据一旦分享出去就具有了公共物品的属性,无法阻止其他人访问或者使用
医疗数据	于患者而言,医疗数据上存在着个人隐私利益;于医疗机构而言,医疗机构是医疗数据的"生产者"
购物数据	购物数据于消费者而言是购物记录,于商家而言是销售记录,这些数据有交易双方的参与,任何一方都有权要求获取或使用这些数据
通信数据	一个人的手机中存储着另一个人的个人数据,对一方而言,这份数据是其手机通信数据,对另一方而言这份数据是个人隐私,任何一方都可主张相应的所有权或隐私权
信用数据	公民的信用评分数据看起来似乎是可关联、并识别到特定自然人的个人数据。但是在信用评分机制中,最后形成的简单数字化的评分标识是作为主体的平台企业或者政府基于一系列用户行为综合评定的,并非一种原始的个人数据
出行数据	对于一辆汽车产生的数据,消费者、汽车制造商、经销商和附加服务提供商等多方都可能对汽车产生的同一份数据要求访问

(一)权属界定缺乏可行性

个人数据的共享和交互流转业已成为常态,个人数据也多体现为"你中有我,我中有你"的深度依赖情形,同一份数据体现的是共同的价值组合,单一主体的个人数据可能牵涉的是多人利益甚至社会利益。

1. 有些个人数据权属不可能界定

从产生的目的来看,个人数据作为人际交流和表达的产物,一诞生就带有一定的公共属性。[①] 互联网环境下,数据传递、共享与增值超越了空间限制,有些个人数据一旦分享出去就具有了公共物品的属性,无法阻止其他人访问或者使用。如表2所示,人们在新浪微博等社交软件分享的内容,特别是经人转发后的内容,在一定程度上就成为公共物品,从理论和实践上都已不再有独占权。从人人传递数据到人人交换价值再到人人共享秩序,个人数据本质上是以人为中心的数据在虚拟空间中的表现状

---

①关儒,吴晓祺:《大数据时代个人信息的公共属性》,载《民主与法制时报》2020年8月2日,第2版。

态。这种表现状态往往无边界,因此也不可确权。①

2. 有些个人数据是共有的

日常生产生活中,很多个人数据从一开始就具有共有的性质,这些数据无法独立赋权给某个人。如表 2 所示,医疗数据源对于个人而言,形成于为患者提供诊疗过程中医疗机构的采集、制作和保管;于患者而言,医疗数据是对患者健康状态的记录、描述或反映,其上存在着个人隐私利益;于医疗机构而言,医疗数据是其为患者提供诊疗服务的记录,是一种"副产品",是医疗机构的一种重要资源。医疗机构是医疗数据的"生产者"。患者和医疗机构可基于不同的角度对同一份数据主张不同的权利,无法界定单一的权利归属。若将所有权赋予个人,将有碍公共健康发展;若将所有权赋予医疗机构,基于隐私忧虑可能会使个人对去医院检查和治病产生抗拒,导致数据生产锐减。同时,购物数据涉及的主体包含消费者和商家,于消费者而言是购物记录,于商家而言是销售记录,这些数据有交易双方的参与,任何一方都有权要求获取或使用这些数据,任何一方的权利都不能被剥夺。手机中也都保存着其他主体的相关数据,对一方而言,这份数据是其手机通信数据,对另一方而言这份数据是个人隐私,任何一方都可主张相应的所有权或隐私权。而且当 APP 要求访问通讯录时,我们也共享着这些数据,法律难以判定"我的通讯录是否只属于我"之类的问题。消费者、汽车制造商、经销商和附加服务提供商等多方都可能对汽车产生的同一份数据要求访问。②2021 年 4 月 21 日特斯拉车主维权事件中,特斯拉车辆部件及运行的数据、车辆运行过程中与司机操作行为的数据和车辆运行过程中与周围环境的数据等产生了权属问题纠纷,特斯拉方认为,行车记录的数据是由制造商运维的系统,在消费者参与下被记录下来,应该属于特斯拉控制;消费者认为,车辆数据是在用户参与下形成的,是关于消费者个人的,应当属于消费者控制。③ 总之,多方对一份数据的争夺催生了许多观点,数据生成者认为"数据由创建或生成数据的一方拥有",消费者认为"数据由消费、使用数据的一方拥有"。④

因此,在许多情形下多方主体分别依据各种理论对数据主张着权利,法律在为每个个体或企业在其提供的数据元素中保留所有权和其他权利的情况下,并不能合理安排唯一的所有者。⑤ 也正如 Priscilla M. Regan 所主张的,站在社会相互依赖的角度,当

---

① 连玉明:《数权法 1.0:数权的理论基础》,社会科学文献出版社 2018 年版,第 5 页。

② Lothar Determann, No One Owns Data, 70 Hastings Law Journal, 1–14(2018).

③ 郭天琪:《从不妥协到肯交数据,特斯拉车主维权中的痛点:数据立法滞后》,载南方都市报, https://m. mp. oeeee. com/a/BAAFRD000020210422473700. html? layer = 4&share = chat&isndappinstalled = 0.

④ David Loshin, Enterprise knowledge management: the data quality approach, Morgan Kaufmann Publishers Inc. ,2000,p.134.

⑤ Eric A Schlam, *Who Owns Your Airline Ticket*, 27 Air & Space Law, 1–27(2017).

数据牵涉多个主体共有时,对个人数据的使用就不宜设置独占性与排他性的权限。[①]

(二)权属界定有损效率

个人数据权属界定的本意是提高资源配置效率,但事实上无论界定给哪方,对于效率都无裨益,对个人数据进行权属界定并非有效的法律选择或政策抉择。政府应采用治理理念,吸收多方利益相关者共同参与,构建治理体系以实现各方激励相容。

1.权利赋予个人时存在的问题

(1)抑制数据收集者的生产积极性。数据资源已经成为企业建立竞争优势的重要基础。因此,企业才会投入大量资源来收集和分析个人数据。若个人数据只归属于个人,失去利益的驱使,收集者的数据采集动力会大大降低。若生产方不再积极生产数据,数据资源流通将成为无源之水,数字经济的发展将停滞。谷歌和耐斯特实验室并购案以及谷歌和卓普摄像并购案能从正面证明数据对企业积极生产的重要性。谷歌之所以花费32亿美元收购一家恒温器和一氧化碳探测器生产商、花费5.55亿收购一个家庭监控摄像头企业,并非相中这些企业的硬件本身,而在于这些硬件之间互联互通所产生的大量有效数据。[②] 伴随着这些装备的互相对话,特别是随着数据规模和处理速度的增加以及相关功能的开发,多种看起来并无关联的数据经过算法的处理就能很好完成个人画像,精确识别到个人,从而辅助企业完成精准个性化营销。整合各个组织拥有的数据对其进行挖掘分析,从而实现个性化营销是刺激企业生产积极性的一种方式,也是企业追求利益最大化的行为。

(2)有碍数据价值的挖掘与开发。个人数据的价值往往体现在大量数据的聚合和融合之中。而个人基本上无法挖掘大规模的数据价值,数据价值产出依赖于数据收集者或者平台企业的大数据应用。个人缺乏对数据的加工利用能力,将数据权利盲目赋予个人是无效的。从机会成本角度来讲,该产生收益却未产生收益,甚至是有害的。有学者曾做过一个实验,发现即便是那些宣称对隐私十分重视的人,也会以很低的价格出让自己的隐私信息。在一项经济行为学实验中,也有近80%的受试者愿意将其个人信息透露给商家以换取购买便利与优惠,即便只是5欧元的价格减免。[③] 这些实例实际上印证了数据对于个体用户的价值要低于平台,同时也说明个人对于数据的评

---

①Priscilla M. Regan, *Legislating Privacy: Technology, Social Values and Public Policy*, University of North Carolina Press, 1995, p. 127.

②[美]莫里斯·E.斯图克、艾伦·P.格鲁内斯,《大数据与竞争政策》,兰磊译,法律出版社2016年版,第103-121页。

③朱新力、周许阳:《大数据时代个人数据利用与保护的均衡——"资源准入模式"之提出》,载《浙江大学学报》(人文社会科学版)2018年第1期,第24页。

价并没有反映出数据的社会价值①,将数据所有权赋予个人会阻碍数据价值的开发。

(3)增加企业的创新成本。将个人数据权利赋予个人,意味着个人对数据资源享有绝对的控制和使用权,任何他人不得侵犯。若企业或其他主体想要使用这些数据,必须获取每一个数据权利个人的同意或授权,约定使用范围、使用目的,协商违规风险,这样不仅程序烦琐,还将增加协商成本和交易成本,并非高效的做法。

2.权利赋予收集者时存在的问题

(1)隐私顾虑将阻碍数据生产。消费者担忧收集者一旦拥有了过多的个人数据控制权,就会侵犯个人隐私安全甚至人身安全。当拥有数据采集和分析能力的收集者掌握个人数据,就难免会在个人不知情的情形下利用大数据技术挖掘个人数据提高竞争力,从而引发侵犯个人权利的风险。② Facebook、万豪酒店、华住酒店等数据遭遇泄露的典型事件,都为消费者敲响了隐私警钟。长此以往,基于对收集者的不信任,个人会对收集者的数据采集行为产生排斥从而拒绝与收集者合作,为数据生产带来阻碍。

(2)引发数据垄断。为取得或维持竞争优势,占有数据支配地位的企业将拥有强烈的激励,去限制竞争对手访问其数据资源,或阻碍他人分享该数据。有学者认为,数据搜集是一个缓慢的过程,能造成短期的难以替代从而构筑竞争优势,从而造成垄断。③ 2017 年 5 月,LinkedIn 向 HiQ Labs 发函要求其停止非授权性数据抓取,就是为了阻止 HiQ Labs 获得其用户数据,后来被判败诉。有些具备数据优势的企业利用数据优势将新创企业隔绝在数据竞争市场的边缘,利用市场支配地位打击小企业成长。种种类似的数据市场排斥行为无疑将阻碍其他企业的发展,同时也抬高了市场进入壁垒,有碍数据正常交易,扰乱数字经济秩序。

(3)减损消费者福利。虽然许多学者认为将数据权利分配给数据收集者/平台/企业能使得资源配置处于最优状态,提高能源使用效率和总体福利。但这种情况下的数据福利对个人来说不一定总是正面的,数据的价值还可能具有非对称性,譬如,企业能够使用数据更有效地盘剥某些公民,在定价、服务甚至机会方面歧视拥有较少外部选择的消费者,攫取更大的消费者剩余。这一命题目前甚至被认为是有关“数据正义”的不平等问题而备受关注。“大数据杀熟”④就是数据不平等的一种体现,严重损害了消费者的知情权、隐私权与享受公平待遇的权利。

---

①Stefan Berthold, Rainer Böhme, *Valuating Privacy with Option Pricing Theory*, Economics of Information Security and Privacy,187–209(2010).

②张亮亮、陈志:《培育数据要素市场需加快健全数据产权制度体系》,载《科技中国》2020 年第 5 期,第 15–18 页。

③Maurice E Stucke, Ariel Ezrachi, *When competition fails to optimize quality:A look at search engines*,18 Yale JL & Tech,18–70(2016).

④“大数据杀熟”是指互联网厂商通过大数据技术收集分析用户的消费偏好、消费能力等信息,采取的一种让价格随机浮动、对老客户实行价格歧视的商业营销手段。

四、以交易环节为重点的个人数据流通监管

生产阶段的数据确权并非兼顾数据价值挖掘与数据保护的最佳路径。确权与否与数据保护是否得当缺乏必然因果关系,譬如造成数据泄露的主要途径往往是黑客入侵、员工泄密、系统安全漏洞和设备失窃等[1],这些问题显然并非依赖确权就能够得到解决。考虑将监管重心从生产环节后移到交易环节,由传统数据确权路径转向以交易规制为核心的监管路径,是能兼顾数字经济发展与数据安全保护的可行方案。具体监管模式如图1所示。

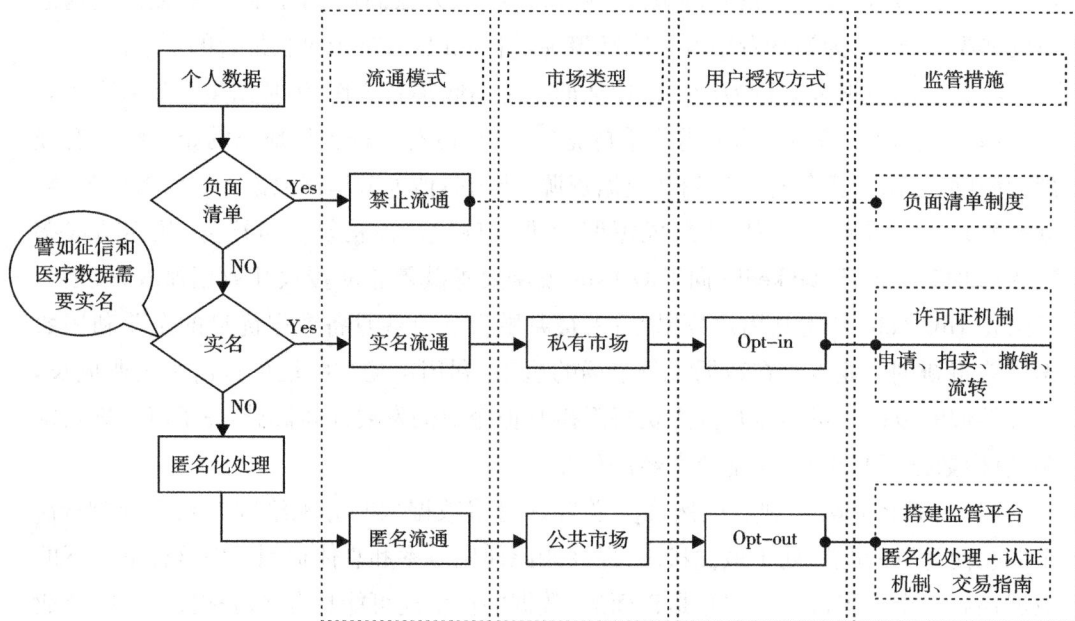

图1　个人数据要素流通监管模式

(一)禁止流通模式

个人数据要素流通负面清单应当考虑合法禁止流通和合理限制流通的情形,明确阻止清单对象进入交易市场。

合法禁止流通是法律明文列举某些数据应杜绝流通的情形[2],如涉及国家机密、国土安全的数据,危害国家安全和社会稳定的数据一定不能进入交易市场;合理限制

---

[1]董杨慧、谢友宁:《大数据视野下的数据泄露与安全管理——基于90个数据泄露事件的分析》,载《情报杂志》2014年第11期,第154-158页。

[2]依照我国《网络安全法》第12条的规定,禁止危害国家和社会安全的非法信息的流通。

流通更多地基于道德传统、隐私风险、社会发展等因素,考虑到某些个人数据不宜进入交易市场,因此将其列入负面清单以限制流通。一些遗传数据如基因数据具备强隐私性,流通后法律风险过大甚至可能涉及种族歧视或人种安全[1],对其隐私保护力度应该远超越普通健康数据[2],明确限制其流入数据交易市场。除让渡公共利益,负面清单上的数据应始终给予最强安全保障力度,即便个人同意出卖也不应开放其进入数据市场的通道。

(二)实名流通模式

1.建立私有流通市场

某些交易对象在范围过大的市场流通时可能带来较大监管难度、较高安全隐患或其他负面影响,从而不宜置于公共流通市场环境下。但这些个人数据具有重要价值,因此可开发私有流通市场,允许这些对象基于特定的目的在安全环境下于特定系统中心流通。譬如,基于医学研究需要,在非故意侵犯个人隐私权利的情形下,个人健康档案可在卫生健康系统中心自由流通;诸如犯罪记录等负外部性明显的数据虽然流入公共交易市场将产生公众恐慌等不利影响,但在公检法机关中心流通将有助于法治社会建设;此外,在促进特定行业发展的趋势下,行业相关数据可被允许在行业相关控制中心流通,如个人征信档案在中国人民银行征信中心内流通共享。对于采取实名流通方式的数据,应当限制在私有流通市场。

2.适用"opt-in"用户授权方式

"opt-out"和"opt-in"是通过调节数据主体"个人数据控制权"的强弱程度,来调节数据处理者和数据主体之间利益冲突的不同选择。[3]"opt-in"要求数据处理者明确获取个人的同意才可获取并处理数据,体现的是"用户优先"的思路,注重用户权利的保障。[4]

在负面清单之外,有些数据需要进行实名认证,只有将这些数据密切联系到特定的个人才具有意义,才有利于数据价值的最大开发。针对这些类型的数据(如征信数据、身份验证、健康医疗数据或生物特征识别数据等需要特别注意的个人数据),应该选择"opt-in"作为数据授权使用规则。对于经实名认证、在私有流通市场流通的所有

---

①Jill Gaulding, *Race Sex and Genetic Discrimination in Insurance: What's Fair*, 80 *Cornell L Rev*, (1646-1748)1994.

②Amalia R Miller, *Catherine Tucker*, *Privacy protection*, *personalized medicine*, *and genetic testing*, 64 *Management Science*, 4648-4668(2018).

③李慧敏、陈光:《论数据驱动创新与个人信息保护的冲突与平衡——基于对日本医疗数据规制经验的考察》,载《中国科学院院刊》2020 年第 9 期,第 1146 页。

④方禹:《日本个人信息保护法(2017)解读》,载《中国信息安全》2019 年第 5 期,第 81-83 页。

数据,采取"opt-in"授权规则,支持个人意思自治或隐私自决。控制者获得主体同意后处理实名数据,在私有市场内推动实名流通,深度挖掘数据红利。

3. 引入资质许可机制

许可机制是政府监管市场中介和调控数据要素市场的一种重要方式,也是遏制数据非法交易和防范权力寻租的有效手段。既有文献认为个人数据交易许可证的配置可以在确定许可证总数和确定行业分配指标的前提下,采取颁布申请许可证和拍卖授予许可证两种形式。[1] 进一步考虑,许可证除申请获得外,还应允许转让,但需要评估受让方数据安全保障能力,并进行许可证流转登记。对交易各方的具体交易方式政府不应多做控制,应允许自由协定,即数据可以是有偿交易也可以是无偿共享或某种形式的等价交换。

监管部门通过许可证年检机制,能确保数据流通过程的可追溯、可审计。对于不再符合个人数据要素市场准入要求或市场安全保障要求的交易中介,政府要建立许可证撤销机制,剥夺其继续进行个人数据交易的资格,更好地规范数据流通和交易中介行为,形成有序竞争。

(三)匿名流通模式

1. 创设匿名化处理+认证机制

对流通中的个人数据预先做匿名化处理,一方面有助实现个人数据的再利用,另一方面也有助防范个人数据泄漏的安全风险。对此,日本立法实践值得我国借鉴——在《个人信息保护法》中新设"匿名加工信息制度",兼顾数据安全保护与数据交易共享。[2] 我国应在立法层面确定匿名化数据的合法流通地位,制定匿名化处理的标准规范。同时,建立数据匿名化认证机制,新建或者指定一些机构专门负责匿名化认证工作。一方面,符合法律规定认证标准的匿名化个人数据可允许进入交易市场;另一方面,验证个人数据交易中介[3]的匿名化处理能力,利用认证机制剔除不具备交易资格或安全保障能力不足的中介进入数据流通市场。

2. 建立公共流通市场

不同的个人数据类型,其流通的外部性也不同。对于可以流通的个人数据,有的只能在特定的范围内流通,有的则只有在公共流通的市场环境下才具有价值。公共流通市场包含开放的交易主体和开放的交易对象,指向交易中介等多方交易主体参与

---

① 王忠:《大数据时代个人数据交易许可机制研究》,载《理论月刊》2015年第6期,第131-135页。

② 李慧敏、王忠:《日本对个人数据权属的处理方式及其启示》,载《科技与法律》2019年第4期,第69页。

③ 个人数据交易中介是指包括交易所、交易中心等在内的交易平台或组织。

的、以多种类个人数据为交易对象的开放市场。在绝大多数情况下,个人数据要素流通市场处于公共流通环境中。上述经过匿名化处理的数据,应当在公共流通市场中流通交易。

3. 适用"opt-out"用户授权方式

"opt-out"是指数据处理者只要在事先将合同事项或约定事项告知个人或使个人处于易于知悉的状态,即可获取并处理数据。相较于"opt-in"体现的"用户优先"思路,"opt-out"体现的是"市场优先",更有助于激发数据市场发展活力。在数据交易市场,需要依据个人数据的敏感程度或安全风险程度依次适用不同的选择机制,以使个人数据价值得到最大的实现。大多数情况下,大多数个人数据都可采用"opt-out"作为授权规则。上述采取匿名化处理、在公共市场流通的数据,采取"opt-out"授权规则。

4. 搭建监管平台

在数据公共流通市场,参与主体众多,为保障流通交易进程的安全和有序,需要搭建监管平台,出台相应的交易规则,依赖政府的宏观调控以维持交易的高效性。

目前,我国已有不少数据交易中介,如贵阳大数据交易所(2014 年)、中关村数海大数据交易平台(2014 年)、陕西西咸新区大数据交易所(2015 年)、哈尔滨数据交易中心(2016 年)和上海数据交易中心(2016 年)等。在数据交易中介发展势头迅猛的情形下,交易正面临由交易标的(对象)、质量标准等因素导致的内在交易风险,凸显出法律监管的必要性。[①]

首先,规范数据交易市场应当搭建统一的政府监管平台,由政府通过行政手段来确保数据要素流入和交易都经由该监管平台规范,符合一定的条件时,该监管平台也可赋予数据交易中介一定的自我监管职能。在监管平台内部配置流通规则,引入协助个人数据要素流通交易的完善机制。

其次,需要配套相关的交易指南。对于大多数产品和服务,传统经济学认为市场这只无形的手会通过供需调节实现定价,形成市场均衡。一方面,这种理论假设在个人数据方面难以实现。20 世纪末 Kenneth Laudon 教授就提出应建立一个受管制的国家信息市场,允许人们购买和出售个人数据,并给予卖方数据用途的决定权。[②] 但实际上,至今没有形成一个开放、受认可的个人数据市场供大家参与,难以定价是关键原因之一。另一方面,在复杂的流转交易中,交易双方自己的沟通不一定能够完全公平顺畅。譬如,公开的个人数据能被几乎零成本地复制、出售和使用而不会干扰原始版

[①]张敏:《交易安全视域下我国大数据交易的法律监管》,载《情报杂志》2017 第 2 期,第 130 页。
[②]Kenneth C Laudon, *Extensions to the Theory of Markets and Privacy: Mechanics of Pricing Information*, Working paper: Stern School of Business, New York University, 1997, p. 174.

本,增加一个新消费者的边际成本几乎为零,但第一个消费者的数据成本相当高,交易双方如何自行约定交易对价存在矛盾。从这些角度讲,个人数据要素市场的有效交易需要政府出台交易指南,回应交易中的相关问题。在指南中明确个人数据交易对价标准和支付方式,确立基本交易规则和交易方的权利义务,给予行业相对明确的指引,引导个人数据有效交易。

五、结　语

伴随数字经济的蓬勃发展,陆续有学者提出将数据私权化的主张,期冀严格界定个人数据权属范畴。实际上,当前讨论数据权属界定不仅是不可行且缺乏效率的,过度关注生产阶段的数据确权而忽略个人数据要素现实中的流通交易本身也有待考量。数据保护本质上是保护数据权利人在数据上的合法利益,而不是赋予个人对个人数据的控制(赋予支配权),我们现在所谈论的有关个人数据的权利,譬如知情权、更正权、删除权,都不是也不可能是排他性的数据支配权、绝对权或专有权。数据保护更多的是运用法律上权利、义务和责任来界定数据的控制和利用行为,以保护数据上的合法利益。数据保护的本质不在于确权,而在于创制数据流通利用秩序[1],建立一套个人数据利用规范和监管措施,确保个人数据的利用不侵害个人基本权利。

无论如何,让个人数据要素流通利用起来才是数字经济的生命所在,政府应当将目光从数据确权理论上移开,将监管重心置于流通中的交易规制,在对某些个人数据实施静态权利保护的同时,也对更大范围的个人数据实施动态监管,让数据要素充分流通,使交易市场充分活跃。将目标指向规制交易全流程,在充分保护个人隐私、维护社会信用体系的同时,提高个人数据要素对产业创新与经济发展的促进作用。

（责任编辑：张含钰）

---

①高富平:《大数据知识图谱——数据经济的基础概念和制度》,北京出版社 2020 年版,第 5 页。

国内保险业在 MGA 模式下的金融监管问题研究

田桂瑶①

摘 要: 大特保作为保险经纪持牌主体,以保险科技赋能,采取的是 MGA 即管理型总代理的经营模式,经营范围包括产品定制、市场营销、保险经纪等多项业务。不同于 UK general、Burns&Wilcox 等超级 MGA,大特保具有多重主体身份,产生诸如法律性质不清、"双方代理"行为、渠道业务风险、多重信息披露等问题。在国内现行保险监管体制下,如何合理地判定大特保是否违规展业以及应否承担相应业务风险,一方面需从大特保与保险公司所签合同性质、授权经营范围、实质代理行为等出发进行判定;另一方面宜不断地规范保险市场准入规则,在互联网保险领域内有条件的区分保险代理与保险经纪业务,通过引入再保险制度分散 MGA 管理模式下的渠道业务风险,强化金融监管。

关键词: 大特保 MGA 渠道业务 市场准入 金融监管

北京大特保险经纪有限公司(以下简称"大特保")是 2009 年 4 月成立的一家互联网健康保险服务平台,目前获批全国保险经纪牌照,经营业务范围包括保险经纪、再保险经纪、风险评估、业务咨询、技术开发、技术转让及服务等。作为国内典型的 MGA 型总代理机构,大特保一方面利用互联网平台获客优势,拓展网络保险销售渠道;另一方面利用保险科技赋能,组织技术团队研发新型保险产品,由传统保险公司承保接单。大特保借"Profits-loss Sharing"机制,与国内外享有信誉保障的保险公司合作,初步形成了较为稳定的授权协作关系。鉴于 MGA 模式下,大特保具有保险、代理、经纪等多重主体身份,产生诸如法律性质不明、双方代理行为、渠道业务风险等问题,故可以从规范保险监管规则等方面出发提出可行性思路。

---

①田桂瑶,北京航空航天大学法学院博士研究生。

一、大特保与 MGA 模式

(一)国内外 MGA 模式的提出

MGA 即 Managing General Agent 的缩写(以下简称 MGA 模式)①,国内称之为管理型总代理,实质上属于保险代理的一种特殊模式。MGA 模式具体是指保险人将其保险业务权限授权给一家 MGA 公司,MGA 公司在保险人的授权范畴内代理相应保险业务,授权内容包括产品定制、市场营销、精算定价、保险核保、暂收、保费收取、理赔管理、风险控制等。在保险实践中,MGA 模式可以分为简单 MGA 模式与超级 MGA 模式。在超级 MGA 模式下,MGA 公司通过获得保险人的承保权限,有权代理除资本偿付以外的所有业务(包括签订保险合同),保险人仅为"代出保单"的工具。

MGA 模式最早可追溯至 1904 年,一家日本保险公司指定英国劳合社的一家 broker 代为核保,此为 MGA 的原始形态。此后,该种模式在美国西部大开发时期不断发展。由于当时美国区域差异较大,东部保险市场较发达,西部相对落后,东海岸的保险公司希望进入西部地区,但缺乏当地的人脉和资源,因而采取 MGA 模式作为替代方法。② 持牌保险公司通过雇佣当地 MGA 公司,赋予 MGA 公司较大的代理权,代理保险公司作出保险营销、保费收取、理赔管理等法律行为,真正出具保单的仍是保险公司。

相较之下,我国引入 MGA 概念的时间较晚。2017 年 3 月,原中国保险监督管理委员会(以下简称原保监会)召开全国保险中介监管工作会议,首次提出管理型总代理概念。③ 到 2020 年,在中国寿险业峰会和保险创新发展大会上,与会保险从业者再次指出保险行业需逐步向管理型总代理模式过渡。④ MGA 模式在我国处于初步探索阶段,在立法层面未有明确规定,我国保险实践中不具备形成大型 MGA 管理市场的条件,目前仅有大特保互联网保险经纪公司落地 MGA 模式。

综上所述,MGA 模式最早发端于美国东海岸的保险中介市场,而后伴随着专业化

---

① 清华大学五道口金融学院中国保险与养老金研究中心、今日保(北京)信息技术研究院有限公司:《中国保险中介生态圈蓝皮书》,中国金融出版社 2022 年版,第 69 页。

② 徐晓华、蒋铭:《中国保险行业及中介模式发展分析报告》,中国金融出版社 2018 年版,第 142 页。

③ 参见《中国保监会召开 2017 年全国保险中介监管工作会议》,载中国银行保险监督管理委员会网,http://www.cbirc.gov.cn/branch/tianjin/view/pages/common/ItemDetail.html? docId=559144& itemId=1784&generaltype=0。

④ 参见《中国保险创新发展大会"科技创新重构保险中介新生态"分论坛聚焦保险中介高质量发展》,载中国保险行业协会网,http://www.iachina.cn/art/2021/2/1/art_45_104957.html。

代理需求的增加,MGA 模式逐渐演变为打破保险中介业务壁垒的特殊代理模式。国内于 2017 年首次提出 MGA 模式的概念,目前处于初步发展阶段,与国外成熟做法存有差距。

(二)国内外 MGA 模式的主流结构

国外 MGA 模式多表现为超级 MGA,参与主体包括保险公司、MGA 公司、保险经纪公司、再保险公司、TPA 独立外包主体(即 Third Party Administrator for Group Medical Insurance)。处于超级 MGA 模式下的管理型代理机构,首先通过获得保险公司的全面或部分授权,在满足 MGA 模式合同的情况下独立进行定价并自担承保风险,无需询问保险公司。英国的 UK general、Joe Corporate Risks、Simply Business 等均采取的是超级 MGA 模式。该种模式在市场中的主流结构如图 1 所示。

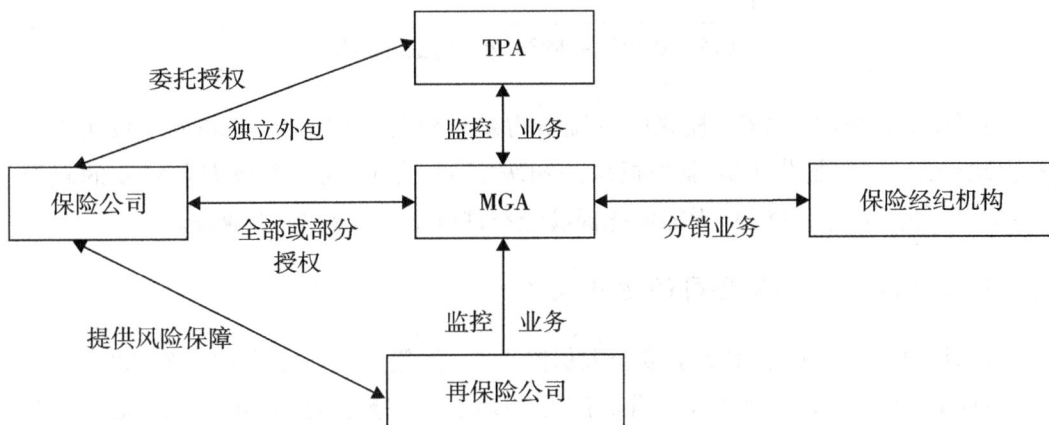

图 1 国外超级 MGA 公司的主流结构

在这一架构中,保险公司向 MGA 公司分配保险业务并指定相应的授权范围。MGA 公司在向保险公司提供产品定制、精算定价、理赔管理等服务后,在授权范围内能够选择适格的保险经纪机构分担销售业务。再保险公司因为信任 MGA 公司的相关业务并作出承保,向代出保单的保险人提供再保险保障并监控 MGA 公司的业务流程。TPA 作为第三方医疗保险管理公司,为保险人提供独立管理服务。若 MGA 公司获得保险公司理赔授权,TPA 及再保险公司均有权对 MGA 公司的理赔业务进行监控。

相较之下,国内 MGA 模式多为简单 MGA,其主要依据委托代理制度拓展 MGA 公司渠道业务,参与主体包括保险公司、保险经纪公司、MGA 公司以及 TPA。在 MGA 模式下,保险经纪公司一般获得保险公司的部分授权,无须全面承担承保风险,保险人作为保单出具人,承担最终的保险责任。如大特保和上海南燕信息技术有限公司(以下简称南燕保险科技)。① 国内 MGA 模式的主流结构如图 2 所示,保险公司向 MGA 公司分配保险业务,指定 MGA 公司的授权范围,该 MGA 公司一般属于具有保险经纪牌照的专业中介机构(以下简称 MGA 经纪公司),同时经营着 TPA 业务板块。该中介机构直接向保险公司提供产品定制、分销管理等服务,未引入再保险制度承保 MGA 业务。

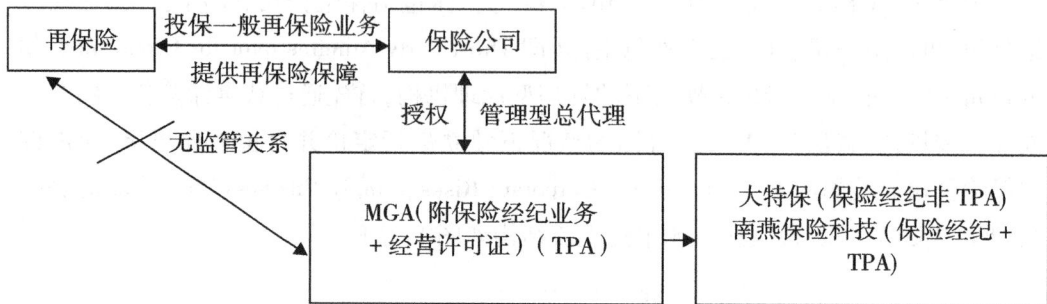

图 2　国内简单 MGA 公司的主流结构

总体而言,国内外 MGA 模式的主流结构差异较大,国内保险市场上多数属于依托保险经纪许可、兼营 TPA 业务板块的初级 MGA 公司,尚未形成专业独立的超级 MGA。国外多为超级 MGA,无需依托保险经纪许可即可从事 MGA 业务。

(三)国内外 MGA 公司的运营模式

国外 MGA 公司虽然主要承接个人保险业务,但覆盖领域多为财产险,如英国的 UK general、美国的 Burns&Wilcox 等。该类 MGA 模式一般为超级 MGA,其核心在于为保险公司管理全部或部分保险业务②,不以获批保险经纪许可为前提,业务范畴包括产品定制、精算定价、销售理赔等。以 UK general 为例,其运营模式如图 3 所示:①投保人、保险公司均可作为保险产品专属定制主体;②产品类别涵盖财产、休闲、生活方式、支付保护、财务损失、汽车金融、保修、旅行等多个方面;③为保险经纪人提供专业技术支持,采取贴牌(white label)体系运营;④提供专家顾问咨询服务。该种超级 MGA 模式,向上对接保险公司,为保险公司提供管理型总代理服务,专业性极强;向下对接保险经纪机构,提供产品营销、理赔方案等管理与技术支持,促进保险经纪公司开展营销活动。

---

①吴铠汐:《南燕保险科技:一站式健康管理+保险系统解决方案》,载微信公众号"零壹财经",2021 年 2 月 22 日。

②唐硕实、钱国栋:《伦敦市场管理型总代理模式的启发》,载《中国市场》2021 年第 35 期,第 19-20 页。

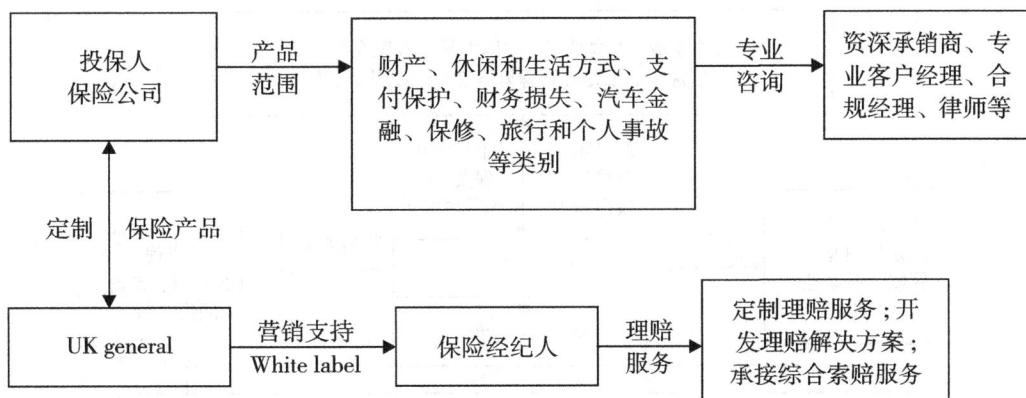

图 3　UK general 公司的运营模式

然而,国内 MGA 经纪公司主要承接个人保险业务,覆盖人身险领域。以大特保和南燕保险科技为例,大特保作为首个拥有全国保险经纪牌照的互联网保险创业平台,属于典型的 MGA 模式①,其运营模式如图 4 所示:①组织研发新型互联网险种,由保险公司出单;②基于互联网获客优势,在自营网络平台推出健康管理功能;③与太平洋保险、中国平安、德国慕尼黑再保险公司等多家企业进行合作;④从公立三甲医院、复星大数据等处获得用户医疗数据;⑤通过微信公众号、PC 站、APP 站等,向保险用户提供保险服务等;⑥设置在线 60 天未付理赔体系。相较而言,南燕保险科技作为专业信息技术公司,从 SaaS+MGA(授权承保代理)起家,其最初主营业务是为保险机构提供互联网技术服务。2018—2020 年,南燕保险科技全资收购全国性保险经纪公司宇泰保险经纪,布局保险中介市场,而后相继收购了健康险 TPA 服务商 Medilink-Global,升级为 MGA+Saas+TPA(健康险第三方管理)模式。

---

①清华大学五道口金融学院中国保险与养老金研究中心:《2018 全球保险科技报告》,清华大学出版社 2018 年版,第 101 页。

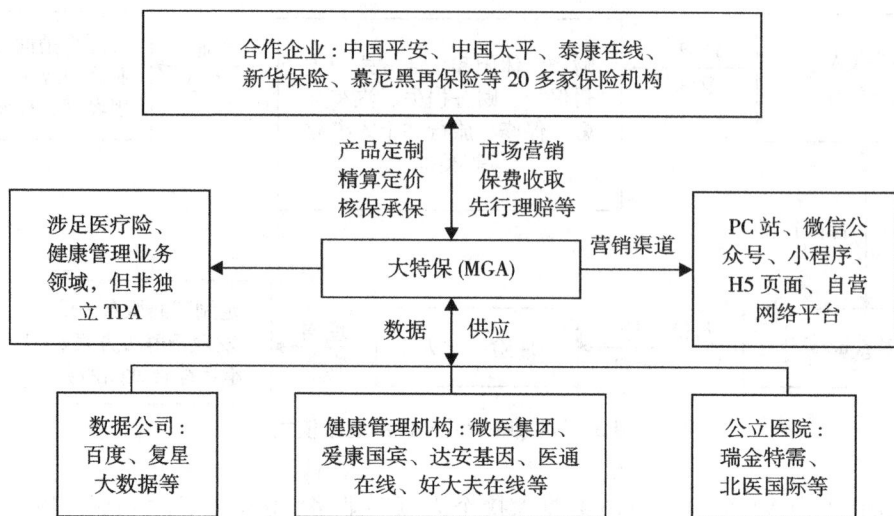

图4　大特保险经纪公司的运营模式

综上所述,国内外 MGA 公司的运营模式大相径庭。国外多为超级 MGA 公司,经保险公司授权后,其经营范围可从产品定制到理赔管理等多项保险业务;国内则从简单 MGA 公司做起,先以保险经纪主体身份拓展相关渠道业务,而后在结合 TPA 医疗管理业务的基础上,不断向超级 MGA 过渡。

二、MGA 模式下的渠道业务监管体制

渠道业务是指保险公司通过保险专业中介机构、保险兼业代理机构,以及保险中介从业人员所开展达成的保险业务。在 MGA 模式下,国内保险公司通过授权保险中介可全部或部分管理保险业务,相关保险监管机构对此如何监管,需在结合保险法规定的基础上作进一步的讨论。

(一)保险经纪人市场准入条件及所从事业务范围

根据《保险法》第 118 条的规定:"保险经纪人是基于投保人的利益,为投保人与保险人订立保险合同提供中介服务,并依法收取佣金的机构。"2018 年 2 月,原保监会颁布《保险经纪人监管规定》,但未修订保险经纪人的法律概念。[①]《保险经纪人监管规定》第 3 条、第 36 条规定了,保险经纪公司在国内经营保险经纪业务,必须取得保险

---

①李飞:《民法典时代保险经纪人的法律地位》,载《西北大学学报(哲学社会科学版)》2021 年第 2 期,第 111 页。

经纪牌照,其经纪业务限于为投保人拟订投保方案、选择保险公司、办理投保手续等。① 由此观之,某机构欲开展保险经纪业务,首先须获得审批机构的业务经营许可;其次,在获得经营许可后,保险经纪公司可从事的业务类型主要为辅助投保人、被保险人抑或受益人与保险公司进行洽谈投保、进行咨询理赔等,不得代为从事与保险经纪业务无关的事项。

以大特保为例进行分析,目前其获批全国保险经纪牌照,在保险人授权的范围内从事着保险产品定制、市场营销、精算定价等非传统保险经纪业务。简言之,处于 MGA 模式下的大特保所从事的具体业务,有别于传统保险经纪业务范畴。据此,监管机构能否就此认定大特保违规展业存在争议。从国内保险监管部门提倡促进 MGA 模式发展的角度来看,直接根据保险经纪业务类型以及其经营范围判定大特保违规展业,可能会使大量非传统类型的保险业务被认定为违规,一定程度阻碍了国内 MGA 模式的发展。司法实践有无必要对保险人是在何种情形以及何种范围内,对保险经纪人做出的何种授权进行审查,应不断明确。

(二) 互联网保险经纪业务的具体监管内容

如前所述,在 MGA 模式下,大特保首先需取得保险经纪牌照才能进入保险中介市场。而后,大特保在取得保险公司授权后,有权开展 MGA 模式下的相关业务。2020 年 12 月,中国银行保险监督管理委员会(以下简称银保监会)颁布《互联网保险业务监管办法》(以下简称《监管办法》)。其中第 2 条明确规定:"本办法所称互联网保险业务,是指保险机构依托互联网订立保险合同、提供保险服务的保险经营活动。"现阶段,大特保主营业务基本转向网络保险领域,其人身保险产品通过自营网络平台或其他网络渠道销售,实质从事了互联网保险业务,应受《监管办法》约束。根据《监管办法》第 58 条的规定:"保险中介机构开展互联网保险业务,经营险种不得突破承保公司的险种范围和经营区域,业务范围不得超出合作或委托协议约定的范围。"按照此规定,若保险公司未突破自身险种范围、经营区域,未超出合作或委托协议范围,实质上可授权大特保从事非传统保险经纪业务。

为细化《监管办法》的具体适用,2021 年 10 月,中国银保监会办公厅发布《关于进一步规范保险机构互联网人身保险业务有关事项的通知》(以下简称《规范通知》)。

---

① 《保险经纪人监管规定》第 3 条规定:"保险经纪公司在中华人民共和国境内经营保险经纪业务,应当符合中国保险监督管理委员会(以下简称中国保监会)规定的条件,取得经营保险经纪业务许可证(以下简称许可证)。"第 36 条规定:"保险经纪人可以经营下列全部或者部分业务:(一)为投保人拟订投保方案、选择保险公司以及办理投保手续;(二)协助被保险人或者受益人进行索赔;(三)再保险经纪业务;(四)为委托人提供防灾、防损或者风险评估、风险管理咨询服务;(五)中国保监会规定的与保险经纪有关的其他业务。"

对大特保而言，其后续经营互联网保险业务，除要遵循《保险经纪人监管规定》《保险法》关于市场准入的规定，还需具备《监管办法》的 58 条，《规范通知》第（五）（六）条要求的运营和服务能力。值得注意的是，传统保险服务已无法满足新型互联网用户需求，《规范通知》第（五）（六）条，对保险中介提出构建在线运营能力和服务体系的法定要求，包括但不限于在线投保、核保、承保、理赔、投诉等多项内容。保险中介在 MGA 模式下，从代理研发到销售理赔的全过程，均依照此规定进行。

总体而言，在 MGA 模式下，大特保作为保险经纪人，受到双重法律制度的监管与约束，具体表现为：其一，以《保险法》《保险经纪人监管规定》为中心的市场准入监管；其二，以《监管办法》《规范通知》为中心的业务资质监管。

三、MGA 模式下大特保所涉法律关系及风险揭示

（一）MGA 模式下大特保的多重主体身份

保险经纪人系基于投保人利益，为投保人与保险人订立保险合同提供中介服务，并依法收取佣金的机构。不同国家或地区对保险经纪人的认定存在差异。① 根据我国《保险法》第 118 条、《保险经纪人监管规定》第 2 条的规定，保险经纪人的目的旨在为投保人争取较优惠的保险条件，若经投保人口头或书面授权，保险经纪人可以作为投保人的代理人。

然而，保险实践中保险人为节约运营成本、提高合同缔约效率，通常情况下会授予保险经纪人缔结合同（多指签名留白合同）、收受保费、小额理赔等权限。在此情况下，保险经纪人若已获得投保人的授权，现又做出代理保险人的实质行为，可能产生所谓的"双重代理"之主体身份争议。

在国内 MGA 模式下，大特保基于保险公司的授权，从事保险产品定制、市场营销、精算定价等非传统保险经纪业务。此外，若大特保与保险公司在授权合同中还约定，大特保不仅作为技术主体提供产品研发服务，同时还作为产品所有权主体与保险公司共享收益，共担风险。至此，大特保拥有保险经纪人、投保人之代理人、保险人之

---

① 2015 年英国《保险法》中并未就保险经纪人概念进行明确规定，早在 1977 年《保险经纪人注册法》（现已废除）中，这一概念已被确立下来，属于为他人提供保险咨询或前期谈判的保险代理人；在美国，保险经纪人概念并未经明确立法规定，主要分各个州监管，实质为以保险经纪执照进行保险销售、招揽或保险谈判的主体；2008 年 5 月，日本《保险法》中未体现保险经纪人概念，实际在《保险业法施行规则》第三章保险仲立人（第 217～227 条）部分作出规定，即保险经纪人属代理保险业务之人部分；我国台湾"保险法"第 9 条规定："本法所称保险经纪人，指基于被保险人之利益，洽订保险契约或提供相关服务，而收取佣金或报酬之人。"

代理人、共有保险人等多重主体身份,所形成的法律关系交叉叠覆,宜逐一厘清。

(二)MGA 模式下大特保与投保人的法律关系

1. 大特保与投保人不构成承揽关系

在 MGA 模式下,大特保与保险人签订委托协议,完成保险代理工作。根据《民法典》第 770 条第 1 款规定,承揽合同是承揽人按照定作人的要求完成工作,交付工作成果,定作人支付报酬的合同。约定完成具体工作之人,为承揽人,约定于承揽人完成工作时,给付报酬佣金之人,为定作人。[1] 在保险实务中,大特保代理保险经纪业务,向保险人收取佣金。大特保获取佣金行为,在一定程度上类似承揽合同中一方为他方完成一定工作,他方在工作完成后给付一定劳务报酬。然而,保险人早在定制保险产品、精算相关保费时,通过大数法则,将相关成本、费用、佣金等悉数涵盖,佣金的最终承担主体实际为投保人。

因此,大特保在提供中介服务后,根据所完成工作,看似是由保险人承担佣金,但实际在投保人缴纳的保费中,早已将此涵盖。并且,将承揽关系直接类推适用,还存在所有权的归属障碍。承揽人对所完成的承揽工作具有独立自主性,所为行为的法律效果原则上归属于承揽人,即定作物之所有权通常为承揽人所有,须在向定作人交付工作成果时,转移定作物的所有权。大特保作为保险经纪人,在洽订保险合同时基于代理人身份所为法律行为的效果直接归被代理人享有,无须再为任何转移。因此,大特保与投保人不构成承揽法律关系。

2. 大特保与投保人不属于居间关系

《民法典》第 961 条规定的中介合同(原本称居间合同),是指中介人向委托人报告订立合同的机会或者提供订立合同的媒介服务,委托人支付报酬的合同。经双方当事人约定,报告订立合同之机会或为订约之媒介者,称之中介人;给付报酬者,称之委托人。[2] 根据《民法典》第 961 条、963 条、965 条规定的情形,中介合同中的中介人,需探索及报告可与委托人订约的适格相对人,不断周旋于潜在订约主体之间,促成双方订约。合同一旦成立,即可要求双方当事人平摊中介报酬,日后即便合同因故解除,相关报酬请求权也不受影响。

值得注意的是,《民法典》意义上的中介,仅承担报告订约机会或提供订约服务的职责,与《保险法》意义上的保险中介不同。在保险法语境下,大特保作为保险经纪人,既可基于投保人利益,与保险人洽订保险合同,亦可基于保险人授权,在法定授权范围内代保险人为法律行为,保险经纪人只向合同一方收取佣金,不存在费用均摊一

---

[1]郭明瑞:《合同法通义》,商务印书馆 2020 年版,第 428 页。
[2]江朝国:《保险法逐条释义》(第一卷 总则),元照出版公司 2012 年版,第 366 页。

说。因此,大特保与投保人的法律关系,在形式上与民法上的中介(居间)关系相类似,但不可完全类推适用。

3. 大特保与投保人存有委托代理关系

代理与委托合同的关系十分密切,主要表现在:在委托代理中,被代理人常常通过委托合同授予代理人以代理权,至此,当事人之间可形成代理关系、行纪关系等,实现民事主体假手他人以从事民事活动。① 换言之,委托合同是基础合同,可以产生代理关系。因此,民法上代理权之授予行为,属单独行为,虽常伴随其他如委托、雇用、承揽、居间等原因关系,但其可与原因关系分离而单独授权。② 保险经纪人因投保人单独授权的意思表示,可取得投保人之代理人的法律地位。

依保险法通例,保险经纪人乃基于投保人利益,在提供中介服务后依法收取佣金的机构,在保险实践中一般被视为保险辅助人抑或保险中介人。③ 大特保作为保险经纪人,其基本职能在于为投保人提供订立保险合同的条件,或充当订立保险合同的介绍人,其本质是根据委托人委托,代委托人(即投保人)参与投保,通过与一方或多方保险人协商,选择最适合的保险人。因此,大特保在从事保险经纪活动时,可能基于投保人的授权意思表示,签订基础委托合同。同时,大特保有权以自己名义,独立代委托人为法律行为。只是就同一保险业务而言,保险经纪人不得既为保险经纪,又为保险代理活动。④

(三)MGA 模式下大特保与保险人的法律关系

1. 大特保与保险人亦存在委托代理法律关系

在法律规定层面,根据《保险法》第 117 条和第 118 条的规定,保险代理人与保险经纪人相区分,二者所从事的保险业务迥然相异。在保险实务中,保险人为节约成本,提高缔约效率,通常以委托合同抑或单独授权的形式,授予保险经纪人可代理保险人,受领投保人所交付之保费、处理小额理赔等权限。保险经纪人与保险人存在事实层面的委托代理关系。

随着互联网保险业务的不断兴起,保险中介纷纷依托互联网平台布局互联网保险市场。中国银保监会于 2020 年颁布《监管办法》,除对保险中介进入互联网保险市场的准入条件、机构设置、业务销售等进行规范外,其中第 58 条还明确规定保险中介机

---

① 石宏:《〈中华人民共和国民法典〉解释与适用合同编》(下册),人民法院出版社 2020 年版,第178 页。

② 江朝国:《保险法基础理论》,中国政法大学出版社 2002 年版,第 141 页。

③ 岳卫:《日本保险契约复数请求权调整理论研究》,法律出版社 2009 年版,第 211-245 页。

④ 台湾"保险法"第 165 条(执业证照及管理制度)规定:"兼有保险代理人、经纪人、公证人资格者,仅得择一申领执业证照。"

构开展互联网保险业务,其经营险种不得突破承保公司的险种范围和经营区域,业务范围不得超出合作或委托协议约定的范围,实现了对《保险经纪人监管规定》第 37 条、《保险代理人监管规定》第 42 条规定的进一步细化。[①]

由此可知,《监管办法》对于如何判定保险经纪人是否违规展业,从保险公司的经营区域、险种范围及约定授权出发,做出"两个不得"的禁止性规定。该项规定实际上隐性认可了保险公司在合理范围内的意定授权权利。换言之,"两个不得"的禁止性规定,事实上是对保险人合理授权的例外规定,大特保接受保险公司委托,有权在保险公司的经营险种及协议授权范围内,全部或部分代理保险经纪以外的其他业务,并不视为违反现行保险法的监管规定。

2. 大特保与保险人不构成技术开发合同法律关系

根据《民法典》第 851 条的规定,当事人之间就新产品、新品种、新工艺等的研究开发,所订立的合同属技术开发合同。在 MGA 模式下,传统保险公司为节约研发成本,提高经济效益,通常会选择与科技水平较高的互联网公司抑或保险中介合作,委托其研发新型网络保险产品。然而,技术开发合同中的新产品,是否与保险法语境下的新型网络险种作同义表述值得探究。

根据最高人民法院《关于审理技术合同纠纷案件适用法律若干问题的解释》第 17 条规定,技术开发合同中所称的新产品,是指当事人在订立合同时尚未掌握的技术方案,该类产品多指类似于专利、计算机软件、集成电路布图设计等具有实用价值的有形技术成果,此类新产品只有通过创造性的科研活动才能取得,具有较高的专业技术要求,研发失败风险较高。[②] 而大特保所从事的保险新产品研发,多指根据保险市场的发展情况,利用保险专业知识,不断推出的不同种类的保险产品,"保险产品"作为保险市场的基础"技术方案",早已为大众所知悉。

因此,技术开发合同中的新产品,与保险法语境下的网络保险产品,并非同一法律性质,不宜将大特保与保险人间的法律关系简单认定为技术开发合同关系。

(四)MGA 模式下的双方代理情形

代理人以一人而兼任两个当事人之代理,谓之双方代理。[③] 保险实务中,保险中

---

①《保险经纪人监管规定》第 37 条规定:"保险经纪人从事保险经纪业务不得超出承保公司的业务范围和经营区域;从事保险经纪业务涉及异地共保、异地承保和统括保单,中国保监会另有规定的,从其规定。"《保险代理人监管规定》第 42 条规定:"保险代理人从事保险代理业务不得超出被代理保险公司的业务范围和经营区域;保险专业代理机构从事保险代理业务涉及异地共保、异地承保和统括保单,国务院保险监督管理机构另有规定的,从其规定。"

②郭明瑞:《合同法通义》,商务印书馆 2020 年版,第 518、531 页。

③最高人民法院民法典贯彻实施领导小组:《中华人民共和国民法典总则编理解与适用(下)》,人民法院出版社 2020 年版,第 342 页。

介在帮助被保险人寻找最适合的保险产品之时,可能被视为投保人抑或被保险人的代理人。然而,在某些特殊情况下,保险中介在确定了拟购买的保险产品后,可在保险人的授权下代替保险人签发保单。此时,保险中介同时具备了保险人之代理人的身份。据此,立法层面为维护被代理人的利益,对代理人行使代理权做出了相应限制,禁止代理人从事双方代理。

民法上的双方代理者,是指代理人同时为本人,又为第三人的代理人。在互联网保险的语境之下,一方面,大特保作为保险经纪人,须代表投保人利益为投保人寻找合适的保险人,大特保与投保人之间可能构成委托代理法律关系;另一方面,大特保在未突破与保险公司所签委托合同的经营险种及业务范围时,与保险公司之间也可能形成委托代理法律关系。是故,在 MGA 模式下,大特保与其他法律主体所形成的复杂的民事法律关系,使其在保险实践中存在着"双重代理"的法律风险。

(五)MGA 模式下的渠道业务风险

在投保人与保险人订立保险合同前,大特保作为保险经纪人可以为投保人拟定投保方案、选择保险公司、办理投保手续等。处于 MGA 模式下,大特保若是同时已经接受保险公司委托,代理保险公司从事保险产品定制、市场营销、精算定价、理赔管理等其他业务,如何明确大特保的主体身份及责任承担,如何保障投保人的知情权益,值得探究。

此外,大特保基于保险公司授权,可为保险公司研发新型保险产品,成为该保险产品的管理型总代理。对投保人而言,其并未知晓二者的内部研发事宜。若保险公司与大特保达成利益分享、风险共担的合作关系,大特保亦属所研发保险产品的共有主体,有关保险产品的信息披露,是按保险经纪标准、管理型总代理标准抑或保险共有人标准,未有定论。至此,大特保基于多重主体身份,引发双重代理、信息披露、责任承担等多项渠道业务风险,亟待解决。

四、MGA 模式下的大特保生存法则构建

大特保作为国内首个落地 MGA 模式的保险经纪公司。现阶段,其主营业务逐步向互联网保险领域转变。[①] 根据《监管办法》第 2 条的规定,传统保险中介所为的保险代理与保险经纪业务,在依托互联网平台运行后,均具备互联网保险业务的法律性质。我国《监管办法》并未区分互联网保险代理抑或互联网保险经纪业务,二者在本质上

---

① 闫诗琪、刘晓:《深度解读:管理型总代理模式赋能保险中介》,载未央网 2021 年 2 月 4 日,https://www.weiyangx.com/380328.htm。

均纳入互联网保险的监管范畴。对大特保而言,其如何在现行保险监管体制下,构建相应生存法则至关重要。

(一)梳理 MGA 模式下大特保所涉及的不同法律关系

如前所述,在 MGA 模式下,大特保作为保险经纪人,其在从事保险经纪抑或 MGA 渠道业务时:对投保人而言,二者既非承揽关系,亦非居间关系,双方可能构成委托代理法律关系;对保险人而言,二者属于法律及事实上的委托代理法律关系,即便大特保可代替保险人研发保险产品,但双方不构成技术开发合同法律关系;就定制保险产品的归属问题,若保险人与大特保约定,二者共同享有该产品的所有权,大特保在与投保人、被保险人交涉时,须向交易方说明此情况,保障对方的知情权。鉴于最终的出单主体为保险人,故大特保与投保人等不构成保险合同法律关系。就大特保对投保人、保险人而言,可能存在"双方代理"的法律风险问题,大特保就同一保险业务只能择一为代理行为。

(二)厘清大特保拓展 MGA 渠道业务的规范要点

对于传统保险代理与保险经纪业务而言,其在事前准入、事中经营、事后监管的过程中均有所不同。然而,对大特保而言,其是否有必要在从事互联网保险业务、拓展 MGA 渠道业务时同样一以贯之,不无争议。

1. 有必要在事前准入阶段区分保险代理与保险经纪义务

根据《保险经纪人监管规定》第 6 条、第 7 条、第 8 条的规定,在传统的保险市场准入阶段,大特保须符合一定的积极资格与消极资格。积极资格方面:组织形式为有限责任或股份有限公司、股本合法且为实缴货币资金、注册资本有最低额限制且必须托管、具备营业执照、公司章程、公司名称等;消极资格方面:5 年内未受到刑罚或者重大刑事处罚、未涉嫌重大违法犯罪、不存在严重失信行为等。此外,大特保依托互联网平台,经营网络保险产品,还需符合《规范通知》第(五)(六)条规定:①满足互联网保险业务、销售管理、运营管理条件;②具备在线投保、核保、承保、服务的运营能力;③符合互联网保险在线服务标准;④分离客服人员薪资给付与业务销售考核;⑤经营范围限于意外险、健康险(除护理险)、定期寿险等。

目前我国金融市场主要采取"分业经营、分业监管"的基本政策,虽有银保监会等监管机构的合并,但整体上如银行、保险、证券等不同金融行业均颁布有不同的金融法规,受不同金融监管机构所监督。为规范金融营业行为,实现金融体系的有序化发展,立法层面对不同金融行业设立有不同的准入条件及资质许可,此系维护金融市场稳步发展的重要程序支撑。

是故,大特保在拓展 MGA 渠道业务时,在事前程序性监管阶段,仍有必要以传统业务许可及准入条件为依据,即:首先按《保险经纪人监管规定》第6条、第7条等规定,监管机构根据保险经纪人的市场准入条件,许可大特保开展保险经纪业务;其次根据《监管办法》及《规范通知》的规定,审核大特保是否具备互联网保险中介资质。

2. 宜在事中经营阶段细化保险人的具体授权规则

现阶段,大特保主营业务逐步向互联网保险领域过渡。国内《监管办法》并未明确区分互联网保险代理抑或互联网保险经纪业务。此时,若是监管部门对不同保险业务进行严格限制,明令禁止大特保不得从事除保险经纪业务以外的其他保险业务,实际上将传统保险代理及保险经纪业务的区分标准,强化适用于互联网保险领域,一定程度可能产生僵化适用保险法规范的风险,加重保险监管负担。因此,对于MGA模式下大特保从事渠道业务的营业行为,一方面不宜"一刀切"式地全部禁止,另一方面亦不应完全放任其自由发展而不加以限制。

在历经事前准入阶段的程序性监管以后,到事中经营阶段需将规范重心转变为授权监管。即从能够授权大特保从事其他业务的授权主体——保险人出发,对其授权权限进行相应的细化,在符合现行法规的前提下尊重保险当事人间的意思自治。通过区分MGA模式下,保险人一般授权与特殊授权的不同法律后果、责任承担范围,规定不同授权基础上的大特保、保险人信息披露原则,保障投保人、被保险人的合法知情权。对因未予披露信息,导致投保人一方受损的情形,除普通民事责任外,还应规定相应的行政处罚措施,以授权监管规定,规范大特保的渠道业务拓展行为。

3. 在事后监督阶段避免以监管规定否定授权协议的法律效力

保险人授权大特保从事MGA渠道业务,其意思自治行为与严格界分保险代理与保险经纪之间并不是非此即彼、互相矛盾的关系。对于MGA模式是否对国内传统保险制度带来挑战,不应仅局限于以现有保险监管法规一概加以严格限制。具言之,通过比较保险人对保险经纪公司的授权行为,严格区分该授权行为对保险市场、保险合同相对人的影响,实质划定一个合理的保险人授权范围,对利益相关人的影响最小。若保险人与保险经纪人签订的委托协议,既未突破保险公司险种范围和经营区域,亦未损害投保人、被保险人等的利益,该协议应属有效,不能仅以程序性监管法规便径行否定保险人与MGA公司所签授权协议的法律效力。

(三)明确《监管办法》第58条规定的法律性质

1.《监管办法》第58条并非补充性条款

对实践中经营的保险经纪业务类型,《保险经纪人监管规定》无法穷尽并预测一切可能的情形。因此,借助兜底条款这一立法技术,由中国银保监会对后续具体类别做出概括性补充规定,能够实现法律涵盖范围的最大化。根据《保险经纪人监管规定》第 36 条第 5 款规定①,中国银保监会有权对未列明的保险经纪业务做出兜底性规定。而《监管办法》第 58 条是否属于前述兜底情形,其法律性质究竟为效力性强制性规定,抑或管理性强制性规定,直接影响保险人与大特保签订的授权协议效力。

从《监管办法》第 58 条规定的内容出发,在互联网保险领域内保险人能够在其险种范围和经营区域内,通过意定授权赋予保险经纪人整体性的管理型总代理权限。如前所述,该《监管办法》第 58 条规定宜被理解为是对保险人意定授权的隐性认可,并非对保险经纪业务类别的补充性规定,其与《保险经纪人监管规定》中所规定的保险经纪业务类型明显不同,故并不属于相应的兜底性条款。

2.《监管办法》第 58 条为管理性强制性规定

《监管办法》第 58 条规定若为效力性强制规定,保险经纪人从事 MGA 渠道业务,突破传统保险经纪范畴,所签委托协议无效;若为管理性强制规定,保险人在经营险种与业务范围之内进行意定授权许可经纪人从事 MGA 渠道业务,此举属于当事人通过意思自治所订立的契约且未超出立法原义,授权协议并不因此无效。原《中华人民共和国合同法》第 52 条第 5 项规定的合同无效情形,现一律以《民法典》第 143 条的规定为准,即违反法律、行政法规的强制性规定,民事法律行为无效。关于效力性强制规定与管理性强制规定的区分,需要注意的是,强制性规定一般以"应当""必须""不得"等用语,提醒当事人必须严格遵守而不得随意以协议交易改变。② 但由于文字表意的局限性,立法者在制定法律法规条文时,所使用的文字常常背离立法原意。

因此,从文义方面理解并适用国内的立法及司法解释,可能产生一定的不确定性和危险性。从目的层面区分,效力性强制性规定旨在否定民商事法律行为的效力,如不否定合同效力,将损害社会公共利益。而管理性强制性规定旨在维护行政管理秩序,并非否定民商事法律行为的效力,若违反管理性强制规定,一般处以行政处罚。③ 区分管理性与效力性强制规定时,应考虑如下因素:①该强制性规定是否直接表明违反该规定的合同应认定无效;②该强制性规定制定目的是否为禁止民商事法律行为的效力;③虽无前述明确规定,但该强制性规定是否涉及社会公共利益或者国家利益的保护问题。④

---

①《保险经纪人监管规定》第 36 条规定:"保险经纪人可以经营下列全部或者部分业务:(一)为投保人拟订投保方案、选择保险公司以及办理投保手续;(二)协助被保险人或者受益人进行索赔;(三)再保险经纪业务;(四)为委托人提供防灾、防损或者风险评估、风险管理咨询服务;(五)中国保监会规定的与保险经纪有关的其他业务。"

②晏芳:《格式合同的司法规制研究》,中国政法大学出版社 2019 年版,第 250 页。

③黄建中:《合同法总则·重点疑点难点问题判解研究》,人民法院出版社 2005 年版,第 192 页。

④最高人民法院民事审判第二庭编:《合同案件审判指导(增订版)》,法律出版社 2018 年版,第 159 页。

综上所述,首先,《监管办法》第58条规定并未直接表明违反该规定,保险中介与保险人签订的保险合同即为无效;其次,该强制性规定的设立目的,并非否定保险中介与保险人订立的委托协议效力,其仅在为规范互联网保险市场秩序,限制保险中介不得突破保险人的经营险种与业务范围为代理行为;最后,该强制规定更多规范的是保险中介的合法经营行为,属于民法以外的法律规范目的。① 因此,该规定并非效力性强制规定,应属管理性强制规定,即便保险中介违反该规定,并不必然导致对其与保险人签订的委托协议效力的绝对否定。

(四)有条件地区分 MGA 模式下的保险代理与保险经纪业务

MGA 又称管理型总代理,是一种特殊的保险中介模式,指保险经纪人在基本经纪业务范畴以外,经保险人委托授权,将其承保权限授权给一家代理人,为保险人履行一部分管理和承保功能。在此模式下,按照《保险经纪人监管规定》《保险法》的相关规定,保险经纪人原本可从事的保险经纪业务,仅限于为投保人拟订投保方案、选择保险公司、办理投保手续等。现根据《监管办法》第58条的规定,保险经纪人作为保险中介,可在不超过保险人的经营险种和业务范围前提下,合法代理保险人其他保险业务。即原本仅能由保险代理人从事的保险代理业务,现通过保险人的合法授权,保险经纪人亦能从事。

因此,在 MGA 模式下,保险代理与保险经纪除在市场准入阶段有必要加以区分,其他阶段是否及如何区分争议较大,须予明确。

1. 英美法系的区分立场

在英美法系国家中,保险代理与保险经纪的界限张力并不明显,其保险经纪人概念与大陆法系国家有所不同。依照这些国家的成文法和判例法,保险经纪人也属于保险代理人的一类。② 在英美法系国家的保险立法中,保险经纪人通常情形下被视为被保险人的代理人。③ 但是在保险实践中,保险业务链条上的所有职能,包括保险产品研发、风险定价、渠道分销、承保理赔等,都可以成为保险经纪人接受授权可予开展的业务范围。④

因而,保险经纪人在从事上述事项时,从广义层面理解,都是在对市场上的保险产品进行分析研判的基础上选择最适合的消费对象进行推销。或者反过来为特定主体

---

①崔建远:《合同法总论(上)》,中国人民大学出版社2008年版,第283页。

②贾林青:《保险法(第六版)》,中国人民大学出版社2020年版,第367页。

③FRANCIS M. GREGORY, DAVID T. SHELLEDY: *Common Law Liability of Managing General Agents to Reinsurer Principals*, p. 110.

④中国保险行业协会:《国际保险中介市场发展及监管体系研究》,中国财政经济出版社2022年版,第26页。

选择最适合其要求的保险产品,并代他人(保险人或被保险人)处理保险索赔与理赔的有关事项。是故,英美法系将保险经纪人视为广义保险代理人中的一种分类,并未主张将保险经纪和保险代理在传统保险抑或互联网保险语境下实现完全的区分,符合域外保险实务情况。

2.国内保险立法的区分立场

我国《保险法》中通过严格区分保险代理与保险经纪,旨在细化保险业务的不同类别,明确保险合同双方的权利义务内容,实现缔约能力的平衡。但在 MGA 模式以及互联网保险业务中,是否有必要一成不变地加以适用,宜进一步讨论。在保险合同订立过程中,保险人凭资金实力、专业知识、格式合同提供方等因素一般处于优势地位,而投保人、被保险人则处于弱势。立法者引入保险中介主体,通过保险中介为弱势一方提供一定的帮助与救济,旨在弥补保险合同当事人间的利益失衡缺口。然而,在保险实践中,作为代理人的保险经纪收入,并非来自被代理人而是来自保险人,这就使得前述对保险经纪人的法律界定出现理论上的困惑。因此,虽有学者认为,我国立法应当参照英美法系的做法,将保险代理人与保险经纪人不做划分,统一称为保险代理人[①],实不尽然。

代理制度有广义与狭义代理之分,国内立法与实践一般采用狭义代理概念,而英美法系采用广义代理概念。笔者认为,不宜仅认为以统一保险代理、保险经纪概念,即可消弭二者间的张力。国内 MGA 模式处于初创阶段,在市场准入阶段以保险代理与保险经纪做严格区分,沿用现行的基本保险制度,能够实现初级 MGA 模式与我国传统保险制度的调和。然而,在拓展 MGA 渠道业务的事中、事后阶段,若仍然加以严格区分,不仅会在一定程度上阻碍 MGA 模式的发展,而且对所涉及的互联网保险业务亦产生较大监管压力。

因此,在现有保险代理与保险经纪制度相分离的基础上,应当有条件地对二者加以区分。即:①事前准入阶段,监管机构仍按保险代理抑或保险经纪准入条件,实施经营许可;②事中经营阶段,保险中介采用 MGA 模式管理互联网保险业务,保险人在未突破经营险种和业务范围的情形下,可不以保险代理与保险经纪做严格区分;③对管理型总代理授权须细化监管规定,严格信息披露制度,保障投保人、被保险人等的知情权;④非 MGA 模式的保险中介,经营互联网保险业务,应以《监管办法》《规范通知》为准,对同一保险业务,不得既为保险代理,又为保险经纪。

---

①马宁:《保险经纪人法律地位的重新界定——质疑保险代理人与保险经纪人之区分》,载《政治与法律》2010 年第 9 期,第 112 页。陈文涛:《论我国保险经纪人的法律地位》,载《武汉大学学报(哲学社会科学版)》2009 年第 2 期,第 174 页。

（五）引入再保险制度分散 MGA 渠道业务风险

目前,国内 MGA 模式(管理型总代理)总体处于初步发展阶段,尚未形成大型、专业、成熟的超级 MGA,多数是以取得保险经纪业务许可为依托,借保险人的合法意定授权开展相应的渠道业务。因此,通过厘清 MGA 渠道业务的规范要点,在互联网保险领域内有条件地区分保险代理与保险经纪业务,能够为国内 MGA 过渡为超级 MGA 奠定有效基础。

值得注意的是,因国内 MGA 公司具备多重主体身份,能否完全承担作为管理型总代理所承载的合同责任有待考量。对保险人而言,需就 MGA 业务引入再保险制度,分散保险中介的业务风险。具体而言,在 MGA 模式下,保险人对大特保的全部或部分业务授权,最后承保、出单主体均为保险人本人。若因原保险契约发生保险事故,保险人对原被保险人无法承担的保险给付之责,需寻求另外的补充支持方式。是故,在国内 MGA 模式下通过凭借再保险人之力分担,一方面可填补原保险契约的给付责任,另一方面能够对 MGA 业务风险实现有效分担,体现双重保障的法律效果。

（责任编辑：周博惟）

论行政复议机关做被告的正当性及其限度

赵汝慧①

摘　要:复议机关能否以被告身份参与行政诉讼,既是行政法学理的争议焦点,亦是我国立法变革的关键节点。当前,关于行政复议机关做被告的问题,主要存在"全部被告说""部分被告说"和"全部非被告说"三种学理观点,且均已在我国《行政诉讼法》《行政复议法》的立法变迁中得到认可。综合行政复议制度"行政性""准司法性"的两种本质属性,以及"权利救济""内部监督""解决行政争议"的三种制度功效,本文就该问题提出了新"部分被告说"的观点,引入了"实质正义"的审理观念:原则上复议机关应当做被告,但有一定的限度要求,只有在复议决定维持了实质违法的行政行为时,复议机关方可摆脱做被告之命运。此外,还应在该学说之基础上予以相应的制度回应:在立法层面,厘清经复议案件被告确定规则属于《行政诉讼法》而非《行政复议法》的立法范畴;在司法层面,应当取消允许复议机关事后补正规定、建议司法审查复议决定;在配套制度层面,加强复议机关内部专业性建设等,以期行政复议制度在成为"化解行政争议的主渠道"的轨道上合理运行。

关键词:复议机关　双被告制度　行政诉讼被告　行政复议独立性

一、行政复议机关被告地位的制度考察与学理争议

行政复议机关能否作为诉讼被告是复议体制改革中的争论焦点,在形式上属于复议与诉讼程序衔接的关键节点,在实质上关乎立法者对于复议制度角色定位的价值取向。立法的变迁既有实务的裁量,也有理论的考究,但都彰显出复议机关做被告问题的复杂性与争议性。行政复议机关能否以被告身份参与行政诉讼,在何种条件下可以作为被告,做被告的限度又是如何,其标准亟待进一步明晰。

---

①赵汝慧,东南大学法学院硕士研究生。

（一）行政复议机关被告地位的制度考察

"部分被告说"的观点可以追溯至 1989 年《中华人民共和国行政诉讼法》（以下简称《行政诉讼法》）。该法第 25 条第 2 款规定："经复议的案件，复议机关决定维持原具体行政行为的，作出原具体行政行为的行政机关是被告；复议机关改变原具体行政行为的，复议机关是被告。"《中华人民共和国行政复议条例》《中华人民共和国行政复议法》针对复议机关被告问题的规定对《行政诉讼法》亦步亦趋。国务院在 1990 年颁布的《行政复议条例》第 47 条中规定："除法律规定终局的复议外，申请人对复议决定不服的，可以在收到复议决定书之日起 15 日内，或者法律、法规规定的其他期限内向人民法院起诉。"该观点在 1999 年的《行政复议法》中得到延续。

"全部被告说"的观点出现于 2014 年新《行政诉讼法》中。自 1989 年《行政诉讼法》实行以来，历年复议统计数据显示，我国的行政复议维持率居高不下，立法者将问题症结归于 1989 年《行政诉讼法》中规定的复议机关被告制度：有些行政复议机关为了避免在诉讼中成为被告，一味选择维持原行政行为，导致本应撤销和改变的行政行为没有得到及时的纠正。修改后的新《行政诉讼法》第 26 条第 2 款和第 3 款规定："经复议的案件，复议机关决定维持原行政行为的，作出原行政行为的行政机关和复议机关是共同被告；复议机关改变原行政行为的，复议机关是被告。"2018 年起实施的《最高人民法院关于适用〈中华人民共和国行政诉讼法〉的解释》（以下简称《行政诉讼法司法解释》）第 134 条第 1 款随之规定："……原告只起诉作出原行政行为的行政机关或者复议机关的，人民法院应当告知原告追加被告。原告不同意追加的，人民法院应当将另一机关列为共同被告。"换言之，即便行政相对人在诉讼中遗漏了复议机关为被告，或拒绝复议机关为被告，人民法院也应当强制将复议机关追加为被告。因此，无论复议机关作出何种选择，都可能成为诉讼的被告，借此可以倒逼复议机关认真履职，从而扭转复议维持率高、纠纷解决效果差等问题。

"全部非被告说"在 2020 年公布的《中华人民共和国行政复议法（修订）（征求意见稿）》（以下简称《征求意见稿》）中首度登台。其第 10 条规定："公民、法人或者其他组织对行政复议决定不服的，应当就原行政行为向人民法院提起行政诉讼，但是法律规定行政复议决定为最终裁决的除外。"这也意味着复议机关将不再担任诉讼被告。为了匹配转变后的被告规则，《征求意见稿》第 84 条第 2 款直接调整了复议决定的效力形态："行政复议决定书作出后，法定起诉期限内申请人、第三人未就原行政行为提起行政诉讼的，行政复议决定自法定起诉期限届满之日起生效。"

然而，2022 年 10 月，《中华人民共和国行政复议法（草案）》（以下简称《草案》）却取消了《征求意见稿》第 10 条的规定，《草案》第 9 条规定："公民、法人或者其他组织对行政复议决定不服的，可以依照行政诉讼法的规定向人民法院提起行政诉讼，但是法律规定行政复议决定为最终裁决的除外。"不难猜测,或许立法者对于《征求意见稿》中这种颠覆性的尝试颇为忌惮,抑或在《行政复议法》中规定诉讼被告问题本身便有不妥之处。如果《草案》得以实施,那么现行的复议机关做被告制度将依然延续2014年《行政诉讼法》中所规定的"双被告制度"。

当前,学界针对复议机关被告地位的研究多集中于对于新《行政诉讼法》确立的复议维持情形下"双被告制度"制度的评价或建议,从行政复议整体观出发研究其被告地位的学术资料相对较为稀少。解决这个问题,应从复议制度的全局出发,而非仅限缩于复议维持情形。既不能通过"非此即彼"的判断来确定复议机关的被告地位,亦不能简单粗糙地通过不同的复议决定类型来区分复议机关是否做被告的标准,法律规范的制定需结合复议机关自身性质及其功能之间不同的位阶排序来探索其做被告的具体限度。

(二)行政复议机关被告地位的学理争议

1."全部被告说"

"全部被告说"意味着无论复议机关针对行政相对人的申请作出何种决定,在相对人决定提起诉讼时,复议机关都应当成为诉讼的被告。我国"全部被告说"具有较为明显的问题导向性,是针对实务特定问题(复议"维持会"现象)而设计的专有制度。在理论上,"全部被告说"所能达到的效果是促使复议"维持会"的现象尽快扭转,从而实现行政争议实质意义上的解决,最后在实践中使行政复议的采用率逐渐提升,多元化行政纠纷解决机制齐头并进的局面也因此形成,大大缓解了诉讼、信访所承受的压力。实践证明,这种被告制度在短期内对于其所欲解决的问题也有一定的成效。[1]

2."全部非被告说"

"全部非被告说"全然否定了复议机关在诉讼中的被告地位。这种观点认为,复议权力来源于法律授权,与普通的行政权属于并列关系,而非隶属关系。[2] 作为解决行政争议的救济性制度,复议制度要求复议机关在解决纠纷的过程中发挥居中裁判的作用,如果将复议机关的行为纳入司法审查的范畴,则忽略了复议机关居中裁判的本质属性。该学说最大的优势在于在实务中降低了复议机关作决定的成本,这样复议机关将永无当被告之忧,从而确保其公正、独立处理案件,达到使行政争议得到实质性解决的功效。[3] 由于行政争议是由原具体行政行为引发的,争议的解决主要应该针对原

---

①俞祺:《复议机关作共同被告制度实效考》,载《中国法学》2018年第6期,第194页。

②青锋、张水海:《行政复议机关在行政诉讼中作被告问题的反思》,载《行政法学研究》2013年第1期,第9页。

③湛中乐:《论行政复议法的修改与完善》,载《中国工商管理研究》2005年第7期,第4页。

具体行政行为进行判断和调整,如果由司法机关对行政复议决定进行判断和调整,不仅与法理不符,而且不利于及时有效化解原始矛盾和问题,反而增加了行政机关的成本和当事人的讼累。①

3. "部分被告说"

"部分被告说"是一种折中主义的理论观点,也是在2014年新《行政诉讼法》修订之前我国的固有规则。我国曾经所实行的"部分被告说"以复议结果作为基础划分标准:在复议改变的情形下,诉讼被告仅为复议机关;在复议维持的情形下,诉讼被告仅为原行政机关;在复议不作为的情形下,如果相对人针对复议机关不作为的行为提起诉讼,仅由复议机关做被告。

支持该观点的原因主要有三:①行政复议机关改变原具体行政行为时,行政复议决定是"代替原行政行为的实质性行政行为",原行政行为不复存在,因此应以复议机关为被告。② ②被维持的行政行为,由于没有实质性的新行为来消灭或替代之,因而仍在法律意义上存在,可以成为行政诉讼的标的。这样规定更便于举证责任的承担和实现,原行政机关对作出该行为的事实证据与法律依据应该最清楚,应以原行政机关为被告。③行政复议不作为时以行政复议机关为被告,赋予当事人选择权,有利于监督行政复议机关依法履行职责,使其更具有责任心。③

(三)行政复议机关被告地位的分歧症结

1. 行政复议的双重属性

行政复议机关能否作为行政诉讼的被告,其判定的根本依据在于立法者对于行政复议的性质定位以及主要功能的位阶排序。针对复议机关不同的定性会产生迥异的整体制度设计,而对于核心功能的不同选择则会导致相差悬殊的制度效应。

首先,从复议作出主体以及其所在的制度体系来说,行政复议具有行政性。在形式上,行政复议在形式上属于行政系统的一部分,其作出主体亦为行政机关;在实质上,尽管针对行政复议的"居中裁判说"逐渐走到台前,但"二次决定"的理论却再次肯定了行政复议"行政性"的特质④:由于主体身份和所在体制的独特性,复议机关在本质上属于原行政行为作出机关的上级领导,两方作出的决定在内部具有统一性,其裁决的中立性也必然受到一定程度上的影响,因此复议决定仍然属于针对行政相对人的

---

①李立:《复议机关该不该坐上被告席》,载《法制日报》2010年7月5日,第6版。

②蔡志方:《行政救济与行政法学》,台湾三民书局1993年版,第118页。

③黎军:《行政复议与行政诉讼之关系范畴研究》,载《法学评论》2004年第3期,第129页。

④余凌云:《取消"双被告"之后法院对行政复议决定的评判》,载《法学》2021年第5期,第60页。

行政行为,复议机关的诉讼被告地位也因而得以认可。① 同时,由于我国长久以来"以官为贵""官官相护"的历史文化因素,难以摒弃复议机关与原行政行为机关之间的亲密关系,那么在法律实务中,复议机关的"行政性"会在潜移默化中被无限放大,实际上无法满足"司法化"使其完全中立的期望。②

其次,从复议功效以及行为属性来说,行政复议亦具有准司法性。近年来,在多元化纠纷解决机制的倡导下,"将行政复议制度打造为行政争议的主渠道"成为《行政复议法》等相关法律法规修改的主要趋势。与行政诉讼相同,行政复议既是行政纠纷的解决机制,又是公民面对权利受损继而寻求救济的关键途径,有学者指出:"行政诉讼与诉愿之间的区别仅在于形式,而不在于实质。"③而且,由于行政复议机关身处行政系统内部,在审查行政行为时具有行政诉讼无可比拟的优势,既能判定行政行为的合法性,又可审核行政行为的合理性,故其审查的程度将更为严格。④ 因此,从该角度出发,与一般的行政行为不同,作为一种对于案件事实进行合法性、合理性判断的行为,行政复议具有"准司法性"的特征。

行政复议"行政性"和"准司法性"两种不同属性的特征延伸出针对复议机关能否做被告问题的不同学说。秉持"准司法性"观点的学者认为,所谓的"准司法权"本质上实为"司法权",复议"行政性"的特征仅是因为其在形式上属于行政系统的一环,才有"行政复议兼具行政性与准司法性"⑤,将行政复议机关列为被告的观点有待进一步考究;秉持"行政性"观点的学者则从行政复议"内部监督机制"的属性出发,认为行政复议机关以被告身份参与诉讼符合我国的基本国情。⑥ 笔者认为,若要判定复议机关能否作为诉讼被告以及其限度如何,两种属性不可偏废,复议的"行政性"面向行政系统外部,对外彰显行政系统内部的自我监督与纠正,而"准司法性"则面向行政系统内部,复议的程序依行政相对人自行申请而启动,复议机关对内以第三方的角色公正裁决行政相对人与原行政行为作出机关的纠纷,从而在公民权利受损时提供高效便捷的救济途径。两种属性并不是非此即彼的关系,而是彼此相互融合,以"行政性"补给"准司法性"专业程度不足之缺陷,以"准司法性"化解"行政性"先天弱势,促使纠纷

①党宪中:《当事人不服环境行政机关居间处理的诉讼性质——也谈"环保局是否应为被告"》,载《中国环境管理》1990年第6期,第6页。

②熊樟林:《行政复议机关做被告的理论逻辑》,载《法学》2021年第7期,第180页。

③[日]美浓部达吉:《行政裁判法》,邓定人译,中国政法大学出版社2005年版,第29页。

④江必新、梁凤云:《最高人民法院新行政诉讼法司法解释理解与适用》,中国法制出版社2015年版,第66页。

⑤王青斌:《反思行政复议机关作共同被告制度》,载《政治与法律》2019年第7期,第122页。

⑥熊樟林:《行政复议机关做被告的理论逻辑》,载《法学》2021年第7期,第180页。

得以公正解决。① 因而判定复议机关的被告地位不能简单地以"是"或"否"来作答案,应当寻求两种属性的平衡点,探究具体限度。

2.行政复议的制度功效

行政复议机关被告地位的判定亦与立法者欲复议达到的制度功效有密不可分的关联。自我国行政复议体制诞生伊始,立法者便赋予了行政复议"权利救济""内部监督"以及"解决行政争议"三项制度功效的高度期望,近年来,学界就三种功效的重要性排序还存在多种观点,成为导致复议机关的被告地位多重争议的原因之一。

在实践中,强调某一种功效占据主导型地位,或对于三者重要性进行位阶判断属于较为常见的观点。虽然复议机关是三种功效的制度集合体,但三者在实际作用中存在较为明显的主次之分。秉持该观点的学者多将"权利救济"置于行政复议三种制度功效之首,在侧重维权的核心目的前提之下,同时兼顾监督与解纷功效。② 根据应松年教授所言,"通过解决行政争议,监督行政机关依法行使职权,保护公民、法人和其他组织的合法权益"③,由此可以得出权利救济方才是行政复议的终极目标,解决争议只是达到目标的手段,而内部监督是利用该手段达成目标时所能获得的反馈。④ 抑或是三者有相应的位阶次序,应依次以解纷、监督、救济的次序层层递进,从而实现最终复议的终极目标。⑤

同时,强调三种功效并驾齐驱、"三位一体"亦是较为流行的观点。虽有不尽相同的目的,但三者的内涵具有互融互通之处,因而在顶层设计中不可偏废,不能侧重任意一方。⑥ 换言之,三种功能不能独立存在,应集合于一体共同为复议制度添彩,强调次序或位阶则打破了这种统一性,也制造了三种功效之间紧张的对立关系,不能准确地与复议体制创设伊始的目的所契合。⑦

在解决行政复议机关被告地位的问题上,行政复议的三种制度功效必然有位阶次序可言。三者并重看似是一种理想化的立法理念,实则在操作过程中会造成具体规则的紊乱:既要强调内部监督、权利救济,实现实质意义上的公平,那么复议机关做被告

---

① 曹鎏:《作为化解行政争议主渠道的行政复议:功能反思及路径优化》,载《中国法学》2020年第2期,第168页。

② 甘臧春、柳泽华:《行政复议主导功能辨析》,载《行政法学研究》2017年第5期,第3页。

③ 应松年:《对〈行政复议法〉修改的意见》,载《行政法学研究》2019年第2期,第3页。

④ 陈序溢:《对"复议机关不当被告"的审视与思考——兼评〈行政复议法(修订)(征求意见稿)〉第十条》,载《东南大学学报(哲学社会科学版)》2021年第2期,第81页。

⑤ 孔繁华:《从性质透视我国行政复议立法目的定位——兼与行政诉讼之比较》,载《社会科学辑刊》2017年第4期,第50页。

⑥ 柏杨:《"权利救济"与"内部监督"的复合——行政复议制度的功能分析》,载《行政法学研究》2007年第1期,第82页。

⑦ 张旭勇:《论行政复议的"三位一体"功能及其实现的制度优势——兼论〈行政复议法(征求意见稿)〉之完善》,载《苏州大学学报(哲学社会科学版)》2022年第3期,第101页。

显然对于实现行政相对人的权利主张更为有利;又要强调纠纷解决,实现效率的提升,那么复议机关"准司法性"的特质则更为明显,此时复议机关不做被告显然为最佳选择。三者确实是行政复议体制中都不可偏废的制度功效,但在行政复议被告地位此类具体问题的立法倾向上应当有所取舍。但是否应当全然以"权利救济"作为主导性价值取向也有待进一步考究,毕竟如果过于强调救济功效,那么复议制度"高效、便捷"的优势便无法彰显,被告规则的设定应当在公平与效率之间寻求合适的平衡点。

二、行政复议机关被告地位的新"部分被告说"

(一)现有学说的缺陷检视

1."全部被告说"的现实困境

从短期实行效果来看,"全部被告说"并没有彻底扭转复议"维持会"的现状,并未达成立法预求复议制度成为行政诉讼争议解决主渠道的主要目的。新法实施以来,虽然复议维持率在短期内有所下降,但行政复议案件增长幅度却与行政诉讼案件增长幅度差距较大,复议制度仍无法与行政诉讼所比肩,与达成"构建多元化行政纠纷解决机制"的目标仍有较远的距离。① 同时,该制度高额的实施成本亦是众多反对者的立足点之一:强制性追加复议机关作为共同被告赋予相对人较重的心理压力,既要准备更多的应诉材料,又要承担较高级别行政机关对诉讼产生潜在影响致使胜诉率下降的后果②;在2014年《行政诉讼法》确立行政首长负责制的背景下,行政机关的负责人及工作人员疲于应诉,对复议体制的正常运转产生了负面影响。③

从长期实行功效来看,"全部被告说"既可能间接性地滋生行政机关为复议不作为率上升的后果,又具有使复议机关公信力下降的隐患。在复议维持与复议改变的情况下,如果当事人据此提起行政诉讼,复议机关不论如何都会成为被告,但在复议不作为的情形下,如果当事人提起诉讼,复议机关在理论上只有二分之一的可能性成为诉讼被告。但在实践中,相对人更迫于解决的问题更在于原行政行为,而非复议机关的不作为行为,因此复议机关成为被告的可能性只会更低,所以复议不作为极有可能成

---

①应松年:《把行政复议建成解决行政争议的主渠道》,载《光明日报》2017年8月24日,第15版。

②孙海涛、王红利:《复议机关作共同被告制度的困境与出路》,载《行政与法》2020年第7期,第120页。

③沈福俊:《复议机关共同被告制度之检视》,载《法学》2016年第6期,第108页。

为复议机关规避被告风险的避风港[1];同时,倘若复议机关全然作为被告出庭应诉,也势必影响其公信力,若长久为之,复议机关与原行政行为作出机关的统一性则会进一步加强,复议本身的独立性和公正性将会受到限制。

虽然"全部被告说"与我国的官本位历史文化背景相适应,但我们的长远目标是尽量规避这种弊端在行政体制中的影响,如果为契合这种文化设置该项制度,那么无疑是本末倒置,与我们欲求达成的效果背道而驰,不利于复议制度真正在解决争议方面发挥功能。综上,意图以"全部被告"的形式倒逼复议机关履职在长久看来并非良策,需另寻争议解决的出路,行政机关不可在任何情况下都担任被告。

2."全部非被告说"的理论窠臼

虽在比较法上有较多实践经验,但"全部非被告说"无法满足我国当下对于复议制度的基本期望。首先,"全部非被告说"在理论层面否认了我国行政复议制度的"行政性"。与英国的行政裁判所制度、美国的行政法官制度不同,我国的行政复议的作出机关仍然是行政机关,与原行政行为作出机关属于上下级关系,因此我国复议机关无法跳脱出行政系统实现完全中立。当复议机关所作出的决定影响了行政相对人实质权利义务时(例如:当复议机关对于相对人的复议申请置之不理或不予作为,那么就应当视为侵犯了相对人寻求救济的权利,该行为应当具有可诉性),否认复议机关的被告地位大有不妥之处。

其次,"全部非被告说"的改革过于理想化,在我国本土实践的条件尚未成熟。《征求意见稿》的改变与之前"全部被告说"制度形成了鲜明对比,但改革向来是循序渐进的,高歌猛进反而会有相反功效。当前针对原《行政诉讼法》所确立的复议被告制度的争议主要集中于复议维持的"双被告"规则,对于其他情形则争论较小,因而修法可以针对该制度做适当的微调,逐步引导复议制度向新的方向发展,况且被告地位的确定理应由《行政诉讼法》而非《行政复议法》来修正。我国本土的法律体制条件尚不能完全适应这种大刀阔斧的修正。这兴许也是《草案》取消《征求意见稿》该条规定的原因之一。

3.旧"部分被告说"的实务障碍

在2014年以前,学界和实务界已对我国1989年《行政诉讼法》依据旧"部分被告说"理论确立的复议机关被告制度有多重批判。[2] 最为诟病的缺陷即复议决定的高维持率,批判者自然而然地将这种状况与复议机关"多一事不如少一事"的态度结合起

---

[1]张少波:《行政复议制度监督纠错功能的实效困境——基于相关经验素材的分析》,载《行政法学研究》2021年第3期,第3页。

[2]青锋、张水海:《行政复议机关在行政诉讼中作被告问题的反思》,载《行政法学研究》2013年第1期,第9页。杨小军:《行政诉讼原告与被告资格制度的完善》,载《行政法学研究》2012年第2期,第21页。

来,认为该制度的实行产生了复议机关巧妙运用规则规避做被告风险的情况。这也是修法的直接原因。

"部分被告说"中对于"复议机关在何种条件下不做被告"有多种理论,各理论的区分标准在于复议机关成为被告的限度有所不同。旧"部分被告说"中,复议机关在形式上不同的复议决定成为区分复议机关是否担任被告的标准。这种区分规则虽然符合行政法的基本原理,但相对而言较为粗糙原始,并不能真正满足实务需求,这种理论往往属于无意识依随法理,未能与我国司法实践进行结合。

笔者认为,从行政复议的整体观出发,基于实用主义的立法逻辑,经复议案件的被告确定规则仍应当沿袭以复议结果为主要区别标准,这既符合诉讼便利原则的要求,也有利于法院审查案件事实。① 在此前提之下,"部分被告说"更符合我国的实际状况,也更有利于立法目的的实现。但"部分被告说"确立复议机关在何种情况下应为被告的标准与1989年《行政诉讼法》的规定不同,应当根据复议自身的性质与功能来界定。

(二)新"部分被告说"的提倡

1. 含义与主张

(1)原则上复议机关应当担任被告。我国当前《行政诉讼法》所规定的复议机关在"作出复议改变决定"和"复议不作为(逾期未作决定或不予受理)"的两种情况下担任诉讼被告具有值得肯定之处。复议机关在原则上担任诉讼被告,既遵循了行政法中的"谁行为谁负责"原理,又有我国当下行政复议制度运行情况的现实考究。

从法理逻辑上而言,第一,案件经复议后,如果复议机关对于原行政行为作出改变,原行政行为已被新的复议决定所覆盖,行政相对人所遵守和执行的决定应当为复议决定,而非原行政决定。② "实质性改变"的决定的诞生致使当事人与复议机关之间产生了新的行政法律关系,因而诉讼的被告应当转向复议机关。在这种情况下,诉讼的程序标的在实质上已消失,如果按照《征求意见稿》中的意见由行政相对人向原行政行为作出机关提起诉讼,那么被告将无法进行正常的举证和答辩,在这种情况下,复议机关必然要通过参与诉讼的形式来解决问题。且行政诉讼第三人的地位不能满足复议机关的应诉需求,唯有担任被告才能直截了当地化解行政纠纷。换言之,复议改变的决定并不是原行政行为的延续,具有一定的独立性,如果由原行政行为作出机关对复议机关的改变决定负责,便失之偏颇。因而,在复议决定对于原行政行为作出改

---

① 应松年:《回顾制定行政诉讼法时讨论的主要问题》,载《中国法律评论》2019年第2期,第3页。

② 梁君瑜:《复议维持"双被告制"之再检讨》,载《河北法学》2019年第6期,第73页。

变的情况下,复议机关自然应当担任被告。第二,当复议机关不作为(逾期未作决定或不予受理)时,其担任诉讼被告的规则亦应得到肯定。抛开原行政行为的正当性不言,复议机关拒绝受理行政相对人的复议请求时,其整个行为实际上是对当事人救济权利的侵犯,当事人有权针对该行为提起诉讼,通过司法审查的方式督促复议机关及时履行义务,维护行政相对人的复议救济权利,因而,在复议机关不作为且当事人针对其提起诉讼时,复议机关理应成为诉讼的被告。

就现实因素而言,对于行政复议予以合理的司法审查也是我国复议体制改革的基准,因此在复议机关的独立性尚待完善的情况下,其原则上应担任行政诉讼的被告。与英国行政裁判所制度有所差别的是,我国的复议制度始终置身于行政系统内,原行政行为作出机关与上级的复议机关未曾脱离上下直属的行政隶属关系。但英国的行政裁判所制度则在不断的改革中实现了完全的司法化,已经跳脱出行政系统,过渡到与法院系统比肩的阶段。① 在行政裁判所的起步阶段,其亦如当前我国的复议制度一样,定性存在模糊地带,"行政性"与"准司法性"不断碰撞,从而引发出诸多疑虑与困惑,恰如"揣在行政机关的口袋里"。② 但后来由于"司法性"大刀阔斧地前进,行政裁判所通过引进法院法官等方式实质上将该制度剥离了行政系统,融进了司法系统里,因而其具备了完全意义上的独立性,不再接受司法机关的审查,而是成为司法系统的一部分。而我国复议制度不然,所以更应坚持在原则上担任诉讼被告的规则,但这种原则受到"谁行为谁负责"原理的限制,被告的确认也应限定在一定的范围内,而非像"全部被告说"一样无限扩张,于此,既便于实现诉讼对于复议的监督,更有利于发挥复议机关自身的优势。

(2)例外情形下复议机关不做被告。在复议改变决定、复议不作为之外,复议决定的终局结果还有第三种情形:复议维持。前文业已论证,在复议机关选择作出改变决定抑或不作为时,复议机关应当作为被告出庭应诉,而在复议维持情形下,如果复议机关选择继续维持实质违法的行政行为,则属于较为严重的过失,因此,也应视该复议维持决定实质违法。在这种情况下,复议机关作为被告出庭应诉,更利于司法机关查明事实,也便于对于复议机关的监督。但如果复议维持决定所针对的原行政行为并没有实质违法,从节省诉讼和行政成本、尊重复议决定等角度考虑,复议机关应当不做被告。总之,原则上复议机关应当做被告,但在例外情形下,复议机关不做被告,这种例外情形,即:复议决定中的维持决定不存在实质违法的严重过失行为。

---

①郑磊、沈开举:《英国行政裁判所的最新改革及其启示》,载《行政法学研究》2009 年第 3 期,第 127 页。

②Cf. Justice Hickinbottom, "Tribunal Reform: A New Coherent System", Judicial Review15 (2001): 103.

从诉讼基础原理而言,原、被告的判定标准理应简明、扼要,不必过多牵扯行政合理性评价,否则就会导致门槛过高、浪费审判资源。但行政行为"实质违法"的判定标准相对而言较为基础和明显,对于法官的审判能力要求并不高,因此符合诉讼法中原被告主体的确定准则。且行政行为"实质违法"的程度较为严重,违背了法律原则和精神,因此,将"实质违法"纳入行政诉讼主体判定标准也具有较大的合理性。

从实在法角度而言,行政机关的裁量越出了合理的界限,就构成了实质上的违法。这种"实质违法"的标准反映到我国实在法规范层面即"明显不当"。行政裁判文书在确认行政行为合法性时经常使用"并无明显不当"的表述,但该表述在行政裁判文书中不是必需的,一般仅附在法律论证末尾,对行政行为的合法性予以确认。此时"明显不当"的含义基本等同于"违法"。我国 2014 年《行政诉讼法》所规定的"合理性审查原则"逐渐由追求"形式正义"向"实质正义"迈进,引入了行政行为"明显不当"的具体标准。这并不是对于合法性审查原则的突破,而是实质法治的要求①,因为"明显不当"属于实质上的违法。复议机关在作出复议维持决定的情形下,理论上不应成为被告。以问题为导向性的"双被告制度",在法理上违背了"先取证、后裁决"的基本原则,侵犯了行政相对人对于诉讼对象的处分权;在实践中增加了当事人应诉负累、产生管辖冲突。② 但如果复议机关对于明显不当的原行政行为依然作出维持决定,则违反了《行政复议法》对于复议维持前提条件的规定,即"具体行政行为认定事实清楚,证据确凿,适用依据正确,程序合法,内容适当的",此时选择维持明显不当行政行为的复议决定理应纳入司法审查的范围内。首先,若单纯以原行政行为作出机关为被告,那么违反法律规定的行政复议机关将脱离诉讼审查的范畴,复议决定亦不能得到及时的改正。其次,"明显不当"在实质上已经达到了违法的程度,无须以行政专业性知识为审理基础,因而法院对其审查并不存在较大的困难可言。

综上,笔者所秉持的新"部分被告说"整体规则是:第一,在复议改变的情形下,复议机关应当作为被告,且为单独被告,当事人无权再起诉原行政行为作出机关;第二,在复议不作为的情形下,如果当事人就复议机关的不作为提起诉讼,复议机关应当作为被告,且为单被告;第三,在复议维持的情形下,"实质违法"作为复议机关是否担任被告的关键节点。如果复议机关对于实质违法的行政行为作出维持决定,则应当担任诉讼被告,且应当与原行政行为作为共同被告;如果复议机关所维持的行政行为不存在实质违法的情形,则复议机关不可作为被告出庭。这种区分规则的理论基础在于 2014 年《行政诉讼法》所确立的追求实质正义的合法性审查原则,如果复议机关所作

①程琥:《行政诉讼合法性审查原则新探》,载《法律适用》2019 年第 19 期,第 75 页。
②陈锦波:《难以承受之重:行政复议双被告制之省思》,载《内蒙古社会科学》2022 年第 4 期,第 89 页。

的维持决定并非建立在实质违法的行政行为基础之上，便可以摆脱成为被告的命运。但如果复议机关维持了实质违法的行政行为，必然要接受诉讼的审查，如此既可实现行政相对人权利的救济，又可分清主次，尽快解决行政纠纷，在这两种价值取向的主导之下，达到了诉讼监督复议的制度功效。综上所述，复议机关不做被告具体限度的判定，应当在行政系统内实现相对超脱，但又以程序效率为基底，适当寻求司法的公正。① 本文的第三部分将针对复议维持情形下"实质违法"的具体确定标准展开探讨与论述。

2. 新"部分被告说"的正当性

笔者的立场为"部分被告说"，但与 1989 年《行政诉讼法》所确立的"部分被告说"有所不同。就我国当前立法与司法实践而言，最为适合的道路是：复议机关在原则上应当作为被告出庭应诉，但在特殊的情况下，复议机关不应作为被告。

但论证其正当性的前提是，本规则的适用应当寄希望于《行政诉讼法》的修订而非《行政复议法》。笔者认为，《草案》对于《征求意见稿》的修正值得肯定，因为《行政复议法》并不适合规定复议机关的被告地位问题，具体规则的修订应留待《行政诉讼法》来解决。从我国立法实践而言，复议机关的被告问题向来由《行政诉讼法》来作出详细规定，《行政复议法》仅在法律条文中对其予以确认；从法理依据而言，被告地位的判定实质上是诉讼法问题，故由《行政复议法》来规定该问题颇为不妥。② 复议机关原则上不做被告的观点，可以回归到复议自身的性质、功能位阶以及我国的基本国情方面来作证。

首先，行政复议机关在特殊情况下不为被告的理念符合复议制度的性质。从性质来说，前文已论证，我国的复议制度兼具行政性和准司法性的双重属性，不能站在以抛弃任何一方为前提的基准上作出规定，复议机关是否可以作为被告，向来不是一个"非此即彼"的问题。实际上，复议机关的两种属性并不冲突，二者彼此融合，共同打造了复议制度得天独厚的优势。复议制度"行政性"的特征肯定了在外部法院通过诉讼程序监督行政机关的正当性，这也是"复议机关在原则上应当作为被告出庭"的理论基础；但"准司法性"也在内部强调了复议机关做决定需要有一定的独立性，这并非意味着复议机关脱离了法院监督的范围，而是说在特殊情况下，当事人在实然层面针对的对象为原行政行为机关，而非复议机关。因此应当从"全部被告说"的理论中开一个豁口，允许复议机关在特定情况下不作为被告出庭应诉，从而实现复议制度行政性与准司法性的统一。

---

① 余凌云：《论行政复议法的修改》，载《清华法学》2013 年第 4 期，第 61 页。
② 梁凤云、朱晓宇：《关于行政复议法修改若干重大问题的思考》，载《浙江工商大学学报》2021年第 6 期，第 58 页。

其次,行政复议机关在特殊情况下不为被告的理念亦是对于行政复议的三项功能进行位阶排序的结果,整体上属于"权利救济"与"解决争议"在平衡中先于"内部监督"发挥作用的价值取向。虽然"在中国社会中,权利救济是至高无上的法律价值,应当及时回应广大人民群众的权利诉求"①,但如果缺乏对实务事实考虑的前提,一律将权利救济作为任何制度功能的首位,将会造成一系列的社会问题。为尽量实现行政相对人的权利救济,"全部被告说"赋予了相对人在不论何种情况下都可将复议机关作为被告的诉讼权利,这造成了行政成本的提升、相对人应诉压力的提高,以及可能有损复议机关公信力等社会问题,甚至从某种角度说,当事人在诉讼中自由选择被告的权益受到了一定程度上的侵害。因此,我们既要把"权利救济"纳入复议制度改革价值取向的前列,又应使"解决争议"的观念与"权利救济"齐头并进,至于"内部监督"的功能,则是在纠纷解决过程中的反映。因此,在适合的条件下,准许复议机关不作为被告出庭应诉,是公平与效率彼此权衡的自然结果。

最后,从我国当前的基本国情来说,复议机关在特殊情况下不为被告亦是符合我国当前立法与司法现实的一种制度。罗马并非一日建成的,改革也不可一蹴而就,应是一个循序渐进、渐入佳境的过程。我国的 1989 年《行政诉讼法》即确立了复议机关"部分被告说"的观点,在该法实行 20 年后,2014 年《行政诉讼法》仅在复议维持方面修改了部分规则,实际上迈入"全部被告说"的理论,但亦非采用了"绝对被告说",而是折中处理后的"相对被告说"。以英国为例,其"行政裁判所"制度完全司法化的进程历经了百年之久,以往的进程尚且如此小心而谨慎,当下修法的进度更不可过于急功近利,否则将会对于先前改革的成果造成毁损。因而,"原则上复议机关可以作为被告出庭应诉,而在特殊情况下允许复议机关不为被告"整体上符合复议制度改革的基本进程,既对 2014 年《行政诉讼法》修法后所出现的问题有所回应,又未过分脱离改革轨道。同时,在提倡"把行政复议打造为行政争议解决的主渠道"以及打造"多元化行政纠纷解决体制"的前提下,也应适当地对复议机关予以放权,肯定其在特殊情况下不做被告的可能性。

综上,在坚持复议机关原则上作为被告的前提下,允许复议机关在特殊情况下不做被告,具有在理论上、现实中的正当性。至于在何种情况下复议机关不做被告的具体区分限度和条件,需要在行政和司法实践的基础上,结合法理、预设后果进行细化。

(三)新"部分被告说"的适用规则

1. 原行政行为作出机关是否做共同被告

在不同的复议决定情境中,原行政行为作出机关能否与复议机关共同作为被

---

①章剑生:《论作为权利救济制度的行政复议》,载《法学》2021 年第 5 期,第 47 页。

告,是法规范层面难以回避的话题。与 2014 年《行政诉讼法》所确定的规则相同:如果复议机关对于原行政行为作出改变决定,由于原行政决定已被新决定所覆灭,行政相对人的争讼对象转移为复议决定,因此,原行政行为作出机关在行政诉讼中不得作为被告;如果复议机关未能履行复议职责,对于复议申请逾期未作决定或不予受理,当原告仅针对复议机关的不作为行为提起诉讼,其争讼的程序标的并非原行政行为,故此时原行政行为作出机关不应作为被告出庭。

但在新“部分被告说”中,还有一种复议机关担任被告的情形,即:复议机关对于实质违法的行政行为作出维持决定时,应当做被告。笔者认为,此时,由原行政行为作出机关与复议机关共同做诉讼的被告,更利于当事人合法权益的维护以及行政纠纷的解决。从现实层面来说,虽然“肯定了'实质违法'行政行为合法存在”的复议维持具有可纠性,但这种“实质违法”的最终根源在于原行政行为,其在作出阶段所依据的法律规范与支撑理由同样是司法审查的重要对象,因此,由原行政行为作出机关与复议机关共同担任被告,更便于司法机关全面审查事实,以实现行政相对人合法权益、推进行政纠纷的实质化解决。同时,这种共同被告规则的前提是对于行政相对人诉讼处分权的尊重。行政相对人作为行政诉讼中较为主动的一方,理应拥有对于自我的诉讼选择自由取舍的权利,因而立法者不得取缔这一选择权①,在诉讼中是否将复议机关纳为被告,由原告来决定:在复议决定维持“明显不当”的行政行为的行政诉讼中,如果当事人未将复议机关列为被告,法院应向当事人予以示明,若当事人同意,则应当以原行政行为作出机关和复议机关做共同被告;若当事人拒绝,不得强制将复议机关列为被告,应当以原行政行为作出机关为被告,但法院仍应将该复议决定纳入司法审查的对象,以便于实现司法对于行政复议的监督。

2. 复议维持决定“实质违法”的认定标准

当前,“实质违法”在实在法规范层面的表现即“明显不当”。2014 年《行政诉讼法》第 70 条第 6 项初次将“明显不当”纳入行政裁量司法审查的标准中,这并非立法者突破行政诉讼合法性审查的范畴,而是将行政裁量中极度不合理的情况纳入合法性审查的范围②,这种“极度不合理”或“实质违法”的情形可统称为“明显不当”。此项变更背负着立法者“加强行政裁量监督”的目的性预设。③ 但“明显不当”一语在我国法律规范层面并不是首次出现,早在 1999 年《行政复议法》即将“明显不当”的具体行

---

① 杨天航、王晓慧:《行政复议共同被告制度施行质效之再讨论——以行政复议法修订为契机的制度展望》,载上海市法学会《上海法学研究》集刊 2022 年第 23 卷《社会治理法治化研究文集》。

② 全国人大常委会法制工作委员会行政法室:《中华人民共和国行政诉讼法解读》,中国法制出版社 2014 年版,第 197 页。

③ 王正鑫:《行政行为“明显不当”的司法审查》,载《财经法学》2021 年第 5 期,第 41 页。

政行为列为行政复议审查的内容之一。① 对于"明显不当"的内涵,各方学者仍在上下求索之中,其与"滥用职权""显示公正"等概念彼此阡陌交错,尚未有较清晰的界定标准。有学者认为,"明显不当"仍隶属于合法范畴,无非是处理结果的畸轻畸重。② 但亦有学者认为,"明显不当"已超出合法性界限,构成实质违法。③ 笔者更赞同第二种观点,从当前的立法趋势而言,我国目前针对行政行为的司法审查更加强调实质正义,法院审查具体行政行为是否"明显不当",应从行政裁量"是否违背立法目的、是否遵循正当程序、是否遵守行政法基本原则"出发④,因此,"明显不当"的具体行政行为违背立法精神,与比例原则、信赖利益保护原则相悖,理应接受司法的审查。就新"部分被告说"而言,将"明显不当"作为复议机关是否担任诉讼被告的关键节点,首先,适应了2014年《行政诉讼法》的立法变迁,与立法趋势相呼应;其次,如果复议机关选择维持了"明显不当"的具体行政行为,则属于严重未能尽到复议审查职能的行为,其选择维持的法律依据及事实理由也必然存在严重错误,更应纳入司法审查的范围。

根据前述规范,行政行为是否存在实质违法的情形,具体认定标准主要有三:第一,原行政行为违背比例原则,复议维持决定未更改行为结果。若复议维持决定与比例原则中"必要性""适当性""均衡性"三项子原则任意一项所违背,即可认定为复议维持决定"明显不当",例:行政复议后的处理结果仍对当事人造成过重的不利影响,处理幅度畸轻畸重。第二,原行政行为违背平等原则,复议维持决定未实质保证公平实现。平等包括横向和纵向两个维度,既要求在同一事件中给予不同当事人平等的程序和实体权利,又要求在类型相同、事件不同的案件中考虑行政处事惯例,不得给予任何行政相对人以歧视或偏袒。⑤ 第三,复议维持决定违背正当程序或结果不合理,以致给复议申请人增加过度负担。在上述三种情形下,可以认定复议维持决定"明显不当",行政相对人在提起诉讼时,可以将复议机关列为被告。

①《行政复议法》(1999年)第28条第1款第(3)项第5目:"具体行政行为明显不当的,复议机关可以决定撤销、变更或者确认该具体行政行为违法。"

②胡建淼:《行政法学》,法律出版社2010年版,第491页。余凌云:《论行政诉讼上的合理性审查》,载《比较法研究》2022年第1期,第145页。

③何海波:《行政诉讼法》,法律出版社2011年版,第293页。

④沈岿:《行政诉讼确立"裁量明显不当"标准之义》,载《法商研究》2004年第4期,第27页。

⑤史笔、曹晟:《新〈行政诉讼法〉中行政行为"明显不当"的审查与判断》,载《法律适用》2016年第8期,第23页。

三、行政复议机关做被告的制度修缮

（一）立法层面：由《行政诉讼法》规定新"部分被告说"

行政复议机关是否担任诉讼被告的问题，应当隶属于《行政诉讼法》的立法范畴，《行政复议法》没有针对该问题的立法权限。所以 2020 年出台的《征求意见稿》第 10 条从诉讼法的学理角度而言存在较为明显的逻辑硬伤，应当及时修正，所以对于《草案》第 9 条回归"依照行政诉讼法的规定"的做法应予以肯定性评价。未来复议机关被告制度的变革应寄希望于《行政诉讼法》的修改。故针对复议机关被告资格问题最佳的解决方案为：由《行政诉讼法》修正为与 1989 年《行政诉讼法》有所不同的新"部分被告制"。

这种新"部分被告制"的具体规则是：面对复议机关改变原行政行为或不予作为时，当事人就复议决定提起行政诉讼，复议机关应当作为诉讼被告；但面对复议机关选择维持了原行政行为时，在原则上复议机关不应当作为被告参与诉讼，但如果原行政行为实质违法，复议机关仍采取了维持原行政行为的决定，那么复议机关可以作为被告。① 这种规则以行政行为实质违法作为复议机关不作被告的具体限度，建立于"法院审查行政行为合法性、复议机关审查行政行为合理性"原则的基础之上，既符合审理强度，又便于实现法院对于行政复议机关的监督，与 2014 年《行政诉讼法》的立法理念遥相呼应。

（二）司法层面：行政诉讼规则的更改与回应

1. 取消允许复议机关事后补证的规定

为与《行政诉讼法》所采纳的"全部被告说"理论相匹配，《行政诉讼法司法解释》第 135 条第 3 款做出规定，允许复议机关以在复议程序中依法收集、补充的证据作为认定原行政行为合法的依据。但笔者认为，该规定与现行《行政复议法》第 24 条"被申请人不得自行取证"的规定以及行政法"先取证、后裁决"的基本原理相抵触，理应取消。

"先取证、后裁决"原则是指行政复议机关在实施具体行政行为时候，须首先对于相关事实调查取证，在证据确实充分的前提下方能作出行政决定，该规定属于程序正义的基础性要求，因为在没有事实依据的前提下作出的判决是一种意定式的决定，难以实现行政程序正义与实体正义的平衡。目前，该原则在《行政复议法》中尚未有明

---

① 梁君瑜：《复议维持"双被告制"之再检讨》，载《河北法学》2019 年第 6 期，第 73 页。

确规定,但已在《行政处罚法》等行政单行法律中有所体现,例如《行政处罚法》第13条明确要求行政机关在执法过程中必须调查取证、查明事实,只有在证据确凿充分的情况下方能作出处罚决定;同时,《行政复议法》第24条要求被申请人不得自行向申请人、证人取证,这也意味着论证所诉行政行为合法性的依据应当来源于行政行为的实施程序中,一旦进入复议机关受理复议申请,则原行政行为作出机关便不得通过向申请人、证人调查取证以自证清白。在复议程序中,适当限制行政机关的取证权限,便于平衡其与申请人之间的诉讼地位,更利于行政纠纷的实质性解决。

但现行《行政诉讼法》所采纳的"全部被告说"理论默许复议机关以在复议程序中依法收集、补充的证据作为认定原行政行为合法的依据,这也意味着复议机关可以在争讼过程中对于原行政行为进行事后补正。我们不难猜测立法者的本意是在"全部被告说"制度下将复议机关的补正行为纳入诉讼程序标的,由此更便于经复议维持之诉讼的实质化审理。但该规定不仅与前述"先取证、后裁决"的行政原则相抵触,更难以与《行政复议法》中禁止被申请人在复议程序中自行取证的规定相对接。其反对依据主要有三:第一,与复议机关"准司法"定性不符。复议制度与诉讼制度共同隶属于行政纠纷解决体系,均有居中裁判、解决争议的特征,如果在复议过程中禁止原行政行为机关自行取证,却在诉讼过程中允许复议机关为原行政行为进行事后补正,则忽略了复议机关"准司法"的定性,长久来看,无益于公民对于复议机关的信任,更偏向于直接通过诉讼解决纠纷。第二,复议机关对于原行政行为进行事后补正以治愈原行政行为,将难以发挥行政诉讼对于原行政机关的监督功能。第三,由于行政诉讼中当事人双方天生不平衡的地位,如对强势的被告方予以事后补正行为的权限,本就处于弱势一方的原告的胜诉性将会得到削弱。综上,取消复议机关事后补证以证明原行政行为合法的法律规定具有极大的必要性、合理性,以此来适应新"部分被告说"的理论要求。

2. 建议司法独立审查复议决定

前文业已论证复议机关在特殊情况下不做被告的正当性。但如何在不做被告的前提下保证复议机关不利用规则逃避应有的审查义务,是法律规则设计应当考虑的核心问题。笔者认为,当复议机关不做被告时,法院既应对原行政行为进行审查,也应对复议决定进行独立性审查,包括复议决定维持原行为所依据的法律事实、证据及法律条文等内容,并对此作出相应判决。虽然在这种情况下,复议机关在形式上规避了出庭诉讼的风险,但其所作的复议决定在实质上依然处于司法机关的审理范围内,而法院的审理结果应当纳入行政机关考核的范畴之内,既便于节制诉讼资源,符合诉讼经济原则[①],又实现了对于复议机关的外部监督,促使其认真审理相关案件,积极履行复议职能。

如果复议决定的依据、判定结果符合法律规定,则应当对复议决定予以肯定性评价;但如果复议决定存在违法性事由,法院应当判决撤销或变更复议决定,或者直接确认违法。将法院对复议决定的审理纳入行政机关绩效考核的评价体系内,如果肯定性评价居多,则复议机关积极履职率则越高;如果撤销、变更决定居多,则复议机关的问题也越多。相反,如果单纯地以"复议维持率"来评判复议机关的工作成效则难以反映复议机关真实的工作成果,因为在某些维持决定的背后,可能仍然属于复议机关付出了较大的心血进行合理性审查的结果,而非是一味地逃避诉讼责任。

但需要注意的是,法院应当对复议决定与原行政行为的审理有所区分,给予复议决定适度的宽限。[②] 如果行政诉讼发展到二审阶段,复议决定不应采取"全面审理"的原则,复议决定是一种行政裁决行为,而非直接面向行政相对人的执法行为,故应将审理的重点置于法律适用问题上,于此,更利于促进行政争议的实质化解决。

(三)配套制度:强化复议机关专业性建设

目标是法律制度的灵魂。[③] 2014 年《行政诉讼法》所确立的"全部被告说"制度意在通过外部诉讼程序倒逼的方式促使复议机关积极履行职责、化解行政纠纷。但该制度属于为解决现实问题而诞生的临时性规则,无法长久引领复议制度在成为"行政纠纷解决主渠道"的轨道上运行。如欲强化复议制度在公民争讼程序选择中的地位,最大限度激活其高效、专业、便捷的优势,不能仅靠外部制度倒逼,应当把握其内驱动力,塑造复议制度公正、独立的秉性,在强化自我问责机制、提升机关人员专业水平等举措中筑牢新"部分被告说"的制度基础。

从消极层面来说,针对复议机关可能为规避做被告而怠于履行职责之情形,在司法给予外部督查以外,行政复议机关应强化内部相关工作人员的问责、纠错机制,对其在复议过程中出现的消极怠工等行为予以适当惩戒,因此,司法机关对复议决定的审查结果可以作为行政复议内部问责监督机制的评判标准之一。在新"部分被告说"的理论下,如果复议机关在诉讼中不做被告,意味着其对于原行政行为的合法性审查中并无明显不当或者实质违法的情形,但合理性审查可能存在缺陷,理应承担相应责

---

①程延军:《诉讼经济原则的法理学解析》,载《内蒙古民族大学学报(社会科学版)》2008 年第 1 期,第 101 页。

②杨欣雅:《论行政复议共同被告制度的困境与未来》,载《行政法学研究》2021 年第 4 期,第 134 页。

③孟鸿志、王欢:《我国行政复议制度的功能定位与重构——基于法律文本的分析》,载《法学论坛》2008 年第 3 期,第 45 页。

任。如果复议机关对于原行政行为的审查存在过错,应当在坚持过错责任原则的前提下,根据过错程度,依法对相关复议工作人员进行问责和追究。①

从积极层面来说,提升行政复议人员的专业化水平是从源头提升复议决定质量的举措之一。复议机关工作人员对相关法律和行政法规的掌握程度,在处理行政纠纷中的专业素养,既关乎复议决定的水平,又关乎群众的权益是否能得到真正保障。第一,对复议机关工作人员设定相应的职业准入门槛、构建公开透明的评议考核机制等内部专业化建设举措,是解决复议再诉率、复议维持率过高问题的根本路径。第二,在行政机关系统内部对于专业化程度高、具备法律和行政管理双重素质的工作人员进行遴选,为复议工作提供人才资源。② 在复议体制专业化水平较高的理想状态下,工作人员在作出复议决定时慎之又慎,因为其决定的作出基础不再单为规避诉讼责任,而在于切实保障公民合法权益,推进行政纠纷的合法解决。

唯有在问责体系与专业建设的推进中,方能达成新"部分被告说"的制度目标:在保证复议机关居中裁决属性的前提下,抵御取消"双被告制度"后复议维持率可能上升的效果,使行政复议制度不断成熟、完善,真正成为化解行政纠纷的主渠道。

四、总结与展望

理解复议机关做被告制度,须从根源处把握复议制度自身的双重属性与制度功效,在贴合我国现实需求与制度目标的前提下制定具体规则。新"部分被告说"与旧"部分被告说"相比,引入实质正义的审理标准,与"化解行政争议、保障公民权益"的制度目标更为契合;与"全部被告说"相比,规避了"双被告制度"中一系列现实性弊端,更利于降低行政成本,维护复议机关乃至复议制度的整体权威;与"全部非被告说"相比,改革步伐相对平缓,与我国"复议机关隶属于行政系统内部"的现实国情更为贴合,因而具备极大的优势与可行性。

但恰如孟子所言"徒善不足以为政,徒法不足以自行",如果仅在法律条文中确定复议机关做被告的具体规则,则无法保障复议与诉讼衔接制度的正常运行。任何制度的运行都离不开体系内其他制度的配合与运转,从而形成制度群合力。若想发挥新"部分被告说"之优势,必须加强配套的制度建设。在法律依据层面,应当首先矫正当前由《行政复议法》规定复议机关被告问题的错误思想,将该问题纳入《行政诉讼法》

---

①孙海涛、王红利:《复议机关作共同被告制度的困境与出路》,载《行政与法》2020 年第 7 期,第120 页。

②江必新、马世媛:《行政复议制度的改革与完善——基于制度分析的理论框架》,载《中国政法大学学报》2021 年第 6 期,第 94 页。

的修订范畴;其次,应在具体的法律规则设计中,取消复议机关对于原行政行为事后补充证据的权限,促使经复议行政行为的诉讼审理更为公平公正;最后,在法律执行层面,既从行政系统外部加强针对复议决定的司法审查力度,又从内部完善复议问责机制与工作队伍建设,从而将新"部分被告制"落至实处,实现复议制度治理功效的提升。

（责任编辑:杨云清）

法学专论

解释论视角下的居住权规则

——以《民法典》第 366~371 条为分析对象

沈再兴①

摘　要:《中华人民共和国民法典》(以下简称《民法典》)物权编第 366 条至第 371 条规定了居住权,为我国住房保障体系提供了全新的制度支持。但《民法典》居住权规定宣示性浓厚,且归因于立法难以较好地衡平居住权的人役性和用役性,造成了居住权规则表述存在多义性和模糊性。因此,利用解释论方法,从居住权制度构建的立法初衷出发,透视居住权的功能定位和用益物权属性。厘清只有自然人能成为居住权人、居住权人基于物权优先效力享有"买卖不破居住权"及在符合"当事人另有约定"情形时居住权当事人可以出租住宅;明确法人或非法人组织可以成为居住权设立人和基于居住权人利益保护的需要,居住权人在住房所有权人出卖住宅时得享有同等条件下的优先购买权。由此可填补居住权规则的漏洞,完善居住权制度,有效化解《民法典》居住权规则宣示性较强造成的法律适用困境。

关键词:居住权　双重属性　居住权人　书面形式　权利内容

一、问题的提出

《民法典》增设居住权制度,对我国用益物权体系进行了完善。由于居住权制度彰显的价值意义是民法对民事主体的人文关怀和财产权利的物权保障,在我们这个人口超多而住房供应尚不足以满足公民需求的国家,居住权制度的构建契合了我国当前面临的住房难的社会现实问题,势必改善我国"人多房少"的困境,回应"中国之问"和"时代之问"。② 为了构建居住权制度,《民法典》物权编第 366 条至第 371 条从居住权的定义、设立方式及设立的形式要件、消灭事由、可否处分等层面进行了规定。客观地

---

①沈再兴,中央民族大学法学院硕士研究生。
②王轶:《民法典:回应"中国之问"和"时代之问"》,载《江淮法治》2020 年第 14 期,第 55 页。

说,《民法典》对居住权的规定杂糅着立法政策、制度体系、功能定位及一般规则等内容,宣示性强于操作性,引发了关于居住权的设立、居住权的转让、居住权与租赁权的关系、居住权的类型等诸多争议。毫无疑问,作为基本法的《民法典》具有稳定性,颁行后长时间内不可能被改动,解释论进一步成为民法学核心研究范式。① 鉴于此,如何解释《民法典》中的居住权规则,以有效解决居住权规则适用过程中的疑难,将成为民法学理论和司法实践中不可回避的问题。本文拟从解释论视角,立足居住权的人役性和用益性,围绕居住权的目的、功能及性质等基本定位和居住权规则的具体内涵两方面展开,以期对《民法典》居住权制度的理解与适用提供选择思路与方案。

二、《民法典》居住权制度基本定位的立法选择

居住权并非我国首创,源头可以追溯到罗马法时期。② 优士丁尼《法学阶梯》规定人役权包括使用权、居住权和用益权。③ 罗马法中,役权由人役权和地役权一同构成。役权是所有权人为特定人或特定土地之便利、收益,而许可他人以符合物之性质的方式使用自己所有之物的权利。为特定土地提供便利的系地役权,为特定人提供便利的系人役权。④ 居住权依附于特定人的身份,人役性属当然之义⑤,其设立原则上无偿,不可转让、不可继承,且期限一般为长期;居住权归属用益物权体系⑥,是住房所有人允许他人占有、使用住房的财产性用益权,本质上具有用益性。故而,居住权从“娘胎”里就具有人役性和用益性属性,甚至人役性和用益性构成了居住权最深厚的“底色”。纵观大陆法系国家关于居住权的立法,通常在居住权的人役性和用益性之间做出衡量。例如《法国民法典》规定的居住权制完整地承袭了罗马法注重人役性的特征,对居住权进行了严格的人役性限定;而《德国民法典》则通过《住宅所有权及长期居住权法》规定了更注重用益价值的居住权,使居住权制度摆脱了传统色彩,用益性彻底“释放”。从《民法典》居住权规则看,我国《民法典》构建了注重人役性并兼顾用益性的居住权制度。正是如此,《民法典》居住权具有缓解无力购房者居住困境与满足特定人群生活居住需求的社会性和丰富住房所有人融资途径与财产利用手段的投

---

① 谢鸿飞:《后〈民法典〉时代的中国民法学:问题与方法》,载《社会科学研究》2021 年第 1 期,第 11 页。

② 周枏:《罗马法原论(上册)》,商务印书馆 2017 年版,第 422 页。

③ 申卫星:《物权法原理》,中国人民大学出版社 2016 年版,第 274 页。

④ 江平、米健:《罗马法基础》(第 3 版),中国政法大学出版社 2004 年版,第 223 页。

⑤ 鲁晓明:《“居住权”之定位与规则设计》,载《中国法学》2019 年第 3 期,第 224 页。

⑥ 陈华彬:《人役权制度的构建——兼议我国〈民法典物权编(草案)〉的居住权规定》,载《比较法研究》2019 第 2 期,第 49-52 页。

资性双重功能面相。① 具体言之,居住权的人役性决定居住权承担着一定社会保障功能,用益性决定了居住权具有投资价值。以居住权的人役性和用益性为线索,通过对居住权立法目的进行分析,可进一步厘清居住权的基本功能和居住权的用益物权性质,有利于清晰、准确地解读居住权规则。因此,对居住权规则恰当解释的前提需首先探明居住权制度构建的初衷和立法原意。

(一)居住权制度的目的定位

《民法典》增设居住权的立法目的是为具有住房需求的人群提供一项制度支持。如果认可法律属于立法者的创造成果,那么立法者的意旨将成为理解和适用法律的风向标,这时的立法目的和宗旨必然拘束法律解释与适用。② 从《民法典》增设居住权的立法说明看,《民法典》设立居住权的初旨是"贯彻党的十九大提出的加快建立多主体供给、多渠道保障住房制度的要求"③,"认可和保护民事主体对住房保障的灵活安排,满足特定人群的居住需求"。④ 是故,居住权设立的目的在于为具有住房需求的人提供选择,以满足特定人群的住房需求,照顾特定人群的生存权益,让住房的社会保障功能发挥更大功效,不至于淹没在市场化的浪潮之中。从人权保障层面看,《民法典》增设居住权,肇始于民法的人文关怀,属人权保障方式之一,为的是保障特定人群居住权利得到实现。从立法历程看,关于居住权制度的设立,《物权法(草案)》几易其稿,终未规定居住权,而作为我国第一部以"典"命名的《民法典》却增设居住权制度。这不仅反映了社会生活的巨大变迁⑤,还反映了立法对现实生活的回应。此种回应表现了《民法典》一方面在顺应社会生活,完善我国住房保障体系⑥,着手解决我国面临的人口老龄化、住房紧张及房产市场价格虚高等问题上的努力;另一方面,民法以人文主义为逻辑出发点,以民事权利为核心,是保障民事主体权利的基本规范。在权利本位观念下,居住权入典是民法以民事权利为民事法律关系核心的体现和《民法典》对

①汪洋:《民法典意定居住权与居住权合同解释论》,载《比较法研究》2020年第6期,第106页。

②朱庆育:《民法总论》,北京大学出版社2016年版,第18页。王利明主编:《中国民法典学者建议稿及立法理由·总则编》,法律出版社2015年版,第9页。

③王晨2020年5月22日在十三届全国人民代表大会第三次全体会议上《关于提请审议〈中华人民共和国民法典(草案)〉的说明》。

④沈春耀2018年8月27日在十三届全国人大常委会第五次会议第一次全体会议上《关于提请审议〈民法典各分编〉方案的说明》。

⑤笔者统计了近十年中国裁判文书网上涉及居住权的裁判文书数量,数据显示:2013年我国涉及居住权的裁判共1113件,2014年5659件,2015年6654件,2016年6835件,2017年7327件,2018年9507件,2019年11367件,2020年12011件,2021年9516件,2022年5548件。从以上数据可以看出司法实践中涉及居住权的纠纷整体呈现递增趋势(疫情期间除外),反映了居住权越来越成为民事主体解决住房问题的选择。

⑥尹飞:《物尽其用:〈民法典〉物权编亮点解析》,载《人民论坛》2020第18期,第54页。

以人民为中心立法思想的贯彻和践行。①

（二）居住权制度的功能定位

立法目的是立法者通过制定法律,意图有效调控社会关系的内在动机,是法律创制和实施的内在动因。② 透过立法目的,法本身的功能方能得到彰显。要充分发挥居住权的功能必须紧密围绕居住权的立法目的,居住权的立法目的是居住权功能彰显的源头。脱离居住权的立法目的谈居住权的基本功能,无异于无源之水、无本之木。

诚如上文所言,居住权的双重属性决定了居住权具有社会性和投资性双重功能。社会性功能主要是为了保障处于分家析产、遗嘱继承、离婚、赡养和扶养等情形中的人员,及住房所有人为与自己存在特定身份关系人员的利益而无偿设立居住权。细观近些年国家保障鳏寡孤独等弱势群体有所居的举措,《民法典》居住权制度的设立,贯彻和践行了十九大报告提出的"加快建立多主体供给、多渠道保障、租购并举的住房制度,让全体人民住有所居"的政策精神,与政府采取的其他住房保障措施相辅相成,共同构成我国公民住房保障体系。毋庸置疑,居住权制度的创设,将为那些买不起房又不愿意承租他人住房的人提供解决方案。通过购买方式获得住房所有权,势必要求买受人具有一定财产积累,至少要求买受人能够支付首付。但首付对于低收入人群而言仍是巨大的生存负担,尤其是在当前住房市场价格居高的背景下。从这个层面说,居住权制度的构建有利于给紧张的住房市场降温,间接降低住房市场价格,减少住房市场泡沫,推动住房回归到"是用来住的、不是用来炒的"轨道。③ 在家庭成员权利保障方面,居住权制度也为家庭成员之间利益的保障提供一种良好的新途径。④ 家庭成员间互为居住权人和居住权设立人,当出现离婚、继承、赡养和扶养等情形时,一方拥有住房所有权,使另一方或其他继承、被赡养人等享有居住权,将保障财产利益的公平分配。再者,反观我国人口红利减少、老龄化逐步显现的社会结构,老年人住房保障问题已经显现。毋庸赘言,居住权制度的增设,意味着民法为"以房养老"提供了一项制度支持,为我国养老问题的解决提供了一种新选择。"以房养老"的养老方式⑤,主要表现为拥有住房所有权但无固定收入的老年人群,有权在将住房出卖给买受人获得生活

---

① 孙宪忠:《民法典实施要进一步贯彻以人民为中心的思想》,载《人民论坛・学术前沿》2021年第1期,第77页。

② 刘风景:《立法目的条款之法理基础及表述技术》,载《法商研究》2013年第3期,第49页。

③ 李克强:《在十三届全国人大四次会议上所作的〈政府工作报告〉》,载中国政府网2022年8月1日,http://www.gov.cn/premier/2021-03/12/content_5592671.htm。

④ 吴晓芳:《〈民法典〉婚姻家庭编涉及的有关争议问题探析》,载《法律适用》2020年第21期,第25页。

⑤ 参见河南省洛阳中级人民法院2014年洛民终字1593号民事判决书。在该案中,当事人自己拥有房屋所有权,为给父母养老而在房屋所有权上设立居住权,就是典型的"以房养老"案例。

来源的同时为自己设立居住权,抑或是通过为他人有偿地设立居住权来获取收益。①

投资性功能主要是居住权设立人有偿为他人提供居住权所彰显的丰富住房所有人融资途径、增加住房所有人财产利用手段所发挥的投资价值。从《民法典》第368条规定的前部分看,居住权的投资性功能受到社会性功能的限制,且最终是为后者服务的。首先,居住权的投资性功能和社会性功能并非重叠。基于投资目的设立的居住权和基于提供社会保障设立的居住权各有适用的领域,两者并非"有你无我"的关系,投资性居住权不具有抵触法理的品格。② 现代民法应该走出罗马法居住权适用领域受限的桎梏,为居住权注入时代内涵。③ 其次,《民法典》第368条前部分"居住权的设立是无偿的,但当事人另有约定除外"的规定,允许当事人突破居住权无偿设立的原则,进行例外约定,可见《民法典》并不排除当事人合意设立投资性居住权。投资性居住权的设立,除认可居住权具有为生活处于危困之人、年老无收入之人和其他特殊人群提供制度支持外,更重要的意义在于住房居住价值和投资价值的发掘。④ 再者,居住权属于财产权,具有财产的一般属性,在婚姻家庭、继承、赡养和抚养等情形中发挥的主要作用是财产价值和伦理价值,伦理价值不言自明,而财产价值在于发挥居住权的财产效用。透视居住权作为《民法典》物权编中唯一的建筑物用益物权的定位,决定了其制度设计必须贯彻物尽其用的立法意旨。⑤ 而贯彻居住权物尽其用立法意旨的具体途径是居住权在满足特殊人群居住需求的同时具有投资性功能。最后,居住权投资性功能的社会实际生活需求应该得到法律承认。何况,居住权投资价值的实现,需要回归于居住权为保障特殊人群居住利益得以实现的立法目的。

因此,基于居住权社会性和投资性双重属性功能,居住权可以类型化为投资性居住权和社会性居住权,设立方式可以区分为有偿设立和无偿设立。社会性居住权一般为无偿设立,包括居住权设立人无偿为家庭成员、雇主无偿为家政人员、住房所有人为

---

①《民法典》第368条规定居住权的设立原则上无偿,可该条但书也规定了当事人另有约定的除外,即是允许民事主体通过有偿的方式设立居住权,详细内容可见本文后续论述。

②崔建远:《中国民法典评释·物权编》,中国人民大学出版社2020年版,第1139页。

③有学者认为人役性并非居住权必不可分的属性,可以从居住权属性中剔除。其论证的理由是居住权的人役性因家长财产制缩小、亲属扶助义务确立、社会保障制度的完善、房屋租赁常态化的挑战而不可持续。笔者认为现代社会建立的居住权制度没有雷同于罗马法时代,将人役性仅拘泥于狭隘的家庭人员之间。事实上,居住权的人役性不可能因为家长财产制的衰退、亲属扶助义务的法律化、社会保障制度的完善、租赁合同的运用等消失殆尽,相反,居住权人役性的意涵会被时代加入新的内涵进行扩充,会随着时代的发展被赋予新的时代活力,使其超越家庭成员的狭窄范围,更可能辐射亲属关系、人身依赖和人身信任等社会关系。相关观点见鲁晓明:《"居住权"之定位与规则设计》,载《中国法学》2019年第3期,第225页。

④申卫星:《视野拓展与功能转换:我国设立居住权必要性的多重视角》,载《中国法学》2005年第5期,第82-83页。

⑤曾大鹏:《居住权的司法困境、功能嬗变与立法重构》,载《法学》2019年第12期,第60页。

自己生活居住设立居住权后转让住房所有权等。社会性居住权的设立在我国公民社会生活实践中早已出现,例如 2007 年杭州市"张某与林某甲、林某乙等继承纠纷案"①,2007 年绍兴市"谢某平、王某娟等与谢某刚、李某娟所有权确认纠纷案"②。投资性居住权通常为有偿设立,是住房所有人有偿为他人设立居住权,通常出现在以房养老、分时度假酒店、合资建房等情形中。

(三)居住权的性质定位

居住权以住房所有权的占有、使用权能为基础,本质上以住房利用价值为中心,系存在于为满足居住权人生活居住需要的排他性权利③,与债权提供的"住有所居"实现路径既联系紧密,也存在差异。具体来讲,居住权属于独立于债权的用益物权,与租赁权之间属于并列关系。

首先,立法的目的考量直接影响着居住权的性质,定位于长期稳定住房利用关系的立法目标,决定了居住权立法宜采取物权构造。与之相应的,物权的排他性、支配力及对世性将稳固当事人的权利。有论者认为,居住权是通过附负担的赠与作出的用益债权,乃用益赠与之一种。④ 可事实上,居住权在性质上具有人役性和用益性双重属性,忽视居住权的用益性,也必然忽视居住权是由居住权人占有、使用的权利特征。⑤ 居住权设立是所有权派生新权利的过程,而债权设立却不能生发新的物权。⑥ 在物权生成过程中,债权最初具有工具性,"债权关系不过是通往物权的捷径"。⑦ 居住权是"为了他人自由而对自己自由之限制"⑧,是设立在住房所有权之上的负担⑨,属他物权。居住权具有的物权特性,使得居住权人能够排除房屋所有权人以外所有不特定人的干涉而享有居住权益。当居住权受到不当侵害或妨碍时,居住权人可居于物权原理请求物权保护。追溯居住权的历史源流,居住权与债权的关系并不"亲密",顶多在物权变动时算得上"远房亲戚",将居住权归属债权,无疑是"亲疏"错位。居住权和使用权产生于用益权之后,甚至衍生自用益权,在权利客体是住房时,三

---

①参见浙江省杭州市上城区人民法院(2007)上民一初字第 583 号民事判决书。

②参见浙江省绍兴市越城区人民法院(2007)越民一初字第 1730 号民事判决书。

③刘阅春:《居住权的源流及立法借鉴意义》,载《现代法学》2004 年第 6 期,第 157 页。

④隋彭生:《用益债权原论》,中国政法大学出版社 2015 年版,第 193–194 页。

⑤崔建远:《民法分则物权编立法研究》,载《中国法学》2017 年第 2 期,第 51 页。

⑥单平基:《分解、舍弃抑或改造:〈民法典〉编纂中土地承包经营权的定位》,载《南京农业大学(社会科学版)》2020 年第 5 期,第 126 页。

⑦[德]拉德布鲁赫:《法学导论》,商务印书馆出版社 2013 年版,第 96 页。

⑧申卫星、杨旭:《中国民法典应如何规定居住权?》,载《比较法研究》2019 年第 6 期,第 68 页。

⑨王利明:《论民法典物权编中的居住权的若干问题》,载《学术月刊》2019 年第 7 期,第 92 页。

者的权利内容极其相似。① 从这一层面说,居住权有着用益物权的物权性质。② 正是如此,许多国家关于居住权的规定,通常明确规定对于居住权条款未规定的可以类推适用用益物权的一般规定。

其次,对于居住权性质的划定,可以通过《民法典》将居住权和租赁权分别规定于物权编和合同编进行检视。居住权制度构建之前的住房体系,除了获得住房所有权外,租房是人们的首选。房屋租赁的优势在于可以不用一次性动用过多的资金,但其劣势是受时间限制,不能为承租人解决远期问题,也无法给予承租人"家"的归属。③ 两相比较,租赁权属于不具有对世性的相对权,除源自法律规定的"买卖不破租赁"制度构建的债权物权化外,法律对居住权的保护力度显然强于租赁权。租赁权无法完全对抗住房所有权人的所有权,居住权则相反,由于居住权乃是住房所有权人为居住权人所设,与住房所有权相容,其法律效力优先于所有权,能抵抗所有权人的不正当侵害和妨碍。江苏省南通市中级人民法院在"高某与张某某排除妨害纠纷上诉案"中认为居住权可以抵抗住房所有权并排除其妨害,即是此由。④ 在期限上,依据当事人的意思表示,居住权设立人可为居住权人设立短期居住权,也可为居住权人设立长期居住权或终身居住权。因此,居住权制度的设立,很好地避免了租赁权受制于所有权的问题。伴随《民法典》的施行,我国能否用租赁权取代居住权的争论已无意义,摆在学者面前更为重要的任务是对居住权更进一步的研究、阐释,以推动居住权制度走向完善。本质上,居住权与租赁权之间属债物二分,并不重叠。民事主体在选择法律指引时,存在不同的路径选择。因此,居住权制度的设立是民事规范对于物权的扩张和对物权体系的完善,与租赁权之间属债与物之二分,肇始于债与物,构成民法上"二元"住房保障体系,供当事人选择。

另外,居住权位于《民法典》物权编用益物权分编,依体系解释可得出其物权性质。我国民法并未构建起人役权制度,而是建立了较为完整的用益物权制度。因此,在居住权立法体系选择上并不困惑。捕捉痕迹于《民法典》第366条至第370条中的但书规定、第371条"以遗嘱方式设立居住权的,参照适用本章的有关规定"和

---

① 汪洋:《从用益权到居住权:罗马法人役性的流变史》,载《学术月刊》2019年第7期,第102页。

② 马俊驹、刘阅春:《物权法的定位及基本体系分析》,载《法学杂志》2004年第3期,第19页。

③ 这种现象在德国并不存在,缘于德国通过《德国民法典》《租赁住房增加供应法》《德国联邦租赁改革法》等一系列法律构建了成熟的公共租赁住房和社会租赁住房"二元住房"保障体系,使得德国租赁市场租购同权。因此,在大多数德国公民眼中,买房和租房区分意义不大。

④ 参见江苏省南通市中级人民法院(2014)通中民终字第0169号民事判决书。

《民法典》第 1090 条夫妻双方离婚时有负担能力的一方对另一方具有扶助义务之规定。① 可见《民法典》基于立法成本、立法技术与效率、"但书式"立法经验及居住权人役性与用益性一体的特征采取"物权编统筹"立法模式,在《民法典》用益物权体系中规定了居住权。那么,《民法典》对居住权规则的设计,必然遵循物权的基本原理。

三、《民法典》居住权规则之调谐

承前所述,居住权制度构建的基本定位是完善住房保障体系,缓解住房人居住困境,让住房发挥社会保障功能和投资价值。《民法典》中的居住权规则,无论是居住权当事人的权利义务规则还是居住权的设立、变更及消灭规则,始终贯彻居住权的立法意旨。其中,《民法典》第 366 条、第 367 条、第 368 条、第 369 条及第 371 条关于居住权社会性和投资性衡平的规定,隐含立法者增设居住权制度于《民法典》时,希望居住权发挥的基本功能。而本文对于居住权与债权关系的论证,目的在于廓清租赁权可以取代居住权的阴霾,为居住权规则的诠释与补白提供用益物权理论支撑。正是如此,本文对《民法典》居住权的立法目的、功能定位和与债权关系的揭示,为居住权具体规则意涵的阐释构建了解释论基础。

(一)居住权的主体规制

1. 居住权人主体资格之限缩

自然人才具有成为居住权人的资格。法人为法律拟制的权利主体,是法律构造物②,其与自然人不能等同。其既不能享有专属于自然人才能享有的人身权利,也不承担相应的义务。《民法典》规定的居住权,乃占有、使用他人住宅的用益物权,具有用益性、人身性、不可转让性和独立性。③ 人身性系居住权的人役性表现。居住权是设立人为特定人生活之需而设立的用益物权,这种专属于特定自然人之间的人役特性为法人或非法人组织所不具备。既然如此,那么,法人或非法人组织便不能成为居住权人。有论者认为法人或非法人组织可成为居住权人,民法不是关于考古的科学,没必要还原历史真实,且法人在租赁房屋时,租赁合同受最长期限二十年的限制,这样在

---

① 显然,《民法典》婚姻家庭编第 1090 条的规定除了承担有居住权人役性的定位外,更是立法者在总结司法实践经验的基础上,汲取了已失效的《婚姻法》及其司法解释的精神内涵,对调整范围进行拓宽的结果。

② 朱庆育:《民法总论》,北京大学出版社 2016 年版,第 418 页。

③ 杨立新、李怡雯:《民法典物权编对物权规则的修改与具体适用》,载《法律适用》2020 年第 11 期,第 24 页。

房屋租赁合同到期时就会面临出租人要求承租人增加租金或者直接不再续租等诘难。① 故而,须将法人或非法人组织与自然人进行同等保护。笔者以为,《民法典》规定居住权的立法目的是为满足特定人群居住的需要,关于居住权人范围的厘定不能偏离这个中心。居住权本身带有信赖或依附于特定人的人身属性,应当为自然人才能享有,法人或非法人组织不可能因为其带有一丝"人合"色彩而具有人身属性成为居住权人。并且应当以此作为对居住权制度和租赁权制度边界划定的因素之一。

首先,关于限制法人或非法人组织具有居住权人资格的原因需回归居住权的立法目的进行阐述。居住权虽然具有用益性,但也受到人役性的限制。《民法典》增设居住权的立法目的是为特定人群、弱势群体提供一项制度选择,以便这些人能从无房住、养老困难、经济拮据等负担中解脱出来。居住权的主体只能是自然人,这由居住权的目的及其双重功能是为满足特定人群生活居住需要而居住他人所有的住宅的立法意旨所决定。

其次,我国《民法典》第 366 条明确规定居住权的目的是满足居住权人生活居住的需要,此处"满足生活居住的需要"当然解释为满足自然人生活居住的需要,也只有自然人才有此需求。《民法典》第 370 条规定,居住权消灭的事由为期限届满或居住权人死亡,"死亡"是指自然人生命的终结。另外,从比较法层面看,不管是《德国民法典》,还是《法国民法典》《瑞士民法典》皆规定居住权只能由自然人享有。

最后,法人或非法人有此需求可以通过租赁制度解决。在租赁合同关系中,对于出租人增加租金、不续租等问题当属法人或非法人组织应承担的风险。固然,房屋租赁合同面临最长期限二十年的限制,但应看到二十年期限的限制意在划定债权与物权的边界,并不是表达合同当事人不可以有偿租用他人之物超过二十年。②

综上,居住权属于为特定自然人基于生活需要而设立的权利,权利主体只能是自然人,法人或非法人组织不能成之。法人或非法人组织若有此需要,可通过债的方式实现。

当然,居住权人是自然人,并不是说居住人限于直接享有居住权的个别人③,应当

---

①崔建远:《物权编对四种他物权制度的完善和发展》,载《中国法学》2020 年第 4 期,第 38 页。

②张双根:《谈"买卖不破租赁"规则的客体适用范围问题》,王洪亮等主编《中德私法研究》(第一卷),北京大学出版社 2006 年版,第 11 页。

③居住权属他物权,得为多人共有而成立准共有。准共有是多人共有标的物所有权以外的财产权。居住权作为一项财产权,因居住权人为二人以上时有产生共有可能。这种可能发生在居住权设立人只有一套住房而给多人设立居住权、遗产继承中被继承人为多个继承人设立居住权、婚姻家庭中房屋所有权人给多名家庭成员设立居住权等情形。居住权准共有时,类型属于按份共有还是共同共有,需立足于居住权人之间的关系予以衡量。若是居住权人之间,是基于如夫妻共有、家庭共有、共有继承、合伙共有等共有关系共有居住权时,认定为共同共有,其他的认定为按份共有。

认为居住人包括共享居住权人居住利益的特定权利人。① 与权利人共同居住的家庭成员不是居住权人,不直接享有居住权,其享有的是同居住权人共同居住的利益。其利益源自于其与居住权人之间的亲属关系、人身依赖或信任关系及居住权人权利的有限辐射。也就是说,共同居住人的范围限于与居住权人人身联系较为紧密的人,例如居住权人的家属以及为居住权人提供服务和护理的人员等。并且居住权终究是有期限物权,若是居住权因居住权人死亡、期限届满等事由归于消灭,同住之人居住的权益随同居住权人的居住权消灭。②

2. 居住权设立人资格之扩张

前文所述,法人或非法人组织不能成为居住权人,但是,法人或非法人组织可以成为居住权的设立人。承接居住权社会性和投资性基本功能,居住权可类型化为社会性居住权和投资性居住权,且依据《民法典》第 368 条的规定,居住权的设立按照是否需要付出相应对价进行分类,可以分为有偿设立和无偿设立。不管是有偿设立还是无偿设立,《民法典》居住权的规定并没有排除法人和非法人组织作为居住权的设立人。相反,《民法典》居住权的规定隐含鼓励法人和非法人组织参与居住权市场建设的意涵。法人和非法人组织作为民商事活动中最活跃的主体,无疑将成为居住权投资价值的重要发掘者、居住权的供应方。《民法典》居住权立法目的的实现,离不开法人或非法人组织的参与。居住权具有投资价值,这为法人或非法人组织参与居住权市场建设提供了理论基础。法人或非法人组织的参与,必然会繁荣居住权市场,为有居住权需求的人提供更为丰富的居住权产品。为此,《民法典》第 367 条在规定居住权设立形式要件时,在该条第 2 款第 1 项中规定了"当事人的姓名或名称",为法人或非法人组织参与居住权市场提供了解释空间。而《民法典》第 366 条"以满足生活居住的需要"的规定意在限定居住权人为自然人,并不构成对居住权设立人的限制。

(二)居住权设立形式要件之体系协调

《民法典》第 367 条"当事人应当采用书面形式订立居住权合同"的规定表明,居住权的设立须满足书面要件,第 368 条后部分进一步规定"设立居住权的,应当向登记机构申请居住权登记。居住权自登记时设立。"这意味着,居住权设立采取的是"登记生效主义"而非"登记对抗主义",居住权自记载于登记簿时设立。依据《民法典》第 367 条、第 371 条的规定,采取意定方式设立居住权的,皆应采取书面形式并依法完成登记,居住权才设立。然而,《民法典》第 371 条规定的遗嘱指向《民法典》继承编规定的六种遗嘱类型时,口头遗嘱设立居住权的,属于居住权设立应当采取"书面形式"的

---

① 房绍坤:《民法典用益物权规范的修正与创设》,载《法商研究》2020 年第 4 期,第 45 页。
② 单平基:《〈民法典〉草案之居住权规范的检讨和完善》,载《当代法学》2019 年第 1 期,第 13-14 页。

例外;而以录音录像遗嘱方式设立居住权的情形,则需要联系《民法典》第 367 条、第 371 条及第 469 条之规定进行体系协调,方得以洞悉其法律适用。

1."书面形式"的例外:口头遗嘱可以设立居住权

口头遗嘱属于遗嘱人在危急情况时由两个以上见证人在场见证下设立的遗嘱。既然遗嘱人处于危急情况下,那么遗嘱人通过"书面形式"设立居住权缺乏期待可能性。若是机械适用《民法典》第 367 条"书面形式"的规定,则违背了遗嘱继承产生的物权变动从继承时开始,而非从登记时生效的原理,并背离了《民法典》居住权的立法目的,不利于对遗嘱人生前意思表示和对继承人、受遗赠人权益的保护。不管是法定继承还是遗嘱继承,其产生的物权变动从继承生效时开始,只不过对于登记生效的物权在登记之前,继承人、受遗赠人对该物不能进行处分。即便《民法典》第 367 条采用"应当采用书面形式"的措辞,也不应将该规定理解为强制性规定或者效力性的强制规定,该规定调整的利益限于住房所有人和居住权人之间,属于倡导性规定。① 依据《民法典》第 367 条和第 371 条的规定,居住权设立的原因行为存在居住权合同和遗嘱两种,以口头遗嘱设立居住权的可以基于遗嘱自身的特殊性不参照适用《民法典》第 367 条"书面形式"的规定。如将口头遗嘱排除在居住权设立原因之外,等于剥夺了继承人、受遗赠人享有遗嘱人在情况危急情况下为其设立的居住权利,违背了《民法典》规定居住权的人文主义初衷。应当看到,以口头遗嘱设立居住权的,口头遗嘱实际上既为住房所有权设立了负担,又为继承住房所有权的继承人或者遗产管理人设立了辅助居住权继承人或受遗赠人办理居住权登记的义务。因此,以口头遗嘱设立居住权的,应当视为《民法典》第 367 条"书面形式"设立居住权的例外。

2.录音录像遗嘱符合居住权设立形式要件的证成

有论者认为,录音录像遗嘱虽然不同于合同书、传真等书面形式,但根据《民法典》第 469 条第 2 款"书面形式是合同书、信件、电报、电传、传真等可以有形地表现所载内容的形式"的规定,宜将《民法典》367 条规定的"书面形式"扩大解释为凡能表现所承受、记载的所有形式 。② 笔者认同其结论,但不认同其论证过程。《民法典》第 469 条的规定采用列举式立法技术,对于该列举式法条的解读应采等同于列举内容的解读方式。该法律条文中的"等"并非滥指一切可以有形表现所载内容的形式,而是指向具有与合同书、信件、传真等相似意涵的载体或是相同的内容所载形式。录音录像遗嘱直观、立体地记录了遗嘱人订立遗嘱的场景,更加真实地记录并反映了遗嘱订

---

① 崔建远:《中国民法典释评·物权编》,中国人民大学出版社 2020 年版,第 1128 页。
② 席志国:《居住权的法教义学分析》,载《南京社会科学》2020 年第 9 期,第 92 页。

立人的真实意思,本质上属于以录音录像为载体的口头遗嘱①,不能将之等于合同书、传真、信件等平面载体。录音录像遗嘱符合《民法典》第367条"书面形式"的法律依据,首先应当是《民法典》第469条第3款"以电子数据交换、电子邮件等方式能有形的表现所载内容,并可以随时调取查用的数据电文,视为书面形式"和《电子签名法》第4条"能够有形地表现所载内容,并可以随时调取查用的数据电文,视为符合法律法规要求的书面形式"。以上规定表明,数据电文视为书面形式须满足能有形表现所载内容和可以随时调取查用两个要件。显然,录音录像遗嘱符合有形表现所载内容和可以随时调取查用两要件,为电子数据。其次,《电子签名法》第2条第2款规定,数据电文是指以电子、光学、磁或者类似手段生成、发送、接收或者储存的信息。录音录像遗嘱属之。最后,最高人民法院《关于民事诉讼证据的若干规定》第14条第4项和最高人民法院、最高人民检察院、公安部《关于办理刑事案件收集提取和审查判断电子数据若干问题的规定》第1条第4项将录音录像规定为数据电文之一种也可提供解释路径。② 可见,录音录像遗嘱因属于电子数据,被《民法典》第469条第3款拟制为书面形式,与《民法典》第367条规定的"书面形式"无论是在体系上还是在语义上皆具有相同含义。

(三)居住权内容的谱系分析

1.居住权人权利之当然解释

住房所有人转让住房所有权时,居住权不受影响。居住权是占有、使用他人住宅,并排除住房所有权人不当干涉的用益物权。居住权人因此享有物权优先效力,在住房所有权人发生变更时不受影响。一方面,所有权富有弹力性、归一性,当权利负担除去时,得恢复到完全状态。居住权的设立是住房所有人权利处分的行为和为住房所有权设立的负担,所有权人自然得容忍居住权的存在。作为为特定群体解决住房问题、实现"住有其屋"的居住权制度,能够长期稳定地对他人住房实现排他性的独占支配,属于居住权作为他物权独特之一面,这是租赁、借用等债权不可比肩的。然而,居住权和房屋租赁权的目的、功能接近,投资性居住权与房屋租赁合同的经济效用类

---

①房绍坤:《继承制度的立法完善——以〈民法典继承编草案〉为分析对象》,载《东方法学》2019年第6期,第12页。

②最高人民法院《关于民事诉讼证据的若干规定》第14条第4项规定,电子数据包括文档、图片、音频、视频、数字证书、计算机程序等电子文件;最高人民法院、最高人民检察院、公安部《关于办理刑事案件收集提取和审查判断电子数据若干问题的规定》第1条规定,电子数据是案件发生过程中形成的,以数字化形式存储、处理、传输的,能够证明案件事实的数据,包括但不限于文档、图片、音视频、数字证书、计算机程序等电子文件。

似。① 同为住房保障体系的构成,债权性质的房屋租赁权尚有"买卖不破租赁"的保障,那么,基于物权优先效力原理,作为顶着物权优于债权"光环"的居住权更应如此。另一方面,居住权是存在于住房所有权上的权利,是住房所有权的负担,所有权人因此负担容忍义务并保障居住权人权利的实现。若是住房所有权转让可以除去该负担,居住权人的利益将得不到丝毫保障,居住权制度也必然落空。何况,居住权经登记后设立,登记使得居住权公示于世。若买受人购买目标住宅,表明其愿意接受住宅上存在的居住权负担。如此,《物权法〈草案〉》也曾在第 185 条规定,居住权设立后住房所有人变更的,居住权人不受影响。② 但是,作为用益物权的居住权不受住房所有人变更的影响可以直接通过物权优先效力推论得出,没有以法律规范明确进行规定的必要。

2. 居住权人权利之实质扩张

住房所有权人转让住房所有权时,居住权人享有同等条件下的优先购买权。与"买卖不破租赁"共同为租赁权制度提供强有力保障的是承租人在租赁标的物所有权转让过程中享有优先购买权。王泽鉴教授认为:"优先承买权云者,谓特定人依约或法律规定,于所有人(义务人)出卖动产或不动产时,有依同样条件优先购买之权利。"③然而,优先购买权的权利基础在于民事主体双方具有较为特殊的法律关系或居于特殊的政策考量,比如企业合伙人之间的人身信赖关系、共有人共有产权的保护及房屋租赁合同中承租人权利的保障等。由于居住权的双重属性,居住权人具有与承租人、合伙人及共有人相似的语境,在住房所有权人转让住房所有权时,居住权人作为住房的直接占有者、使用者应当享有同等条件下的优先购买权。具体原因如下:

其一,居住权的人役性和用益性使然。居住权的人役性和用益性使得居住权属住房所有人为特定人居住的利益而设立,这种在居住权人与住房所有人之间的人身信赖和信任关系,应当得到法律的支持和保护。

其二,居住权具有物权优先力,其法律效力天然优于第三人债权,因此居住权人享有优先购买权系居住权的物权效力所致。

其三,居住权的立法宗旨在于保护特殊群体,使该部分人能住有所居,而这部分人常为老年人、刚步入社会的青年等不愿或不能买房的特定群体,在构建住房保障制度的基础上进一步明确优先购买权当属必要。

其四,我们所处的社会是风险社会,房屋所有人与其将房屋出售给陌生人(相对

① 薛军:《地役权与居住权问题 评〈物权法草案〉第十四、十五章》,载《中外法学》2006 年第 1 期,第 99 页。

② 全国人大常委会法制工作委员会民法室:《物权法(草案)参考》,中国法制出版社 2005 年版,第 44 页。

③ 王泽鉴:《优先承买权之法律性质》,载《王泽鉴法学说与判例研究》(重排合订本),北京大学出版社 2015 年版,第 1514 页。

的)而面临不必要的风险,不如将房屋出卖给相对熟识的居住权人以规避风险。从这个角度观之,赋予居住权人同等条件下的优先购买权具有维护交易安全的意义。

其五,居住权人具有优先购买权还有维持经济秩序持续稳定、降低居住权人搬迁负担的作用,同时可消除居住权人因住房所有权变动带来的忧虑。

其六,从心理学角度言,大多数人有念旧情节,居住权人长期居住于标的房屋中,对房屋最为熟悉,心里会形成对住房的依赖情感,这种人的本能需求,法律有必要给予考虑。因此,居住权人享有优先购买权是完善居住权制度的必由路径。

总而言之,为维护和稳定居住权人和居住权设立人之间关于住房的利用关系,保护居于特殊地位的居住权人,有必要明确住房所有权人转让住房所有权时,居住权人享有在同等条件之下优先购买的权利。但是,居住权人享有的优先购买权不适用于按份共有人行使优先购买权、住房所有人将住房出卖给近亲属,或者住房所有人将房屋赠与他人、住房所有权因继承发生移转、住房被征收等非对价交易的情形。然而,《民法典》居住权制度并未规定相关规则,造成法律漏洞,需要参照适用民法上的其他制度进行填补。填补法律漏洞,通常以类推适用或者回归法律所包含的原则进行。类推适用的理论基础是践行同类事物同等处遇的正义,系"将法律针对某构成要件(A)或多数彼此相类的构成要件而赋予之规则,转用于法律所未规定而与前述构成要件相类的构成要件(B)"。① 虽然《民法典》对于居住权人优先购买权规则存在缺漏,但对类似情形作出了规定,为居住权人行使优先购买权提供了制定法基础。② 依据《民法典》第467条第1款类似合同类推适用的规定,鉴于居住权与房屋租赁权的功能与制度构造最为接近,在与法律评价有关的重要观点上二者彼此类似,应作相同评价,居住权规则适用过程中的法律漏洞,原则上应当类推适用租赁合同的规定。③ 如此,居住权人行使优先购买权,类推适用《民法典》第726条的规定,住房所有权人转让住宅的,应当提前在合理期限内通知居住权人,住宅所有人履行通知义务后,居住权人在十五日内明确表示购买的,居住权人享有优先购买权,但是住房按份共有人行使优先购买权或者住房所有人将住房出卖给近亲属的除外。

在居住权人享有同等条件下优先购买权的情景,实践中极有可能出现住宅所有人在设立有居住权的住宅上,再为他人设立居住权,使一套住宅上同时共存有多个居住权的情形,在住房所有权转让时产生优先权分配问题。于此,从房屋使用功能上看,如果设立居住权的部分住宅与其他设立居住权的部分住宅是可分的、可登记的及使用功能相对独立,那么,居住权人各自对居住权指向的部分住宅享有优先购买权。如果设

---

① [德]卡尔·拉伦茨:《法学方法论》,陈爱娥译,商务印书馆2004年版,第258页。
② 王利明:《法学方法论》,中国人民大学出版社2012年版,第501页。
③ 汪洋:《民法典意定居住权与居住权合同解释论》,载《比较法研究》2020年第6期,第114页。

立有多个居住权的住宅不可分、不可进行登记及使用功能不独立,那么,因居住权属于经登记设立的用益物权,居住权人优先购买权的分配规则应当以登记在先的居住权优先于登记在后的居住权,登记的居住权优先于未登记的居住权为标准。

3.《民法典》第369条"出租"之双重意涵

《民法典》第369条规定:"居住权不得转让、继承。设立居住权的住宅不得出租,但当事人另有约定的除外。"对该条的分析需要将之分成前后两部分。前部分规定居住权不得转让、继承,这是必然的,也是立法者透过该法律条文对居住权人役性的宣示和对居住权人役性的坚守。后部分规定"设立居住权的住宅不得出租,但是当事人另有约定的除外",存在以下解释路径和解释空间。

从文义上看,《民法典》第369条对设立居住权的住宅出租进行了限制性规定,但也规定了允许当事人通过合意突破限制。这意味着一般情形下,居住权人因对设立居住权的住宅不享有收益权,不能将住宅出租给他人以收取租金,但若是当事人达成出租合意,则可以将设立居住权的住宅进行出租。[①] 该规定全面贯彻了意思自治原则,实质上将当事人关于可以出租住宅的约定放在了优先位置。[②] 从立法目的看,《民法典》限制对设立居住权的住宅出租,意在维护住宅上已经设立的居住权,防止房屋租赁权架空居住权。一方面,居住权人对住宅一般情形下只能进行占有、使用,与房屋租赁权人对住宅享有的利益类似。在理论上房屋租赁权可以与居住权同时存在于同一住宅上,但若是在设立有居住权的住宅上设立房屋租赁权,权利人必然会因对住宅享有互相排他的利益产生纠纷,部分居住权权益将被房屋租赁关系替代[③],给居住权人享有完全的居住权权益造成减损。另一方面,居住权具有人役性和用益性,人役性要求住房所有权人不得以任一有损居住权安宁的行为打断居住权的存续,然用益性又要求尽可能发挥住宅的利用价值。综上,当事人若有关于住宅可以出租的约定,设立有居住权的住宅可以出租,此为《民法典》第369条后部分规定的第一层意涵。

与当事人约定对设立有居住权的住宅可以出租的意涵相对应的是,居住权人可以出租居住权,此为《民法典》第369条后部分规定的另一层意涵。首先,《民法典》第369条作为对居住权限制性的规定,虽然对居住权转让和继承进行了禁止规定,但没有进一步对居住权出租作出禁止规定,而是允许当事人对设立有居住权的住宅出租事宜进行约定。由此可见,立法者规定《民法典》第369条时有意为居住权出租留下解释空间。其次,设立居住权的住宅不得出租,并不意味着居住权本身不能出租。居住

---

①黄薇:《中华人民共和国民法典物权编释义》,法律出版社2020年版,第413页。

②崔建远:《中国民法典释评·物权编(上卷)》,中国人民大学出版社2020年版,第1144页。

③何丽新、朱欣蕾:《〈民法典〉视域下居住权的养老功能与实现路径》,载《厦门大学学报(哲学社会科学)》2022年第2期,第137页。

权的客体是住宅,"住宅"正是《民法典》第 369 条后部分规制的中心。《民法典》第 369 条后部分规定在"设立居住权的"用语上构成对"住宅"的限制,表明该规定规范的对象是"设立居住权的住宅"。那么,该限制性规定便不构成对居住权出租的规制,既然如此,那么《民法典》实质上允许当事人对居住权出租进行约定。《民法典》作为私法规范,充分尊重民事主体的意思自由,遵守着对于公民而言"法无禁止即自由"的精神。允许当事人对居住权出租进行约定,既充分尊重当事人的意思自治,又践行了意思自治原则,属于对民事主体私法自治精神的贯彻,切合了现实需求。① 更何况《民法典》第 369 条的规定许可当事人对"设立有居住权的住宅不得出租"另行作出相反约定②,可见,《民法典》认可当事人通过合同直接约定或者以补充协议约定的形式出租居住权。再次,《民法典》默许当事人有权设立投资性居住权,投资性居住权设立的方式包括出租居住权。典型的情形是允许老年人对其享有的居住权在满足其生活需求空间外,将剩余部分进行出租,支持老年人通过出租居住权收取租金,为生活提供保障。这也是居住权投资性功能的体现。最后,居住权集人役性和用益性于一体,对居住权是否可以进行出租的解读需要结合居住权的双重属性进行。放眼域外立法,《法国民法典》《意大利民法典》恪守着罗马法上居住权的人役性,禁止居住权出租;《德国民法典》突破了居住权的人役性,对居住权是否可以出租未进行规定,甚至对居住权人是否可以对居住权进行处分、收益也未明确规定③,故德国学者普遍认为居住权人可以将居住权进行出租、转让、继承及任何合理的使用与收益。④《瑞士民法典》第 776 条第 2 款规定"居住权不得让与和继承"⑤,却并未对居住权是否可以出租进行规定。瑞士理论界和司法界一般情况下认可居住权出租的法律效力,使得瑞士居住权制度兼顾了居住权的人役性和用益性。瑞士允许居住权出租的解释路径为我国《民法典》第 369 条的解释提供了经验。我国《民法典》第 369 条禁止居住权转让、继承,却未禁止居住权出租,与《瑞士民法典》类似,立法上采折中《法国民法典》与《德国民法典》的立法技术,同时兼顾居住权的人役性和用益性。

---

①申卫星:《〈民法典〉居住权制度的体系展开》,载《吉林大学社会科学学报》2021 年第 3 期,第 58 页。

②李永军:《论我国民法典上用益物权的内涵与外延》,载《清华法学》2020 年第 3 期,第 88 页。

③值得注意的是,德国法上明确规定居住权脱离人役性的法律是 1951 年通过的《住宅所有权及长期居住权法》,该法明确规定居住权可以自由流转,不受限制。至那时起,居住权制度在德国实证法上便"放飞自我",与一般用益物权无异。

④鲁晓明:《"居住权"之定位与规则设计》,载《中国法学》2019 年第 3 期,第 224–225 页。

⑤戴永盛:《瑞士民法典》,中国政法大学出版社 2016 年版,第 273 页。

综上,解释论视角下的《民法典》第 369 条"设立居住权的住宅不得出租,但是当事人另有约定的除外"规定存在双重意涵:其一,当事人约定对于设立有居住权的住宅可以出租的,住宅可以出租;其二,当事人可以约定出租居住权。而当事人约定指的是当事人通过《民法典》第 140 条明示或默示的意思表示形式达成出租合意、单方同意或事后追认。依上文所述,当事人默示同意的意思表示,得类推适用《民法典》第718 条的规定,当事人知道或者应当知道另一方出租住宅六个月内未提出异议,视为同意出租。

基于此,对于居住权当事人未与对方约定擅自将住房出租的,住房所有权人或居住权人有权向对方主张违约责任,并基于物权优先性有权向承租方主张返还住宅。根据《民法典》第 215 条规定的债权与物权区分原则,实践中往往不会直接认定租赁合同绝对无效,而是将擅自出租的行为认定为无权处分行为,在此情形下承租人属于无权占有,相应地,租金则属于不当得利。[1] 出租方若因此给承租人造成损害的,承租人有权向出租方主张违约责任。另外,居住权存在于所有权之上,理应受到合理限制,使居住权不至于对住房所有权干涉过多,给住房造成负担过重,影响住房所有权的价值。因此,不管居住权期限长短,居住权终究属于有期限物权,居住权人与住房所有人进行约定后将居住权进行出租的,出租期限应受居住权期限和租赁权期限的限制。

四、结 语

通过上述爬梳分析,《民法典》居住权规则宣示性较强,存在诸多有待完善和补白的地方,须通过解释论进行填补。对《民法典》居住权规则的解释,宜从居住权的立法目的出发,联系居住权的功能定位和居住权的用益物权性质,以居住权的用益性和人役性为线索,围绕居住权的具体规则展开。首先,设立居住权应采取书面形式并须完成登记,《民法典》第 371 条以遗嘱形式设立居住权的,口头遗嘱设立居住权属于"书面形式"设立居住权的例外,录音录像遗嘱因属于《民法典》第 469 条第 3 款规定情形,符合《民法典》第 367 条规定的"书面形式";其次,只有自然人才能成为居住权人,与居住权人同住的人不属之,法人或非法人组织不能成为居住权人,但是可成为居住权的设立人;再次,居住权人享有"买卖不破居住权",并有必要赋予居住权人同等条件下的优先购买权,以更好的保障居住权立法目的得以实现;最后,明确《民法典》第 369 条后部分规定的双重意涵,厘清满足双方合意、房屋所有权人单方事前同意或事后追认的规则,住宅所有人有权出租住宅,居住权人有权出租居住权。诚然,本文对

---

① 何丽新、朱欣蕾:《〈民法典〉视域下居住权的养老功能与实现路径》,载《厦门大学学报(哲学社会科学)》2022 年第 2 期,第 137 页。

居住权规则的分析尚有完善余地,但笔者仍是希望在《民法典》施行背景下,从解释论角度为居住权制度的研究提供裨益,以期居住权制度能更好地回答"中国之问"和"时代之问"。

(责任编辑:王婷婷)

民商区分视阈下"存疑推定为保证"规则研究

郑浩彬①

摘　要:债务加入与保证在制度层面具有极高的相似性,在司法实践中引发了大量纠纷,法院在区分二者时也往往难以判断当事人的意思表示真意。最高人民法院出于对担保人利益的保护,于司法解释中确立了一体化适用的"存疑推定为保证"规则。然而于民商区分视阈下观之,在商事担保的场合也适用"存疑推定为保证",将不当损害债权人利益,导致利益失衡。因此,应当回归到意思表示的判断上来,在风险归责原则的指引下,构建一个以营利性目的为考量因素,同时赋予法官一定自由裁量权的动态化"存疑推定规则"。

关键词:债务加入　保证　存疑推定　商事担保

一、问题的提出

"存疑推定为保证"作为债务加入与保证的区分规则,在二者性质判断存疑时虽有利于统一司法裁判,但在民商区分视阈下一体化适用"存疑推定为保证"是否合理仍有待探究。《民法典》将我国司法实践中存在已久,但处于无法可依状态的债务加入正式确定了下来,以满足实践需求。所谓债务加入,是指第三人作为债务人加入既存的债务关系中,与原债务人一起向债权人承担连带责任的制度。② 债务加入虽得以于《民法典》中正式规定,但其与保证制度的纠缠关系却使得两者之间的界分障碍仍然存在,因为二者无论是在成立方式还是法律效果上都具有天然的相似性,使得实践中往往出现因当事人的意思表示不清晰,难以界定其性质究竟为何而导致纠纷。因此债务加入与保证的区分成为困扰司法实践的一大难题,出现了许多类案不同判的现象。最高人民法院(以下简称最高法)为了解决该区分难题,在《关于适用〈中华人民

---

① 郑浩彬,广东外语外贸大学法学院硕士研究生。
② 崔建远:《合同法》,法律出版社 2010 年版,第 233 页。

共和国民法典〉有关担保制度的解释》（以下简称《担保制度解释》）第 36 条第 3 款中规定了一个对意思表示存疑情形下的推定规则，即："前两款中第三人提供的承诺文件难以确定是保证还是债务加入的，人民法院应当将其认定为保证。"确立了现行"存疑推定为保证"的判断标准，而对于实行该标准的成因、在民商区分视阈下一体化适用"存疑推定为保证"是否合理等问题均对《民法典》的实施具有重要意义。因此，为了促进《民法典》更好地实施，本文拟对有关债务加入与保证之区分的存疑推定规则进行探讨。

二、存疑情形下债务加入与保证之区分困境

债务加入与保证的区分十分重要，其往往直接决定着第三人责任的有无及大小。如保证期间、先诉抗辩权等只适用于保证而不适用于债务加入①，故第三人往往可以主张自己是保证人，从而因保证期间已过或主张先诉抗辩权等避免责任的承担②；又如在主合同无效的情形下，债务加入人与原债务人承担相同的缔约过失责任，而保证在主合同无效导致保证合同也归于无效的情况下，根据《担保制度解释》一般只承担不超过三分之一的责任。③ 虽然二者产生的法律效果不同，但在制度层面却具有极高的相似性，司法实践中，在当事人意思表示存疑的情形下往往难以区分，易导致法律适用的混乱，此亦为"存疑推定规则"存在之必要。由此，在司法实践中催生出了"存疑推定规则"，然而究竟是推定为债务加入还是推定保证，在不同案例中存在着较大分歧。

（一）债务加入与保证之制度相似性

债务加入与保证在制度层面具有极高的相似性。其一，在主体上，债务加入与保证一般均由原债务人与债权人之外的第三人作出意思表示，从而得以参与到该债之关系中④，因此在意思表示作出的主体上具有相似性；其二，在作用上，债务加入的制度功能被定位于担保⑤，与保证同样具备着担保债权实现的作用⑥，甚至有学者将债务

---

①程啸：《保证合同研究》，法律出版社 2006 年版，第 370-371 页。
②海南省第一中级人民法院（2021）琼 96 民终 1917 号民事判决书。
③刘贵祥：《民法典关于担保的几个重大问题》，载《法律适用》2021 年第 1 期，第 14 页。
④有学者认为在限定继承中，继承人为继承债务而为债务加入时，亦被认为有效的债务加入，但因此种情形较为特殊，本文暂不予讨论。参见史尚宽：《债法总论》，中国政法大学出版社 2000 年版，第 752 页。
⑤史尚宽：《债法总论》，中国政法大学出版社 2000 年版，第 751 页。
⑥韩世远：《合同法总论》（第 4 版），法律出版社 2018 年版，第 634 页。

加入视为人保的一种方式①,司法实践中也有法院认为债务加入在法律性质上也可被视为一种保证形式②;其三,在性质上,对原债务人而言,债务加入与保证均具有原债权债务关系之外的担保属性,其本身并不会使原债之内容发生变化,原债务人也并不因此而免除债务,仍需对原债务负清偿责任③;其四,在适用规则上,二者具有极高的相似性,特别是在《民法典》出台前,由于债务加入的适用规范供给不足,司法实务在解决债务加入纠纷时,通常也只能类推适用保证规则进行处理。④ 如在最高法院的"大理兰林阁置业有限责任公司昆明分公司等诉杨军杰民间借贷纠纷再审案"中认为:"债务加入和保证一样具有担保债权实现的功能,故与债务加入在法律性质上最为接近并且有明确法律规定的应为连带责任保证法律关系,因此,对于苏家荣以兰林阁昆明分公司的名义而为债务加入行为是否构成有权代表及相应效力,可参照适用担保法的相关规定加以评判。"⑤正是因为债务加入与保证在制度层面的相似性,使得实务中在判断第三人意思表示时,往往难以认定该意思表示究竟是债务加入还是保证。

(二)司法实践中的推定规则分歧

《担保制度解释》未生效前,我国司法实践中对第三人意思表示存疑的情形,从已收集的案例来看,既有推定为债务加入的,也有推定为保证的,可见实务机关的做法存在着较大分歧。而在《担保制度解释》生效后,正式确立的"存疑推定为保证"规则在各地法院得到了适用。

存疑情形下推定为债务加入的案例,如最高法的"信达公司石家庄办事处与中阿公司等借款担保合同纠纷案"中认为:"如承担人承担债务的意思表示中有较为明显的保证含义,可以认定为保证;如果没有,则应当从保护债权人利益的立法目的出发,认定为并存的债务承担。"⑥在"中国城市建设控股集团有限公司与安信信托股份有限公司营业信托纠纷上诉案"中最高法也持类似观点。⑦ 江苏省高院的"茂名市长隆石油化工有限公司深圳分公司诉长江南京航道工程局合同纠纷再审案"亦同,从保护债权人利益的角度出发将存疑情形推定为债务加入。⑧

存疑情形下推定为保证的案例,如最高法在"瑞安中华汇地产有限公司诉北京中

①陈自强:《违约责任与契约解消》,太晚元照出版公司2018年版,第339页。

②参见山东省高级人民法院(2013)鲁商终字第117号民事判决书;上海市浦东新区人民法院(2018)沪0115民初67531号民事判决书。

③王洪亮:《债务总论》,北京大学出版社2016年版,第465页。

④夏昊晗:《债务加入法律适用的体系化思考》,载《法律科学》2021年第3期,第166页。

⑤参见最高人民法院(2019)最高法民再236号民事判决书。

⑥参见最高人民法院(2005)民二终字第200号民事判决书。

⑦参见最高人民法院(2018)最高法民终867号民事判决书。

⑧参见江苏省高级人民法院(2017)苏民再350号民事判决书。

天宏业房地产咨询有限责任公司合同纠纷上诉案"中认为："债务加入必须是第三人作出明确意思表示……否则不能认定构成债务加入。如果第三人只是愿意作为保证人为原债务关系的债务作出某种担保，则应当认定为第三人承担连带责任保证，而非承担并存债务的连带责任。"①此外，表明债务加入不可推定，必须具有明确意思表示的观点，还可见于最高法院的其他案例中。② 此类案例均表明了在存疑情形下不能直接推定为债务加入的立场。③

随着 2021 年 1 月 1 日《担保制度解释》的生效，各地法院开始遵从"存疑推定为保证"的规则适用，如北京市第四中级人民法院在"云南能投国际工程有限公司与老挝吉象水泥有限公司等申请撤销仲裁裁决案"中认为："根据文义解释难以确认该承诺文件是保证还是债务加入。根据《担保制度解释》第三十六条第三款规定……则《会议纪要》的保证条款即形成了担保合同。"④此类案例众多，均适用《担保制度解释》中"存疑推定为保证"的规则⑤。

综上所述，因为债务加入与保证的相似性，导致实践中第三人的意思表示真意难以判断，所以一个有效的存疑推定规则能够对司法实践起到正面指引作用。从案例中可见，《担保制度解释》未生效前，我国司法实践并不具有一个统一的适用标准，虽无指引可依，但法院却可以根据实际案情对推定规则进行适用。然而《担保制度解释》生效后，径直推行一体化适用的"存疑推定为保证"，使得法院在债务加入与保证存疑的情形下不再具有自由裁量权，只能推定为保证。此种一体化适用的推定规则虽为实践提供了裁判指引，但该标准的适用是否能够恰当处理实务纠纷则仍值得研究。

三、现行"存疑推定为保证"规则确立的成因及弊端

（一）"存疑推定为保证"一体化适用的成因

债务加入与保证的区分，首先应当以当事人的意思表示为依据，探究当事人希望约定的是债务加入还是保证；其次，如果意思表示无法直接得出结论，应当通过意思表

---

①参见最高人民法院（2019）最高法民终 1178 号民事判决书。

②参见最高人民法院（2017）最高法民终 655 号民事判决书；最高人民法院（2018）最高法民终 59 号民事判决书；最高人民法院（2016）最高法民申 83 号民事判决书。

③夏昊晗：《债务加入与保证之识别—基于裁判分歧的分析和展开》，载《法学家》2019 年第 6 期，第 112 页。

④参见北京市第四中级人民法院（2021）京 04 民特 461 号民事判决书。

⑤参见海南省第一中级人民法院（2021）琼 96 民终 1917 号民事判决书；上海市金山区人民法院（2021）沪 0116 民初 6006 号民事判决书；北京市门头沟区人民法院（2021）京 0109 民初 1042 号民事判决书；江苏省泰兴市人民法院（2020）苏 1283 民初 8765 号民事判决书。

示解释规则予以确定。①《担保制度解释》统一了司法实践的裁判规则,明确在债务加入与保证区分存疑时,按照合同解释中"存疑作有利于债务人的解释"规则②,径直认定为保证,而债务加入只有在具备明确意思表示的情况下才能产生。此种做法考虑到对第三人而言债务加入的风险大于保证,从而基于利益平衡的目的,实现从保护债权人到保护第三人的转变。

1. 债务加入对第三人的风险大于保证

在法律效果上,债务加入对第三人产生的风险大于保证,主要体现在以下四个方面:

其一,就性质而言,债务加入人负担的债务仅在成立时与原债务具有同一性,其后即各自独立发展③,债务加入人取得了独立于原债务人的地位,二者之间并无从属性④;而保证债务则具有很强的从属性,在发生、消灭、范围以及抗辩权方面均从属于主债务。⑤ 也正是因此,保证人的债务原则上受到从属性的限制保护,在责任承担顺序上具有次位性⑥,而债务加入人的债务并无此次位性,债权人无需向原债务人提出请求即可直接向债务加入人要求清偿。⑦

其二,在债务加入中债权人的权利行使仅受到诉讼时效限制;而在保证中,债权人的债权不仅受诉讼时效限制,还要受到《民法典》第693条保证期间的限制,债权人未在保证期间内向保证人行使权利的,保证人不再承担保证责任。

其三,在抗辩权的行使上,债务加入人仅能行使于债务加入成立前已经产生的原债务人对债权人的抗辩权,而成立之后的抗辩权还需根据连带责任的规则确定⑧;而保证人不仅能主张原债务人对债权人的抗辩,也能主张基于保证合同对债权人的专有抗辩权,如一般保证人基于保证关系享有的先诉抗辩权等。⑨

其四,在内部追偿权上,一般认为,债务加入人只有在债务加入协议中约定了追偿

---

① [德]迪尔克·罗歇尔德斯:《德国债法总论》(第7版),沈小军、张金海译,沈小军校,中国人民大学出版社2014年版,第413页。

② 崔建远:《合同解释规则及其中国化》,载《中国法律评论》2019年第1期,第94页。

③ 夏昊晗:《债务加入法律适用的体系化思考》,载《法律科学》2021年第3期,第179页。

④ 朱奕奕:《并存的债务承担之认定——以其与保证之区分为讨论核心》,载《东方法学》2016年第3期,第49页。

⑤ 刘贵祥:《民法典关于担保的几个重大问题》,载《法律适用》2021年第1期,第14页。

⑥ 此所谓"原则上具有次位性"仅针对一般保证而言,连带责任保证则不具有此次位性。

⑦ 王利明:《论"存疑推定为保证"——以债务加入与保证的区分为中心》,载《华东政法大学学报》2021年第3期,第12页。

⑧ [德]迪尔克·罗歇尔德斯:《德国债法总论》(第7版),沈小军、张金海译,沈小军校,中国人民大学出版社2014年版,第413页。

⑨ 费安玲:《论保证人抗辩权》,载《政法论坛》2000年第1期,第18-19页。

权的情况下才享有追偿权①,而保证人基于《民法典》第700条在承担保证责任后,除非协议另有约定,其有权在承担责任的范围内直接向原债务人追偿。可见,对第三人而言,债务加入所带来的责任负担重于保证。

2. 从保护债权人到保护第三人的转变

从《担保法》到《民法典》的时代发展,体现了由单纯强调对债权人的保护向平衡当事人利益的转变。②《民法典》更加注重对当事人利益的平衡考虑,其基本逻辑在于兼顾债权人、债务人与第三人之间的关系,在鼓励担保层面,也更加倾向于保护作为第三人的保证人。如《民法典》第686条一改此前无约定时推定为连带保证的做法,转而强调对保证人的保护,在对保证责任无约定时推定为一般保证。"存疑推定为保证"规则与上述规则的确立逻辑一致,均倾向于保护第三人的利益,其原因无非正如上文所述,对第三人而言,债务加入产生的风险大于保证,因而推定为保证更有利于减轻第三人的责任。至于为何在《民法典》强调利益平衡的逻辑下,选择倾向保护第三人而非债权人? 有学者认为,无论是债务加入还是保证,对债权人而言都是一种增益措施,对其并无不利,在债权人已经具备额外保障的基础上,更应当考虑第三人的利益,达到鼓励担保的效果。而且在意思表示模糊的情况下,债权人也不存在能够合理信赖第三人承担更重的债务加入责任的可能。③ 此外,"存疑推定为保证"也被认为充分尊重了意思自治,此种观点认为依照私法自治原则,承担越重的责任所需的意思表示就越需明确,而在意思表示存疑时,也理所应当从轻解释,即:如果要求第三人承担更重的债务加入责任,应当需要其更为明确的意思表示,否则推定为保证更为合理。④ 因此当第三人的意思表示在判断为债务加入还是保证存疑时,应当认定为负担较轻的保证。

(二)民商区分视阈下"存疑推定为保证"规则的利益失衡

《民法典》强调利益平衡无疑具有相当的合理性,但对于为何"存疑推定为保证"中所谓的利益平衡只是保护作为担保人的第三人利益存在较大疑问,尤其是在民商担保区分视阈下,疑惑更加凸显。我国现有立法格局虽奉行民商合一,以呼吁现代化市场经济条件下所谓的"民法商法化"⑤,但不可否认的是,在我国现实法律环境下,商事

---

① 刘保玉、梁远高:《民法典中债务加入与保证的区分及其规则适用》,载《山东大学学报(哲学社会科学版)》2021年第4期,第127页。

② 刘贵祥:《民法典关于担保的几个重大问题》,载《法律适用》2021年第1期,第10页。

③ 王利明:《论"存疑推定为保证"——以债务加入与保证的区分为中心》,载《华东政法大学学报》2021年第3期,第12页。

④ 夏昊晗:《债务加入与保证之识别——基于裁判分歧的分析和展开》,载《法学家》2019年第6期,第112页。

⑤ 梁慧星:《民法总论》(第4版),法律出版社2011年版,第10-13页。

担保在主体与行为方面同民事担保存在差异,此种差异进而会影响不同担保类型中的利益平衡考量。因此,《担保制度解释》中"存疑推定为保证"规则不区分担保类型,而采一体化推定为保证的做法的合理性值得商榷,此由以下两则案例可见一斑。

在"羊某某与王某某、王某民间借贷纠纷案"中,王某某向羊某某借款,由其父亲王某提供担保,但法院对担保性质存疑。[①] 在此种出于生活目的的担保场合,存疑推定为保证似未见不妥。但在"世纪金源投资集团有限公司等合同纠纷案"中却难见合理性,金源公司为超越公司回购义务的履行,向风云公司提供差额补足担保的商业增信措施。后因超越公司未履行回购义务,双方就差额补足担保的性质发生争议。金源公司主张为保证,且因超过保证期间,自己无须承担 2 亿的补足款;风云公司则主张为债务加入,不受保证期间限制,索要 2 亿的补足款。[②] 本案中,一审法院并未援引《担保制度解释》的存疑推定规则,而是根据案情将该条款综合认定为债务加入。然而在二审裁判中,即便当事人围绕"差额补足条款"性质进行了大篇幅的辩论,但法院径直依据《担保制度解释》的"存疑推定规则"将"差额补足条款"推定为保证。此案有别于前案的是,该案的商业增信措施应属于商事担保,主体上具有更强的专业能力,行为上具有明显的营利性目的。而《担保制度解释》忽视此种差别,径直推定为保证。此种简单化的处理方式,使得本应风险自负的商事担保,额外再得到一重推定规则的保护,将存疑风险转嫁至债权人承担,在利益平衡上未免存在失衡。因此,在民商区分视阈下对"存疑推定为保证"的一体化适用进行审视,其缺陷渐渐显露。

1. 主体差异下的利益比较

商主体与民事主体的差异主要体现在地位与能力两方面。首先,在地位上,民事主体并非理所当然地可依其意愿成为商主体,此种商主体地位的取得一般均须向行政机关提交申请,以获批准登记,因此商主体的地位较之于民事主体具有特殊性。有鉴于此,在商主体市场准入门槛存在行政障碍的情况下,即将商主体与民事主体等同视之,适用同一套法律规定,则易招致难以避免的矛盾。一方面,若法律规范的制定以民事主体的义务标准作为参照,会使得能力更强的商主体也享受着低义务标准带来的"福利";另一方面,若法律规范的制定以商主体的义务标准作为参照,则会使得高义务标准被强行加之于民事主体,不当提高了其注意义务。[③] 因此商主体与民事主体难以融洽地适用同一套规则。其次,在能力上,商主体在长期的商业活动中往往积累了较强的风险意识,甚至有专业的法律团队,面临风险时拥有更强的识别和规避能力;而

---

①参见江苏省泰兴市人民法院(2020)苏 1283 民初 8765 号民事判决书。
②参见北京市高级人民法院(2021)京民终 754 号民事判决书。
③朱庆育:《民法总论》(第 2 版),北京大学出版社 2016 年版,第 13—14 页。

民事主体大多为自然人,缺乏风险意识,谈判能力也较商主体更弱①,呈现的是"弱而愚"的角色,在大企业面前是经济、社会力量弱小之主体。② 而在此种能力差距对比明显的情况下,具备更强专业能力的商主体显然更加容易利用规则漏洞,实现责任规避。

因此,从主体层面观之,基于利益平衡的理念,商主体理应承担比民事主体更重的义务及责任。正如有学者认为,商主体在现代社会中并不仅仅以私法主体的身份出现,其同时也被视为一种应承担社会责任的主体。③ 此外,在立法上为了维护交易安全的稳定,也通常倾向于将商主体的组织与活动法定化、强制化,对商主体施加更为严格的责任。因此,不对担保类型加以区分而一体化适用"存疑推定为保证",难免会导致利益的失衡。

2.行为差异下的利益衡量

商事担保所追求的营利性目的使之与以实现债务为目的的民事担保截然不同。商事担保作为商行为的一种,其最主要的特征为营利性目的,正如学者所言:"商行为必定以营利为目的,这意味着商行为不会是为了公益事业而发生和存在的,而是为了商主体自己的私的利益而发生与存在的。"④所谓营利性是指经济主体通过经营活动而获取经济利益的特性。⑤ 正是因为商行为的此种营利性目的,使得商事担保人在法律上并不具有责任层面的特殊优待地位⑥,其在营利与风险并存原则下必须履行商主体在商事活动中的审慎义务和严格责任。⑦ 诚如学者在主张商事担保特殊性时所强调的:民事主体从事的担保行为往往并非出于营利目的,其大多数情况下是出于无偿的帮助,对于担保风险往往也缺乏理性之评估,因此民事担保应提倡公平价值;然而商行为却是以营利为目的,提倡的是自由价值,主张在担保人与债权人等商主体之间寻求经济利益的动态平衡。⑧ 以一般债权中的保证与商事领域中特殊的票据保证为例:在一般保证中,根据《民法典》第682条的规定,主合同无效,保证合同也归于无效,保证人因此无须承担保证责任;然而在票据保证中,基于票据的无因性,即使主合同无

---

① 张继青:《我国民法典民商合一立法体例下法律适用的审视》,载《决策探索(下)》2021年第1期,第47页。

② [日]星野英一:《私法中的人——以民法财产法为中心》,王闯译,载梁慧星主编《民商法论丛》(第8卷),法律出版社1997年版,第188页。

③ 吕来明:《论我国商事主体范围的界定》,载《北方法学》2008年第4期,第7页。

④ 刘凯湘:《商事行为理论在商法中的意义与规则建构》,载《法治研究》2020年第3期,第89页。

⑤ 范健、王建文:《商法的价值、源流及本体》,中国人民大学出版社2004年版,第179页。

⑥ 朱奕奕:《并存的债务承担之认定——以其与保证之区分为讨论核心》,载《东方法学》2016年第3期,第56页。

⑦ 范健:《商事担保的构成与责任特殊性》,载《法学》2013年第3期,第20页。

⑧ 曾大鹏:《商事担保立法理念的重塑》,载《法学》2013年第3期,第11页。

效,保证人仍须与被保证人对持票人承担连带责任。①

因此,民事担保基于利益平衡侧重于保护担保人的利益,尚有据可依。但商事担保却无须再给予担保人此种优待地位,以营利性目的为诉求的商事担保人,基于营利与风险并存原则,理应为自己行为的不谨慎而负责。在商事担保中,仍给予担保人优待地位,一体化适用"存疑推定为保证"规则,还冠之以利益平衡,似有不妥。正如在未约定保证形式的推定场合下,也有学者主张应当区分民商事担保对推定规则进行适用,对于不具有营利性目的的民事担保推定为一般保证,对于具有营利性目的的商事担保则应推定为连带责任保证,不能一概而论地推定为一般保证。②

3. 信赖利益的保护缺失

"存疑推定为保证"的一体化适用规则认为,在意思表示模糊的情况下,债权人对第三人不存在债务加入的合理信赖,因此无须对债权人予以保护。然而当合同双方对合同条款存疑发生分歧时,应当根据合同解释的规则理解合同双方的意思表示③,而在适用推定解释规则产生解释结论的情况下,表明此种推定结论应当是在当前社会环境下一般理性人所能认可并接受的,而此种被认可和接受的结论也应当对相对人产生合理的信赖,具有信赖利益保护的基础。而认为在存疑情形下相对人不享有合理信赖的观点排除了推定解释规则所产生的影响,径直以未经推定解释前的存疑情形来认定相对人因此不具备合理信赖,显然在逻辑上是难以成立的。在民商区分视阈下观之,譬如专业的担保公司在从事商事担保活动过程中,恶意地对意思表示进行模糊表示,仅在书面文件中约定如"自愿帮助债务人还款""愿意替债务人承担还款责任"等用语,而此种约定从债权人的视角观之与保证确实存在些许不同,对债权人而言,对此种模糊的意思表示并非无可能具有认定为债务加入的信赖利益期待。而在此种信赖期待的基础上,债权人显然并不会去考虑保证期间等与保证相关的问题,法律如果肆意地将此种模糊的意思表示推定为保证,导致债权人因此错过保证期间等有关保证的限制,显然使得商事担保人在此种情况下能够获得"不正当"的利益,而对债权人的利益造成损害,从而导致利益失衡。

综上所述,商事担保与民事担保在主体与行为上存在明显差异,"存疑推定为保证"规则的一体化适用在民商担保区分视阈下,存在信赖利益的保护缺失,易导致利益失衡。此种推定规则只能便利于司法裁判,却无益于当事双方的利益平衡,亟待修正。

---

①谢石松:《论票据的保证》,载《法学评论》1996年第4期,第42页。

②孙清白:《〈民法典〉有关保证方式推定的制度完善:基于民商区分的视角》,载《南京航空航天大学学报(社会科学版)》2022年第1期,第68页;杨祥:《论我国商事担保制度的困境及建构思路》,载《金陵法律评论》2015年第2期,第208页;曾大鹏:《商事担保立法理念的重塑》,载《法学》2013年第3期,第12页。

③马新彦:《信赖与信赖利益考》,载《法律科学》2000年第3期,第80页。

四、区分担保类型适用的存疑推定规则之证成

社会生活的纷繁复杂与制度的相似性,使得法官难以根据一般解释规则对债务加入与保证的区分进行判断。而一个恰当的推定规则可以在适用其他解释规则仍无法得出结论时,通过推定解决债务加入与保证的识别难题。此外,推定规则对存疑状态下法律后果的确认,也可以反作用于实践,促使行为人明确意思表示,达到定纷止争的目的,然而现行"存疑推定为保证"的一体化适用在民商区分视阈下易导致利益失衡。因此,在现行法律制度下构建区分担保类型适用的存疑推定规则,改变《担保制度解释》中推定为保证的单一标准,显得十分必要。对此,首先需要利用风险归责原则划分风险领域,明晰不同担保类型的推定规则适用,实现利益平衡;其次,需要划定推定规则区分适用的标准,构建一个动态化综合权衡的"存疑推定规则"。

(一)风险归责原则对利益平衡的实现

债务加入与保证的区分问题所涉及的核心仍为当事人意思表示的判断,存疑推定规则的构建需考虑的是第三人在为担保时,作为表意人在其内部真意与外部表示呈现含义不一致的情况下,对于此种"误解"的风险如何分配才能实现利益平衡的问题。因此,在意思表示存疑的情况下,应当回归到意思表示的认定规则进行判断,在此借用风险归责原则可以作出解释。

1. 权利外观下风险归责原则之合理性

第三人在为担保行为时作为表意人向债权人所做出的意思表示是否会发生并非自己所期望发生的法律效果,这实际上涉及该意思表示的做出是否存在权利外观的问题,即表意人应对可归责于己的意思表示的意义负责。[①] 权利外观责任是为了维护交易安全的稳定,从而对相对人的信赖予以特殊保护,但此种特殊保护并非毫无限制。法律并不会仅因一方的利益需要保护,就理所当然以损害另一方的利益为代价。真正导致一方权利受损的原因在于其对于某种权利外观的形成具有可归责性,即如果该方尽到了必要的注意义务,外观就不会形成,正是因为对于自身注意义务的疏忽,因此而具有了可归责性。[②] 对于权利外观可归责性的判断,德国学者卡纳里斯总结了三种归责原则——诱因原则、过错原则以及风险原则,并主张应当优先适用风险原则。首先,如果采纳诱因原则,实质上采纳的是因果关系理论,而采取此种做法的同时意味着

---

① [德]卡尔·拉伦茨:《德国民法通论》(下册),王晓晔、邵建东、程建英、徐国建、谢怀栻译,法律出版社 2013 年版,第 886 页。

② 刘晓华:《私法上的信赖保护原则研究》,山东大学 2013 年博士学位论文,第 107 页。

也就放弃了归责原则;其次,就过错原则而言,在有过错存在的场合下,自然可以依据过错进行归责,但是对于无过错的情形,却变得毫无用武之地。① 因此,相较于前两种原则,风险原则显然走得更远一些。风险原则与那些只设想一个行为要求"平均水平"的其他原则不同,其设想的是一个在相应交易活动中"理想的"参加者的行为要求。② 风险归责原则将可归责性的考察重点放在行为人与相对人之间进行比较,依据"理想的"行为要求划定彼此的风险领域,从而判断某行为是否落入该行为人的风险领域中,故而具有很强的理论逻辑一贯性和解释力。此外,强调风险原则的意义还体现在对绝对化思考方式的放弃,其可以通过划定多种考量因素,将过错、诱因等都置于考量范围内,实现更为多元化和动态化的综合权衡③,以此达到利益平衡的目的。

2. 风险领域划分基础上的利益衡量

风险归责原则对利益平衡的实现,主要是通过风险领域的划分,划定行为人应负责的风险领域。有学者认为,划分风险领域可以考虑的因素有很多:"首先是行为人的组织风险,如行为人对生活的组织,开办企业等。其次可以考虑行为人增加风险的行为,如委任传达人传达意思表示。也要考虑谁更有利于控制风险的发生,谁从风险行为中更多获益,谁更容易转嫁风险,风险是否无论如何都无法排除,等等。"④此种观点考量的因素较为全面,值得参考借鉴。

基于商事担保的特殊性,结合债务加入与保证的区分对上述因素进行考量。其一,对于组织风险,商事担保的行为人一般为企业,需承担更高标准的组织风险,而民事担保的行为人则较少存在组织风险。其二,对于增加风险的行为,由于该因素属于个案中发生的具体行为,从抽象角度来分析债务加入与保证的区分无益,不纳入讨论。其三,对于风险的把控和获益,商事担保行为人一般拥有更强的专业知识和能力,对交易风险的把控能力势必强于民事担保行为人,也能够从风险行为中获取更多收益,尤其是在一体化适用"存疑推定为保证"的规则下,存在更多刻意制造存疑风险,并借此牟利的机会,而民事担保人则缺乏此种能力。其四,对于风险的转嫁,商事担保行为人尤其是以担保为职业的主体,更容易通过保险等手段转嫁风险,而对于以生活为目的的民事担保行为人,则较难实现风险的转嫁。其五,对于风险的排除,商事担保行为人完全可以通过事先的明确约定来排除此种存疑情形下的风险,而对于民事担保行为人而言,受制于知识水平、生活目的等限制,一般难以实现风险的排除。由此可见,对于

---

①Claus-Wikhelm Canaris,Die Vertrauenshaftung im deutschen Privatrecht,C. H. Beck,1956,S. 473-490. 转引自[德]C. W. 卡纳里斯:《德国商法》,杨继译,法律出版社 2006 年版,第 147 页。

②[德]C. W. 卡纳里斯:《德国商法》,杨继译,法律出版社 2006 年版,第 147 页。

③朱虎:《表见代理中的被代理人可归责性》,载《法学研究》2017 年第 2 期,第 66 页。

④纪海龙:《走下神坛的"意思"论意思表示与风险归责》,载《中外法学》2016 年第 3 期,第 681 页。

债务加入与保证区分存疑的风险究竟应当归入担保人领域还是债权人领域应当区分对待,在商事担保中,应归入需要承担更多风险责任的担保人领域,推定为债务加入;在民事担保中,则因担保人无须承担更多的风险责任,而归入债权人领域,推定为保证。从而,通过对不同担保类型的风险领域划分,合理分配存疑风险,实现利益衡平之目的。

综上所述,风险归责原则将存疑情形的风险在商事担保中归入担保人的领域,从利益衡平角度观之显然更加合理。私法本质上是协调此人之自由与彼人之自由的机制总和,风险归责原则对法律关系双方的风险领域进行划分,恰是对此人之自由与彼人之自由的矛盾调和。[①] 因此,在风险归责原则的基础上,对区分担保类型适用的"存疑推定规则"进行构建,更有利于利益平衡的实现。

(二)动态化综合权衡的存疑推定规则构建

"存疑推定为保证"的一体化适用在民商区分视阈下难以融洽。因此,在现行法律制度下构建区分担保类型适用的存疑推定规则,改变《担保制度解释》中推定为保证的单一标准显得十分必要。进而,在判断存疑情形时应当区分商事担保与民事担保分别适用存疑推定规则,在商事担保中推定为债务加入,在民事担保中推定为保证。然而,在现行"民商合一"的法律体系下难以直接对商事担保和民事担保作出明显的区分,如果一味坚持从担保类型上进行严格的区分,势必会导致该区分担保类型适用的判断标准与现行法律制度脱钩,因此可以构建一个以个案为限,以特征为综合考量因素,同时赋予法官基于一定自由裁量权的动态化"存疑推定规则"。

1.以"营利性目的"为考量因素

应当以何作为考量因素对商事担保与民事担保进行区分? 根据前文所述,商事担保与民事担保之差异主要体现在商主体与商行为两方面。虽然以德国为代表的部分大陆法系国家奉行主观主义的商事立法例,将商主体的身份及人格特征作为商法规则适用的前提条件[②],但由于主体行为的复杂性,难以根据某个主体特征即判断其所实施的行为究竟是属于商事担保还是民事担保。而且因为法律规制的对象永远都是行为,所以就我国而言,从商行为特征的角度对考量因素进行提取更加可行。

由此,问题进一步变成何为商行为最本质的特征。首先,从国内学者对商行为的界定观之,有单纯以"营利"为标准的"商行为是以营利为目的的行为"[③];也有以"营

①纪海龙:《走下神坛的"意思"论意思表示与风险归责》,载《中外法学》2016 年第 3 期,第 681 页。

②[德]C. W. 卡纳里斯:《德国商法》,杨继译,法律出版社 2006 年版,第 3 页。

③范健、王建文:《商法总论》,法律出版社 2011 年版,第 212 页。

利+营业"为标准的"商行为是以营利为目的而实施的营业行为"[①];还有以"营利+营业+商主体"的"商行为是商主体从事的以营利为目的的营业行为"[②]。其次,从域外立法的界定观之,采主观主义的德国《商法典》第343条规定"商行为是指一个商人所实施的、属于其商事营利事业的一切行为"[③];采客观主义的法国《商法典》并未直接定义商行为,而是依行为的性质对商行为进行列举,总体可以定义为"商事行为是在带有实现金钱利润之意图而进行的财富流通中实现某种中介的行为"[④];采折中主义的日本《商法典》则规定了绝对商行为、营利商行为以及附属商行为三类,并对营利商行为做了充分列举[⑤]。由此可见,无论是我国学者对商行为的界定还是域外立法,均强调商行为的"营利性目的"特征,因此商行为最本质的特征应当为"营利性目的"。

因此,在存疑推定规则的构建上不如将"营利性目的"作为区分担保类型的考量因素,将具有营利性目的的担保行为视为商事担保,在存疑情形下推定为债务加入;将不具有营利性目的的担保行为视为民事担保,在存疑情形下推定为保证。

2. 动态化的"营利性目的"判断

何谓营利性目的? 笔者认为在现有理论及法律可能仍不完善的情况下,可以交由法官自由裁量,但仍有部分要点需要说明。首先,此种营利性并不等同于"有偿",因为有一种观点以是否"有偿"作为区分债务加入与保证的标准。[⑥] 若一担保行为主要是为债务人的利益作出担保,对担保人并无利益可言,可以认定为保证;若该担保行为是对担保人有直接和实际利益,则认定为债务加入,此种标准也存在于实务中。[⑦] 然而事实上,债务加入人为担保行为并不必然追求"有偿"的经济利益,而且保证人也常出于自身的经济利益而为保证行为,因此在双方均为"有偿"或"无偿"行为的情况下,以是否"有偿"作为标准实质上并无法将债务加入与保证分开,因此现如今也有观点认为"有偿"仅是债务加入的一个重要特征,并非构成要件,也非区分标准。[⑧] 而营利性与曾被作为区分标准的"有偿"不同,营利性应当特指使资本增值的特性,并非日

---

①王保树:《商法总论》,清华大学出版社2007年版,第232页;张民安:《商法总则制度研究》,法律出版社2007年版,第264页。

②苗延波:《商法通则立法研究》,知识产权出版社2008年版,第134页。

③[德]C.W.卡纳里斯:《德国商法》,杨继译,法律出版社2006年版,第534页。

④[法]伊夫·居荣:《法国商法》(第1卷),罗结珍、赵海峰译,法律出版社2004年版,第51页。

⑤刘成杰:《日本最新商法典译注详解》(第2版),中译出版社2021年版,第75-90页。

⑥史尚宽:《债法总论》,中国政法大学出版社2000年版,第751页。

⑦参见最高人民法院(2014)民二终字第138号民事判决书;最高人民法院(2018)最高法民终867号民事判决书。

⑧夏昊晗:《债务加入与保证之识别——基于裁判分歧的分析和展开》,载《法学家》2019年第6期,第106-107页。

常用语中的获得利润或"有偿"。①

其次,需要说明的是,考虑到《民法典》总则编第三章以"营利性"作为法人的区分标准,划分为"营利法人"与"非营利法人","营利性"入《民法典》是否说明商事担保的营利性特征已被民事担保所涵盖? 其实不然,早在《民法总则》时期就有学者质疑过此种区分在民商区分视阈下的逻辑缺陷②,《民法典》时代也不乏质疑者③,甚至有学者评析道:"当初关于法人的规定被视为民商合一的典型标志,但法人章节的这种安排恰恰反证了所谓'民商合一'的失败。"④本文强调的是"营利性"在《民法典》中的呈现,体现的应该是我国民商合一立法体制下民法商法化的进程,而民法商法化并不能成为否定商事担保特殊存在的理由。总而言之,民商事立法在体制上无论是合一还是分立,仅是一种基于现实需求或历史传统的技术性选择,商事担保最本质的营利性特征以及相应的特殊制度需求并不因此种技术性选择而有所改变,其客观存在是一个无法否定的事实。

因此,在现行法律制度下,将"营利性目的"究竟如何判断的问题交由法官自由裁量,于个案中结合具体情形进行判断,同时随着理论研究的不断深入,"营利性目的"的判断标准也将会逐步清晰,由此构建一个动态化综合权衡的"存疑推定规则",替代单一的、绝对化的并且强制适用的"存疑推定为保证"规则。具体到条文表述上,可将《担保制度解释》第 36 条第 3 款的表述改为:"前两款中第三人提供的承诺文件难以确定是保证还是债务加入的,人民法院应当根据第三人的行为目的进行综合考量。具有营利性目的的,将其认定为债务加入;不具有营利性目的的,将其认定为保证。"

此种做法,一方面,既体现了民商区分视阈下对利益平衡的尊重,又体现了意思表示风险归责原则中动态化综合权衡的精神;另一方面,也是在现有"民商合一"法律体系下寻找的一条能够对商事担保与民事担保作出规则所需要限度内区分的"曲径通幽"路。此不失为构建区分担保类型适用存疑推定规则的可行之举。

五、结　语

债务加入与保证在制度层面具有极高的相似性,导致其在司法实践中往往难以区分。因此,一个有效的"存疑推定"规则对实务纠纷的解决具有十分重要的意义。最

---

① 赵万一、叶艳:《论商主体的存在价值及其法律规制》,载《河南省政法管理干部学院学报》2004 年第 6 期,第 54 页。

② 汪青松:《民法总则民商主体界分的制度缺陷与完善思路》,载《浙江工商大学学报》2019 年第 5 期,第 31-33 页。

③ 范健:《中国〈民法典〉颁行后的民商关系思考》,载《政法论坛》2021 年第 2 期,第 29 页。

④ 施天涛:《商事关系的重新发现与当今商法的使命》,载《清华法学》2017 年第 6 期,第 137 页。

高法考虑到对第三人而言债务加入的风险大于保证,为了实现对第三人利益的保护,在《担保制度解释》中确立了一体化适用的"存疑推定为保证"规则。然而在民商区分视阈下对"存疑推定为保证"进行观察,主体上存在地位与能力的差异,行为上的营利性目的也使商事担保截然不同于民事担保,以及信赖利益上对债权人的保护也存在缺失,容易导致当事人的利益失衡。因此,构建一个区分担保类型的动态化"存疑推定"规则十分有必要。首先,通过风险归责原则,在区分担保类型的基础上对担保人与债权人的风险领域进行划分,明晰不同担保类型适用的推定规则。其次,对存疑推定规则进行具体构建,将"营利性目的"作为区分适用的标准,在个案中交由法官综合判断,动态化地对"商事担保"与"民事担保"进行区分,从而构建一个在商事担保场合下推定为债务加入、在民事担保场合下推定为保证的动态化权衡的存疑推定规则,为实践中债务加入与保证的区分难题提供解决路径。

(责任编辑:周博惟)

国际投资仲裁视域下东道国管理权研究：
定位、适用及标准

谷　放①

摘　要:东道国管理权作为一项国际投资仲裁中常见的抗辩理由,因其与征收行为的相似性以及免除赔偿性在国际投资仲裁领域一直存在争议。然而其对于东道国管理外国投资所起到的独特作用为其带来了重要的研究价值。本文首先澄清了东道国管理权在国际投资法体系中的定位,对于其基本的意涵进行了整体把握。其次从可适用性以及适用标准的角度分别展示了当前判例以及学说中对于东道国管理权的法理基础,以及适用逻辑的错误认识。最后从国际投资仲裁体系与国际法的关系入手,以应然与实然、合法性与合理性为切入点,对东道国管理权的独立性以及比例原则参与的必要性进行了详细论述。

关键词:东道国管理权　国际投资仲裁　体系性解释　适用标准

一、东道国管理权的意涵概述

(一)东道国管理权的概念以及历史沿革

东道国管理权(right to regulate)②也被称为东道国的监管自由(regulatory freedom)③,是指政府为实现社会管理和公共利益而实施的规范性措施的权力,旨在禁止投资者以对公共健康、道德和安全有害的方式使用财产。东道国并不干扰投资者合

---

①谷放,中南财经政法大学法学院硕士研究生。

②国内亦有学者将"The right to regulate"翻译为"东道国规制权",参见董静然:《国际投资规则中的国家规制权研究》,载《河北法学》2018 年第 36 卷第 12 期。但笔者以为"管理"相较于"规制"更能体现出国家作为一个整体对于其固有的领土主权的行使,故笔者将其译为"管理"。

③Aniruddha Rajput. *Regulatory Freedom and Indirect Expropriation in Investment Arbitration* ,Kluwer Law International,2018;7.

法控制、使用其财产,也不禁止其处置财产,在行使管理权的情况下,国家的首要目标是规范或实现某种公共利益。①

东道国管理权最初是一个国内法概念,即"治安权(police power)"②。治安权最初起源于美国,马歇尔和坦尼法院在试图划定联邦和州权力范围时引入此概念③,之后被广泛用于征收、税收等公共领域,在著名的卢卡斯(Lucas)案中④,美国最高法院对于住宅用地征收的否定评价引发了对于治安权行权边界的学术争论。⑤ 支持者认为该判决承认了征收获得补偿的正当性,然而反对者却认为这种做法对于政府"为了公共福利调整经济生活中的利益和负担"合理利用土地和实施环境管制构成了威胁。⑥ 此后治安权成为美国判例法中十分重要的与征收条款相关联的概念。

在国际法层面,东道国管理权的概念在20世纪下半叶开始盛行。费德里科·加西亚·阿马多尔在1959年向国际法委员会提交的关于国家责任法的第四次报告明确承认了"国家对于行使治安权而造成的附带性损失不承担责任"。⑦ 1961年《哈佛国家国际责任公约草案》指出:"因……国家主管当局在维护公共秩序、健康或道德方面的行动……而无偿夺取外国人的财产或剥夺外国人对财产的使用或享有……不应被视为不法行为。"⑧世界经合组织起草的《保护外国投资公约》⑨以及美国法学会编纂的《法律重述》⑩也明确提及了东道国管理权这一内容。在国际投资仲裁领域中,仲裁庭在裁判东道国对于投资者财产的征收补偿的情境中,也经常援引东道国管理权作为免除东道国赔偿义务的依据。最早的关于东道国管理权的适用可追溯到美伊求偿仲

---

①梁咏:《间接征收的研究起点和路径——投资者权益与东道国治安权之衡平》,载《财经问题研究》2009年第1期,第90页。

②D. Benjamin Barros. *The Police Power and the Takings Clause*. University of Miami Law Review 471,474 (2004):58.

③Ibid.

④Lucas v. South Carolina Coastal Council,112 S. Ct. 2886(1992).

⑤Belsky, Martin H. *The Public Trust Doctrine*; *The Public Trust Doctrine and Takings*; *A Post-Lucas View*,4 Albany Law Journal of Science and Technology 17 (1994).

⑥蔡从燕、李尊然:《国际投资法上的间接征收问题》,法律出版社2015年版,第70页。

⑦F. V. García-Amador, *Special Rapporteur*, *International Responsibility*: *Fourth Report*,2 Yearbook of the International Law Commission 1,43,46,133(1957).

⑧Louis B. Sohn & B. B. Baxter, *Draft Convention on the International Responsibility of States for Injuries to Aliens*,55 American Journal of International Law 548,562 (1961).

⑨*OECD Draft Convention on the Protection of Foreign Property*,2 International Legal Materials117 (1968).

⑩American Law Institute, Restatement (Third) Foreign Relations of the United States, vol. 1, 1987,(RLA-257),p. 712,comment (g).

裁庭①,此外在联合国贸发会裁决的例如 Saluka v. Czech Republic 案②,国际投资争端解决中心(以下简称"ICSID")裁决的例如 Metalclad Corporation v. Mexico 案③以及最近的 Naturgy v. Colombia 案④,东道国的管理权都是仲裁双方的主要争议焦点。

(二)东道国管理权的基本要素

从上述东道国管理权的概念演进以及历史发展来看,东道国管理权经历了一个从狭义到广义、从具体到抽象的发展过程。最初的治安权仅仅针对地方政府的征收、税收等法律存在明显规定的情况,而如今的东道国管理权的范围却不限于此。这种权力行使场域的模糊扩张对东道国管理权的界定产生了极大的不利影响。一方面,这种模糊导致了司法实践的不统一,破坏了判理的稳定性与可预测性;另一方面,与东道国管理权相似的法律概念(例如征收)也会因为其内涵与外延的不明晰而产生判断上的混淆。因而,在详细分析东道国管理权在国际投资仲裁体系中的具体适用前,有必要厘清东道国管理权的基本要素。

首先,东道国管理权行使的是东道国的国家权力。与最初的治安权的行权可以由地方政府自由裁量不同,东道国管理权必须体现整个国家的意志。⑤ 其次,东道国管理权的行权方式为剥夺外国投资者财产使用权。此种"剥夺"可以通过多种方式实现,除了直接征收之外,还可以采取停发许可证,暂停能源供应等方式。⑥ 换言之,只要实质性阻断了外国投资者对于财产的正常使用都应当被认定为剥夺了财产使用权。⑦ 而实质上,此种行权模式与间接征收如出一辙。然而,正如上文提及的国家责任法的第四次报告所言,东道国管理权的行使造成的外国投资者的损失应当为"附带性(incidental)"的,因而国家在行权时的主观动机以及行为对于外国投资者的损害程

---

①Emanuel Too v. Greater Modesto Insurance Associates and the United States of America, Case no. 880, Award, 29 December 1989, 23 Iran US Claims Tribunal Reports, 1991, para. 26.

②Saluka Investments BV v Czech Republic, UNCITRAL, Partial Award, 17 March 2006, para. 258.

③Metalclad Corporation v. Mexico, ICSID Case No. ARB(AF)/97/1, Award, 30 August 2000, para. 103

④Naturgy Energy Group, S. A. and Naturgy Electricidad Colombia S. L. (formerly Gas Natural SDG, S. A. and Gas Natural Fenosa Electricidad Colombia, S. L.) v. Republic of Colombia, ICSID Case No. UNCT/18/1, 21 Mar 2017, para. 468.

⑤Aikaterini Titi, *The Right to Regulate in International Investment Law*, Nomos, 2014:33.

⑥Aniruddha Rajput, *Regulatory Freedom and Indirect Expropriation in Investment Arbitration*, Kluwer Law International, 2018:53.

⑦Philip Morris Brands Sàrl, Philip Morris Products S. A. and Abal Hermanos S. A. v. Oriental Republic of Uruguay, ICSID Case No. ARB/10/7, 8 July 2016, Award, paras. 192.

度是区分东道国管理权与间接投资的最直接标准。① 最后，东道国管理权的行权理由必须是为了维护公共秩序、健康或道德等公共利益。对于公共利益的认定目前尚无统一标准②，比较普遍的实践为仲裁庭结合东道国提供的证据进行个案判断。

二、东道国管理权定位的重新检视

尽管东道国管理权的意涵在司法实践中不断地被完善，其在国际投资仲裁中的适用仍然饱受争议。一方面，东道国的管理权抗辩在国际投资仲裁中的可适用性尚不明确，判例的结论尚不统一③；另一方面，东道国的管理权的内涵与外延尚不明晰，其构成要件中的概念例如"公共利益""善意"等存在着较大的模糊性④，这也使得其适用标准成为国际投资仲裁的主要争议之一。而之所以东道国管理权会出现如此多的争议，根本原因在于其概念本身脱胎于国内法的相关规定。⑤ 在国内法领域，法律制度的定位以及功能由于位阶的明确而服从于法秩序的要求。而在碎片化的国际法视域下，东道国管理权的定位则因国际法视阈中规范的相对无序性而变得模糊，由此会引发人们对于法律概念的认知以及标准的预期的双重模糊。⑥ 因而，对于东道国管理权定位的整合分析有助于更准确地把握其底层逻辑，进一步更好地理解其意涵。

（一）东道国管理权的渊源定位

1. 东道国管理权习惯国际法地位的证成

东道国管理权在不同国际司法机构的先例中都曾被认定为习惯国际法。例如在Saluka v. Czech Republic 案中，仲裁庭明确地表示："通常被接受为国家在行使管理权时无需赔偿，这已经成为一项习惯国际法。"⑦同样，在 Philip Morris v. Uruguay 案中，即

---

① Aniruddha Rajput, *Regulatory Freedom and Indirect Expropriation in Investment Arbitration*, Kluwer Law International, 2018: 14.

② 张光：《国际投资法制中的公共利益保护问题研究》，法律出版社 2016 年版；Aikaterini Titi, *The Right to Regulate in International Investment Law*, Nomos, 2014: 76—103.

③ Compañia del Desarrollo de Santa Elena, S. A. v. Costa Rica, ICSID Case No. ARB/96/1, Final Award, 17 February 2000, para. 72; Tecnicas Medioambientales Tecmed S. A, v. The United Mexican States, ICSID, Case No. ARB(AF)/00/2, Award of 29 May 2003: 43.

④ 王小林：《可持续发展投资政策框架下间接征收的"治安权例外"》，载《学术论坛》2018 年第 6 期，第 46 页。

⑤ 王小林：《可持续发展投资政策框架下间接征收的"治安权例外"》，载《学术论坛》2018 年第 6 期，第 46 页。

⑥ 何志鹏、戴珊珊：《强迫失踪的国际法治理》，载《东方法学》2010 年第 4 期，第 24 页。

⑦ Saluka Investments BV v Czech Republic, UNCITRAL, Partial Award, 17 March 2006, para. 262.

使法庭已经认为"对间接征收的认定到此为止"①,仍然在后文列举了大量证据确认了东道国的管理权已经成为一项习惯国际法。② 然而,仍然有部分判决以及学者拒绝承认或者质疑习惯国际法是东道国管理权的法律渊源。③ 例如在 Santa Elena v. Costa Rica, Vivendi v. Argentina 等案中,仲裁庭直接拒绝承认东道国的管理权,否认了其习惯国际法的地位。④ 因而,对于东道国管理权的习惯国际法定位的成立与否仍然需要一个确切的证明。

根据联合国国际法委员会出具的《习惯国际法识别》报告,习惯国际法的证成需要同时满足国家实践(general practice)和法律确信(opinio juris)这两个要素。⑤ 对于国家实践而言,国家的国内立法以及对外活动是重要的证明方式。⑥ 世界上绝大多数国家的立法中都包含了对于外国财产的监管权。⑦ 例如,美国的宪法修正案中明确指出了为了公共利益国家有权征收私人财产⑧,法国,德国等大陆法系国家的宪法中也均有类似规定。⑨ 同时,在非投资仲裁国际司法机构审理的相关案件中,均有国家对东道国管理权是习惯国际法的明确表示。例如,在世界贸易组织(以下简称"WTO")专家组审理的"跨境赌博服务案"中,美国便明确表示《服务贸易协定》应当尊重各国

---

①Philip Morris Brands Sàrl, Philip Morris Products S. A. and Abal Hermanos S. A. v. Oriental Republic of Uruguay, ICSID Case No. ARB/10/7,8 July 2016, Award, para. 287.

②Philip Morris Brands Sàrl, Philip Morris Products S. A. and Abal Hermanos S. A. v. Oriental Republic of Uruguay, ICSID Case No. ARB/10/7,8 July 2016, Award, paras. 292 – 307.

③Catharine Titi, Police Powers Doctrine and International Investment Law in Andrea Gattini, Attila Tanzi and Filippo Fontanelli, *General Principles of Law and International Investment Arbitration*, Brill, 2018; Matthew C. Porterfield, *State Practice and the (Purported) Obligation under Customary International Law to Provide Compensation for Regulatory Expropriations*, 37 North Carolina Journal of International Law and Commercial Regulation, 188(2011).

④Compañía de Aguas del Aconquija S. A. and Vivendi Universal S. A. v. Argentina, ICSID Case No. ARB/97/3,20 August 2007, Award, para. 7. 5. 20; Compañia del Desarrollo de Santa Elena, S. A. v. Costa Rica, ICSID Case No. ARB/96/1,17 February 2000, Final Award, para. 72.

⑤UN General Assembly, Report of the International Law Commission, Seventieth session, 10 August 2018, A/73/10, p. 129.

⑥Nottebohm (Liechtenstein v Guatemala), Second Phase, Judgment of 6 April 1955, ICJ Rep 1955, pp. 4, 22; Panevezys – Saldutiskis Railway, Judgment of 28 February 1939, PCIJ Series A/B, No. paras. 76,923.

⑦Andre van der Walt, *Constitutional Property Clauses: A Comparative Analysis*, Kluwer Law International, 1999, p. 19; M Sornarajah, *Resistance and Change in the International Law on Foreign Investment*, Cambridge University Press, 2015:230.

⑧Berman v. Parker, 348 U. S. 26 (1954).

⑨Andre van der Walt, *Constitutional Property Clauses: A Comparative Analysis*, Kluwer Law International, 1999:19.

的管理权①；又如在国际法院审理的"边境特定行动案"中，哥斯达黎加在其诉状中同样认可了国家管理权的习惯国际法的地位②。对于法律确信而言，如前文所述，汇集了世界大部分地区国家意见的《关于国家对外国人损害的国际责任的哈佛公约草案》是其最好证明③；另外经济合作与发展组织出具的工作报告④以及美国的《外国关系法第三次重述》⑤也都确认了东道国管理权的习惯国际法属性。因而，法律确信要素亦可得以推知。经过长时间的发展，东道国管理权逐渐被认为已经成为一项习惯国际法。⑥

2. 东道国管理权带有一般法律原则的属性

实际上，仲裁庭的大部分判决都认可了东道国管理权是一项习惯国家法，然而，大部分判决却忽略了东道国管理权的一般法律原则这一重要的属性。⑦ 东道国管理权除了是实证法，也是源于国家主权的一个自然法概念。作为国家独立属性的体现，国家主权"是基于习惯法的权力和特权的特征，独立于另一国的特别同意"的一项基本权利。⑧ 各国在主张和行使其权利时无须提及。正如"荷花号"案中的魏斯法官所言：在这些规则中，有一条是最重要的，甚至不需要体现在条约中，那就是承认国家主权的规则。如果国家不是主权国家，就不可能有国际法，因为这项法律的目的恰恰是协调

---

①*United States － Measures Affecting the Cross Border Supply of Gambling and Betting Services*, WTO DS 285/R, Report of Panel, 10 November 2004, para. 5. 1. 6.

②Nicaraguan Foreign Minister, *Francisco Xavier Aguirrsl Sacasa*, *to Costa Rican Foreign Minister*, Roberto ROJU Lopcz, Note No MREJDM － JU0818/UX/OI, Memorial of Costa Rica, 3 August 2001 Annexes, Vol. 3, Annex 72, para. 5. 75.

③Louis B. Sohn & B. B. Baxter, *Draft Convention on the International Responsibility of States for Injuries to Aliens*, 55 American Journal of International law 548, 562 (1961).

④OECD, "*Indirect Expropriation*" and the "*Right to Regulate*" in International Investment Law, OECD Working Papers on International Investment, 2004/4 (Sept. 2004), (RLA-238), p. 5, n. 10.

⑤American Law Institute, Restatement (Third) Foreign Relations of the United States (1987), Vol. 1, (RLA-257), p. 712, comment (g).

⑥Aniruddha Rajput, *Regulatory Freedom and Indirect Expropriation in Investment Arbitration*, Kluwer Law International, 2018, pp. 122-132; Matthew C. Porterfield, *State Practice and the (Purported) Obligation under Customary International Law to Provide Compensation for Regulatory Expropriations*, 37 North Carolina Journal of International Law and Commercial Regulation 159, 164, 165 (2011).

⑦根据《国际法院规约》第 38 条，虽然习惯国际法和一般法律原则属于两种不同的法律渊源，但二者并非完全互斥，在规范的调整范围上可以存在一定的重合。参见 Brian D. Lepard, *Reexamining Customary International Law*, Cambridge University Press, 2017:139; *Permanent Court of International Justice: Advisory Committee of Jurists Procès-verbaux of the Proceedings of the Committee*, 15th Meeting, 1920, p. 335; Military and Paramilitary Activities in and against Nicaragua (Nicaragua v United States of America) (Merits), 1986 ICJ Rep Dissenting Opinion of Judge Oda, paras. 8-9.

⑧Ian Brownlie, *Principles of Public International Law*, Oxford University Press, 7th ed., 2008:291.

它所支配的不同主权国家。①

而对于国家主权,其中一个重要属性就是在国家领土范围内管理内部活动,因而主权不仅仅是一个"排除其他国家活动"的消极概念,同样也是一种积极权力,允许国家管理其控制的领土,因为"这有助于在各国之间划分人类活动的空间,以便在所有方面为它们提供国际法所保护的最低限度的保护"②,这是"一国自行决定其事务的权力"和"一国自行决定哪些手段对完成其事务是充分和必要的权力"。③ 因此,根据国家主权原则,国家享有确定适当监管框架的酌处权。源自主权的监管权力可用于监管各种活动,如财政框架,国家有权管理其领土内的财产权。例如,征税是一个国家或国家机关在该国领土内行使主权的行为,根据这种行为,财产经常被法律用于公共目的。④ 不难看出,监管自由是国家主权的一项基本权能,而这正是东道国管理权的基本含义,因而本质上东道国管理权是国家主权的积极向面的部分反应。

综上所述,东道国的监管权在法律渊源层面上的定位不仅仅是一项习惯国际法,同时因为其上位权力源为一国的国家主权,因而其还带有一般法律原则的属性。因此,对于东道国管理权的审视不应局限于具象的规范角度,还应当兼顾其具有的抽象的主权属性。

(二)东道国管理权的功能定位

在大部分投资仲裁的案件中,涉案东道国都是将东道国管理权作为对征收条款或者违反公平公正原则的一种抗辩。⑤ 然而,在不同的案件中涉案东道国提出抗辩的方式却不尽相同,在 Philip Morris v. Uruguay 案中,乌克兰没有直接面对 Philip Morris 公司提出的征收指控,而是借用东道国管理权从根本上否认了征收的性质。⑥ 而在ICSID 最近裁决的 Infinito Gold Ltd. Claimant v. Republic of Costa Rica 案中,哥斯达黎加共和国在反驳意见中首先否定了征收行为的存在,援引东道国管理权进行抗辩只不

①The Case of the S. S. 'Lotus' (France v. Turkey), Dissenting Opinion of Judge Weiss, PCIJ Series A, No. 10, 7 September 1927: 44.

②Island of Palmas case (Netherlands v. USA), 4 April 1928, RIAA, Vol. 2, 1928: 829.

③Luzius Wildhaber, 'Sovereignty and International Law' in R. St. J. Macdonald, Douglas M. Johnston (eds), *The Structure and Process of International Law: Essays in Legal Philosophy, Doctrine, and Theory*, The Hague Kluwer Boston, 1983: 435-436.

④United States - Tax Treatment For 'Foreign Sales Corporations' Panel Report, (WT/DS108/R), para. 7. 1222 and Appellate Body Report (WT/DS108AB/R), paras. 139, 148.

⑤Satyajit Bose, *Police Powers as a Defence to COVID-19 Liability: Does it Protect Host States*, The American Review of International Arbitration (Aug 6, 2020), http://blogs2. law. columbia. edu/aria/police-powers-as-a-defence-to-covid-19-liability-does-it-protect-host-states/.

⑥Philip Morris Brands Sàrl, Philip Morris Products S. A. and Abal Hermanos S. A. v. Oriental Republic of Uruguay, ICSID Case No. ARB/10/7, 8 July 2016, Award, para. 188.

过是其另一个用于补充说明的"备选方案"。① 而这种对于东道国管理权功能认知的不一致性在仲裁庭的裁决中也有所体现。例如在上文提到的两个案例，前者仲裁庭在指出"仲裁庭对间接征收的分析可能到此为止"之后并没有就此打住，而是继续提供了一个"额外的（additional）"理由来支持其结论。仲裁庭认为，乌拉圭通过的第80/80号条例是对其东道国管理权的有效行使，"其结果是驳回了根据《双边投资条约》（以下简称 BIT）第5（1）条提出的征收要求。"② 同时，仲裁庭指出，一旦确定监管措施没有导致外国投资的"实质性剥夺"，东道国管理权的辩护总是作为推翻间接征收主张的额外论据或理由。③ 但是，如果最初的分析足以表明受到质疑的监管措施导致了"实质性剥夺"，东道国管理权还能否正当化征收行为仍然存疑。对于后者而言，仲裁庭在否认间接征收的成立后，便停止了对双方提出的关于东道国管理权争议的审理。然而在 AWG v. Argentina 案中，仲裁庭得出结论认为，阿根廷采取的措施属于东道国管理权的范围，这些措施不构成对外国投资的永久和实质性剥夺，因此不构成间接征收。④ 由此可见，对于东道国管理权的功能性认知存在两种观点：第一种为直接排除征收存在的类似除外条款的实质抗辩作用⑤，另一种是作为否认征收行为存在的辅助证据。

笔者认为，基于上文所述东道国管理权的法源定位，其作为国家主权的一个分支权能，应当保留并体现国家主权与投资条约逻辑互动与权利互动关系。具体而言，国家主权的消极方面意味着独立性、排除干扰性，即使投资条约亦不能排除主权的运作。⑥ 因而，东道国管理权的行使无须依附于涉案条款的成就与否，而是与其所规定的权利义务处于相对的同一位阶，因此东道国管理权自然可以作为直接的独立的抗辩理由。

从国际投资仲裁的发展趋势以及 BIT 的内容变化的视角来看，更应当承认东道国

---

①Infinito Gold Ltd. v. Republic of Costa Rica, ICSID Case No. ARB/14/5, June 3, 2021, Award, Separate Opinion and Annex A para. 682.

②Philip Morris Brands Sàrl, Philip Morris Products S. A. and Abal Hermanos S. A. v. Oriental Republic of Uruguay, ICSID Case No. ARB/10/7, 8 July 2016, Award, paras. 287, 307.

③Philip Morris Brands Sàrl, Philip Morris Products S. A. and Abal Hermanos S. A. v. Oriental Republic of Uruguay, ICSID Case No. ARB/10/7, 8 July 2016, Award, paras. 287.

④AWG Group Ltd v. The Argentine Republic, ICSID Case No. ARB/03/19, Award, 30 July 2010, paras. 132-137.

⑤关于除外条款的解释，见 *Export Prohibitions and Restrictions: Information Note*, World Trade Organization, 23 April 2020: 12.

⑥Aniruddha Rajput, *Regulatory Freedom and Indirect Expropriation in Investment Arbitration*, Kluwer Law International, 2018: 105.

管理权的独立直接抗辩功能。最初的 BIT 签订的双方往往为发达国家与发展中国家①,对于发达国家的投资者而言,其需要让资本突破有限的国内市场扩张至国外市场完成新的增值。而对于发展中东道国来说,外来资本涌入亦会对本国的经济发展以及福利水平产生裨益。然而,从需求角度比较,后者显然出于更紧迫的相对劣势地位。因而在早期的 BIT 中,发达国家往往利用其优势地位规定着更多保护投资者的条款,其中也包括对于征收的认定保护等规定。然而,随着世界经济状况的改变,发达国家与发展中国家的经济实力日趋平衡,越来越多的发展中国家意识到 BIT 应当做出调整,将倾斜的天平向东道国拨动。

综上所述,东道国管理权的功能定位应当为直接的独立的抗辩理由。然而,其独立性并不能直接推导出其可以除外征收条款的适用,下文将会以性质定位的角度展开这个问题。

(三)东道国管理权的性质定位

性质定位的争议可以分为"除外说"和"例外说"。"除外说"认为,征收行为无论间接征收还是直接征收其性质都是以夺取投资者财产为主,而东道国根据其管理权实施的管理行为是以保护东道国的公共利益为主要目的,而财产权的剥夺仅仅是附带效果。② 因而,东道国管理权的行使与征收行为二者在性质定位上呈现完全互斥的关系。而"例外说"则主张东道国管理措施本质上仍然是一种征收,只是可以豁免赔偿责任,因此东道国管理权是征收行为的一种特殊形态的例外。③

笔者认为,东道国管理行为的性质定位应当认定为不同于征收行为的具有独立性质的国家管制行为。首先,"例外说"存在法律适用以及概念判断上的逻辑谬误。根

---

①王鹏:《国际投资协定的权力结构分析》,法律出版社 2019 年版,第 161 - 162 页;Jonathan Bonnitcha and Emma Aisbettm, *Against Balancing: Revisiting the Use/Regulation Distinction to Reform Liability and Compensation Under Investment Treaties*, 42 Michigan Journal of International Law 231, 237 (2021).

②Joseph L. Sax, *Takings and the Police Power*, 74 Yale law of Journal 36 (1964); Aniruddha Rajput, Regulatory Freedom and Indirect Expropriation in Investment Arbitration, Kluwer Law International, 2018, p. 14; Ooomanolium - Processing v. The Republic of Belarus, PCA Case No. 2018 - 06, Final Award, 22 June 2021, para. 419.

③刘嘉莹:《论间接征收的认定标准与东道国立法自由》,载《上海法学研究》集刊 2020 年第 22 卷,第 29 页;王小林:《国际投资间接征收制度解读和反思》,吉林大学 2011 年博士学位论文,第 81 页;蒋海波、张庆麟:《晚近投资条约对规制权的表达:内涵、目的及原则》,载《国际商务研究》2019 年第 4 期,第 37 页。Caroline Henckels, *Indirect expropriation and the right to regulate: Revisiting Proportionality analysis and the standard of review in Investor-State arbitration*, 15 Journal of International Economic Law 223, 225 (2012).

据先前仲裁庭裁判①的总结以及学者的意见②，对于征收问题争议的解决模式为"二步法"，即：首先判断征收行为是否存在，若不存在，则无须继续进行分析；若存在，则继续分析其是否合法。而对于征收尤其是间接征收构成的判断，目前通说采用效果兼目的原则（亦即狭义的比例原则）。③ 按照上述标准，如果政府措施被认定为构成间接征收，那这同时就表明政府措施不具有目的上的正当性。依照"例外说"，下一步应当适用"东道国管理权例外"检视该政府措施是否可依据"治安权例外"予以豁免赔偿。然而，东道国管理权的内涵本身以及核心要素恰恰在于政府措施的"合法的公共福利目标"，即目的上的正当性。在已经确定政府措施不具有目的上的正当性、政府措施构成间接征收的情况下，再适用以目的上的正当性为核心要素的"治安权例外"规则来考察该政府措施是否构成间接征收，是否可依据"治安权例外"予以排除，实无必要，这种适用是逻辑上的谬误。④ 也正因为此种裁判逻辑的无法自洽，近年来的仲裁庭对于征收问题的判断模式逐渐转变为优先判断案件中东道国管理权的满足与否⑤或者直接检视东道国管理权的行使条件是否成就。⑥

其次，"例外说"的本质是以目的正当性豁免赔偿责任，而这种理论并未得到国际法的认可。例如著名的《国家对国际不法行为的责任条款的草案》第 27 条规定，援引解除行为不法性的情况不妨碍对该行为所造成的任何物质损失的赔偿问题。⑦ 即使

---

①Parkerings Company AS V. Republic of Lithuania, ICSID Case No. ARB/05/8, Award, September 11 2007, para. 442；Tidewater Investment SRL and Tidewater Caribe, C. A. v The Bolivarian Republic of Venezuela, ICSID Case No. ARB/10/5, Award, March 13,2015, para. 87.

②Shuanghui Wu, *The Role of "Effect" and "Intention" of State's Measure in Determining an Indirect Expropriation with a Focus on State's Liability for Compensation*, Uppsala university, Master Programme in Investment Treaty Arbitration Master's Thesis 15 ECTS, p. 4.

③蔡从燕、李尊然：《国际投资法上的间接征收问题》，法律出版社 2015 年版，第 37 页；Rudlof Dolzer, *Indirect Expropriation of Alien Property*, 1 ICSID Review：Foreign Investment Law Journal 41, 55 (1986). Caroline Henckels, *Indirect expropriation and the right to regulate：Revisiting Proportionality analysis and the standard of review in Investor-State arbitration*, 15 Journal of International Economic Law 223,225(2012).

④王小林：《国际投资间接征收制度解读和反思》，吉林大学 2011 年博士学位论文，第 87 页。

⑤WNC Factoring v. The Czech Republic, PCA Case No. 2014-34, Award, 22 February 2017, paras. 377-399；A11Y Ltd. v. Czech Republic, ICSID Case No. UNCT/15/1, Award, 29 June 2018, paras. 191-227.

⑥Marfin Investment Group Holdings S. A., Alexandros Bakaselos and Others v. Republic of Cyprus, ICSID Case No. ARB/13/27, Award, 26 July 2018, paras. 1031-1126；Eco Oro Minerals Corp. v. Republic of Colombia, ICSID Case No. ARB/16/41, Decision on Jurisdiction, Liability and Directions on Quantum, 9 September 2021, para. 629.

⑦International Law Commission, *Draft articles on Responsibility of States for Internationally Wrongful Acts*, November 2001, Supplement No. 10 (A/56/10), chp. IV. E. 2., Article 27.

国家采取行动是出于保护本国的正当利益,然而这亦不能免除对于受害国的赔偿。① 由此可见,正当的目的不是国际法承认的免责事由,即使事后排除不法性的行为亦无法豁免赔偿的义务,而管理权例外相当于直接承认了征收行为的非法性,征收行为本身也属于一种违反国际法初级规则的国际不法行为②,因而更加不能免除赔偿。

最后,"例外说"人为地强化了东道国的主观因素,这意味着在征收问题的争议中东道国有了更大的话语权,而这无疑增加了大多数情况下处于劣势地位的外国投资者的合理期待落空的风险,造成国际投资体系的信任危机;同时,征收赔偿条款存在的机制就是欲通过赔偿这一恢复性制裁的手段③一方面为东道国招商引资做背书,另一方面也可以平衡外国投资者和东道国的利益。然而,"例外说"的这种类似"定罪免罚"的功能恰恰削弱了征收赔偿条款的意义。而为了规避这种现象,新近的各种 BIT 中开始出现"为保护健康、安全和环境等合法公共福利目标而善意采取和维持的非歧视性措施不构成间接征收"等类似的澄清条款④,这也直接反映出了"例外说"已不能适应国际投资法的新发展。

综上,东道国管理权在性质层面更应当被定位成一种不同于征收权的独立权能,管理行为应当被认定为独立于征收行为的另一种类的行为。

三、东道国管理权在国际投资仲裁中的适用路径选择

投资者-国家仲裁作为一种特殊的仲裁形式,投资者母国与东道国签订的投资条约仍然是仲裁庭裁量的基础。⑤ 但早期 BIT 鲜有关于东道国管理权的相关规定,即使新近的 BIT 中有了一定的进展,但仍然没有明确地提出东道国管理权这个概念,其相关规定仍含混不清。因而,需要首先厘清东道国管理权在国际投资仲裁中的适用路径。

(一)适用《维也纳条约法公约》第 31 条(3)(c)项存在的问题

为了解决东道国管理权如何适用到国际投资仲裁体系中的问题,Philip Morris v.

①James Crawford, *State Responsibility*: *The General Part*, Cambridge University Press, 2013, p. 319.

②Biwater Gauff (Tanzania) Limited v. United Republic of Tanzania, ICSID Case No. ARB/05/22, Award, 24 July 2008, para. 466.

③向朝霞:《法律制裁中的赔偿理论研究》,知识产权出版社 2016 年版,第 8 页。

④例如: Canada, 2021 Model FIPA, Article 9; Netherlands, 2019 Netherlands model Investment Agreement, Article 12; Czech Republic, Czech Republic, Model BIT 2016, Article 5.

⑤ICSID convention, Article 42(1).

Uruguay 案的仲裁庭创造性地使用了《维也纳条约法公约》(以下简称"VCLT")的第31 条(3)(c)项,即"适用于当事国间关系之任何有关国际法规则"来解释征收条款。仲裁庭认为"有关的国际法规则"包括习惯国际法,因为东道国的管理权是一项公认的习惯国际法,因而在考虑征收条款时同时也要考虑到东道国的管理权的相关限制。[1] 然而,这种解释方法并没有得到完全的认可。首先,对于第31 条(3)(c)项的解释,批评者认为其"不应被用作监督各国遵守其他国际法渊源的工具"。[2] 换言之,仲裁庭抛开文本适用东道国管理权的解释方式是"将外部的无关规则纳入条约并直接适用于现有事实,而不是根据条约将其置于上下文中进行解释"[3],"这种解释方式不符合其作为服务于国际法系统整合的工具的功能"[4]。其次,批评者认为仲裁庭并没有清楚地说明第31 条(3)(c)项的适用前提与本案情况一致。[5] 根据学界通说,第31 条(3)(c)项的适用要素包括:第一,必须确定是否存在"国际法规则"[6];第二,这样的规则是否"适用于当事方"[7];第三,这一适用规则是否与本案 "相关"[8]。而这些先决条件本身就存在着各式各样的争议。例如对于"相关性"的判断标准,学界至少提出了四种不同的观点[9],又如,如何理解"国际法规则"的范围。[10] 由此可见,在如此多的争议存在的情况下,不加解释地直接适用在说服力上确实有所欠缺。最后,条约解释应该是一个体系性的过程,换言之,第31 条的各个分条款包括文义解释、上下文解释、目的解释等在条约解释的过程中起到互相补充,互相完善的作用,[11]而不能仅凭一

---

①Philip Morris Brands Sàrl, Philip Morris Products S. A. and Abal Hermanos S. A. v. Oriental Republic of Uruguay, ICSID Case No. ARB/10/7,8 July 2016, Award, para. 290.

②Tarcisio Gazzini, *Interpretation of International Investment Treaties*, Hart Publishing, 2016:218.

③Ranjan, P. , Police Powers, *Indirect Expropriation in International Investment Law*, and Article 31(3)(c) of the VCLT: A Critique of Philip Morris v Uruguay, 9 Asian Journal of International Law 98, 119, 120 (2019).

④Tarcisio Gazzini, *Interpretation of International Investment Treaties*, Hart Publishing, 2016:214.

⑤Bruno Simma, *Foreign Investment Arbitration: A Place for Human Rights*, 60 International and Comparative Law Quarterly 573, 585 (2011).

⑥Ibid.

⑦Ibid.

⑧Martins Paparinskis, "*Investment Treaty Interpretation and Customary Investment Law: Preliminary Remarks*" in Chester BROWN and Kate MILES. , *Evolution in Investment Treaty Law and Arbitration*, Cambridge University Press, 2011, p. 70.

⑨Sumith Suresh Bhat, *A Study of the Issue of 'Relevant Rules' of International Law for the Purposes of Interpretation of Treaties under Article 31(3)(c) of the Vienna Convention on the Law of Treaties*, 21 International Community Law Review 190, 195(2019).

⑩Panos Merkouris, *Article 31(3)(c) VCLT and the Principle of Systemic Integration Normative Shadows in Plato's Cave*, 17 Queen Mary Studies in International Law 1, 18–20 (2015).

⑪Richard K Gardiner, *Treaty Interpretation*, Oxford University Press, 2015, p. 43.

个角度就断定条约的真实意涵。

由此观之,仲裁庭给出的利用 VCLT 第 31 条(3)(c)项作为媒介进行东道国管理权的引入存在着大量亟待解决的问题。

(二)解决问题的可能进路

对于上述关于 VCLT 的相关问题,本文无意进行解答,同时笔者认为针对国际投资仲裁中的东道国管理权的可适用性问题不必一定要借用 VCLT 第 31 条(3)(c)项。除了条文中明确规定的要件,VCLT 第 31 条(3)(c)款适用有两个被忽略的隐含前提:一是国际投资法是一个"自足性(self-contained)"体系,原则上不能用除了投资条约之外的法律规范对争议问题进行解释;二是习惯国际法的适用只能依赖于第 31 条(3)(c)项;如果这两个前提都不能保证必然满足,则一定会存在东道国管理权适用的其他进路。

1."自足性"体系的再思考

"自足性"的概念在国际法中被用来代表一套以不同于一般国际法的方式处理特定问题的规则。[1] 无论是司法实践还是学者意见,一直存在一种观点认为投资条约体系从一般国际法中形成了一个专门的制度,国际法的一般规则在这个制度中的相关性有限[2],因而国际投资仲裁体系被认为具有"自足性"[3],对于非国际仲裁条约相关的法律规范不能直接适用到仲裁程序中。

诚然,国际投资仲裁作为建立在载有规范东道国和外国投资者之间关系的条款上的争端解决机制,承认其有一定的"自足性"一方面可以保障双方对于裁判规范的法律预期,另一方面也可以使得系统的运作免除外在政治等因素的干扰。[4] 然而这并不意味着国际投资仲裁可以独立于国际法的外在环境。尽管专门制度的概念被用来代表通过规范国际法特定领域的条约而产生的一套规则,但这些规则都没有排除一般国际法的适用。换言之,一个"自足性"的体系并不意味着其是一个"封闭的法律回路

---

①Martti Koskenniemi, *Report of the Study Group of the International Law Commission*, *Fragmentation of International Law*: *Difficulties Arising from the Diversification and Expansion of International Law*, 2 Yearbook of the International Law Commission 175 (2006).

②Aniruddha Rajput, *Regulatory Freedom and Indirect Expropriation in Investment Arbitration*, Kluwer Law International, 2018, p. 137.

③Giovanni Zarra, *The Issue of Incoherence in Investment Arbitration*: *Is There Need for a Systemic Reform?* 17 Chinese Journal of International Law 137 (2018); United Nations Conference on Trade and Development, *Investor - State Dispute Settlement*, UNCTAD Series on Issues in International Investment Agreements II, 2014:70.

④United Nations Conference on Trade and Development, *Investor-State Dispute Settlement*, UNCTAD Series on Issues in International Investment Agreements II, 2014:135.

（closed legal circuit）"。① 任何条约都不能脱离一般国际法而存在，所有条约都应"在国际法一般原则的背景下适用和解释"。② 因而，有学者指出，"自足性"这一概念用词不当，因为"没有任何制度是与国际法相分离的"。③ 此外，对于国际投资仲裁这一特殊领域，一般国际法有助于提供规范背景或填补这种制度运作中实质性或程序性规则的适用空白。④ 因此，以国际投资仲裁体系存在一定的"自足性"便排斥其他领域习惯国际法的直接适用是绝不恰当的。

2. 习惯国际法适用的其他途径

退一步讲，即使认为国际投资条约之外的习惯国际法需要"媒介"才可以间接适用，VCLT 的第 31 条（3）（c）项也并不是将外来规则纳入投资条约解释的唯一途径。换言之，解释中的条约规则不是根据其内容，而是根据覆盖范围来确定可接受的习惯法规则的限度。⑤ 然而，当解释中的条约规则是参考习惯法而制定时，习惯法也可以直接纳入解释过程，即将习惯法置于普通或特殊概念的文义解释层次，而不是为了将习惯法置于一个条约系统以外的层次。换句话说，如果一个条约术语在习惯法中有"公认的含义"，习惯法可以被纳入 VCLT 第 31 条第一款的"普通"含义，或第 31 条第4 款的"特殊含义"⑥中对条约解释起到帮助。

而这种条约解释的技术规范也曾被国际司法机构在实践中进行了适用。例如，在尼加拉瓜军事行动与准军事行动案中，国际法院在解释《联合国宪章》第 51 条时指出："这种对习惯法的提及载于第 51 条的实际案文中，该条提到单独或集体自卫的'固有权利'（法文文本中为'自然权利'），而本宪章的任何规定不得损害这一权利。"《联合国宪章》第 51 条只有在存在"自然的"或"固有的"自卫权的基础上才有意义，很难看出除了习惯性权利之外还有什么其他权利。⑦ 由此可见国际法院认为"自卫权（right to self-defense）"这一用语本身就包含着习惯国际法的内涵。又如在爱琴海大

---

①Martti Koskenniemi, *Report of the Study Group of the International Law Commission*, *Fragmentation of International Law: Difficulties Arising from the Diversification and Expansion of International Law*, 2 Yearbook of the International Law Commission 175（2006）.

②Rosalyn Higgings, *A Bavel of Judicial Voices? Ruminations from the Bench*, 55 International and Comparative Law Quarterly 791（2006）.

③Aniruddha Rajput, *Regulatory Freedom and Indirect Expropriation in Investment Arbitration*, Kluwer Law International, 2018:153.

④Ibid.

⑤Martins Paparinskis, "*Investment Treaty Interpretation and Customary Investment Law: Preliminary Remarks*" in Chester Brown and Kate Miles. , *Evolution in Investment Treaty Law and Arbitration*, Cambridge University Press, 2011:78.

⑥Ibid.

⑦Military and Paramilitary Activities in and against Nicaragua（Nicaragua v. US）, Merits, 1986, ICJ Rep 1986, para. 176.

陆架案中,法庭指出,"与希腊领土地位有关(relating to the territorial status of Greece)"一语应进行广义理解,指的是应被适当视为包含在一般国际法的领土地位概念内的任何事项,因此不仅包括特定的法律制度,还包括领土完整和国家边界这种一般性的法律概念。① 而投资仲裁的先例中也存在着类似的解释技巧。例如在 Chevron Corporation (USA) and Texaco Corporation (USA) v. Ecuador 案中,仲裁庭在解释"提供主张权利和行使权利的有效手段(provide effective means of asserting claims and enforcing rights)"时,同样从其文本的表述呈现出了习惯国际法的内容这一角度出发,进行了后续的解释工作。②由此可见,在对条约进行 VCLT 第 31 条第 1 款所代表的文义解释的过程中,完全可以纳入国际习惯法。对征收条款而言,近代 BIT 条款中,逐渐出现了上述"为保护健康、安全和环境等合法公共福利目标而善意采取和维持的非歧视性措施不构成间接征收"等类似与东道国管理权内容极度相似的条款,因而完全可以将国际习惯法在文义解释层面加以运用。

四、东道国管理权适用标准之比例原则

尽管东道国管理权适用标准随着国际投资仲裁的不断发展而不断完善,但治安权的构成要件在判例法中仍然不够明确。在 Saluka v. Czech 案中,仲裁庭在检视东道国对银行的强制法令时,认为东道国善意出台的非歧视性的保护国内公共利益的法令属于东道国行使治安权的范畴。③ 而在 El Paso v. Argentina 案中,仲裁庭认为东道国管理权的要件为:"出于对公共利益的保护而作出";"符合正当程序";"非歧视性"。④ 与 Saluka 案相比,该仲裁庭增加了正当程序要件。但是在 Chemtura v. Canada 案中,仲裁庭认为东道国管理权的要件为:"非任意性";"非过当的";"非歧视性";"善意"。⑤ 诚然,针对上述各要件本身不同仲裁庭在不同案件中存在着不同的理解,但"善意(bona fide)"、"非歧视(non-discriminatory)",以及"保护公共福祉(public welfare)"或者"公共利益(public interest)"这三个要件是必须考虑的东道国管理权的

---

①Aegean Sea Continental Shelf (Greece v. Turkey),Judgment,1978,ICJ Rep 1986,para. 76.

②Chevron Corporation (USA) and Texaco Corporation (USA) v. Ecuador,UNCITRAL Case,Partial Award on Merits of 30 March 2010,para. 242.

③Saluka Investments BV v Czech Republic,UNCITRAL,Partial Award,17 March 2006,para. 255.

④El Paso Energy International Company v. The Argentine Republic,ICSID Case No. ARB/03/15,Award,31 October 2011,paras. 232–256.

⑤Chemtura Corporation v. Government of Canada,UNCITRAL (formerly Crompton Corporation v. Government of Canada),Award,August 2010,paras. 71–75.

适用标准已经基本达成共识。①

而在之后的 Philip Morris v. Uruguay 案,仲裁庭将 Tecmed 案引入的比例性原则也增添进了东道国管理权的要件之中②,此案过后,学界和实务界关于比例原则在东道国管理权的适用方面产生了许多质疑和否定的声音。主要可以分为对其合法性和合理性的双重否定。对于合法性,批评者认为相关的条款中未出现可以适用比例原则的相关词句,在这种情况下适用比例原则于法无据③;对于合理性而言,如果使用比例分析作为审查东道国管理权的方法,将赋予仲裁员很大的自由裁量权,相当于在东道国其他构成要件之外对东道国的管理措施以及其目的进行了"二次审查(second guess)"。④ 本文接下来将主要讨论这两方面的争议。

(一)适用比例原则的合法性分析

批评者认为,对于比例性原则在国际投资仲裁过程中的适用,需要以 BIT 的条文为基础进行解释,如同 WTO 的相关判例,对于 GATT 第 20 条一般例外之所以适用比例原则,是因为其表述中存在"必要的(necessary)"等可以被理解为适用比例原则的媒介。⑤ 同时,由于在 Tecmed 案中,仲裁庭对比例原则的适用直接参考了欧洲人权法院的相关规定和判例⑥,又引起了对于人权法解释的技术规范能否适用到国际投资仲裁中的怀疑。但笔者认为,这两种质疑并没有完全把握比例原则的性质以及东道国管理权的特有意涵,换言之,如果从二者的本质出发,则合法性问题便会迎刃而解。

1. 比例原则属于一般性的法律原则

比例原则源于德国行政法,被定义为"在不同原则和合法公共政策目标发生冲突

---

①Aniruddha Rajput,*Regulatory Freedom and Indirect Expropriation in Investment Arbitration*,Kluwer Law International,2018:165.

②Philip Morris Brands Sàrl, Philip Morris Products S. A. and Abal Hermanos S. A. v. Oriental Republic of Uruguay,ICSID Case No. ARB/10/7,8 July 2016,Award,para. 305.

③Erlend M. Leonhardsen, *Looking for Legitimacy:Exploring Proportionality Analysis in Investment Treaty Arbitration*,3 Journal of International Dispute Settlement 95,111 (2012).

④Prabhash Ranjan, *Using the Public law concept of Proportionality to balance investment Protection with regulation in International investment law:A Critical Appraisal*,3 Cambridge Journal of International and Comparative Law 853,861(2014);Caroline Henckels,*Indirect expropriation and the right to regulate: Revisiting Proportionality analysis and the standard of review in Investor-State arbitration*,15 Journal of International Economic Law 223,246(2012).

⑤M M Diu, *Autonomy in Setting Appropriate Level of Protection under the WTO Law:Rhetoric or Reality?*,13 Journal of international economic law 1077,1077,1093(2010).

⑥Técnicas Medioambientales Tecmed, S. A. v. The United Mexican States, ICSID Case No. ARB (AF)/00/2,Award,29 May 2003,para. 122.

或冲突的情况下的法律解释和决策方法"。① 比例原则的符合性测试有三个步骤,必须一并评估。一是采取该措施是否适合合法的公共目的达成,这需要检视手段和它的目的之间的因果联系。如果该措施满足第一步,第二步将是查明该措施是否必要,即是否有一种限制性较小的替代措施来实现同样的目标。如果该措施确实是"必要的",那么第三步将涉及平衡该措施对受影响权利的影响和衡量该措施寻求实现的公共利益的重要性。② 虽然在国际法的不同领域,比例原则因为不同法律系统的特质导致内部各个因素之间的相互作用以及影响侧重产生了相应的变化③,但这并不意味着不同领域内的比例原则的核心意旨产生了根本性的变化。换言之,比例原则具有一般性④,对于比例原则的适用并不意味着在个案中替代根据 VCLT 进行的一系列解释活动,而是在条约解释规则无法对条约适用导致的价值冲突进行有效调和时,作为解释条约的依据,以期解决权利和利益之间的冲突⑤,因而比例原则本质上是一种在法律规范语境下进行有效合理衡平的方法论。虽然比例原则在人权法领域的具体展开与国际投资仲裁系统的要求不同,然而仲裁庭完全可以通过将人权法中的比例原则的规定进行抽象归纳,即适用其本质——目的与手段相称⑥,然后再结合具体案件的情况对于具体要件的具体适用进行裁量。因而,比例原则的合法性的质疑本质上其实是对仲裁庭具体适用的质疑,而非对其一般性的质疑。

2. 比例原则是东道国管理权的应有之意

针对比例原则无法在投资条约中寻找到法源这一质疑,笔者认为这种观点实际上忽略了东道国管理权的内在意涵。如上文所述,东道国管理权之所以可以区分于征收行为,正是因为其主要目的是保护公共利益,而征收行为只是不得已的手段或者附带效果。⑦ 而征收行为恰恰相反,其以剥夺外国投资者的财产权为目的,所带来的公共

---

①Stephan W. Schill, *International Investment Law and Comparative Public Law*, Oxford University Press, 2010:79.

②Erlend M. Leonhardsen, *Looking for Legitimacy: Exploring Proportionality Analysis in Investment Treaty Arbitration*, 3 Journal of International Dispute Settlement, 95 (2012).

③Aniel Caro de Beer, *Peremptory Norms of General International Law (Jus Cogens) and the Prohibition of Terrorism*, Brill, 2019:211.

④Emily Crawford, *Proportionality*, Max Planck Encyclopedia of Public International Law, Oxford University Press, 2011, para. 1.

⑤Stephan W. Schill, *International Investment Law and Comparative Public Law*, Oxford University Press, 2010:78.

⑥Ibid.

⑦Joseph L. Sax, *Takings and the Police Power*, 74 Yale law of Journal, 36 (1964); Aniruddha Rajput, *Regulatory Freedom and Indirect Expropriation in Investment Arbitration*, Kluwer Law International, 2018:14.

福祉的增加往往属于间接利益。① 由此可见，区分二者最直接的方式就是衡量手段和目的之间的主次关系，而这恰恰是比例原则所要求的。例如在 LG&E 案中，仲裁庭表示："关于东道国管理权，一般可以说，国家有权采取具有社会或一般福利目的的措施。在这种情况下，外国投资者必须接受该措施，除非国家的行动显然与所欲达成的目的不相称。"②由此可见，仲裁庭对于比例原则的适用同样是为了检视东道国管理权的根本意涵的成就与否。换言之，如果东道国对相较于剥夺财产权而言对外国投资者的利益损害更小的方式，或者根本没有必要进行剥夺，那么无论东道国如何宣称自己的主要目的是维护公共利益，仍然不能证明其合理行使了东道国管理权。

综上所示，在国际投资仲裁中适用比例原则检视东道国管理权是完全合法的。

（二）适用比例原则的合理性分析

1. 比例原则的引入可以弥补东道国管理权适用过程中的模糊性

有观点认为比例原则是对东道国管理权的不恰当限制③，然而笔者认为此种观点属于孤立了比例原则的要件地位，未能注意到比例原则与东道国管理权认定标准其他要件之间的逻辑沟通以及互相补足。

东道国管理权要求"为了公共利益""非歧视"，"善意"地行使管理措施。然而，这三个要件本身的内涵与外延十分模糊，导致仲裁庭在不同案件中采用不同的标准，造成了投资者对于裁判的可预见性无法得到保证，而这也是东道国管辖权合法性的反对者的主要批评意见之一。④ 在此种情况下，通过比例原则对于东道国管理措施的检视能够一定程度地解决此问题。⑤ 具体而言，比例原则的第一步需要检视手段与目的之间的因果关系及适合性，第二步需要考察措施的必要性，而这两点直接佐证东道国的行为是否基于善意，是否存在歧视。例如加拿大-中国 BIT 明确规定："如果一项措施或一系列措施就其目的而言非常严厉，则不能认为它们是善意采取和实施的。"⑥又如，在 Philip Morris v. Uruguay 案中，仲裁庭指出："相关措施是为了解决公共健康问题，所采取的措施与该问题并无不相称，因而属于善意为之。"⑦而比例原则第

---

①Ibid.

②LG&E Energy Corp. , LG&E Capital Corp. and LG&E International Inc. v. Argentine Republic, ICSID Case, No. ARB/02/1, Decision on Liability, 3 October 2006, para. 98.

③Valentina Vadi, *Proportionality, Reasonableness and Standards of Review in International Investment Law and Arbitration*, Edward Elgar, 2018:74.

④Aikaterini Titi, *The Right to Regulate in International Investment Law*, Nomos, 2014:35.

⑤Ibid.

⑥Canada – China BIT (2012), Annex B. 10, para. 3.

⑦Philip Morris Brands Sàrl, Philip Morris Products SA and Abal Her-manos SA v. Oriental Republic of Uruguay, ICSID Case No. ARB/10/7, Award, 8 July 2016, para. 85.

三步要求衡量行为的影响以及目标的重要性,可以解决东道国所称"公共利益"的衡量问题。并非所有公共利益都值得以对权利的严格限制为手段来实现①,只有那些与民生福祉息息相关的社会公共利益才应当动用东道国管理权进行保护。综上,比例原则的适用可以在一定程度上减少东道国管理权要件的模糊所带来的合法性危机。

2. 比例原则的适用可以督促投资双方更好地履约

在应然层面,批评者认为适用比例原则不具有合理性,原因在于其赋予了仲裁庭对于东道国管理权构成要件之外第二次审查的权力,同时,对于东道国管理权应当最大可能的尊重。② 因而,适用比例原则评价东道国管理权并不合理。然而,此种观点忽略了国际投资条约的权利义务双向性以及东道国的权利义务统一性。

从国际投资条约角度来看,其总体上是为了促进双边合作、经济发展、达成双方的利益平衡,因而投资条款并非单向性的权利义务赋予,而是给订立条约的双方都需要在享受权利的同时为对方的权利承担相应的义务。具体而言,虽然国家管制权属于固有主权的一部分,但主权的行使是有限制的,既然国家缔约了双边条约,那么就必须受到其制约。③ 而对于征收行为而言,因为外国投资给东道国带来了经济发展,相应的东道国就要负担其带来的合理的外部性。因此,双边投资条约中征收条款的根本目的是禁止东道国将实现公共目的的负担任意地转嫁给外国投资者。④ 而对于东道国管理权更是如此。从既往的判例中可以看出,东道国管理权的实施主要分为两种情形:第一种是公共福利的损害由投资本身所引起的,第二种是由金融危机、战争等引起东道国经济环境或者法律环境的变化进而导致投资者的相关财产损害公共利益。⑤ 但实际上第一种情况不在本文的讨论范围之内,因为其根本不属于合格的"投资",因而并非合格的"财产",因而不存在相应的"征收"行为。⑥ 对于第二种情况而言,不难发现,在这种情况下的国家管理权的行使本质上也是将情势变更或者不可抗力的风险一定程度转嫁给了外国投资者,然而外国投资者却不似第一种情况存在过错,因而此种

---

①Stephan W. Schill, *International Investment Law and Comparative Public Law*, Oxford University Press, 2010:87.

②Prabhash Ranjan, *Using the Public law concept of Proportionality to balance investment Protection with regulation in International investment law: A Critical Appraisal*, 3 Cambridge Journal of International and Comparative Law 853, 878(2014).

③ADC Affiliate LTD. v. Republic of Hungary, ICSID Case No. ARB/03/16, Award of the Tribunal, 2 October 2006, para. 423.

④K J Vandevelde, *Bilateral Investment Treaties: History, Policy and Interpretation*, Oxford University Press, 2010, p. 296.

⑤Aniruddha Rajput, *Regulatory Freedom and Indirect Expropriation in Investment Arbitration*, Kluwer Law International, 2018, pp. 22-45.

⑥Mostafa, B., *The Sole Effects Doctrine, Police Powers and Indirect Expropriation under International Law*, 15 Australian International Law Journal 267, 289, 290(2008).

情形下必须对东道国的管理权做必要限制,不仅要满足东道国管理权的各要件,合法行使管理措施,更需要采取对外国投资者损害最小的方式,尽最大可能地履行投资条款中保护外国投资者的利益的义务。换言之,即使应当尊重东道国享有在突发情况下为了更重要的公共福祉调整国内法规的权利,任何投资者也都不能合理地期望投资时的情况保持完全不变[1],但这并不意味着可以免除东道国按照投资条约需要给予外国投资者的保护,例如公平公正待遇等。因此,比例原则可以在检视东道国管理权适用的同时,保证东道国履行其他保护外国投资者的义务,预防东道国滥用管理权,使其和投资者在公平原则的指引下,共同负担难以预见的情况变化带来的损失。

五、结　语

随着跨国投资的日渐兴起,东道国管理权也逐渐成了国际投资仲裁无法规避的一个话题。主要原因在于:其一,东道国的管理权体现为东道国政府对于外国投资者相关资产采取的相应限制,甚至包括直接剥夺外国投资者在东道国投资的财产权利,反映了东道国的公权力与外国投资者的私权利之间的直接冲突,而如何平衡东道国与外国投资者的利益一直是国际投资仲裁所要解决的终极命题[2]。其二,东道国的管理权往往与征收行为,尤其是间接征收行为联系密切。然而不同于征收,东道国管理权在剥夺外国人财产权利后不需要进行相应的赔偿。正是这种对于征收行为赔偿的豁免性,东道国管理权成了东道国在涉及征收争议时反复援引的抗辩理由。

东道国管理权在国际投资法体系中具有习惯国际法与一般法律原则的双重属性。前者说明在适用路径的选择上,除了作为单独的国际法规则借助 VCLT 第 31 条(3)(C)项间接适用之外,东道国管理权亦可以通过习惯国际法的地位以及 BIT 的规定直接适用;一般法律原则的属性说明东道国管理权的行使应当充分考虑国家的主权利益。因而在适用标准方面,比例原则的引入可以同时兼顾对外国投资者的财产保护以及对东道国公共利益的维护,故引入比例原则作为东道国管理权的适用标准具有合理性亦不失合法性,仲裁庭应当在未来的案件中加以考虑。

对于当今中国而言,一方面,国内的民生福祉、公共利益一直以来就是国家立法所要重点保障的目标,而随着外资的不断涌入,对于外国投资者的保护也注定是当代中国不可忽略的主题。如何平衡国内社会与外商利益还需要更为长远、更为全面的考

---

[1]Saluka Investments BV v Czech Republic, UNCITRAL, Partial Award, 17 March 2006, paras. 305,351.

[2]David Gaukrodger, *The Balance Between Investor Protection and the Right to Regulate in Investment Treaties:A Scoping Paper*, OECD Working Papers on International Investment Law. No. 2,2017,p. 6.

虑。另一方面,随着经济的不断发展,中国正以更加积极的姿态欢迎外资的涌入,在中国最近正式核准的《区域全面经济伙伴关系协定》(RCEP)①以及与欧盟之间达成的《中欧全面投资协定》②(虽然此协定当前已冻结,但仍可表明中国扩大对外经济交往的决心)中均有关于东道国管理权的体现。由此可见,无论是对内的经济发展还是对外的经济交往,东道国管理权的研究均有着不可忽略的价值,值得更加深入地探究。

(责任编辑:黄琪雯)

---

①*Regional Comprehensive Economic Partnership Agreement*, Annex 10B, para. 4, RCEPSEC (Aug. 27,2021), https://rcepsec. org/legal-text/;具体内容参见沈伟、方荔:《比较视阈下 RCEP 对东道国规制权的表达》,载《武大国际法评论》2021 年第 3 期,第 2-16 页。

②*EU － China Comprehensive Agreement on Investment (CAI)*, Section Ⅳ:Investment and sustainable de－velopment,Sub－Section 2:Investment and Environment, Article 1, European Commission (August 27,2021), https://trade. ec. europa. eu/doclib/press/index. cfm? id=2237.

实现担保物权案件程序主体的规制

费美望①

摘　要:《民法典》第388条对担保合同做了区别以往的定义,使得新型担保方式和担保物权获得法律认可,而诉讼法却缺乏与此相适应的规定。申请实现担保物权案件的申请人范围存在缺少规制新型担保物权人、建设工程优先权人为申请人的问题,且债务人、其他案件参与人在案件中的身份界定和称谓混沌不清。基于实体法的规定、司法实践的裁判、司法解释的解读以及司法权威性的要求,应当对申请实现担保物权案件的申请人范围予以拓宽,将新型担保物权人及其相对人、建设工程优先受偿权人纳入申请人的范畴,同时亦需统一规制债务人、其他案件参与人在案件中的身份定位,从而在诉讼法上实现申请实现担保物权案件的程序主体与实体法相衔接。

关键词:担保合同　担保物权　申请人　利害关系人　第三人

实践中债权人想要实现担保物权,可以通过非讼程序主张,也可以通过普通诉讼程序主张。② 非讼程序以其经济性、效率性而著称,其要求当事人之间对担保物权无实质争议,从而为权利义务关系简单的当事人提供了一条快速实现担保物权的通道。依据诉讼标的理论的通说——"旧实体法说",当事人的诉讼请求基于实体法上的请求权,《中华人民共和国民法典》(以下简称《民法典》)对担保合同进行了释义,且明确规定了保理、所有权保留、融资租赁等新型担保方式,新型担保物权人依据《民法典》可主张请求权,但是诉讼法中却没有对此进行更新与规制,造成了诉讼法与实体法的脱节,应针对实体法的新规定在诉讼法上对申请实现担保物权案件的申请人、被申请人、其他案件参与人等程序主体展开研究。

---

①费美望,中国政法大学民商经济法学院博士研究生。
②魏沁怡:《论担保物权的实现:实体法与程序法的体系衔接》,载《东方法学》2019年第5期,第62页。

一、理论探究:《民法典》对实现担保物权案件的新挑战

(一)民法典时代担保物权的新变化

《中华人民共和国担保法》(以下简称《担保法》)和《中华人民共和国合同法》(以下简称《合同法》)均没有明确对担保合同进行定义,仅解释了担保的含义,而《民法典》第388条第1款明确规定担保合同包括抵押合同、质押合同和其他具有担保功能的合同。此条款突破了传统的担保合同的桎梏,大大拓展了担保合同的范围,使得所有权保留、融资租赁、保理、让与担保、保税仓交易等非典型担保方式订立的合同可以被纳入担保合同的范围。① 德国沿袭罗马法的传统实行物债两分,我国法律规定亦是如此,对担保合同的重新界定不仅仅是对非典型担保合同的认可,亦是对担保合同实质内容下多种多样担保方式的认可。

《担保法》第2条规定担保方式为保证、抵押、质押、留置和定金,此处并未添加"等"字,相当于将担保方式严格限制在上述五种典型担保方式之中,排除了对其他担保方式的规制。而现代生活随着商业化程度的不断提高,人们基于资金融通的需求,创造出了种类繁多、更为灵活便利的担保方式。《民法典》明确规定了保理、融资租赁、所有权保留这些新型担保方式,对于让与担保的效力虽然没有明确规定,但《民法典》第401条、428条对《中华人民共和国物权法》(以下简称《物权法》)第186条、211条进行了实质性修改,先前《物权法》禁止流押和流质,而《民法典》虽不认可以物抵债,但认可该抵押物、质物可作为担保财产优先受偿。而《全国法院民商事审判工作会议纪要》第71条直接认可让与担保合同合法有效,债权人可以就担保财产拍卖、变卖。

民法典时代担保合同、担保方式的新变化,亦带来担保物权的变化,除了抵押权、质押权、留置权这些典型担保物权外,新型担保物权在社会生活中得到广泛应用,诉讼法亦需要对新型担保物权进行规制从而回应实体法的变化。随着《民法典》的施行,我国的法治建设道路亦迈出重要的一步,《民法典》对于民事法律的整合与个人权益的保障显示出法律的统一适用性与权益的保障性,在诉讼法中,亦需要通过诉讼程序对程序主体的权益进行保障、对程序主体在案件中的身份予以统一规制。

(二)实体法的新变化与诉讼法的旧规制不相适应

《民法典》以及其他法律规范中对新型担保方式的认可,也使得新型担保物权受

---

① 王利明:《担保制度的现代化:对〈民法典〉第388条第1款的评析》,载《法学家》2021年第1期,第32页。

到关注,传统的担保物权人可以通过特殊程序高效、经济地实现担保物权,那么新型担保物权人是否可享有此项权利须依赖于诉讼法与实体法的有效衔接。依据《中华人民共和国民事诉讼法》(以下简称《民诉法》)以及相关司法解释的规定,申请实现担保物权案件的申请人被解读为包括抵押权人、质押权人、留置权人及其相对人,这说明了新型担保物权人并未被涵盖在申请人的范围之内,应当对申请实现担保物权案件的申请人范围予以拓宽。且《民法典》的权利保障性、统一适用性亦要求对申请实现担保物权案件中出现的被申请人、其他案件参与人等程序主体的规制问题展开探讨。

1. 新型担保物权人缺少规制

虽然申请实现担保物权非讼程序作为特殊程序已经被规定和实践十余年,但对这一程序的法律规制、司法实践都不够完备,对申请实现担保物权程序的性质[1]、担保物权的其他实现路径、申请实现担保物权案件的"实质争议"的界定标准等都需要展开进一步的研究。《最高人民法院关于适用〈中华人民共和国民法典〉有关担保制度的解释》(以下简称《担保制度解释》)第64条、第65条明确规定所有权保留中的出卖人、融资租赁中的出租人这两类新型担保物权人可以拍卖、变卖标的物进行受偿,相当于在实体法上认可其可以作为申请实现担保物权案件的申请人,但诉讼法中却缺少与此对应的规定。诉讼法对新型担保物权人缺少规定将会影响司法实务中具体权利人通过非讼方式主张权利。

2. 建设工程优先权人尚存争议

建设工程优先受偿权之前规定在《合同法》第286条,现规定在《民法典》第807条,《民法典》未对之前的规定作出修改和补充。关于建设工程优先受偿权的性质,学界之前存在抵押权、留置权、优先权的争议,现在通说认定其属于法定抵押权。[2] 因对其性质认定的不同,有的学者支持建设工程优先权人可自行启动强制拍卖程序[3],有的学者认为建设工程优先权人可以成为实现担保物权案件的申请人[4],有的学者并未将建设工程优先权人纳入申请人范畴。[5] 从司法实践出发进行研究,在中国裁判文书网以"案由:申请实现担保物权案件、建设工程优先受偿权"作为关键词进行搜索,未检索到任何文书,但大量裁判文书显示权利人通过普通诉讼程序中的建设工程优先受

---

①陈星、李喜莲:《我国实现担保物权程序之性质新探》,载《贵州社会科学》2018年第11期,第113页。

②梁慧星:《是优先权还是抵押权——合同法第286条的权利性质及其适用》,载《中国律师》2001年第10期,第44页。

③李建星:《〈民法典〉第807条(建工价款的优先受偿权)评注》,载《南京大学学报(哲学·人文科学·社会科学)》2021年第4期,第98页。

④王明华:《实现担保物权案件中的当事人范围与实现条件》,载《山东审判》2013年第1期,第23页。

⑤王胜明主编:《中华人民共和国民事诉讼法释义》,法律出版社2012年版,第463页。

偿权纠纷实现对建设工程的拍卖、变卖,建设工程优先受偿权利人不采用更为经济便捷的特殊程序实现其法定抵押权,而是采用普通诉讼程序,可能与诉讼法中未明确赋予建设工程优先权人为申请实现担保物权案件的申请人有关。学界对建设工程优先受偿权人能否作为申请人存在争议,而中国裁判文书网中暂未查询到相关案例进行分析,亟须对建设工程优先受偿权人能否作为申请实现担保物权案件的申请人展开研究。

3. 其他案件参与人定位不清

对于申请实现担保物权案件,法律明确规定应当列明的当事人为申请人、被申请人,但在司法实践中还存在除申请人、被申请人外的其他案件参与主体。当债权人、债务人以外的第三人为债权人提供担保物时,那么被申请人就是担保物的所有人而不是债务人,那么债务人是否应当作为案件的程序主体参与到案件中来,在学界和司法实务都没有统一进行界定。其他案件参与人还有可能是抵押物、质物、留置物等担保物的所有权人,还可能是担保财产的登记人(当债权人将担保物登记在第三人名下时)。是否应当在申请实现担保物权案件中列明这些案件参与主体,如果列明又应当以何种身份予以列明,法律法规中均没有提及。

二、实践反馈:裁判文书对程序主体范围的呈现

在中国裁判文书网上以"案由:申请实现担保物权案件""裁判年份:2020"为关键词进行检索①,共检索到 139 份裁判文书,删除其中不公开的文书、执行类文书等不涉及实现担保物权案件的文书,得到有效文书 94 份,以上述有效文书为研究样本总结分析实现担保物权案件的当事人范围。

(一)申请人限于典型担保物权人

94 份裁判文书中 92 份为非讼程序案件,2 份为普通诉讼程序案件。92 个非讼程序案件中,申请人全部为债权人,虽然法律给予债务人申请拍卖、变卖抵押、质押、留置财产的权利,但司法实践中很难出现此种积极解决纠纷的债务人。申请人一般身兼两种身份,或同时为债权人和抵押权人,或同时为债权人和质权人,或同时为债权人和留置权人。但亦有部分案件的申请人仅仅为债权人,并不是担保物名义上的登记人,因为有时候债权人不便出面或者登记的便利性等原因会将担保物权登记在他人名下。

在 2020 年的 94 个司法案例中,申请人、被申请人均呈现为典型担保物权权利人及其相对人,未出现新型担保物权人,这说明诉讼法的规定会十分直接地显示在司法

①因《民法典》从 2021 年开始实施,故选取司法实践中 2020 年的案例进行研究。

实践中,而实体法的规定需要通过诉讼法的规定、经过诉讼程序才得以突显,新型担保物权人在司法实践中并未作为申请实现担保物权案件的申请人,通过非讼程序实现其担保物权。那么在《民法典》施行后的2021年,应在诉讼法上对申请人的范围进行拓宽,将新型担保物权人作为申请人涵盖其中,从而与实体法的规定相适应,使得新型担保物权人可直接依据诉讼法的规定享有诉讼实施权。

(二)被申请人不是债务人时,债务人界定不明

被申请人一般情形下为债务人,但也存在较多案件中的被申请人并不是债务人,而是抵押人、出质人、留置物的所有人等。94份裁判文书中,仅有8个案件的被申请人不是债务人,所占比例为8.5%,这说明实践中一般均是债务人自己提供担保财产,第三人提供担保财产的情况较为少见。在上述8个被申请人并非债务人的案例中,5个案件的被申请人为不动产抵押人,1个案件的被申请人为动产抵押人,1个案件的被申请人为股权质押人,1个案件的被申请人为股权质押人兼动产抵押人,说明不动产抵押因其高价值性、稳定性而在财产担保中更受青睐。在此类案件中,因被申请人不是债务人,而这些案件中的债务人均未被列为当事人,故法院对这些案件的处理较为慎重,需明确查明债权债务关系且当事人之间无争议的情况下才会支持申请人的诉讼请求,如(2020)粤0785民特13号案件中的主合同债权有民事调解书进行确认,(2020)粤1972民特1312号案件当事人对债权债务、实现担保物权均无任何异议,(2020)粤0604民特890号案件的主合同债权有生效的仲裁文书进行确认,故法院在此种情况下均支持了申请人要求拍卖、变卖涉案担保财产的请求。

对于被申请人不是债务人的案件,债务人在申请实现担保物权案件中的定位存在争议。有的案件将其作为第二被申请人予以列明;有的案件不将其列明为实现担保物权案件的程序主体,仅在案件查明环节就债权债务关系的查明提及债务人;有的案件将其作为"利害关系人"列明在申请人、被申请人之后;有的案件将其作为"第三人"列明在申请人、被申请人之后。上述对于债务人在申请实现担保物权案件中不同称谓的乱象亟须予以统一规制。作为特殊程序的申请实现担保物权案件,债权债务关系的真实存在、债权债务的数额等问题都是需要进行实质审查的,若不列明债务人可能会对查明案件事实造成影响。但如果需要列明债务人,债务人应当列为利害关系人还是第三人,抑或第二申请人,需要进行研究与分析。

(三)其他案件参与人称谓含混不清

在作为研究样本的94个案件中,有两个案件将其他案件参与人作为申请人、被申请人以外的程序主体在裁判文书中予以列明。在(2020)粤72民特16号案件中,除了申请人、被申请人外,还将"利害关系人"作为与申请人、被申请人并列的程序主体予

以列明,而这个"利害关系人"主张自己系作为担保物的船舶的实际所有权人,从而抗辩担保物权的实现。在(2020)桂 0105 民初 5583 号案件中,除了原告、被告外,还将"第三人"作为与原告、被告并列的程序主体予以列明,此案中抵押物办理抵押登记时登记在第三人名下。同样是案件中的其他案件参与人,为何在作为特殊程序的申请实现担保物权案件中被列为利害关系人,而在作为普通程序审理的实现担保物权纠纷案件中被列为第三人,用了上述两种不同的称谓?

通过查询 94 个研究样本外的其他案件,发现部分案件除了列明申请人、被申请人外,还将"第三人""利害关系人"同样作为程序主体予以列明,但何时冠以"第三人",何时冠以"利害关系人"却没有统一的标准。列为第三人的情形有:有的案件将导致担保物灭失的主体列为第三人①,有的案件将担保物的相关主体列为第三人②,有的案件将与债务偿还相关主体亦列为第三人③,等等。列为利害关系人的情形有:有的案件将留置物的所有权人列为利害关系人④,有的案件将主张对担保物享有所有权的相关主体列为利害关系人⑤,有的案件将担保物的进口商列为利害关系人⑥,等等。上述案件中的参与人有的与案件标的存在实体上权利义务争议,有的只是与查明案件情况事实相关而对案件标的并无请求权,这些案件参与人在案件中的不同称谓表明了司法实践对相关案件参与主体的身份界定处于一种模糊不明确的状态。申请实现担保物权案件既涉及债权人、债务人,还可能涉及担保物权的登记人、担保物的所有人或占有人等,涉及的主体广泛,如果不能对相关案件参与人赋予统一的称谓,将会导致司法实践中当事人称谓混沌不清从而影响司法的权威性。

三、追本溯源:程序主体需要规制的原因分析

当事人适格是当事人提起诉讼、享有诉讼实施权的前提条件,《民法典》对担保合

---

①参见阜宁县人民法院(2016)苏 0923 民特 49 号民事裁定书,法院将导致担保物灭失的阜宁县住房和城乡建设局列为第三人。

②参见岳阳市岳阳楼区人民法院(2017)湘 0602 民特 8 号民事裁定书,法院将质押股权所在的公司列为第三人。

③参见重庆市渝北区人民法院(2016)渝 0112 民特监 6 号民事裁定书,法院将当事人主张的债务指定还款人列为第三人。

④参见资阳市雁江区人民法院(2015)雁江民担字第 3 号民事裁定书,法院将留置物的所有权人佛罗伦(中国)有限公司列为利害关系人。

⑤参见广州海事法院(2020)粤 72 民特 16 号民事裁定书,法院将主张担保物真正所有权人的陈日德列为利害关系人。

⑥参见大连海事法院(2019)辽 72 民特 77 号民事裁定书,法院将抗辩抵押物权成立的担保物大麦的进口公司列为利害关系人。

同和新型担保方式的规制,使得新型担保物权人获得法律认可,在实体法上应认可新型担保物权人可作为实现担保物权案件的适格申请人,但实体法的规定有赖于诉讼程序的实现,当事人须通过诉讼程序实现自身的权益,这就需要诉讼法对实体法的规定进行回应。程序当事人适格由于具有更大的包容性和生成特性,其将统摄实体当事人适格的概念,并将实体当事人适格概念纳入诉讼程序中进行检验和补充。[1] 故赋予实体法上的权益享有人以诉讼法上的当事人资格将更好保障相关主体通过诉讼程序更好地实现其权益。

(一)立法意旨要求纳入建设工程优先权人

我国之所以在法律中规定建设工程优先受偿权,立法旨意很大程度上在于保障作为弱势群体的农民工的合法权益。在我国的建筑物建设施工环节,存在大量的挂靠现象,真正进行施工建设的往往是由一个包工头带领的一群农民工,而建设单位、施工单位对农民工缺乏劳动保障,农民工很少作为固定工作人员与建设单位或者挂靠的施工单位签订劳动合同,社会实践中出现过很多农民工讨薪难的问题,故给予实际施工人建设工程优先受偿权,可以在很大程度上保障农民工及时、足额获得工资。将建设工程优先权人纳入申请实现担保物权案件的申请人范畴,可以赋予其更多的程序选择权,且非讼程序亦更为便捷、高效,在诉讼费用方面收费亦更为低廉,从而使得农民工可以以更为经济、高效的方式解决讨薪难问题。

(二)实体法已切实规制新型担保物权人

《民法典》对担保合同作出了新规定,从而使得新的担保方式、担保物权获得实体法认可,而新型担保物权人在诉讼上的权利却没有得到明确界定。典型担保物权人及其相对人在诉讼法上被明确规定为申请实现担保物权案件的申请人,而新型担保物权人及其相对人在诉讼法上是否可作为申请人却未得到明确规制。《民法典》从2021年开始施行,而现行《民事诉讼法》的许多规定尚未与《民法典》相适应,需要根据《民法典》的新规定对民诉法作出新解读。[2]

对于正当当事人究竟是一个实体问题还是程序要件,学界存在争论。[3] 故《民法典》虽明确规定新型担保物权人,其能够获得诉讼法上正当当事人资格系基于实体上的请求权,但是如果能够在诉讼法上对于新型担保物权人是否可通过非讼程序实现担

---

①汤维建:《当事人适格的判断机制》,载《法律适用》2021年第7期,第40页。

②张卫平:《民法典的实施与民事诉讼法的协调和对接》,载《中外法学》2020年第4期,第934页。

③曹云吉:《程序/实体:民事诉讼正当当事人性质分析》,载《甘肃政法学院学报》2020年第2期,第105页。

保物权予以明确规制,无疑使其在诉讼上更具正当性,也使得法院在对诉讼要件进行审查时更高效快捷,故在诉讼法上对实现担保物权案件申请人的范围进行延展是符合《民法典》预期的。

(三)司法解释亦可涵盖新型担保物权人

《最高人民法院关于适用〈中华人民共和国民事诉讼法〉的解释》(以下简称《民诉法司法解释》)在对《民诉法》进行解读时虽然未将上述新型担保物权人纳入申请人范畴,但是从体系解释的角度看,在《民法典》未颁布实施之前,《民诉法》与《物权法》《担保法》《民法总则》等实体法进行衔接运用,而在《民法典》实施之后,《民诉法》应当与《民法典》相适应,若《民法典》对相关概念进行了扩充,那么《民诉法》也应当适应《民法典》的内涵,从此种角度看,对新型担保方式的认可,亦可解读为"其他有权请求实现担保物权的人"包括新型担保物权人。在对"其他有权请求实现担保物权的人"进行解释时,最高人民法院使用了"等"字,这说明法院在对该条款进行解读时可能考虑到了现实生活中可能出现的灵活多变的新型担保方式,故以"等"字进行概括,当新型担保方式、新型担保物权获得法律认可时,即可将新型担保物权人纳入"等"字以内。

(四)司法实践已实际认可新型担保物权人

中国裁判文书网已存在不少关于新型担保物权的案例,其中亦存在部分案例涉及对担保财产的处分、担保物权的实现,现列举部分实际案例进行分析。

在(2019)苏0205民初7291号案件中,法院支持作为卖方的福建雪人股份有限公司享有所有权保留的权利,而此种所有权保留实质上是为了担保出卖人能够收回货物价款,故法院判决支持作为卖方的福建雪人股份有限公司就所有权保留的货物享有就拍卖、变卖后所得价款全额优先受偿的权利。在(2020)闽0304民初3750号案件中,原告美融(厦门)融资租赁有限公司将车辆租赁给被告郑碧珠使用,租赁车辆登记在被告郑碧珠名下但双方办理了抵押登记,法院亦判决支持作为融资租赁权利人的原告美融(厦门)融资租赁有限公司就案涉车辆可通过拍卖、变卖实现其担保物权。在(2020)黑0603民初834号案件中,被告甘艳新在向原告于文和借款时,双方另行签订房屋买卖合同,并且办理了房产变更登记手续,将被告甘艳新房屋过户至原告于文和名下。黑龙江省大庆市龙凤区人民法院认定双方对房屋进行过户的行为实际上构成让与担保,双方当事人的真实意思并不是买卖房屋,而是将房屋作为对借贷的担保,故判决认可原告对于涉案房屋享有优先受偿权。

与典型担保物权方式相比较,上述案件中出现的所有权保留、融资租赁、让与担保均为新型担保物权方式,当事人均是通过普通程序实现担保物权或者赎回担保物,这说明在司法实践中,这些新型担保物权人是获得司法实践认可的,可以通过诉讼途径实现其担保物权,若对申请人的范围进行扩充,那么这些新型担保物权权利人及其相对人就可以通过非讼程序更为高效地达到诉讼效果。拓宽申请实现担保物权案件的申请人范围,就是为了赋予担保物权人程序选择权,让其可以在诉讼程序和非讼程序中进行选择,从而更好地保障权利人利益,同时亦达到诉讼经济的效果。

(五)司法权威性提出规制其他案件参与人

申请实现担保物权案件中可能存在申请人、被申请人以外的其他案件参与主体,如债务人、担保物的所有人、担保物权的名义登记人、主张实际享有担保物所有权的案外人等。这些案件参与人一旦介入诉讼程序中,法院就应当考量是否将其作为诉讼程序的主体予以列明,而因为诉讼法对此缺少规制,导致法院在司法实践中的混乱做法,有些案件将这些主体作为"第三人"予以列明,有的案件作为"利害关系人"予以列明,有的案件不予列明,仅在法院事实查明阶段作出陈述。这些混乱的做法本就不符合法律本身的规范性要求,而在裁判文书统一在网络上予以公开之后这些混乱的称谓亦将进一步损害司法的权威性,引发案件当事人甚至是普通民众对法院的不信赖,故应当对申请实现担保物权案件的其他案件参与主体在诉讼法上的身份予以统一规制,从而保证司法实践的统一。

四、路径探索:完善实现担保物权特别程序主体的范围

(一)新型担保物权人、建设工程优先权人须纳入申请人范畴

依据《民法典》对担保制度的规定,结合司法实践对申请人实际身份的分析,申请实现担保物权案件的申请人除已经涵盖的典型担保物权人及其相对人外,还应当将让与担保的权利人、所有权保留买卖合同中的所有权人、融资租赁合同中的出租人等新型担保物权人及其相对人纳入申请人范畴。

建设工程价款的优先受偿权人是否可纳入申请人的范围在学界一直引起争议。建设工程优先受偿权作为一种法定抵押权,其具有优先于意定抵押权的效力,依照当然解释理论,意定抵押权人享有的权利,作为更高位阶的法定抵押权人自然享有,故建设工程优先受偿权人有权作为申请实现担保物权案件的申请人,对建设工程进行拍卖、变卖。法定抵押权的规定从价值衡量角度更多是为了保护作为弱势群体的农民工的合法权益,所以也应赋予其申请实现担保物权案件申请人身份,给予其更多的程序选择权。存在的问题是,在意定抵押的情况下,抵押权人是经法定程序在登记机关进行了抵押权登记的,其享有抵押权的权利、义务关系明确清晰,而在法定抵押情形

下,哪些主体享有法定抵押权却是需要进一步探讨的问题。《民法典》第807条仅笼统规定承包人享有建设工程优先受偿权,有的学者提出优先权的主体应当包括勘察人、设计人、建设人、实际施工人、建设工程业主聘请的建设工程的雇员等。① 这些主体不仅身份纷繁复杂,而且数量可能十分庞大,若均赋予这些主体申请人身份,而在一个建设工程上面可能存在数万个法定抵押权,这些主体若先后行使申请人权利要求拍卖、变卖涉案工程,不仅身份的核实十分复杂,拍卖、变卖的实践操作亦是困难重重,这就需要法律制订机关在之后对建设工程优先受偿权的主体进行明确界定,从而使得司法实践更具操作性。

(二)被申请人不是债务人时,债务人无须列为程序主体

申请实现担保物权案件中,当被申请人不是债务人时,怎样处理债务人在案件中的身份定位是需要研究的问题。有的案件将其列为第三人,如在(2019)粤1971民特2098号案件中,法院即将债务人东莞市诚志电子有限公司以"第三人"身份予以列明;有的案件将其列为利害关系人,如在(2019)桂0105民特31号案件中,法院将债务人梁晶作为"利害关系人"予以列明;有的案件中并未列明债务人,仅在法院的审理查明中表述实际债务人。这种司法实践中的混乱现象需要统一进行规制。

申请实现担保物权案件作为特殊程序案件,其要求当事人双方对案件事实无实质性争议,作为非讼程序案件,申请实现担保物权案件仅对债权债务关系进行形式审查,只要债务关系经形式审查有效,且担保物权依法登记有效,法院即可判定申请人对被申请人享有的担保物权具有优先受偿权,而不必实际审查核实债权债务关系的真实与否以及确切的数额,这是基于非讼案件诉讼成本和诉讼效率的考量,若当事人对债权债务关系、担保物权等存在实质性争议,法院在非讼程序中应当驳回申请人的申请,案件当事人可以通过普通诉讼程序另行主张权利。

(三)债权人不是担保物权登记人时,该登记人应列为第三人

《担保制度解释》第4条认可债权人可将担保物权登记在他人名下。当债权人将担保物权登记在他人名下时,就会产生除债权人、债务人外的第三方主体,即担保物权名义上的权利人。在现实生活中,可能会出现债权人不愿、不宜出面办理担保物权登记,从而将担保物权登记在亲属、朋友或者其他受托人名下的情况,只要担保人知晓并认可,此种情形下债权人仍有权就该担保物享有优先受偿权,享有担保物权的应当是作为实质权利人的债权人,而不是名义上的担保物权登记人。

---

① 孙科峰、杨遂全:《建设工程优先受偿权主体的争议与探究——〈合同法〉第286条之分析》,载《河北法学》2013年第6期,第127-129页。

在申请实现担保物权案件中,应统一将名义上的担保物权登记人列为第三人,这在司法实践中已有判例。如在(2020)桂0105民初5583号案件中,债权人乐某将抵押财产登记在易某某名下,在申请实现担保物权案件中,法院将易某某以"第三人"的身份列明。作为担保物名义上的登记人,在对外公示上,该登记人即为担保物权人,当实际上的担保物权人意图通过非讼程序实现担保物权,为了便于法院审查担保物权的实际情况,亦为了回应登记行为所产生的对外公示效力,将名义上的登记人作为"第三人"在案件中予以列明无疑更为恰当。

(四)与担保物存在实质争议的其他案件参与人应列为第三人

在现实生活中,担保物的权利归属并不一定是恒定的,这就使得对担保物的所有权归属可能存在争议,在申请实现担保物权案件中,若存在案外人主张其对涉案担保物享有所有权或者担保物权从而参与到案件中提出权利抗辩,此时应当将这种对担保物存在实质权利争议的案件参与人列为第三人。在(2020)粤72民特16号案件中,案外人陈日德主张其是涉案担保物的实际所有权人,从而抗辩申请人船舶抵押权的实现,法院将陈日德在案件中作为"利害关系人"予以列明。《民诉法司法解释》第368条虽表述实现担保物权案件除申请人、被申请人外,还有利害关系人,但此处并不是表明需将利害关系人作为实现担保物权案件的程序主体来对待,利害关系人只是一个抽象的概念表述,由于"利害关系人"在《民诉法》中极不明确,它泛指除原告、被告以外参加诉讼的人要与诉讼有某种关系,但究竟是什么关系则没有明示。① 现代民事诉讼法制度,除了对立"两造"之余还增设了第三人制度。② 在民事诉讼文书中被列明的主体,除了原告、被告、申请人、被申请人外,其他主体一般列为第三人,利害关系人只是表明其与案件存在利益关联关系,并不是一个适宜作为案件程序主体的适格称谓,将"利害关系人"这一表述直接在诉讼文书中作为当事人予以列明明显不当。

(责任编辑:温晖蕾)

---

① 李喜莲:《民事诉讼法上的"利害关系人"之界定》,载《法律科学》2012年第1期,第143页。
② 江伟:《民事诉讼法(第五版)》,高等教育出版社2016年版,第114页。

民事诉讼法改革:前路何在[①]

C. H. (Remco) van Rhee   E. A. Maan[②] (著)
尤文杰[③] (译)

摘　要:本文的写作基于一份评估《乌克兰新民商事诉讼法典》实施情况的调研报告,该报告中的数据是通过一份多项选择题问卷和另一份附加问卷(设置附加问卷的目的在于针对选定的利益相关方进行深入访谈)收集到的(具体内容见原文附录)。这一调研将有助于明确诉讼程序和法院组织中存在的问题,收集并分析有关法典实施情况的数据,并且有助于明确改进司法实践和组织的具体措施,进而增强司法系统的公信力。为完成该报告,调研组还在乌克兰各地通过法庭实地走访、双边会谈以及圆桌会议等对调研方法予以补充。这些额外的信息源使得专家们能够对法典的具体内容及其实施框架提出一些较为透彻的见解。本次调研成果所提出的系列建议将在本文的结论部分予以列举。

关键词:乌克兰　民事诉讼法　商事诉讼法　民事司法　诉讼　法院　评估

一、引　言

乌克兰当局高度重视新民商事诉讼法典及其实施情况,其目的在于优化民商事案

---

①本文的写作基于 C. H. (Remco) van Rhee 教授和 E. A. Maan (与 R. Kostur 合著)共同完成的《〈民商事诉讼法典〉实施情况调研最终报告》,该调研通过"PRAVO-Justice"项目由欧盟提供财政支持。本文原发表于《东欧接近正义》(Access to Justice in Eastern Europe),原刊发信息为:C. H. van Rhee & E. A. Maan, Civil Procedure Reform:The Way Forward, Access to Justice in Eastern Europe, 3 Access to Justice in Eastern Europe 180(2020).

②C. H. (Remco) van Rhee:荷兰马斯特里赫特大学比较民事诉讼法学教授,欧盟"PRAVO-Justice"项目组专家。E. A. Maan:荷兰兹沃勒市一审法院前院长(1992——2006),欧盟"PRAVO-Justice"项目组专家。

③尤文杰,中山大学司法体制改革研究中心助理研究员。

件中司法机关的作用和增强司法系统的公信力。乌克兰的诉讼法改革与其他法域的诉讼法改革在目标上是一致的,即提高立法质量(包括接近正义和诉讼效力)和提高诉讼效率(包括成本效益、合理成本和缩短法庭诉讼周期),而强化司法系统的公信力则是另外一个目标。

在欧盟项目"PRAVO-Justice"的开展背景下,为分析《乌克兰新民商事诉讼法典》(新法典于 2017 年 10 月通过,并于 2017 年 12 月生效)的实施情况,项目组启动了一项诉讼法典调研 Procedural Codes Monitoring(PCM)任务。本文选取了部分调研成果予以介绍,这些成果可以作为一个起点,用来引入必要的实际措施以优化法典的实施和认定在这些措施的实施过程中所涉及的参与者。

本项目组专家注意到了另外两个项目的研究成果:欧盟开展的姊妹项目"加强最高法院在国家层面人权保护领域的机构能力"(该项目由来自德国、奥地利、拉脱维亚与荷兰的专家顾问负责开展)和乌克兰与荷兰联合开展、旨在制定司法实践准则的双边项目,而以上项目的调研发现与相关见解也已被纳入本报告。①

二、民商事诉讼法典在乌克兰的实施情况:调研发现与专家见解

对《乌克兰新民商事诉讼法典》实施情况的分析得出了一系列结论和建议,涉及人力资源、立法、软法和司法文化、法院组织、法院工作条件和法院设施,以及律师协会等多个方面。本文将对上述每一方面进行详细的分析。

(一)人力资源

1. 新晋法官的培训

在乌克兰,希望成为法官的人员将接受为期一年的培训,而如此之短的培训期是否足够很值得怀疑,特别是对于刚刚毕业的法官人选而言。在荷兰,从毕业到被任命为法官大约需要 7 年。在法国,即使经过严格的选拔程序,要培训未来的治安法官仍需要大约 4 年时间。而在英格兰和威尔士,法官则主要从经验丰富(通常有 20 年以上的执业经验)的大律师中遴选。与乌克兰目前的短期培训相比,长的培训期将使法官获得必要的司法技能,比如在对案件进行审理、判决,并向当事人出具合理的案件分析等方面。而法官司法技能的提高也将促进公众对司法机关的信任。

2. 法官的常态化培训

在乌克兰,国家法官学院(National School of Judges)每年为法官提供三次常态化培训(为期 10 天的课程)。这种培训无疑是有益的,但专家们认为培训的组织方式应

---

①这些项目的相关材料目前由本文作者所持有,读者如有需求,可供查阅。

当加以修改。

鉴于新法典的出台,为确保全体法官能够理解新法典所提倡的新模式(更多的对抗性,更少的纠问性),面向全体法官组织开展有重点且有针对性的培训将是十分有益的。此外,实施披露方面的新规则也需要做适当的准备。然而不幸的是,在新法典出台以前并未开展有针对性的课程,新法典的实施因而也受到了相当大的影响。采取短期(如为期2天)且频繁(每4个月一次)的培训模式是更为可取的,这将使法官能够聚焦于在新的立法下有问题的部分,间隔相对较近的短期培训课程也能使法官熟悉新的规则并直接运用所学于实践之中。培训最好是在当地或者地区一级开展,并且应当对律师开放,允许律师和法官之间进行交流互动。最初乌克兰的法官们可能不理解这一点,但从其他发达法域(这些法域都接受了这样的一种理念:诉讼是所有参与者的共同责任)的经验来看,法官和律师之间有所互动是有益的。这一举措能使双方产生共同的期望并增进对彼此的理解,而这对于促进高效司法,建立司法系统的公信力非常有利。

3. 法官的职位和工资

法官的工资制度应当对司法机关在社会中的作用有所反映。新法典旨在为案件的一审做好充分的准备工作。对上诉案件的审理只会将一审已经确定了的事实纳入考虑范围,此外不会再引入新的事实,这意味着一审程序将是诉讼周期中的核心阶段。显然,这种模式需要一审法官经验丰富且积极主动,但这只有在法官的职业前景和工资水平与其承担的职责大小相匹配时才能够实现。就这一方面而言,应当重视姊妹项目(见引言)的一项调研结果,即一审法院素质的提高将导致上诉案件数量的减少。

一个非常严重的问题是,当前法官这一职位在乌克兰的很多法院乃至很多地区都不怎么具有吸引力。令人不适的工作条件、不断受到纪律处分的威胁、微薄的工资、人员的不足、巨大的工作量以及在公众心目中的负面形象等,这些都是难以吸引到专业人士的原因。

4. 法院的人员编制和规模

项目组的专家们注意到法院中法官的数量往往低于完成所有必要工作所需的人员数量。姊妹项目的调研报告中就包含了以下数据:一审法院的法官数量大致只有实际所需数量的60%;民事案件上诉的,负责审理案件的法官出庭率只有50%;而在商事上诉法院,出庭率为71%。

委婉地说,在法院人员不足的情况下出台新的诉讼法典并不是一个好的决定。在法院规模相对较小时,人员不足的问题尤其严重,而这正是乌克兰很多一审法院的现状。这会使得法院在人员空缺或疫情暴发时变得岌岌可危、法官的不当影响也被放任、专业化的审理也无法开展、系统化地组织法院工作更是变得极为困难。因此,根据明确的标准将一些法院合并是有益处的,而建立一审普通法院(general courts of first instance)则是明智的,正如欧洲许多法域特别是法治最为发达的一些法域所采取的那样。以荷兰为例,此类法院所服务的人口大约有 150 万人,而上诉法院的地域管辖所覆盖的人口则大约有 500 万人。

在与乌克兰各方的访谈中,调研组发现反对法院扩大规模的诸多意见之一似乎是对公民有权诉诸法院原则(access to court)和法院公开性原则(the visibility of the court system)的顾虑。针对这一反对意见,可以在大城市设立中央法院(central courthouses),而在地方设立派出法庭(trial centers),这些派出法庭与中央法院之间相隔一定的距离,如约一个小时的车程。从中央法院遴选出来的法官将根据规定的日期前往派出法庭审理案件,在派出地设立的立案登记办公室会辅助他们工作。项目组专家们所建议的改革毫无疑问是重大的,但只要乌克兰的目标是要建立一套现代化的、组织良好的法院系统,那就不能忽略这种改革(选用这一模式的法域有荷兰、瑞典、英格兰和威尔士等)。

5. 针对法官的纪律处分

法官们都很担心受到纪律处分。在乌克兰,诉讼当事人就常常举报法官违法乱纪,这通常是作为当事人诉讼策略的一部分或者只是他们不服从法官判决的表现。对纪律处分的恐惧使法官在审理案件的过程中倍受约束,因而他们并不愿意利用自己的自由裁量权来改进审判工作。项目组专家们认为在这种情况下还能够提起纪律处分程序是十分反常的,他们很清楚在行政机关试图控制司法机关的东欧政治体制下,纪律处分常常以这种方式被滥用,但这并不应该发生在自由民主的社会。

在乌克兰,纪律问题的举报相当普遍,但在自由民主的社会中,纪律处分只会针对法官所做出的令人不可接受的行为,比如受贿或不尊重当事人,并不针对法官在审理案件的过程中做出的专业性判断,这些判断只能通过上诉或撤销原判予以变更。纪律处分程序的相关规定如若合理,那就应当考虑采取哪些措施才能尽量防止其被滥用。首先,可以规定律师在举报任何法官的纪律问题之前必须先咨询当地律协的会长,而且必须在举报中说明他们已经完成这一步骤,并附上会长的意见。通过这种方式,负责监督律师伦理行为的监管主体就能够了解事情的原委。其次,最好是由法院院长来处理问题较小或者明显不能成立的举报(即针对法官推理过程或判决本身的举报),以便能在短时间内作出处理。最后,规定举报时须向法院支付费用,这或许有助于防止恶意举报,所支付的费用只有在举报成功或部分成功时才能退还,如此一来,该费用就可以作为对恶意举报的罚款。

(二)立法

1. 国际发展

在圆桌会议和访谈期间所讨论到的一个问题是,乌克兰的最新立法有时并不符合民商事诉讼领域的国际发展趋势。① 在过去的几十年里,欧洲有许多法域就民事诉讼开展了影响深远的改革,且这些改革都有着共同的特点。改革都很强调当事人及其律师在把案件提交给法院之前的准备义务(obligations of the parties and their attorneys in preparing their case),并且减少了个案中所能提出的请求(motion)数量。此外,改革赋予了法官开展诉讼所必需的案件管理权力,其目的在于避免诉讼程序的复杂化。在乌克兰的相关立法中也能够找到这些立法目标的痕迹,但专家们认为实际的司法实践中并非如此。

2. 实施新法典的准备工作

关于新法典的出台和实施,首先项目组专家们发现最值得关注的是许多受访者都不知道存在一份官方文件用来解释新法典的目的、宗旨及其基本原则。其次,议会针对立法草案所提出的修正案数量(总共有5000条左右)也令人惊讶,这些修正案会危害法律的一致性、明确性及其体系结构,尤其是在修正案大量通过的情况下。议会应当专注技术性立法的宏观架构,而非细枝末节,这些细节应该留给起草法案的专门人员去研究,正如欧洲大多数的法域那样。最后,新法典从议会通过到正式生效所间隔的时间太短,这意味着那些必须与新法典有所交集的人无法为立法领域的重大改革做好准备。专家们认为乌克兰并没有或者几乎没有为新法典的实施提供培训,因而人们在最初接触新规则时难免感到困难,有时甚至感到困惑。专家们对司法实践能否贯彻新规则也持怀疑态度。有一些受访者称新规则甚至被无视,法官仍以新法典出台前的惯用方式审理案件(有些法学院的教学据称也尚未适应新的法律实践)。

3. 法院文书和其他诉讼文书的送达

在即时电子通信时代,送达方面还经常出现问题,这是出人意料的,而解决这些问题的最根本方法就是将民商事诉讼中妥善送达的责任由法院移转给当事人。当事人应当通过私人送达专员(private bailiffs)的服务定位到对方当事人并完成送达工作(除国家雇佣的送达专员外,最近乌克兰也引进了私人送达专员制度)。送达费应由当事人而非法院承担。这对于各方当事人来说或许还是一种激励,即通过促使当事人接收他方的文件或者诉讼请求而无须办理其他手续,以确保送达是以一种成本效益较高的方式进行的。送达费是诉讼费用的一部分,并且最终应当由败诉方承担。这类费用并不应该由法院承担(但目前的情况却是如此),因为这将使国家遭受诉讼费收入减少的损失。

要解决送达问题,另一个更为切实可行的方法是尽量通过电子方式完成送达,如有可能则只需交给需要被送达的当事人的律师(律师则应当提供有效的电子邮箱地

---

① 在此,读者还应参考最近经由欧洲法律协会(ELI)和国际统一私法学会(UNIDROIT)批准并将很快公布的《欧洲民事诉讼示范规则》。

址并专门用来接收送达）。如当事人或其律师并未通过正确方式接到送达,但在开庭时仍然出庭,则无权主张送达过程存在瑕疵。但令人惊讶的是,在新诉讼法典的起草过程中,立法者完全没有考虑到这一方面的问题。

在项目组的专家们看来,公民并不应该有能力避开送达。每个公民都应当具有一个用于接收送达的正式地址,并且在被送达到正确的地址时,送达就应当有效。而该地址既可以是实体地址,也可以是电子地址。

项目组专家们感觉乌克兰的公民在对抗债权人的正当主张时往往受到了过度的保护,公民也有多种方法可以避开送达,这一对债务人友好的做法却会有害于经济的发展。需要保护的债务人应当受到国家或整个社会的保护（即社会保障措施）,但是不能有损特定债权人因提供相应服务所主张的正当债权。

与此相关的是有必要让法院在判令债务人支付一定数额的款项时追加违约利息（default interest rate）（自提起诉讼或作出判决之日起）。

(三)软法和司法文化

1. 实践指南

并非所有的问题都能够适用法律。除法典外,规章和条例也是必不可少的。欧洲其他法域的已有经验表明,由规则的必须应用者（即法官和律师）来制定灵活且实用的指导性文件通常是很成功的。与之相关的是目前正在敖德萨（Odessa）进行的一个项目,该项目由阿姆斯特丹一审法院委员会成员埃丝特·德鲁伊（Esther de Rooij）法官领导,并有三个法院[即敖德萨上诉法院、马利诺夫斯基（Malinovky）和伊斯梅尔（Izmaiel）地区的一审法院]参与。各方参与者已经同意起草两部指导性文件/实践指南,其中一部涉及民事案件,另一部涉及刑事案件。乌克兰高级法官委员会（The Ukrainian High Council of Judges）已予以批准,并且最高法院也同意展开协作。该项目预计将在马特拉（Matra）资助的双边项目（即乌克兰和荷兰）的基础上持续开展两年。这一项目非常值得关注和支持。

指导性文件可能是法院领导与地方各级律师协会负责人之间通过会议取得的成果。这些会议可以就法典所确立的各项规则的实施情况开展评估,并就其中出现的问题达成解决方案,而这些方案随后将成为文件的一个部分。当然,在会议的组织和指导性文件的起草等方面应当要透明,也就是说必须事先通知利益相关者有关会议、议程以及与会者等信息。通过这种方式将得以实现司法网络（judicial network）（即由当事人代表、律师、法院登记处、法院以及执法机构等构成）的理念。

乌克兰并无如上所述的会议和指导性文件,这会造成很多问题,比如制度的僵化和法院与司法实践之间的不统一。

2. 罔顾新规

在乌克兰,新规则能够改变司法实践的想法似乎根深蒂固。然而经验表明,仅仅改变规则并不会导致司法实践的改变。要产生变革，新规则还需要一些促进其实施的措施加以辅助。

改变规则却并未改变实践的一个实例是被称为"小额案件"（即小额索赔；《乌克兰民事诉讼法》第278条）的新型程序。实务中并不经常适用这一程序，原因在于诉讼当事人更倾向于听审，而该程序却并不包含听审环节，且"小额案件"程序的许多具体规则都无助于改变这种状况。更为直接的手段是规定标的价值低于一定数额的案件必须适用简易程序，除非法院另有裁定（显然，针对此类程序性的裁定是不允许提出上诉的）。除规则本身的制定外，立法机关还应为法官创造出便于他们严格执行这一规则的工作环境。

常被忽视的另一规则规定的是上诉时不得提出新的事实主张。然而，针对这一问题，各上诉法院之间似乎并没有达成一致，有些法官和律师还表示，即使是最高法院在这一问题上表现得也过于宽大。而这导致了第一审程序不为人所重视，因为案件还能够通过上诉再度起诉。当事人并不是只享有权利，他们还承担着（程序上的）义务和责任。如果他们未能履行这些义务和责任，那么法院就应当得出符合规则的程序性后果。制度的公信力要求上诉法院严格遵守既有规则，法院应当在判决的理由中明确指出：根据现行法律规定，上诉时不得提出新的事实。毫无疑问，最高法院在这一方面担负重要的监督作用。

此处还应关注目前在制度设计上并不成功的支付令程序，其成功的原因可能在于现行制度鼓励债务人对支付令提出异议（该异议将改变正常诉讼中的程序）。这种鼓励可能会拖延正常的诉讼程序和执行程序的进行，致使债务人得以迟延支付。

3. 自由裁量权

项目组的专家们有这样一种感觉：新规则有时规定得太过详细，妨碍了法官行使自由裁量权以及根据案件的具体特点作出处理。一个运行良好的司法系统应当给予职业法官以足够的信任，让他们能够运用专业知识以适当的方式处理案件。专家们在姊妹项目的报告中找到了相应支持，一致认为法官的作用是理解法律在社会中的目的并帮助法律实现其目的，架起法律和社会之间的桥梁。

总的来说，项目组的专家们注意到，在乌克兰，大量的开庭时间被用来遵守那些形式主义的规则，比如在听审中各项文件需要作口头总结。专家们还注意到出庭的律师除了听取法官的总结外，对于诉讼程序的进展并未发挥多少作用。这种浪费开庭时间的做法应当被禁止，如有必要的话，我们可以假设各项文件被列明在当事人双方和法官签署的庭审清单时就已被大声宣读过了。

4. 言词预审程序（early oral hearing）

在法官和当事人之间开展言词预审程序以讨论案件是有利于提高诉讼效率的。此类预审可以在答辩书提交后就开始排期。在预审期间，法官和当事人／律师可以就案件能否先行解决展开讨论，如不能解决则再确定需要采取的下一程序步骤。法官经过预审已经获取了足够多的案件信息，因而法官甚至可以直接作出判决，而预审笔录则应当详细记录在此期间达成的任何协议。这类预审也将增强司法机关的公信力，但其却并未出现在乌克兰，尽管在现行规则之下完全是有可能实现的。

（四）法院组织

1. 专业化审理

乌克兰相对较小的法院规模并不允许采取专业化审理的模式，而这是与欧洲其他法域的当前发展趋势所不一致的。由于专业化审理提高了审判的效率和质量，因此该模式在欧洲其他法域得到不断发展。专业化审理不仅适用于家庭法领域，而且也适用于破产法等其他领域。在访谈过程中，专业化审理的缺失看来是很成问题的，因为审理民事案件的法官通常必须担任刑事案件中的调查法官（investigating judges），这似乎妨碍了民事审判庭法官的日常工作，迫使他们推迟审理以便执行刑法领域的紧急任务。在规模较大的法院里，为了执行调查法官的任务而妨碍民庭法官的工作是没有必要的，因而民庭法官们在民事审判庭的工作将更为顺利地进行，并不会受到其他审判部门的突然干预。项目组专家们认为设立单独的刑事法院并无益处，因为这会增加维持法院系统运转的成本，而且会妨碍到民庭法官与刑庭法官之间的交流互动。

2. 案件分配

通过电脑程序来分配案件的目的在于保证并提高乌克兰法官们的公正性。然而，这仅仅在理论层面是正确的，因为系统负责人可以出于各种合法事由来操纵案件分配系统，案件当事人似乎也能够通过某种方式运用这一系统以确保案件是由他们所偏好的法官审理（例如多次就同一案件起诉、未能分配到偏好的法官时就撤回起诉或者通过回避机制避开一方当事人所不喜欢的法官等）。要改善这种局面，明智的做法可能是在诉讼程序的后期再分配案件（即首次庭审之前），并且是根据客观标准（如法官的办案经验、案件量以及专业特长）在高级法官的监督下进行分配。只有在具备有限的几个事由时，回避才能被允许；此处则应当考虑是否规定法院在每一项回避申请提出时收取相应费用，并且规定该费用只有在申请获批的情况下才能退还。

（五）工作条件和法院设施

1. 法院的工作条件

乌克兰法院的工作条件往往很成问题，并且民事法院的情况常常比商事法院更为严重。法院的设施非常匮乏（比如项目组专家们就了解到法官们必须支付自己的空调费和电费；办公大楼则破旧不堪且照明不足；办公室则是挤了太多公务员），因此非常需要对法院的基础设施进行投资。

2. 法院大楼

法院大楼需要展示出法院所追求的目标,即成为独立公正地行使其职能的权力机关。法院大楼应当位于适当位置,并且分为三大部分:①适当的公众等候区域、前台办公室、问讯处和庭室;②拘留人员和调查法官的安全区域;③设有书记员、法官助理和法官办公室的限制区域。社会公众和律师经过安检后只能进入公共区域,这样一来法官和其助理就不会受到擅闯其办公场所的社会人员的侵扰。同时这也能向公众显示法官在法庭之外是不可接触的,他们只会在法庭且对方当事人也在场的情况下与案件当事人及律师交流。乌克兰的法院大楼通常并不具备上述特征。

3. 判例法

判例法(主要由最高法院颁布)的可用性与可及性也属于法院的工作条件之一。当前,乌克兰最高法院正计划改进其判例法的可用性。姊妹项目的报告中就指出:要加强法制统一并使审判更具可预测性,就应当为最高法院及司法实践提供第二个公共数据库。在该数据库中,最高法院可以公布其部分判决,即只公布指导性案例的判决或者最高法院提供给司法实践作为其法治思维概览的判决。接近判例法(access to case law)不仅意味着查阅法院裁判文书的技术可行性,还意味着确定相关判例法的可行性,而这则可能需要大量编辑的工作或是复杂的软件系统。此外,判例法以及其他相关材料必须直接向法官和法官助理免费提供。

(六)律师协会

1. 组织

律师的专业能力、技能以及他们之间的关系是一个非常令人关注的问题。一个运行良好的司法系统应当能够与其最重要的合作伙伴即律师协会之间良性互动。法院和律师协会之间应定期举行会议来讨论和解决实际问题,这能使得诉讼程序更加高效,也能使得各种参与者更好地理解诉讼,并防止其滥用程序。此外,实践指南和指导性文件的起草应当考虑律师协会的意见。然而,在一群有着重要地位并受过良好教育的乌克兰律师看来,乌克兰律师协会的立场是很有问题的。考虑到乌克兰的当下情况(全国律师协会似乎并没有得到足够多律师的支持和信任),应当采取措施确保一个具有代表性的律师协会能够成为司法系统值得信赖的合作伙伴。

姊妹项目的报告就载有司法管理中各个职业团体之间关系的重要信息:"法官、检察官和律师通过扮演不同的角色为司法做出了重要的贡献。这些职业团体的利益当然是各不相同的。他们的工作应当具备尊重彼此职业的特征……与各职业团体的讨论表明他们之间的关系非常紧张和复杂。虽然在大多数欧洲国家,不同法律职业的代表相互之间的交流更为客观,但在乌克兰,这种交流却表现为极强烈的彼此不信任,而这并不有利于贯彻根据案件事实完成个案诉讼程序的理念,并且应当通过共同开展建立相互信任的活动或者采取其他措施来应对这一困局。"

2. 培训

在项目组专家们的印象中,律师协会并没有很好地组织律师培训。由于律协提供的培训存在问题,有些律所(通常是业内较好的律所)则自己组织培训。对律师进行强制性且有针对性的培训很有必要,特别是涉及在法庭上代表客户利益的情况。这也能确保律师了解制定法和判例法的最新发展。

3. 收费制度

在讨论民商事诉讼法的发展时,律师们经常提到有关收费的问题,看来律师们在提出请求和参与庭审的数量上有着经济利益,而这就很容易导致诉讼效率的低下。必须采取措施排除低效诉讼的诱因,因为诉讼的低效并不符合当事人的利益,并且会给法院造成负担。律师应当只能通过其必要活动获取报酬。法院应当就律师的活动是否符合当事人的利益作出评估,而当事人也应当被告知律师的办案策略及其相关费用。

受访者常常讨论法院对于纠纷解决成本的裁判与律师及其委托人所约定的律师费之间的关系。在此应当被提及的是,以荷兰为例,纠纷解决成本的裁判仅仅是要计算败诉方应当补偿给胜诉方所承担的费用,而该计算并不一定要与胜诉方及其律师所约定的律师费相一致。在荷兰,法院判给胜诉方的费用补偿通常是要低于其实际承担的费用,而这其实是有意为之,因为全额补偿可能会导致当事人过于轻易地提起诉讼。毕竟,在诉讼刚启动时,当事人往往认为自己的诉讼请求非常有力,但到了法庭之上对方当事人也给出其论点时,其请求看起来就没那么有力。即便是胜诉方也须承担部分诉讼费用,这可能会使其在考虑是否提起诉讼时更为谨慎。

在荷兰,全国律师协会就发布了针对委托人与律师之间约定律师费的费用指南,该指南根据案件类型、案件的诉讼情况(初审、上诉或再审)、案件的诉讼请求和开庭的数量等而制定。法院在认定败诉方应当赔偿的费用数额时也的确有考虑这些指南。

三、结论与关键建议

《乌克兰新民商事诉讼法典》的实施面临着各种挑战,并且需要采取各种措施以改善现状,但本文建议采取的措施往往并非只针对这部新法典。我们应当记住这一点,如新法典这样的规则并不足以改变司法实践,司法实践的改变是以适当方式,即根据立法机关出台这些规则时所指向的目标来解释和应用既有规则的结果。和世界上其他地方一样,在乌克兰,这些目标包括司法的效率、效力和质量。最高法院所承担的任务是通过其判例法提供统一、明确且合理的解释,从而为下级法院指明司法实践的前进方向。这就要求最高法院有足够的时间和资源来执行这一任务,不会因审理过多与其首要任务无关的案件而负担过重。项目组专家们认为目前迫切需要发挥下级法院的过滤作用以减少上诉至最高法院的案件数量。

　　主要建议来源于作为本文写作基础的报告,并且可以分为体制性建议(structural recommendations)和实践性建议(practical recommendations)两大类。主要的体制性建议如下:

　　·组织工作方面的专家(并不一定是律师)应当对乌克兰法院的工作流程进行分析,并就如何优化和标准化整个流程(从立案到裁判再到执行)提出建议。该建议应当在所有法院得到贯彻,从而使得全乌克兰的法院工作流程都更加统一和高效。

　　·司法系统存在太多机关,因而需要设置司法政务协调部门(coordinator for judicial affairs)(由一位或数位协调员组成)来负责监督和协调针对法院的措施和政策,该协调部门可以是司法部、高级司法委员会(the High Council for the Judiciary)或最高法院。

　　·乌克兰有太多的小型法院,这妨碍了司法的高效化、统一化和专业化,因而最好合并这些法院,设立能够受理民事、商事、行政和刑事等各种案件,并就这些法律部门成立专业机构的普通法院。法院最好能够为至少一百万公民服务。如有必要,则可设立审判中心,法官可以在每月有限的几天内于此开庭,以保证人口稀少地区的公民有充分机会诉诸司法。

　　·在就诉讼程序和法院组织形式进行立法时,法官、律师以及其他诉讼参与人应当参与其中,比如通过互联网咨询的方式参与。此外,在缺乏充分准备和培训的情况下就不应出台新的立法。通过立法再到实际生效应当留有足够的时间。

　　·将案件分配给特定的法官或合议庭时,既不能受诉讼当事人的影响,也不能受法院工作人员的影响。同时,分配系统还要确保法官在特定领域的专业能力有用武之地,并且使法官之间能够公平分担办案任务。

　　·应当采取措施保证全体公民都能轻易地获悉最高法院的判例法,而判例法的展现方式则应是易于检索的、相关判例也是易于识别的。这也使得最高法院本身能够保证其判例法的统一性。

　　·应当根据客观(标的额)标准制定案件上诉和再审的受理标准,将其作为明确的过滤机制。

　　·上诉法院不应允许当事人在上诉中提出新的案件事实。

　　·应当采取措施减少第三方介入民商事诉讼的次数。

　　·应当允许案件当事人达成协议管辖,而在此类案件中,当事人不得再向其他法院提起诉讼。

　　·应当采取进一步措施确保法官的独立性和公正性。

· 应当确保一审法院中有足够多的、经验丰富的法官。

· 应当重新考虑法官的薪酬和其他工作条件。

· 应当建立附属于法院的调解制度。法院应从外部聘请合格的调解人员。调解不应在法庭之上进行。法官的工作应仅限于尝试促使当事人和解。

· 应当使用软法(实践指南)来指导诉讼程序的参与者。法官应当参与制定这些软法,以明确在法律没有具体规定的领域,法院对诉讼当事人的期待。理想情况下,这些实践指导应在全国范围内是统一的。

· 如有可能,应当提供、研究欧洲的最佳司法实践,并将其作为法律改革的范例。

主要的实践性建议如下:

· 如将言词预审程序用于当事人和解或者制定诉讼程序日程表(讨论案件诉讼所需内容),则其十分有利于提高诉讼效率。这需要法官和当事人之间交换信息(开诚布公地)并分担责任。法庭的布局应当反映出合作的态度:各方当事人不应面向彼此,而是面向法官。

· 宝贵的开庭时间不应浪费在宣读判决书上。判决应当尽早以书面形式作出。

· 庭审应被用来交换信息,而庭审可用的时间则应提前告知(比如双方各有 20 分钟)。庭审没有交换信息的话,那就是多此一举,并且是在浪费时间和金钱。

· 法官应当在庭审期间发问,而非发表自己的长篇大论。

· 所有案件(包括对审判独立性和公正性的质疑以及针对纪律问题的举报)都应被收取诉讼费用,并且只能在特殊情况下才应退还。诉讼费用的数额应当能使当事人充分考虑其诉讼请求的严重性。当一项服务免费时,它就会被过度使用和滥用。

· 应当制定一个快捷高效的程序用以驳回不符合要求的起诉。

· 应当制定明确的标准用以确定案件是否应当被归类为轻微的(小额诉讼),诸如案件对于当事人的重要性这种主观标准则应当被废除。轻微案件不得上诉和申请再审。当一个案件被归类为轻微案件后,就不得再有避免该案件适用轻微案件诉讼程序的可能。

· 法官应当只办理实际案件(法官应当履行裁判工作),类似行政工作以及明显毫无根据、无理取闹的起诉则应当尽可能地让法官助理人员处理。

· 律师费是律师和委托人之间合同的一部分,法院有权独立确定这些费用,这与律师及其委托人的协议无关,法院遵循的是既定的标准。显然,在律师和委托人订立合同时,他们可能会考虑到法院在类案中的先前裁判。

(责任编辑:温晖蕾)

功能责任论的反思与归正

——围绕罗克辛理论的展开

金传送①

摘　要:刑事立法的功能主义转向促使刑法体系向功能化的方向演进。风险社会下的预防目的导向作为外因,法益保护和人权保障的双重机能和刑事政策的刑法化作为内因,共同决定了功能责任论的提倡正当其时。罗克辛功能责任论本身存在预防和罪责体系定位瑕疵、预防必要性标准模糊的缺陷。罪责与预防共同具备的自由意志底色及内容上的融合性和综合刑论使预防嵌入罪责之中的功能责任论构造成为可能。宪法上的比例原则与刑法谦抑理念相互契合,其能够将预防必要性这一抽象理念具体化。以比例原则所建构的三阶审查模式能够为预防必要性的判断提供客观标准。

关键词:功能主义　责任本质　预防刑法　比例原则

一、问题之提出

近年来的刑事立法从新罪设置、罪状表述概括化等方面显示出功能化的发展方向,同时引发了刑法理论研究的功能性转向。《刑法修正案(十一)》增设高空抛物罪,非法采集人类遗传资源、走私人类遗传资源材料罪,非法植入基因编辑、克隆胚胎罪等侵犯超个人法益的犯罪,并以"情节严重的"作为入罪标准,积极回应社会关切;增设妨害安全驾驶罪并以"危及公共安全的"作为入罪标准,将该类危害公共安全法益行为的入罪时点予以提前。由此观之,刑法的关注重心由事后惩罚走向事先预防,其不再满足于借助报应而附属性地发挥预防效果,而是直接通过刑法来预防某些犯罪行为,此时对公众的一般预防成为刑法的主要功能。② 这种以预防目的为导向、

---

①金传送,暨南大学法学院硕士研究生。

②王强军:《功能主义刑法观的理性认识及其限制》,载《南开学报(哲学社会科学版)》2019年第3期,第115页。

积极介入并以概括性语言灵活应对的刑事立法被我国学者称为功能主义的刑法立法观。① 功能主义的刑法立法观虽然能够灵活应对新型犯罪行为,但其概括性地以"情节严重的"作为入罪标准也导致罪与非罪的界限模糊。又因新增罪名的预防目的导向,划定罪与非罪的分界线就需要借助目的性思维。遗憾的是,我国刑法学界所熟知的犯罪论体系中,无论是传统的四要件体系还是沿袭德日的阶层体系,均仅对行为人主客观两方面依照法律规定进行回顾性评价,而无预防目的的体系地位,故而犯罪论体系也需紧跟刑法的功能主义转向而革新。对此,有学者指出,德日式的刑法体系要确保预防走向的实现,须立足于目的理性的思想,将刑事政策的目的性考虑纳入刑法体系之中,不应当只是单纯做概念性或者逻辑性的演绎,更要考虑刑法理论建构是否有助于刑法目的的实现、预防效果的达成。②

在刑法理论体系的发展史上,雅各布斯教授和罗克辛教授都曾就预防目的纳入刑法体系提出各自的主张,争论的落脚点为责任本质学说,两位教授的学说均被称为"功能责任论"。雅各布斯认为,刑法保障的利益以规范的形式而非以外在的对象表现出来③,罪责必须由刑罚的目的来决定,而刑罚的目的在于使所有人民因规范得以遵守而安心,故而刑罚的目的为积极的一般预防。④ 易言之,积极的一般预防效果才是责任的本质。在雅各布斯看来,行为人是否具有责任,取决于其对法规范的忠诚和社会解决冲突的可能性,若行为人没有形成一个强烈的动机去抑制犯罪的动机,则可以对其进行归责;若社会自治能力良好,不对行为人进行归责也能稳定规范,则可不予归责。⑤ 针对雅各布斯的功能责任论,学者批评道:单纯以目的赋予责任本质内容,责任的实体内容全部丧失,责任原则也失去了本身的意义;另外,不存在判断增强民众法忠诚必要性的标准,这样的责任概念难以确定。⑥ 罗克辛虽然同样认为责任是从对个人施加刑罚的目标之中推导出来的,但他认为责任需要建立在个人能力而非社会需要的基础上,与此同时才应当考虑预防理论。⑦ 基于这样的理论主张,罗克辛一改传统

---

① 劳东燕:《风险社会与功能主义的刑法立法观》,载《法学评论》2017 年第 6 期,第 22-23 页。

② 劳东燕:《刑事政策与功能主义的刑法体系》,载《中国法学》2020 年第 1 期,第 127-128 页。

③ [德] G·雅各布斯:《刑法保护什么:法益还是规范适用?》,载《比较法研究》2004 年第 1 期,第 98 页。

④ [德] G·雅各布斯:《罪责原则(Das Schuldprinzip)》,许玉秀译,载《刑事法杂志》1996 年第 2 期,第 69 页。

⑤ 车浩:《体系化与功能主义:当代阶层犯罪理论的两个实践优势》,载《清华法学》2017 年第 5 期,第 65 页。

⑥ 王钰:《功能刑法与责任原则——围绕雅科布斯和罗克辛理论的展开》,载《中外法学》2015 年第 4 期,第 1058 页。

⑦ [德]克劳斯·罗克辛:《刑事政策与刑法体系》,蔡桂生译,中国人民大学出版社 2011 年版,第 70-76 页。

的责任阶层,建构预防必要性阶层并使其与罪责阶层共同组成负责性阶层。① 在罗克辛的负责性阶层中,罪责起到边裁的作用,预防必要性在罪责的范围内发挥着功能性的调节作用。② 罗克辛的负责性阶层赋予预防以体系地位,使得以预防为导向的刑事政策能够在刑法体系内发挥作用。我国有学者对此表示,在处理刑法与刑事政策的关系上,我国刑法可以直接借鉴罗克辛的成果。③ 然而另有学者认为,罗克辛的功能责任论在维护责任的意义上较为合理,但是其负责性阶层仅仅是责任和预防的栖居空壳,不具有浑然一体的结构。④ 在借鉴德日刑法理论的同时,我国亦面临着刑法的功能主义转向问题,功能责任论如何改良并适用便成为问题。雅各布斯的功能责任论建立在规范违反说的基础上,犯罪仅是对规范的否定,而该种否定须以行为人具有罪责为前提,因此雅各布斯否定了没有罪责的不法。⑤ 而罗克辛则认为,规范效力仅是一种社会心理事实,其没有经验性的、可以把握的内容;若认为犯罪仅是对规范的违反,将冲淡犯罪的现实现象,进而导致刑法的社会治理任务无法实现;不法和罪责的融合也将抹平作为受刑罚禁止之法益侵害现象的不法与是否必须动用刑罚的罪责问题之间的区别,因此应当坚持无罪责的不法。⑥ 无罪责的不法对我国的犯罪论研究产生了有力影响,⑦基于这样的学术背景,本文将仅围绕罗克辛的理论,对功能责任论能否在我国适用予以辩证反思,并不揣浅陋,提出相应的改良主张。

二、功能责任论的辩证反思

风险社会的背景下,刑法体系的预防目的导向并非空穴来风。刑法机能的双重属性、刑事政策的刑法化决定了预防必要性可以在刑法体系内享有一席之地。然而,在罗克辛的功能责任论中,预防必要性的体系定位所导致的局限性也不容忽视。

---

① [德]克劳斯·罗克辛:《德国刑法学总论(第1卷)》(第三版),王世洲译,法律出版社1997年版,第125页。

② 车浩:《体系化与功能主义:当代阶层犯罪理论的两个实践优势》,载《清华法学》2017年第5期,第65页。

③ 陈兴良:《刑法教义学与刑事政策的关系:从李斯特鸿沟到罗克辛贯通》,载《中外法学》2013年第5期,第181-183页。

④ 王钰:《功能刑法与责任原则——围绕雅科布斯和罗克辛理论的展开》,载《中外法学》2019年第4期,第1071页。

⑤ [德]克劳斯·罗克辛:《刑事政策与刑法体系》,蔡桂生译,中国人民大学出版社2011年版,第85页。

⑥ [德]克劳斯·罗克辛:《构建刑法体系的思考》,蔡桂生译,载《中外法学》2010年第1期,第19-21页。

⑦ 张明楷:《刑法学》(第六版),法律出版社2021年版,第141页。陈兴良:《刑法中的责任:以非难可能性为中心的考察》,载《比较法研究》2018年第3期,第23页。

（一）功能责任论之提倡

1. 风险社会下的预防目的导向

风险社会引发刑法体系向预防的方向迈进,功能责任论的预防必要性内涵恰与之契合。区别于传统意义上的"风险",风险社会中的"风险"并非指危险犯中的"危险",亦非来自自然界的风险。劳东燕教授指出,风险社会以"人为的不确定性"为内涵,兼具有实在性和建构性,该种风险在实在性上表现为人类在工业化进程中依靠技术改造而引发的不确定性或者消极的后果,在建构性上体现为该种风险的定义有赖于政治、社会、文化因素。① 该种特性加之立法者决策信息的不完整性导致了对该种"人为的不确定性"的风险评估困难。② 立法者尚且评估困难,普罗大众因之而生的恐慌感和不安全感可想而知。公众对于安全的忧虑形成了对刑法积极预防的需求,该种需求经由目的管道传导至刑法体系内部,进而使得刑法体系向着预防的方向狂奔。③ 譬如,基因工程的迅猛发展引发公众对于基因安全的担忧,为了维护生物安全,《刑法修正案(十一)》增设非法采集人类遗传资源、走私人类遗传资源材料罪,非法植入基因编辑、克隆胚胎罪;为了消除人民群众"头顶上的安全"的隐忧,《刑法修正案(十一)》增设高空抛物罪。在风险社会的背景下,单纯依赖于传统的"非难可能性"为内涵的规范责任论因其仅是对行为的回顾性的评价,而不包含预防必要性的考虑,故而无法将立法的预防目的纳入责任评价体系。此外,以预防为导向的刑法体系转变反映了国家与个体之间对立性的淡化,代之以共同防范不可知风险的利益共同体。④ 饱含古典自由主义底色的规范责任论提倡个体与国家间的对抗,我国责任论若止步于此,则诸如高空抛物罪等罪名的以预防实害而保障安全的立法目的则因"国家与个人之间拉锯战"而有落空之虞。在这样的背景下,罗克辛功能责任论将预防目的纳入责任评价体系,能够将立法目的考虑在内,使得以预防为导向的刑事政策能够在刑法体系内发挥作用,其不失为应对"风险社会"的一种理论选择。

综上,风险社会以"人为的不确定性"为本质特征,由此而引发的预防目的的追求使得刑法将法益保护时点提前,进而促使刑法理论体系朝着预防的方向迈进。需要注意的是,刑法所防范的风险不仅包含风险社会特有的风险,也包含大量的前工业化时

---

① 劳东燕:《风险社会中的刑法:社会转型与刑法理论的变迁》,北京大学出版社 2015 年版,第23-25 页。

② 劳东燕:《风险社会与功能主义的刑法立法观》,载《法学评论》2017 年第 6 期,第 17、24 页。

③ 劳东燕:《风险社会中的刑法:社会转型与刑法理论的变迁》,北京大学出版社 2015 年版,第31 页。

④ 劳东燕:《风险社会中的刑法:社会转型与刑法理论的变迁》,北京大学出版社 2015 年版,第400 页。

代已经存在的风险,诸如故意杀人罪、盗窃罪等传统罪名所防范之风险早已有之。因此,有待论证的是,刑法体系若向着预防的方向行进,以预防必要性为内涵的功能责任论能否适用于传统犯罪的责任评价。

2. 刑法机能的双重属性

刑法的双重机能意味着刑法须同时发挥报应和预防的作用,刑法对传统犯罪的惩罚也兼具预防的考虑,那么功能责任论的预防思想当然也能够适用于包括传统犯罪在内的所有犯罪的有责评价。朝着预防方向发展的刑法体系、以预防必要性为内涵的功能责任论能否适用于传统犯罪,取决于刑法设置该类罪名并保护相应法益时是否有预防的考虑。如若对该类犯罪的惩罚并不存在预防的考虑,则意味着以预防必要性为内涵的功能责任论仅能适用于风险社会背景下的以防范风险为目的的罪名,也就意味着刑法典被功能责任论分裂为"风险刑法"和"传统刑法"。针对风险刑法,有学者认为,风险刑法改变了传统的罪责观,动摇了谦抑主义的基本精神,故而其是反法治的。[1] 该种观点从刑法的机能角度来讲值得商榷。有学者区分"机能"与"功能",认为刑法的机能是刑法相对于其他部门法所特有的机理,其具有客观性和稳定性;而功能主义刑法则意味着刑法会随着适用主体视角不同和需要不同而变化,具有属人性和易变性;刑法本身具有的法益保护和人权保障二元机能稳定不变,仅刑法功能会因时而变。[2] 刑法上的罪名设置均是为了发挥法益保护和人权保障的机能。人权保障的机能意味着刑法通过罪刑法定的方式限制国家刑罚权,将犯罪人应得的报应限定在一定范围之内,以此保障其人权。刑法通过惩罚犯罪人而保护法益的同时,犯罪人遭受的惩罚对其本人和一般公众均形成威慑并起到预防的作用。由此可见,刑法的机能并不排斥预防思想的存在,其仅是将预防思想放置于报应的附属地位。传统的罪责观虽然立足于应否对行为人予以归责的报应性评价,却无法摆脱预防思想的色彩。也正因如此,以预防思想为内涵的功能责任论并未彻底颠覆传统的罪责观。诚如学者所言,罪责与预防思想相辅相成,并非彼此对立。[3] 易言之,报应和预防是同一事物的不同侧面。我们不能站在以报应为主导的责任论立场上否定以预防主导的责任论立场的合理性。功能责任论不外乎是将原本处于附属地位的预防抬升至与报应的同等地位,故而这样的责任论能适用于整部刑法典,不会造成刑法的自我割裂。

3. 刑事政策的刑法化

刑事政策的刑法化提出了在刑法体系内实现预防犯罪目的的需求,责任阶层若要

---

[1] 刘艳红:《"风险刑法"理论不能动摇刑法谦抑主义》,载《法商研究》2011年第4期,第27页。

[2] 王强军:《功能主义刑法观的理性认识及其限制》,载《南开学报(哲学社会科学版)》2019年第3期,第112页。

[3] 王钰:《罪责观念中自由和预防维度——以相对意志自由为前提的经验功能责任论之提倡》,载《比较法研究》2015年第2期,第107页。

承担起糅合二者的重任,则理应采纳功能责任论的预防思想。在整体刑法学体系中,李斯特将价值中立的刑法体系定位于保障自由,将饱含政治色彩的、以价值为导向的刑事政策定位于预防和控制犯罪,二者的分立使得刑事政策仅能对刑罚起到调节作用,而不能涉足于犯罪论的建构和刑法解释,这种分离现象被罗克辛称为"李斯特鸿沟"。① "李斯特鸿沟"力求刑法体系自身的自洽性和独立性,排除价值导向的影响,这种观念在对抗司法擅权、保障被告人自由等方面确有积极意义。然而,当代刑法同时担负保障犯罪人权利和法益保护的任务,那么刑法就不得不受到来自刑事政策的影响。② 此外,"李斯特鸿沟"堵截司法擅权的同时,也排除了刑事政策出罪功能的发挥,亦即在刑事政策上没有预防必要的行为可能因刑法体系内没有出罪依据而不得不被打上犯罪的烙印。罗克辛构建目的理性阶层并在责任阶层纳入预防思想试图贯通刑法与刑事政策。③ 罗克辛的这一理论建构对我国具有借鉴意义,因为我国不仅同样存在刑法公正性与刑事政策功利性之间的紧张关系问题,而且刑事政策往往试图凌驾于刑法之上发挥作用,进而形成刑事政策例外性地超越教义学体系的现象。④ 该种现象引起了学界的重视,有学者指出,刑事政策的功利性追求只有在刑法的框架内才具有合理性,否则都是破坏法治的。⑤ 另有学者更为具体地指出,刑事政策若要进入刑法体系内部,须以教义学体系可识别的方式进入才不至于破坏体系;刑法与刑事政策共同的保护法益的目的可以作为目的管道联通二者并将刑事政策上作为目的的预防性考虑吸纳进入刑法教义学。⑥ 在犯罪论体系中,构成要件和违法性阶层对行为本身的不法属性进行回顾性评价,面向未来的预防思想对已然状态的行为进行刑罚必要性评估,而责任阶层作为与刑罚连接的桥梁,无疑能够安置该种目的性的预防思想。亦即,某种行为在刑事政策上若没有预防的必要性,以缺乏预防必要性阻却行为人的责任,如此不仅可以维持刑法对该种行为所做的刑事不法评价,而且能够在刑法体系内合乎目的地量定行为人的责任与刑罚。规范责任论作为当下通行的责任理论,其以"非难可能性"为内涵并对行为人的责任进行规范评价,其本质上仍然是回顾性的责任评价。⑦ 这就意味着,预防功能发挥仍然附属于报应本身,因此其无法直接与刑事政策的目的预防性思想直接衔接。与此不同的是,功能责任论旗帜鲜明地提出以预防

①转引自劳东燕:《刑事政策与刑法体系关系之考察》,载《比较法研究》2012 年第 2 期,第 86 页。

②劳东燕:《刑事政策与刑法体系关系之考察》,载《比较法研究》2012 年第 2 期,第 92 页。

③[德]克劳斯·罗克辛:《德国刑法学总论(第 1 卷)》(第三版),王世洲译,法律出版社 1997 年版,第 124–125 页。

④劳东燕:《刑事政策与刑法体系关系之考察》,载《比较法研究》2012 年第 2 期,第 90 页。

⑤陈兴良:《刑法的刑事政策化及其限度》,载《华东政法大学学报》2013 年第 4 期,第 15 页。

⑥劳东燕:《刑事政策与功能主义的刑法体系》,载《中国法学》2020 年第 1 期,第 133 页。

⑦张明楷:《责任论的基本问题》,载《比较法研究》2018 年第 3 期,第 17 页。

赋予责任实质,其能架起刑法与刑事政策连接的桥梁,使得刑事政策的预防思想顺利融入犯罪论体系,进而使得刑法能够合目的地承担起法益保护和权利保障的任务。对比之下,责任论向功能化方向发展有其合理性。

综上,风险社会"风险"的客观存在与不可避免性作为外因促使责任论向着功能化的方向转变,而刑法的双重机能和刑事政策的刑法化作为内因决定了功能化发展方向的可行性,外因和内因的共同作用为功能责任论逐步取代规范责任论提供了良好的契机。

(二)功能责任论的局限性及其检视

1. 体系定位瑕疵衍生的阶层空壳

罗克辛以预防必要性和罪责组成负责性阶层,虽因其保留罪责概念而受诘难较少,但因预防必要性与罪责的体系定位瑕疵而导致有架空罪责的风险,进而使得负责性阶层有沦为空壳之虞。虽然罗克辛在教科书中强调,将预防必要性作为一种额外的条件,仅仅意味着对犯罪人提供了进一步的保护,但在针对预防必要性和罪责的体系地位问题上,罗克辛认为刑法教义学只有承认罪责和预防必要性处于同一等级,才能和刑罚目的理论相互连接。① 正是该主张,遭到了理论上的诘难。许乃曼教授指出,罪责必然涉及行为及行为人的人格,若以预防需求来决定罪责,虽然强调了罪责与国家刑罚目的的关联,但是将刑罚的发动取决于制裁效果(即一般预防)时,罪责概念将会消失。② 申言之,虽然在有罪责而无预防必要性的情况下可以阻却责任,但是预防必要性与罪责处于同一等级的体系定位,就可能造成这样的局面:罪责很少但预防必要性很大的情况下,预防必要性实质上将单方决定刑罚的发动以及刑罚量之大小。在此情形下,负责性阶层将空有"负责"之名,而沦为预防寄居的空壳。对此,有学者评论道,预防需求若不能成为限定刑罚机能的责任概念要素,这种赤裸裸地引入刑罚制裁必要性的责任论,将会削弱甚至放弃责任原则作为保障人权的堡垒所起到的作用。③

综上,罗克辛教授所提出的功能责任论虽然迈出了刑法体系和预防思想结合的一步,但是罪责和预防的相互制约作用在体系上表现得并不彻底。责任评价纳入预防必要性有其合理性,但预防必要性有超越个人罪责范围发挥作用的可能,使责任由预防必要性单方决定进而消除罪责概念。由此我们发现,在承认罪责和预防必要性同一等

① [德]克劳斯·罗克辛:《德国刑法学总论(第1卷)》(第三版),王世洲译,法律出版社1997年版,第558页。

② 李文健:《罪责概念之研究——非难的实质基础》,台湾春风煦日论坛(刑事法丛书系列2)1988年版,第233–234页。

③ [日]曾根威彦:《刑法学基础》,黎宏译,法律出版社2005年版,第47页。

级的同时,需要明确二者的构造模型为嵌入式构造。预防必要性嵌入罪责之中,形成浑然一体的结构,使预防必要性在个人罪责的范围内发挥调节作用,与罪责共同承担说明刑罚合法性的任务。如此构造,责任评价体系不仅仍能保持罪责和预防的相互制约,而且浑然一体的构造使得责任评价的对象始终不会脱离行为人本身,责任原则也就能够继续发挥保障人权的作用。

2. 客观化标准缺失而招致的刑法工具化风险

功能责任论提出了以预防思想赋予责任以实质,昭示了责任阶层的功能化发展方向,但因预防必要性客观判断标准的缺失致使功能责任论停留于观念层次上,并引发"刑法工具化"的诘难。有学者在批评功能责任论时指出:"功能责任论多多少少在将个人作为社会安定化的手段,有悖于人的尊严。"① 该种观点并非反对功能责任论者的一家之言,即便是提倡功能主义刑法学的学者也注意到此,劳东燕教授指出,各类旨在预防风险的制度本身可能产生新的风险,因为预防的效果是具有前瞻性和概括性的,这样一种面向未来的预防观念只能有限地规定在普遍且抽象的规范内,进而导致留下巨大的权力空间,这对法治国的保障而言是一种风险。② 学者们的担忧不无道理,预防思想往往意味着"越早越好"。在刑事立法转向功能主义的今天,立足于防范风险的刑法条文多无客观量化的入罪标准,如非法采集人类遗传资源、走私人类遗传资源材料罪,非法引进、释放、丢弃外来入侵物种罪。对于该类犯罪,笔者虽认为应当从功能化的视角对该类犯罪进行责任评价,但若缺乏预防必要性的客观标准,难以避免功能责任论的运用使得刑法无限制地以预防为由将法益保护时点提前,进而使刑法沦为"工具刑法",丧失保障犯罪人权利的功能。

工具化风险本身并不意味着我们要放弃功能责任论,但其指出了功能责任论预防思想边界模糊的缺陷。作为社会控制手段的刑法本身就具有工具性,在风险社会面前,预防刑法观在释放国家刑罚权的同时,更易使国家权力失控,进而放大刑法的工具属性。③ 这并不能抹杀功能主义刑法观预防导向的积极意义,功能主义刑法观过度工具化的法治风险涉及的仅仅是该种刑法观的边界问题,对边界的忧虑并不能否定其存在的正当性。④ 具体到责任阶层,罗克辛在提出预防必要性进入责任阶层的同时并没有提供预防必要性的衡量标准,加之预防必要性的体系定位有架空罪责之虞,两种因素的叠加易导致预防边界的模糊。客观标准的缺失意味着实际操作的困难,依赖于巨大的自由裁量权的预防必要性判断使得预防的边界捉摸不定,进而使得刑法随时可能

---

① 张明楷:《责任论的基本问题》,载《比较法研究》2018 年第 3 期,第 17 页。
② 劳东燕:《风险社会与功能主义的刑法立法观》,载《法学评论》2017 年第 6 期,第 18 页。
③ 高铭暄、孙道萃:《预防性刑法观及其教义学思考》,载《中国法学》2018 年第 1 期,第 172、177 页。
④ 吴亚可:《当下功能主义刑法的合宪性检视》,载《中国刑事法杂志》2021 年第 6 期,第 113 页。

因为权力的泛滥而放纵预防的"裸奔",最终刑法将彻底沦为工具。然而,功能责任论虽然在处理预防边界问题上略显薄弱,但其贯通以预防为导向的刑事政策与刑法体系的效用不可忽视,学界应当探寻预防必要性的客观判断标准,明确预防边界。

综上,功能责任论体系定位瑕疵和标准缺失所造成的架空罪责和刑法工具化风险不容小觑。为了使功能责任论在刑法功能主义化浪潮下发挥积极作用,有必要将预防思想与罪责嵌套于一体,并在体系上对二者合理定位。除此之外,预防必要性的客观判断标准也是功能责任论亟待解决的另一问题。

三、功能责任论的体系归正

在对功能责任论进行辩证反思的基础上,笔者设想对功能责任论进行调整,在保留预防和罪责的基础上,将预防必要性嵌入罪责之中,使得预防作用的发挥不至于突破个人罪责,以维护法治原则。这样的嵌入式构造在理论内容和理论体系上均能得以论证。

(一)体系归正的理论基础

1. 罪责与预防的内容融合性

罪责和预防在内容上的融合性决定了二者具备嵌入式构造的结构基础。在功能责任论之前,规范责任论以行为人的"他行为可能性"赋予责任以实质并对行为人的罪责进行规范评价,将行为人所负责任限定在个人罪责的范围内,使得行为人仅对其自由意志可操控范围内的行为承担责任。罗克辛以罪责和预防必要性构建负责性阶层的同时,以"规范的可交谈性"取代"他行为可能性"对罪责本质进行解读,即:如果行为人具备能够接受规范影响并依循规范行为的能力,却实施了违反规范的行为,责任便随之而来。① 罗克辛认为,这种取代的优势在于:"他行为可能性"的判断标准取决于假定的自由意志,而以心理学家和精神病学家所发展出的经验性的自我控制能力判断标准取代之,可以绕过经验上无法验证的自由意志命题。② 实际上,"对规范的反应能力"其底色仍然是自由意志,因为这一观点将罪责限定于行为人能够认识并依照规范行为的范围内,对于行为人无法认识或者即便认识却无法遵照的情形,行为人无罪责。在此过程中,对规范的认识并依其行事有赖于自由意志的运用。罪责的产生以

① 转引自李文健:《罪责概念之研究——非难的实质基础》,台湾春风煦日论坛(刑事法丛书系列2)1988年版,第133-135页。

② [德]克劳斯·罗克辛:《德国刑法学总论(第1卷)》(第三版),王世洲译,法律出版社1997年版,第568-569页。

自由意志为前提,而预防作用的发挥也必然以自由意志为前提,因为只有针对具备自由意志的人归责,刑法才能"以影响人的行为为目的,影响行为人及一般人为合法行为"。① 反观罪责,其虽然以行为人自由意志为前提,但其在具体的罪责判断时,又不得不考虑到同等情况下一般人做出合法行为的可能性,诚如耶赛克和魏根特在其教科书中所论述那般:"如果将具体的行为人作为衡量其责任的标准,那么其结果在刑事政策上也是不能被支持的,因为它将导致下列结果:某人越没有个性,其责任的程度就会评价为越小。这种思考必将最终导致排除最危险的犯罪分子的责任非难,因为绝对缺乏与法共同体的联系,将会得出绝对否定责任非难的结果,而法秩序不得不要求最低限度的意志努力,如果其应当通过规范来维持的话。行为人在行为时对自己的标准作出正当的评价,法共同体是不能忍受的。犯罪人的个性并不能阻止刑法对犯罪人提出同等情况下其他人能够满足的要求。其中就具有主观归责的规范内容。"②因此,在对行为人个人归责的同时,也向一般人昭示了行为的可非难性,罪责判断的一般预防作用也借此得以发挥。综上,我们发现,罪责和预防的内容均囊括自由意志命题且二者的效用发挥方式相互依存,区别仅在于二者的功能方向不同。内容上的相似性和功能上相互制约的必要性决定了将罪责和预防糅合为浑然一体的嵌入式构造并不会产生"排异反应"。嵌入式功能责任论中,预防在罪责的范围内发挥调节责任量的作用,罪责仍旧发挥边裁的作用。所不同的是,浑然一体的构造中,罪责和预防的底色均为行为人的自由意志。即便存在较大的一般预防需要,若该需要超出行为人自由意志可控范围,归责也无助于预防目的的实现。在嵌入式的功能责任论中,社会预防的需求不能突破罪责范围这一戒律便能够因罪责和预防的自由意志底色及其相互制约得以合理解释,而责任由预防单方决定的隐忧也得以解除。此外,罪责和预防二者基于自由意志底色的融合,使归责的范围限定于个人罪责之内,进而避免负责性阶层沦为单纯基于预防需求的阶层空壳。

2. 犯罪论责任与刑罚论责任的一体化

站在犯罪论与刑罚论相互联结的视角上,责任阶层来自刑罚目的,具有说明对行为人施以非难的根据的作用。③ 在同时采取报应刑和预防刑的综合刑论的今天,刑罚论反向要求责任论予以革新,而革新的方向恰是预防与罪责的嵌入式构造。

犯罪论责任和刑罚论责任的功能趋同性决定了二者相互贯通、相互影响。刑罚论责任虽然直接体现对行为人的非难量,但是对行为人非难量的评价要素从构成要件阶

---

① 李文健:《罪责概念之研究——非难的实质基础》,台湾春风煦日论坛(刑事法丛书系列2) 1988年版,第125页。

② [德]汉斯·海因里希·耶赛克、托马斯·魏根特:《德国刑法教科书(上)》,中国法制出版社 2001年版,第574-575页。

③ 张明楷:《责任论的基本问题》,载《比较法研究》2018年第3期,第16页。

层便开始筛选,经由违法性的检验,最终由责任阶层确定是否予以非难以及非难量的大小。构成要件要素作为量刑上的序列性概念而对其程度进行量化和排序,故而也是量上的阶层性概念。① 易言之,构成要件要素虽然侧重于影响行为的定性,但是其对非难量也有决定性影响。以普通抢劫罪和入户抢劫型抢劫罪为例,后者中的"入户"因素,一方面是加重的构成要件要素,另一方面也决定了该类型抢劫罪的非难量起点为十年有期徒刑。犯罪论责任是对不法的进阶评价,检验是否存在责任减轻事由,继而这种在犯罪论责任量上的变化直接影响到刑罚论责任,并最终反映在刑罚量上。② 由此我们发现,犯罪论责任和刑罚论责任的功能趋同,二者均指向行为人的非难量。

若犯罪论责任要承担起说明刑罚的任务,则犯罪论责任和刑罚论责任的评价标准必然不能相悖,而今综合刑论在处理犯罪论责任和刑罚论责任关系上显现的破绽要求我们采取一种预防嵌入罪责的功能责任论。多个国家在量刑根据上,均采取综合刑论,即将责任报应与预防目的结合起来说明刑罚的正当化根据。③ 在刑罚裁量上,有"幅的理论"和"点的理论"。"幅的理论"主张与行为人个人罪责相适应的刑罚为一个幅度,法官应当在此幅度内考虑预防犯罪的目的,进而确定刑罚;"点的理论"认为与行为人个人罪责相适应的刑罚为一个点,在点之周围考虑预防目的并确定刑罚。另有学者认为,若在点之上考虑预防目的则违背责任原则,故而提出"点之下论"。④ 我们发现,无论是"幅的理论"还是"点的理论",均主张刑罚量的确定标准同时包含罪责和预防,并且预防刑受制于责任刑。反观时下通行的规范责任论,其以"他行为可能性"进行的应否归责的规范评价,本质上仍然是一种回顾性的评价。⑤ 在此责任论指导下的责任阶层,预防仅是报应的附属,无法独立发挥作用。由此产生的破绽是,片面强调回顾评价的犯罪论责任无法对综合刑论下的刑罚进行完整的说明。这一点在我国刑法中也有所体现,"我国刑法在总则犯罪论部分没有预防刑法的痕迹,但在量刑规定中有大量地减免刑罚的规定,则是明显加入了刑事政策的考量,特别是包含了预防的思想"。⑥ 然而,刑罚的适用以犯罪论为前提,刑罚论强调预防而犯罪论避之不谈有违犯罪与刑罚的统一性。⑦ 综合刑论在处理犯罪论和刑罚论关系时遗留的破绽决

---

① 潘文博:《论责任与量刑的关系》,载《法制与社会发展》2016 年第 6 期,第 113 页。

② 潘文博:《论责任与量刑的关系》,载《法制与社会发展》2016 年第 6 期,第 114—115 页。

③ 张明楷:《责任刑与预防刑》,北京大学出版社 2015 年版,第 72 页。

④ 张明楷:《责任刑与预防刑》,北京大学出版社 2015 年版,第 138、154、159 页。

⑤ 张明楷:《责任论的基本问题》,载《比较法研究》2018 年第 3 期,第 16—17 页。

⑥ 王钰:《功能责任论中责任和预防的概念——兼与冯军教授商榷》,载《中外法学》2015 年第 4 期,第 1062 页。

⑦ 李永升、杨攀:《风险社会视域中的预防与责任主义关系研究》,载《昆明理工大学学报(社会科学版)》2019 年第 5 期,第 2—3 页。

定了嵌入式功能责任论的必要性。刑罚由报应刑和预防刑共同组成,预防刑在责任刑的范围内发挥调节作用。反馈至责任论,只有采取预防嵌入罪责的功能责任论才能使犯罪论责任和刑罚论责任在理论上前后相继。如此,既能保证行为人承担的非难量不至于因为预防需求而突破个人罪责量,以维护责任原则,又能与综合刑论保持一致,进而使得责任阶层承担起说明刑罚的重任。

综上,罪责和预防在内容上的融合性决定了嵌入式功能责任论构造的可行性,而犯罪论责任与刑罚论责任的一体化使得功能责任论的体系归正成为必然。

(二)嵌入式功能责任论的构造

嵌入式功能责任论能够在维持犯罪论体系严整性的同时克服既有理论的缺陷。嵌入式功能责任论的理论构造形似一条 DNA 双螺旋结构,罪责和预防即为螺旋结构两侧的相互缠绕的主链,二者作用相异却互为一体、互依互存。与罗克辛所建构的功能责任论相比,嵌入式功能责任论在构造上直观地显示出了罪责和预防的一体性,避免了责任阶层空壳的出现。浑然一体的构造使得预防必要性的调节作用和罪责的边裁作用得以确定,因为在这种情况下,即便行为人个人罪责量较小,而预防必要性较大,行为人最终的刑罚量上限也为罪责量所决定,断不能被预防必要性所突破;反之,当行为人罪责量较大,而预防必要性较小,预防必要性则可以限制罪责量至其与预防必要性持平;若没有预防必要性,即便有罪责,也不能对行为人进行有责评价。在学说上,另有学者提出,基于对刑法内外两种体系的双重尊重,主张在三阶层体系外另行构建需罚性阶层,在需罚性阶层考虑预防必要性,进而构建应罚性和需罚性并重的犯罪成立体系。[①] 该观点直接在责任阶层以外进行预防必要性判断,固然避免了使责任阶层沦为空壳的可能,但与此同时,在应罚性体系之外考虑刑事政策等预防必要性因素进而决定罪之成立与否,刑事政策并未受到刑法体系的限制,难以避免刑事政策和刑法体系背向而驰的可能。嵌入式功能责任论于责任阶层放置刑事政策和刑法体系相互贯通的管道,使得刑事政策须转化为预防必要性因素并接受犯罪论体系的约束,克服刑法体系的自我封闭性的同时,避免了刑事政策对刑法体系的侵蚀。

四、嵌入式功能责任论中的预防必要性判断

预防必要性调节作用的发挥,有赖于其判断标准的客观化,否则模糊的判断标准将使得预防必要性的限制作用无法落地生根,这不仅会导致预防必要性在体系内形同虚设,更为严重的是,判断标准的非客观化会导致前述的"工具刑法"风险无法得到解

---

① 姜涛:《需罚性在犯罪论体系中的功能与定位》,载《政治与法律》2021 年第 5 期,第 120 页。

决。比例原则在调节目的与手段关系时展现出旺盛的生命力,预防必要性的客观化判断标准可以据此建构。

(一)比例原则建构预防必要性判断标准的可行性与必要性

比例原则的宪法地位及其与刑法的理念契合性决定了其建构预防必要性客观标准的可行性。比例原则以衡量目的与手段间关系的方式,调和公权和私权之间的矛盾。一般认为,该原则由适当性原则、必要性原则和相当性原则三个子原则组成。① 适当性原则要求手段有助于目的的实现;必要性原则要求在实现目的的多种手段中选择对私权损害性最小的手段;相当性原则要求因手段的实施而损害的权益和目的的达成之间损益均衡,避免得不偿失。经过长期发展,比例原则的适用范围已经扩展至诸部门法,并完成了从本体论向方法论的范式转变,成为一套成熟的成本收益分析的利益衡量工具。② 更有学者从宪法的角度出发,认为我国《宪法》第33条第3款"人权条款"要求公权力的行使目的正当、手段必要且损益均衡,故而该条是比例原则的宪法依据。③ 由此观之,作为下位法的刑法,其在理论上建构预防必要性判断标准、以刑罚的手段实现预防目的时,当然要受到作为上位法的宪法的制约。此外,比例原则禁止过度、合乎比例的理念与刑法的谦抑性理念不谋而合。刑法谦抑性要求刑罚的适用具备必要性和适当性,该理念与比例原则约束公权、保障个人权利的价值高度契合。④ 预防必要性嵌入罪责并发挥责任评价的作用,其旨在以刑罚的方式实现特别预防和一般预防。鉴于刑罚的严厉性,预防必要性的判断标准自然应当恪守比例原则,保持谦抑。

比例原则的硬约束力和预防必要性的具体化需求决定了以该原则建构判断标准的必要性。预防必要性判断标准若不能得以客观化,便不具有可操作性。纯粹依赖自由裁量权的预防必要性判断易导致动辄便以"有预防必要"为由对行为人施以刑罚,进而导致刑法的肆意扩张。更为严重的是,缺乏客观标准的预防必要性判断易使以预防为导向的刑事政策在刑法体系内无法真正得以制约,加剧刑法与刑事政策间的矛盾。谦抑性理念虽然要求刑罚作为规制失范行为的最后一道屏障,但是其仅为一种理论。相比之下,比例原则具备宪法上的依据,其作为具有制度价值的宪法原则,对刑事司法更具"强制性约束力"。⑤ 以之建构预防必要性的判断标准,可以有效遏制刑事政策的扩张性趋势,避免预防的恣意性。除此之外,比例原则具有将抽象理念具体化

---

① 陈晓明:《刑法上比例原则应用之探讨》,载《法治研究》2012年第9期,第91-93页。
② 蒋红珍:《比例原则适用的范式转型》,载《中国社会科学》2021年第4期,第109-110、115页。
③ 刘权:《比例原则的中国宪法依据新释》,载《政治与法律》2021年第4期,第76-77页。
④ 于改之、吕小红:《比例原则的刑法适用及其展开》,载《现代法学》2018年第4期,第139页。
⑤ 姜涛:《比例原则与刑罚积极主义的克制》,载《学术界》2016年第8期,第96页。

的独特优势。与抽象的谦抑性理念相比,比例原则基于三个子原则的分析范式,从目的、必要性、收益三方面衡量手段与目的间的匹配程度,将抽象的谦抑理念落到实处,更具有可操作性。①

(二)比例原则建构预防必要性判断标准的具体展开

预防必要性的判断应当以行为前、中、后阶段所有反映特殊预防、一般预防必要性的因素为素材,根据比例原则,遵循适当性、必要性、均衡性的顺序,判断行为人的预防必要性。特别预防必要性和一般预防必要性分别表现为行为人本人的再犯可能性和对一般公众的行为导向性,因此预防必要性的判断素材不应局限于行为时阶段,而应当囊括行为前后的犯罪动机、犯罪环境、事后行为等多种因素。继而,将所有判断素材,按照比例原则所建构的标准进行判断。比例原则的适当性、必要性、均衡性的三阶审查模式各自有着张弛不同的审查效果,涵盖了不同利益诉求在法律论证中的实现,三者具有逻辑上的延展性和步骤上的递进性。② 因此,在将诸素材纳入比例原则三阶审查模式时,须严格遵循适当性、必要性和均衡性的审查顺序,层层过滤,三者均符合时,才能判定为具备预防必要性。

以王某某非法经营案为例③,该案若以笔者所建构的嵌入式功能责任论进行责任评价,并以三阶审查模式进行预防必要性判断,则可以合乎逻辑地得出被告人无罪的结论。被告人王某某的行为违反了当时的《粮食流通管理条例》《粮食收购资格审核管理暂行办法》,其违法经营的数额也达到了立案标准。但是,再审人民法院认为,其行为不具有严重扰乱市场经济秩序的社会危害性和刑罚必要性,其行为无罪。④ 在以刑罚为手段打击并预防该类行为的利益衡量中,再审判决以无刑罚必要性为由作出无罪判决,其本身便具有比例原则的色彩。若遵照比例原则三阶审查模式,被告人王某某的预防必要性审查步骤如下:

(1)在适当性原则上,重点审查以刑罚手段打击无证照收购粮食是否有助于维护市场经济秩序的实现。作为三阶审查模式的第一阶,其标准较为宽松。无证照收购粮食的行为,违反了法律规定的粮食收购秩序。如若存在私自囤积居奇的无证照粮食收购行为,将会严重侵害市场秩序,甚至危害粮食安全。因此,以刑罚的手段打击无证照

---

①姜涛:《追寻理性的罪刑模式:把比例原则植入刑法理论》,载《法律科学》2013 年第 1 期,第 104-105 页。

②蒋红珍:《比例原则适用的范式转型》,载《中国社会科学》2021 年第 4 期,第 118 页。

③"王某某非法经营案"的案情:2014 年 11 月 13 日至 2015 年 1 月 20 日,被告人王某未办理粮食收购许可证,未经工商行政管理机关核准登记并颁发营业执照,擅自在村组无证照经营,违法收购玉米,将所收购的玉米卖给粮油公司,非法经营数额 218288.6 元,非法获利 6000 元。

④内蒙古巴彦淖尔市中级人民法院(2017)内 08 刑再 1 号判决书。

收购粮食的行为有助于维护健康的市场经济秩序之目的的实现。

（2）在必要性原则上，重点审查以刑罚打击对应无证照收购粮食行为是否具有必要性。在王某某非法经营案中，依据彼时《粮食流通管理条例》第41条的规定，对无证照收购粮食的行为，可以处非法收购粮食价值1倍以上5倍以下的罚款。该处罚不可谓不重，无证照违法收购粮食行为一经查处，轻则致使收益归零，重则面临数倍于粮食价值的罚款，故而这一法律后果能对违法收购行为予以严厉打击。可见，对被告人王某某的行为可以通过行政法律手段妥善处理，刑罚手段并非必要。如果就此认为以行政手段足以预防无证照收购粮食行为，便可以否定预防必要性，进而得出行为人无责的结论。若主张行政处罚与刑事处罚竞合，行政处罚不足以否定刑事惩罚必要性，则进入第三阶审查。

（3）在均衡性原则上，重点审查以刑罚打击无证照收购粮食行为所获收益和损害之间是否均衡。王某某收购玉米的行为是农民粮食经纪人的一种普遍行为，该种购销行为连接着粮农和粮库，从过往的经验来看，不仅没有破坏粮食的正常流通，没有造成粮食价格的极端波动，而且大大减轻了粮农的销售负担，甚至方便了粮食流通。如若以刑罚对该类行为予以打击，以最为严厉的刑事手段阻止民间粮食收购行为，反而不利于粮食的流通。由此可见，以刑罚手段打击无证照粮食收购行为得不偿失。因此，第三阶审查将得出王某某无证照收购玉米的行为不具有预防必要性。

综上，依循比例原则所构建的预防必要性判断标准以其强约束力和可操作性使预防必要性理念具体化。比例原则三阶审查模式层层递进、逐步深入，能够构建起逻辑严谨、考虑全面的预防必要性判断标准。

五、结　语

在功能主义刑法的浪潮下，责任论的功能化演进势不可挡。在演进过程中，既要学习借鉴已有的成熟理论，更要结合我国国情社情对理论进行辩证反思。本文主张，功能责任论虽略有瑕疵，但经由体系性完善和客观化建构，其能够承担起功能化责任评价的重任。任何刑法教义学理论都应当具备成文法基础，否则理论便沦为无根之木、无源之水。以预防必要性影响责任和非难量，在我国刑法上虽然尚无明确规定，但基于《刑法》第13条"情节显著轻微的，不认为是犯罪"的但书规定，可以对此处的"情节"作出解释，使其涵盖预防必要性的考虑。此外，本文虽然提出以宪法上的比例原则为预防必要性判断提供客观标准，但是尚未对缺乏预防必要性的责任阻却事由进行类型化分析，期待该领域更多更深入的研究。

（责任编辑：康润滢）

实质抑或外观：
股权代持案外人执行异议之诉的裁判路径

谢坤怡①

摘　要:在股权代持案外人执行异议之诉中,法院的审理遵循从确认实体权利到排除强制执行的裁判路径,前者涉及协议内部关系中的股东资格认定,后者涉及外部关系中的股东资格认定。因《公司法司法解释(三)》②未对股东资格的认定标准做出明确规定,各地高院颁布的审判指引对该问题的意见也不一致,司法实践中类案不同判的情形繁多。通过对近五年来135个案件进行分析,本文发现法院在审理该类纠纷时存在两个问题:一是混淆协议内部关系、公司内部关系和外部关系中的股东资格认定标准;二是在外部关系中,商事外观主义原则的适用范围不一致。对于上述情况,应合理区分形式要件、显名要件和实质要件在股权代持关系中的作用,并进一步明确商事外观主义原则的适用范围。

关键词:股权代持　案外人执行异议之诉　股东资格认定　商事外观主义

一、引　言

随着我国市场经济活动的繁荣发展,有限责任公司的股权代持现象繁多。实际出资人与名义股东基于规避法律法规、便利商事活动等原因,通过委托、信托或者其他方式达成股权代持协议,由此产生股权代持关系。具体来看,股权代持关系可以分为实际出资人与名义股东之间的协议内部关系,实际出资人、名义股东与公司、其他股东之间的公司内部关系,以及实际出资人、名义股东与债权人之间的外部关系。近年来,股权代持纠纷数量逐年攀升,其中最主要的纠纷类型包括股东资格确认之诉和执行异议

---

①谢坤怡,中山大学法学院硕士研究生。
②《最高人民法院关于适用〈中华人民共和国公司法〉若干问题的规定(三)》,本文简称《公司法司法解释(三)》。

之诉。股东资格确认之诉只涉及内部关系中的股东资格认定,而在执行异议之诉中,法院需要在实际出资人的真实权利和第三人实现债权的利益之间进行衡量和博弈,还涉及在外部关系中认定股东资格。我国《公司法司法解释(三)》第二十四条对股东资格确认之诉的审理做出了较为明确的指引,但对于执行异议之诉,无论是《公司法司法解释(三)》还是《民事诉讼法》①及其相关司法解释,均未进行明确的规定。实际出资人是否享有足以排除强制执行的民事权益? 即实际出资人是否为权利人? 如果是,那么该权利是否真实合法? 若真实合法,该权利能否排除执行? 对于上述问题,不同法院采取不同的观点,造成了实践中类案不同判的情形。对上述问题进行深入剖析,有助于厘清股权代持案外人执行异议之诉的裁判思路和司法理念,进而规范商事活动中的股权代持行为。

二、股权代持案外人执行异议之诉的司法裁判分析

在股权代持纠纷中,常见的案外人执行异议之诉的类型分为三种:①名义股东或实际出资人对公司的债权人申请强制执行提出执行异议之诉;②名义股东对实际出资人的债权人申请强制执行提出执行异议之诉;③实际出资人对名义股东的债权人申请强制执行提出执行异议之诉。

我国现行法律法规对第一种类型案件做出了比较明确的司法指引,司法实践中的争议较少。具体来看,在实际出资人排除公司债权人强制执行案件中,因实际出资人未显名于工商登记册、公司章程等文件中,公司的债权人并不会产生信赖利益,无商事外观主义原则的适用空间。而在名义股东排除公司的债权人强制执行案件中,法院的裁决思路会更为统一,在有证据证明存在股权代持关系的情形下,依据《公司法司法解释(三)》第26条②规定判决名义股东承担补充赔偿责任;在无证据证明股权代持关系的情形下,名义股东作为在工商登记簿、股东名册等文件记载的股东理应履行实际出资的义务。对于第二种类型案件,因实际出资人的债权人难以知悉和获取股权代持关系的证据,该类型案件数量也较少。

而在第三种类型案件中,法院一般先审查实际出资人与名义股东是否存在有效的股权代持关系,再从商事外观主义原则等方面对能否排除名义股东的债权人的强制执

---

① 《中华人民共和国民事诉讼法》,本文简称《民事诉讼法》。

② 《最高人民法院关于适用〈中华人民共和国公司法〉若干问题的规定(三)》(2020年修正)第26条:"公司债权人以登记于公司登记机关的股东未履行出资义务为由,请求其对公司债务不能清偿的部分在未出资本息范围内承担补充赔偿责任,股东以其仅为名义股东而非实际出资人为由进行抗辩的,人民法院不予支持。名义股东根据前款规定承担赔偿责任后,向实际出资人追偿的,人民法院应予支持。"

行进行裁判说理，涉及股东资格认定标准和商事外观主义原则适用范围等争议问题，也充分体现了案外人执行异议之诉从确认实体权利到排除强制执行的裁判路径。① 在不同的审理阶段，股东资格认定的条件包括哪些？《公司法》第32条第3款中"第三人"的范围应如何界定？排除执行与继续执行的社会效果为何？等等都成为司法裁判需要考量的因素。为了回答上述问题，本文将集中对第三种类型案件进行分析，以进一步探讨我国股权代持案外人执行异议之诉中的股东资格认定问题。

（一）案例样本概况

作者在威科先行法律信息库中以"股权代持""名义股东""实际出资人""执行异议"等关键词进行组合，并选取"案由：案外人执行异议之诉"作为过滤条件，共检索到174个案件。在选取过滤条件"裁判日期：最近五年"、剔除非股权代持类案件②、实际出资人或名义股东与公司债权人的案件③、程序性裁定书④后，共获取135个有效案件。⑤ 具体情况如下：

1. 法院层级

在135个有效案件中，经基层人民法院审理的案件有51件，均为一审案件；经中级人民法院审理的案件有54件，其中二审案件33件，再审案件1件；经高级人民法院审理的案件有21件，其中二审案件16件，再审案件3件；经最高人民法院审理的案件有9件，其中二审案件1件，再审案件8件。我们可以看到，案外人执行异议之诉中的二审案件和再审案件数量繁多，因无法律法规的明确规定，也无统一的审判指引，在股权代持的情形下，案外人执行异议之诉的争议较大。

2. 裁判结果

从判决继续执行和判决排除执行案件的比例看，法院倾向于保护申请执行人的权益，仅有27%的案件判决排除执行。在同一层级法院审理的判决排除执行案件中，最高人民法院和高级人民法院判决比例相似；中级人民法院判决比例较低；基层人民法院判决比例最高（详见表1）。在不同审级的案件中，一审案件判决排除执行的比例约

①黄森林：《案外人执行异议之诉的判决主文构成研究》，载《法律适用》2021年第2期，第174–176页。

②非股权代持类案件，如因股权转让未及时办理股权变更登记而产生的名与实不符的情形，非本文所探讨的由实际出资人与名义股东达成股权代持合意所产生的股权代持关系。

③在实际出资人或名义股东与公司债权人的案件中，《公司法司法解释（三）》已经做出了明确的规定，即名义股东需在抽逃出资的范围内承担责任，在司法实践中的争议较少。法院的判决说理不集中于股东资格的认定，故予以排除。

④程序性裁定书，如因案外人不符合起诉条件而被法院驳回起诉的裁定书。

⑤有效案件是指案件焦点为股权代持关系是否存在、能否认定实际出资人股东资格等确定是否具有实体权利和确定能否强制执行的案件。

三分之一;二审案件判决比例最低;再审案件判决比例最高(详见表2)。法院在审理股权代持纠纷中的执行异议之诉时,需要在保护申请执行人为实现债权的利益与实际出资人确认股权的利益之间进行权衡。仅从判决排除执行和判决继续执行案件数量的比例分析,不考虑法院裁判依据和理由等因素(法院裁判理由详见下文分析),可以看出不同层级法院与不同审级法院在上述问题的利益衡量结果不一致。

表1 案外人执行异议之诉不同层级法院裁判结果分布表

	排除执行		继续执行	
	案件数(个)	占比(%)	案件数(个)	占比
最高人民法院	3	34	6	66
高级人民法院	5	24	16	76
中级人民法院	6	11	48	89
基层人民法院	23	45	28	55
合计	37	27	98	73

表2 案外人执行异议之诉不同审级法院裁判结果分布表

	排除执行		继续执行	
	案件数(个)	占比(%)	案件数(个)	占比
一审案件	24	33	49	67
二审案件	8	16	42	84
再审案件	5	42	7	58
合计	37	27	98	73

(二)排除强制执行的裁判理由分析

1. 协议内部关系:采用实质要件确认实际出资人的股权归属

在排除强制执行的案件中,股权代持关系的成立是进一步认定实际出资人权利是否能够排除强制执行的前提。对于股权代持关系的成立与否,法院会先审查实际出资人和名义股东之间签订的书面股权代持协议,若无书面的股权代持协议,则需要综合审查实际出资人是否实际出资、是否参与公司日常管理决策、是否从公司领取分红等行使股东权利和履行股东义务的证据,认定实际出资人与名义股东之间是否存在成立和履行股权代持的合意。法院在此过程中更关注意思自治和真意主义。

2. 外部关系

1) 采用实质要件否认名义股东的股东资格

(1) 生效判决确定股东资格。在案外人执行异议之诉之外,实际出资人可能会另行提起股东资格确认之诉,请求法院对股权代持关系的效力予以认定并确认股东资格。该判决是否具有排除强制执行的效力,主要取决于确权判决的生效时间。若实际出资人于案涉股权被采取强制执行措施前,已获得法院生效判决确认股东资格,根据《民法典》①第 566 条第 1 款②及《执行异议和复议规定》③第 26 条第 1 款第(1)项④的规定,法院认为实际出资人因股权代持协议的解除而享有股权返还请求权,该权利优先于名义股东债权人的普通债权。⑤ 在该类案件中,即使生效判决仅是确认实际出资人的股权,而未判定公司需配合实际出资人履行办理变更登记的义务,或者也无证据证明"其他股东半数以上同意"实际出资人显名,但实际出资人仍可以排除强制执行。理由在于,工商登记并不具备确权的效力,其仅具备证权的对抗效力,⑥在已有法院确权的情况下,工商登记不具备对外的优先效力。

需要注意的是,若生效时间在申请强制执行之后,根据《执行异议和复议规定》第 25 条第 2 款和第 26 条第 2 款的规定⑦,法院认为该确权判决不具有排除强制执行的

---

①《中华人民共和国民法典》,本文简称《民法典》。

②《中华人民共和国民法典》第 566 条第 1 款:"合同解除后,尚未履行的,终止履行;已经履行的,根据履行情况和合同性质,当事人可以请求恢复原状或者采取其他补救措施,并有权请求赔偿损失。"

③《最高人民法院关于人民法院办理执行异议和复议案件若干问题的规定》,本文简称《执行异议和复议规定》。

④《最高人民法院关于人民法院办理执行异议和复议案件若干问题的规定》(2020 年修正)第 26 条:"金钱债权执行中,案外人依据执行标的被查封、扣押、冻结前作出的另案生效法律文书提出排除执行异议,人民法院应当按照下列情形,分别处理:(一)该法律文书系就案外人与被执行人之间的权属纠纷以及租赁、借用、保管等不以转移财产权属为目的的合同纠纷,判决、裁决执行标的归属于案外人或者向其返还执行标的且其权利能够排除执行的,应予支持;……"

⑤参见内蒙古自治区包头市中级人民法院(2018)内 02 民初 203 号民事判决书、湖南省长沙市芙蓉区人民法院(2019)湘 0102 民初 12876 号民事判决书、辽宁省抚顺市望花区人民法院(2020)辽 0404 民初 2179 号民事判决书、湖北省十堰市中级人民法院(2019)鄂 03 民终 554 号民事判决书、山东省广饶县人民法院(2019)鲁 0523 民初 4213 号民事判决书、浙江省杭州市西湖区人民法院(2020)浙 0106 民初 7370 号民事判决书。

⑥参见浙江省杭州市西湖区人民法院(2020)浙 0106 民初 7370 号民事判决书、湖北省十堰市中级人民法院(2019)鄂 03 民终 554 号民事判决书。

⑦《最高人民法院关于人民法院办理执行异议和复议案件若干问题的规定》(2020 年修正)第 25 条第 2 款:"案外人依据另案生效法律文书提出排除执行异议,该法律文书认定的执行标的权利人与依照前款规定得出的判断不一致的,依照本规定第二十六条规定处理"。第 26 条第 2 款规定:"金钱债权执行中,案外人依据执行标的被查封、扣押、冻结后作出的另案生效法律文书提出排除执行异议的,人民法院不予支持"。

效力。

（2）实际出资人的股权形成时间早于申请执行人的债权。在执行异议这一执行程序中，法院基于效率原则会采取形式审查的规则确定实体权利；在执行异议之诉这一审判程序中，法院会采取实质审查的规则确定实体权利，即在内部关系中采取实质要件标准认定股东资格。但在排除法院强制执行的案例中，部分法院还可能会在外部关系中采取实质要件认定实际出资人的股东资格。法院认为若实际出资人在案涉股权被采取强制执行措施前，已经符合了股东资格的实质要件，另言之，若实际出资人就股权这一权利的形成时间早于申请执行人的债权，那么实际出资人有权排除强制执行。①

2）限缩商事外观主义原则的适用范围

（1）非股权交易第三人不适用商事外观主义原则的保护。对于名义股东不存在案涉股权交易的债权人，如仅是依据与名义股东签订的货物买卖合同申请强制执行的债权人，法院认为其不属于《公司法》第32条第3款登记公示公信所保护的"第三人"以及《公司法司法解释（三）》第25条参照适用善意取得制度的"第三人"。② 商事外观主义原则的目的在于维护交易安全，股权善意取得制度保护的也是对名义股东拥有处分权这一表象产生信赖的善意受让人。法院认为，作为非股权交易第三人不会对名义股东的工商登记事项产生信赖，因此，在实际出资人与非股权交易第三人的利益发生冲突时，应优先保护实际出资人的利益。③

（2）恶意第三人不适用商事外观主义原则的保护。《公司法》第32条第3款中并未对"第三人"的范围进行限定，这导致司法实践中很多法官未对第三人的恶意和善意进行区分，径直地认定实际出资人和名义股东之外的第三人享有基于工商登记的公

---

①参见福建省泉州市鲤城区人民法院（2019）闽0502民初5492号民事判决书、河南省平顶山市新华区人民法院（2020）豫0402民初437号民事判决书、山东省广饶县人民法院（2019）鲁0523民初4213号民事判决书。

②根据《最高人民法院关于适用〈中华人民共和国公司法〉若干问题的规定（三）》（2020年修正）第25条的规定，名义股东将登记于其名下的股权转让、质押或者以其他方式处分，实际出资人以其对于股权享有实际权利为由，请求认定处分股权行为无效的，人民法院可以参照民法典第311条的规定处理。名义股东处分股权造成实际出资人损失，实际出资人请求名义股东承担赔偿责任的，人民法院应予支持。

③广西壮族自治区高级人民法院（2020）桂民终19号民事判决书、山东省高级人民法院（2020）鲁民再239号民事判决书、辽宁省高级人民法院（2018）辽民终135号民事判决书、福建省高级人民法院（2017）闽民终712号民事判决书、内蒙古自治区鄂尔多斯市中级人民法院（2020）内06民再11号民事判决书、辽宁省抚顺市望花区人民法院（2020）辽0404民初2179号民事判决书、广东省广州市黄埔区人民法院（2019）粤0112民初10820号民事判决书、（2019）鲁0322民初1887号民事判决书、山东省高青县人民法院（2018）鲁0705民初1046号民事判决书、内蒙古自治区呼和浩特市赛罕区人民法院（2016）内0105民初9276号民事判决书等29个案件均采取了上述裁判理由。

信力所产生的信赖利益保护。但事实上,在很多情形下,与名义股东进行交易的申请执行人,可能会通过其他方式知悉内部股权代持关系的存在。如:在浙江省某基层人民法院审理的申请执行人执行异议之诉①中,因名义股东债权人 A 与名义股东 B 是关联企业,另外,名义股东 B 与实际出资人的股权代持关系发生在 A 与 B 的交易关系之前,且已经过人民法院的生效判决予以认定。法院认为,无论是从 A 与 B 之间的直接或间接的控制关系,还是以公开的生效判决,A 对于双方的股权代持关系应属于明知。保护恶意第三人的利益不符合商事外观主义原则的内核,因此,实际出资人的真实权利应受到第一顺位的保护,其排除强制执行的诉讼请求应得到支持。

法院判决排除强制执行案件的审理思路如图 1 所示。

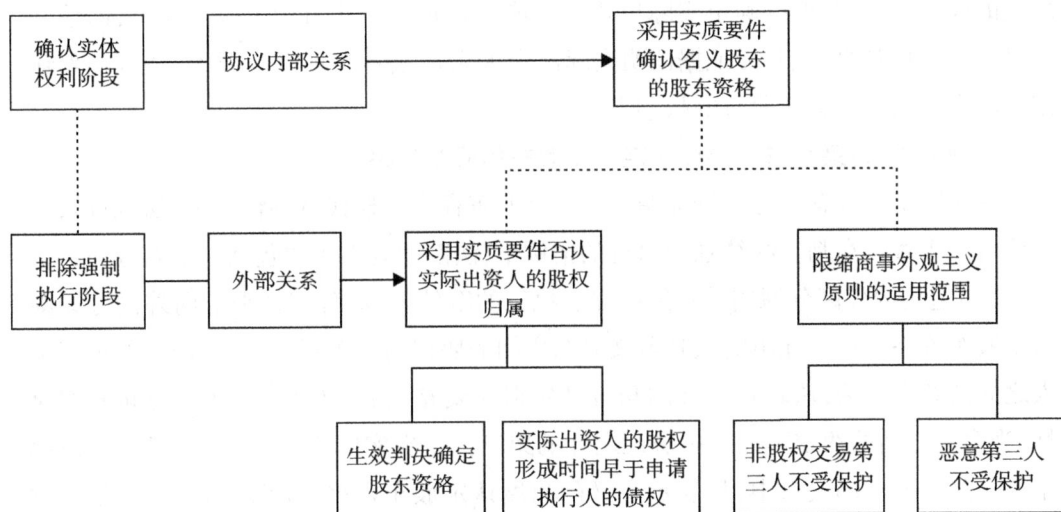

图 1　判决排除强制执行案件的审理思路

(三)继续强制执行的裁判理由分析

1. 协议内部关系

(1)无证据证明实际出资人的股权归属。是否存在合法有效的股权代持关系同样属于内部关系证成的范畴。在以未能证明存在股权代持关系为由驳回实际出资人诉讼请求的案件中,法院在认定是否存在股权代持关系上同样采取了实质主义标准。法院一般以实际出资人未能提供书面股权代持协议、实际出资凭证、参与股东会会议、领取公司分红等证据,或者以实际出资人提供的证据无法相互印证、真实性存疑,认定

---

①参见浙江省杭州市西湖区人民法院(2020)浙 0106 民初 7370 号民事判决书、云南省高级人民法院(2019)云民终 1066 号民事判决书、山东省武城县人民法院(2018)鲁 1428 民初 1143 号民事判决书。

实际出资人与名义股东不存在股权代持关系。在未能证明存在股权代持关系的情况下,名义股东在内部关系和外部关系中均当然享有股东资格。

此外,在该类案件中,有些法官还通过假设法对裁判说理进行补强,即假设案涉股权代持关系成立,因登记公示公信、保护善意第三人等原因,实际出资人仍然不能排除强制执行。

(2)采用显名要件否认实际出资人的股权归属

我国《公司法司法解释(三)》明确规定,在涉及实际出资人、名义股东与公司、其他股东之间的股东资格确认纠纷时,需以显名要件作为实际出资人取得股东资格的条件。在绝大多数继续强制执行的案件中,法官以实质要件认定实际出资人与名义股东之间的股东资格,并据以确定实际出资人享有案涉股权。但在某些案件中①,即使法院已存在确权判决,但若无证据证明实际出资人满足或者实现显名要件,法院仍然认定实际出资人并非案涉股权的权利人。

2. 外部关系:采用形式要件认定名义股东的股东资格

在实际出资人有充分证据证明其与名义股东存在股权代持的情形下,法院进入第二阶段的审查。在判决继续强制执行的案例中,法院的观点主要包括以下两方面:

(1)适用内外区分原则。在继续强制执行的案件中,法院同样采取内外区分原则认定股东资格。在实际出资人和名义股东之间的协议内部关系中,一方面应尊重当事人之间的意思自治,从真意主义的角度认定股东资格;另一方面,要恪守合同的相对性,当事人之间的约定不能对抗协议之外的第三人。在实际出资人、名义股东与外部第三人之间的外部关系中,从表示主义的角度认定股东资格,即以工商登记、公司章程、股东名册等对外公示的文件等形式要件为准认定股东资格。②

(2)适用商事外观主义原则。

第一,商事外观主义原则的构成要件分析。在判决继续执行的案件中,法院往往弱化合理信赖这一构成要件的说理,而聚焦于权利外观的证成,即基于《公司法》对于工商登记制度的强制性规定,工商登记名册、国家企业信用信息公示系统公示信息具有优先于内部股东名册、实际出资证明等文件的效力,该公示具有公信力。而对于产生合理信赖的主体,法院往往不对善意第三人和恶意第三人进行区分认定,也不区分与案涉股权存在交易关系的第三人和与案涉股权不存在交易关系的第三人,均适用商事外观主义原则。另外,在可归责性上,法院从股权代持关系的产生原因、利益与风险

①参见河北省高级人民法院(2020)冀民终479号民事判决书、北京市昌平区人民法院(2019)京0114民初17555号民事判决书。
②王莹莹:《〈证券法〉2019年修订背景下股权代持的区分认定》,载《法学评论》2020年第3期,第158-169页。

的承担、司法的社会效果等方面去论证实际出资人与名义股东具有可归责性。

第二，利益与风险一致原则。① 商主体的经营管理活动具有营利性，其以取得一定经济利益为目标。② 股权代持关系的产生即源于实际出资人和名义股东之间对于利益的追求，如：实际出资人可以通过股权代持取得政策优惠，或者规避法律对于股东主体资格的限制进入商事活动；名义股东也可以与实际出资人约定获得一定的投资权益或者经济报酬。

在股权代持纠纷中，实际出资人、名义股东、公司、其他股东和债权人均会面临一定的风险。对于筹划和设计股权代持关系的实际出资人和名义股东而言，他们对于股权代持的风险具备更高的专业性和预期度，其对于风险的识别能力和承受能力更强。而对于执行异议之诉中申请强制执行的债权人而言，他们并未从股权代持关系中取得利益，却承担着更大的风险。③ 一方面，公司内部的股东信息、经营情况等一般不对外披露，第三人对于交易相对人的审查义务应限于工商登记册等法定公示信息，第三人难以知悉也无义务知悉实际出资人和名义股东之间的代持关系，第三人对于风险的预期性和把控性不足。另一方面，在实际出资人和名义股东的利益遭受损害后，他们还可以根据双方之间的协议向对方追偿；但若公司外部第三人失去法律赋予的信赖利益保护，则其权利可能会终局性受损。

因此，在案外人执行异议之诉中，不能对在股权代持关系中不利益的第三人苛以过高的义务，也不能对在股权代持关系中利益的实际出资人和名义股东赋予过高的保护，应贯彻商事活动利益与风险一致的原则。

第三，司法的引导规范功能。④ 有学者提出，我国《公司法司法解释（三）》对股权代持的效力、投资权属等问题进行规定，是为了应对司法实践中纷繁复杂的代持纠纷，并不意味着我国鼓励股权代持关系。股权代持因其隐蔽性，极有可能会破坏公司结构和商事活动的稳定性，更可能会损害善意相对人的利益。尤其是针对规避法律、

---

① 参见江西省高级人民法院（2020）赣民终 775 号民事判决书、江西省南昌市中级人民法院（2020）赣 01 民初 574 号民事判决书、浙江省衢州市衢江区人民法院（2020）浙 0803 民初 3451 号民事判决书、北京市昌平区人民法院（2019）京 0114 民初 17555 号民事判决书、北京市第三中级人民法院（2019）京 03 民初 627 号民事判决书、最高人民法院（2019）最高法民再 46 号民事判决书、青海省高级人民法院（2018）青民终 208 号、最高人民法院（2017）最高法民终 100 号民事判决书。
② 周林彬：《商法与企业经营》，北京大学出版社 2010 年版，第 9 页。
③ 赵忠奎：《公司实际出资人执行异议之诉理论检视与裁判路径选择》，载《江西财经大学学报》2020 年第 3 期，第 119-120 页。
④ 参见（2019）最高法民再 46 号民事裁定书、（2017）最高法民终 100 号民事判决书、（2018）青民终 208 号、（2020）赣 01 民初 574 号民事判决书。

行政法规、规章、监管政策等原因的股权代持,应以不鼓励为原则。① 最高人民法院审理的两例案件一定程度上表明了司法对于股权代持关系的态度:股权代持不利于社会关系的净化和交易关系的稳定,应以不支持为原则;当股权代持协议双方当事人与第三方发生利益冲突时,应优先保护第三方的利益;在执行异议之诉中驳回实际出资人排除强制执行的申请,有利于遏制违反或者规避法律法规的股权代持行为。从判决排除执行和判决继续执行的案件数量比例看,最高人民法院的裁判理念一定程度上影响了下级人民法院的裁判结果。法院基于预期社会效果适用商事外观主义原则而做出继续强制执行的裁判,实质上是一种后果取向的思路。股权代持的效力应根据《公司法司法解释(三)》《民法典》等法律规定进行认定,此为规则取向的思路。如果仅仅为了达到遏制规避法律型股权代持的社会效果,而一概地否认合法型股权代持的效力,这既不符合金融市场与商事交易的现实需求,也突破了规则取向的要义。后果取向是规则取向的重要考量因素,但应避免在认定股权代持关系中产生后果取向反噬规则取向的情形。②

判决继续强制执行案件的审理思路如图 2 所示。

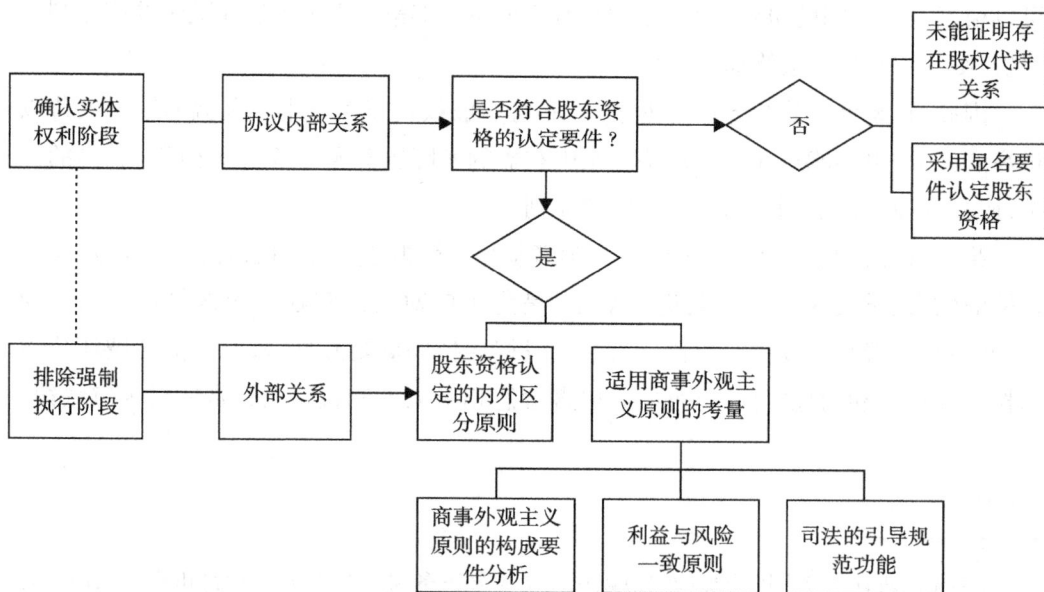

图 2　判决继续强制执行案件的审理思路

---

①朱慈蕴:《规避法律的股权代持合同应以不鼓励为原则》,载《法律适用(司法案例)》2018 年第 22 期,第 11 页。

②戴津伟:《司法裁判后果取向解释的方法论应用》,载《法学》2020 年第 7 期,第 175-176 页。

三、基于股权代持案外人执行异议之诉司法裁判的反思

（一）股权代持案外人执行异议之诉中的争议焦点分析

在股权代持中的案外人执行异议之诉中，确认实际出资人是否具有排除强制执行的实体权利，实质上就是在协议内部关系中的股东资格认定问题。确认实际出资人能否排除强制执行，实质上就是外部关系中的股东资格认定问题。不同法院基于不同的理由做出不同的判决，甚至是基于相同的理由做出不同的判决，其根本原因在于法院在内外关系中股东资格认定标准的不统一，具体体现如下：

1. 争议焦点一：如何界定协议内部关系的股东资格

在协议内部关系中，采用实质要件确认股东资格并无争议，但争议点在于实际出资人应如何证明其符合实质要件？ 在实际出资人与名义股东之间的股东资格认定中，显名要件是否为必要要件？ 如果是，那么应如何认定实际出资人符合显名要件？

2. 争议焦点二：如何界定外部关系的股东资格

在外部关系中，是否应适用商事外观主义原则？ 主张实质要件说的法院认为无适用商事外观主义原则的空间，或者认为在个案中认定无法适用商事外观主义原则；主张形式要件说的法院认为应适用商事外观主义原则。法院之间的观点分歧在于如何确认商事外观主义原则的适用范围：①非善意第三人能否适用商事外观主义保护原则？ 法院在执行异议之诉中，有时并不审查申请执行人是否明知或者应当知道股权代持关系的存在，或者案外人难以举证证明第三人存在恶意，导致商事外观主义原则被过度适用。②非股权交易第三人能否适用商事外观主义原则？ 同一省份不同层级的人民法院，甚至是同一人民法院，对于该问题的理解也不尽相同。以山东省为例，排除未涉及商事外观主义原则说理的 8 起案件，某工程公司与某建材公司[①]等 3 起执行异议之诉案件中，法院认为非股权交易第三人不属于产生信赖利益的主体；而在某药业集团与郭某、某橡胶公司与某银行[②]等 6 起执行异议之诉案件中，法院认为商事外观

[①]参见山东省潍坊市奎文区人民法院（2018）鲁 0705 民初 1046 号民事判决书、山东省广饶县人民法院（2019）鲁 0523 民初 4213 号民事判决书、山东省高级人民法院（2020）鲁民再 239 号民事判决书。

[②]参见山东省临沂市中级人民法院（2017）鲁 13 民初 623 号民事判决书；山东省济南市中级人民法院（2019）鲁 01 民初 2208 号民事判决书、山东省德州市中级人民法院（2020）鲁 14 民终 881 号民事判决书、济南铁路运输中级法院（2020）鲁 71 民终 9 号民事判决书、济南铁路运输中级法院（2020）鲁 71 民终 10 号民事判决书、山东省淄博市中级人民法院（2020）鲁 03 民终 2481 号民事判决书。

主义原则的保护范围不局限于股权交易的第三人。在最高人民法院审理的相关案件中,在云南某资本公司与昆明某创业投资中心、黄某与李某等① 5 起执行异议之诉案中,法院认为非股权交易第三人同样属于"第三人"的范围;而在江某与谢某等②两起执行异议之诉案件中,则得出相反的结论。

(二)股权代持案外人执行异议之诉争议焦点之原因分析

1. 现行法律规定不明确

首先,我国《公司法》并未对投资权益、股权归属、股东资格等概念和关系进行明确的界定,容易导致学界和理论界的混淆,如有些人认为股权归属与股东资格可以分离,而有些人认为两者等同。在股东资格的认定标准上,即使《公司法司法解释(三)》进行了相关规定,也存在逻辑的不自洽。如《公司法司法解释(三)》第 24 条第 2 款规定,履行出资义务的实际出资人有权向名义股东主张投资权益,其隐含的逻辑是在协议内部关系中,采用实质要件确定投资权益归属,但其未明确投资权益的归属是否与股东资格的认定相一致。《公司法司法解释(三)》第 24 条第 3 款规定,实际出资人显名除需要满足实质要件外,还需经过"其他股东半数以上同意",其隐含的逻辑是在公司内部关系中,在采取实质要件的基础上附加采取显名要件确定股东资格。③《公司法司法解释(三)》第 25 条规定,名义股东处分股权参照民法典善意取得的规定处理,其隐含的逻辑是在实际出资人、名义股东与公司外部债权人之间,名义股东是无权处分人,采取实质要件否定名义股东的股东资格;而《公司法司法解释(三)》第 26 条又规定,公司债权人可以起诉要求名义股东在实际出资人尚未履行的出资义务范围内承担责任,其隐含的逻辑是在外部关系中采取形式要件肯定名义股东的股东资格,两个条文在外部关系的股东资格认定标准上即产生矛盾。④ 因此,投资权益、股权归属和股东资格认定的关系仍有待进一步明确,股东资格的认定标准也有待区分。

其次,商事外观主义原则属于理论上的概念,在司法实践中不能直接作为裁判的依据,虽然法院会运用商事外观主义原则进行说理,但仍然需要适用具体的法律条文。在执行异议之诉中,法院往往只能依据《公司法》第 32 条第 3 款关于登记对抗主义和《公司法司法解释(三)》第 25 条关于股权善意取得的规定进行判决,但《公司法》第

---

①参见最高人民法院(2020)最高法民申 826 号民事判决书、最高人民法院(2019)最高法民再 46 号民事判决书、最高人民法院(2017)最高法民申 110 号民事判决书、最高人民法院(2019)最高法民再 45 号民事判决书、最高人民法院(2018)最高法民申 5926 号民事判决书。

②参见最高人民法院(2018)最高法民申 5464 号民事判决书。

③徐佳咏:《隐名投资引发纠纷的处理》,载《人民司法(应用)》2016 年第 28 期,第 36 页

④方彦:《股权代持中实际出资人显名化困境及出路》,载《南方金融》2019 年第 12 期,第 85-86 页。

32 条第 3 款本身对于"第三人"的范围未予以明确，《公司法司法解释（三）》第 25 条也仅适用于涉及股权交易的情形，导致法院在适用商事外观主义原则时无明确的指引。

最后，《执行异议和复议案件规定》对于执行异议之诉的相关规定仍未明确。如：在股东资格的认定上，其仅规定了在案外人提起执行异议的情况下应采取形式主义标准认定名义股东的股东资格，但未进一步规定执行异议之诉中股东资格认定的标准，导致在案外人执行异议之诉中很多法院混淆了执行程序和审判程序的审查原则，错误引用第 25 条第 1 款第（4）项①的规定。

2. 股权代持关系区分不明细

一方面，在司法实践中，部分法院会混淆确认实体权利和排除强制执行两个阶段所对应的股权代持关系位阶，进而导致股东资格认定标准的混乱。例如：在相似案情下，有的法院以显名要件或者形式要件作为确认实际出资人实体权利的标准，即将案外人执行异议之诉整体视为股权代持外部关系，而有的法院则以实质要件为标准；有的法院以商事外观主义原则判定实际出资人的权利可以排除强制执行，而有的法院则排除商事外观主义原则的适用。股东资格的认定标准应采取形式要件还是实质要件？商事外观主义原则和意思自治原则孰轻孰重？ 等等。问题的处理方案均取决于股权代持关系所处的位阶，区分好股权代持关系是正确适用股东资格认定要件的前提。

另一方面，部分法院未对股权代持内部关系进行进一步区分，以致混淆了协议内部关系和公司内部关系的股东资格认定要件，误将显名要件作为确认实际出资人实体权利的标准之一。在协议内部关系中，实际出资人与名义股东之间基于股权代持的合意达成了股权代持协议，对双方的权利义务内容进行约定，其与民法上的合同关系无本质区别，故双方关系应由合同法进行规制。在股东资格的认定上，双方关系未进入公司内部关系，本质上属于股权归属的认定问题，应采取实质要件进行认定，无显名要件的适用空间。

3. 利益衡量标准不统一

如何在实际出资人与名义股东的债权人之间或者名义股东与实际出资人的债权人之间进行利益衡量是司法实践中的难题。若坚守实质要件标准，那么债权人的信赖利益和交易安全会失去保障；若坚守形式要件标准，那么实际权利人的利益会受损。在无立法进行明确指引的情况下，不同的法院之间的价值判断标准也不统一。②在《九

---

①《最高人民法院关于人民法院办理执行异议和复议案件若干问题的规定》第 25 条第 1 款第 4 项："对案外人的异议，人民法院应当按照下列标准判断其是否系权利人……（四）股权按照工商行政管理机关的登记和企业信用信息公示系统公示的信息判断；……"

②王毓莹：《股权代持的权利架构——股权归属与处分效力的追问》，载《比较法研究》2020 年第 3 期，第 23 页。

民纪要(征求意见稿)》①中,关于案外人是实际出资人能否排除强制执行的问题,呈现了两种截然不同的观点②,正式稿中更是删除了该问题而未予回应。在《关于审理执行异议之诉案件司法解释(一)(向社会公开征求意见稿)》③中,同样提出了两种不同的方案。④ 在《山东省高级人民法院民一庭在关于审理执行异议之诉案件若干问题的解答》中,采取了形式要件标准不予支持实际出资人的申请。⑤ 而在《江苏省高级人民法院执行异议及执行异议之诉案件审理指南(一)》中,则采取了实质要件标准判断是否支持实际出资人的申请。⑥ 从上述例子可以看出,实践中对于实际出资人的股东资格认定和能否排除强制执行的争议很大,不同法院也持有不同的价值标准,容易导致类案不同判的情形。

在案外人异议之诉中,股东资格认定标准的不一致是造成司法实践中类案不同判情形的重要原因。为了规范股权代持行为以及股权的强制执行,有必要对内部关系和外部关系中的股东资格认定标准进行明晰,进一步完善关于股权代持的相关规定,维护司法的权威性和一致性。

---

①《全国法院民商事审判工作会议纪要(最高人民法院民二庭向社会公开征求意见稿)》,本文简称《九民纪要(征求意见稿)》。

②《全国法院民商事审判工作会议纪要(最高人民法院民二庭向社会公开征求意见稿)》第119条:"【案外人系实际出资人的处理】在金钱债权执行过程中,人民法院针对登记在被执行人名下的房产或者有限责任公司的股权等实施强制执行,案外人有证据证明其系实际出资人,与被执行人存在借名买房、隐名持股等关系,请求阻却执行的,人民法院应予支持。另一种观点:不予支持。"

③《最高人民法院关于审理执行异议之诉案件适用法律问题的解释(一)(向社会公开征求意见稿)》,本文简称《关于审理执行异议之诉案件司法解释(一)(向社会公开征求意见稿)》。

④《最高人民法院关于审理执行异议之诉案件适用法律问题的解释(一)(向社会公开征求意见稿)》第13条:"【隐名权利人提起的执行异议之诉的处理】方案一 金钱债权执行中,人民法院对登记在被执行人名下的财产实施强制执行,案外人以下列理由提起执行异议之诉,请求排除强制执行的,人民法院不予支持:……(三)案外人借用被执行人名义对有限责任公司出资,其系被执行股权的实际出资人;……方案二 金钱债权执行中,人民法院对登记在被执行人名下的财产实施强制执行,案外人以下列理由提起执行异议之诉,请求排除强制执行,经查证属实,且不违反法律、行政法规强制性规定,亦不违背公序良俗的,人民法院应予支持:……(三)案外人借用被执行人名义对有限责任公司出资,其系被执行股权的实际出资人;……"

⑤《山东省高级人民法院民一庭在关于审理执行异议之诉案件若干问题的解答》:"实际出资人与名义股东之间股东资格的确认,应当区分公司外部和公司内部两种情形进行处理:在涉及债权人与股东、债权人与公司等外部法律关系时,应体现商法公示主义、外观主义的要求,保护善意第三人因合理信赖公司登记机关的登记事项而作出的行为的效力。坚持形式要件优于实质要件,即以工商登记材料作为确认股东资格的主要证据。……"

⑥《江苏省高级人民法院执行异议及执行异议之诉案件审理指南(一)》:"案外人、申请执行人提起执行异议之诉的,应按普通程序进行实质性审查,对与执行标的相关的基础性法律关系——争议执行标的相关的民事法律行为效力、执行标的的权利性质及其归属进行实体审理,判断案外人是否享有足以排除执行的实体权利,并在此基础上作出判决。"

四、案外人执行异议之诉中股东资格认定的完善路径

(一)明确案外人执行异议之诉中的股东资格认定标准

1. 关于股东资格认定标准的理论学说与审判指引

对于股东资格的认定标准,有学者主张按照意思自治原则,应根据实际出资人与名义股东之间的股权代持合意认定股东资格,认为实质要件应优先于形式要件,该种学说称为实质要件说。① 有学者主张按照外观主义原则,根据工商登记、公司章程、股东名册等公示资料认定股东资格,认为形式要件优于实质要件,该种学说称为形式要件说。② 有学者主张应区分内部关系和外部关系,在内部关系中以实质要件说认定股东资格,在外部关系中以形式要件说认定股东资格,该种学说称为折中说。③

与上述三种不同的学说相对应,在《公司法司法解释(三)》颁布以前,各地高级人民法院也颁布了不同的审判指引。如《江苏省高级人民法院关于审理适用公司法案件若干问题的意见(试行)》④采取形式要件说,在外部关系中根据工商登记的记载认定股东资格;在公司内部关系中,根据公司章程、股东名册的记载认定股东资格;在协议内部关系中,原则上根据工商登记的记载认定股东资格。《北京市高级人民法院关

---

① 张双根:《论隐名出资——对〈公司法司法解释(三)〉相关规定的批判与发展》,载《法学家》2014 年第 2 期,第 67-68 页。

② 胡晓静、崔志伟:《有限责任公司隐名出资法律问题研究——对〈公司法解释(三)〉的解读》,载《当代法学》2012 年第 4 期,第 33-34 页。

③ 钱玉文、周运宝:《论执行异议之诉中隐名股东资格的确认》,载《常州大学学报(社会科学版)》2015 年第 1 期,第 21-26 页。

④《江苏省高级人民法院关于审理适用公司法案件若干问题的意见(试行)》:"26. 公司或其股东(包括挂名股东、隐名股东和实际股东)与公司以外的第三人就股东资格发生争议的,应根据工商登记文件的记载确定有关当事人的股东资格,但被冒名登记的除外。27. 股东(包括挂名股东、隐名股东和实际股东)之间就股东资格发生争议时,除存在以下两种情形外,应根据工商登记文件的记载确定有关当事人的股东资格:(1)当事人对股东资格有明确约定,且其他股东对隐名者的股东资格予以认可的;(2)根据公司章程的签署、实际出资、出资证明书的持有以及股东权利的实际行使等事实可以作出相反认定的。实际出资并持有出资证明书,且能证明是由于办理注册登记的人的过错致使错误登记或者漏登的,应当认定该出资人有股东资格。28. 股东(包括挂名股东、隐名股东和实际股东)与公司之间就股东资格发生争议,应根据公司章程、股东名册的记载作出认定,章程、名册未记载但已依约定实际出资并实际以股东身份行使股东权利的,应认定其具有股东资格,并责令当事人依法办理有关登记手续。"

于审理公司纠纷案件若干问题的指导意见(试行)》①采取实质要件说,规定在确认股东资格时应综合考虑多种因素,以当事人的真实意思表示为准。《山东省高级人民法院关于审理公司纠纷案件若干问题的意见(试行)》②则采取折中说,在内部关系中综合出资情况、是否实际行使股东权利等因素,充分考虑当事人的意思自治;在外部关系中,以工商登记为主要认定标准。

股东资格的认定标准是利益衡量的产物,形式要件说保护的是第三人的信赖利益,其强调安全的需要,而实质要件说保护的是实际权利人的利益,其保护的是公平的需要。③ 实质要件说过分强调意思自治原则,加重了第三人的注意义务;形式主义说过分强调商事外观主义原则,忽视了实质正义;股东资格的认定标准应采取折中说,其区分不同的关系而采用不同的标准,可以避免权利保护的天平过分倾斜于一方,符合利益衡量的需求。从案外人执行异议之诉的司法实践看,法院已初步达成折中说的共识,但在具体的适用上仍有待进一步明确。

2. 明确股东资格认定的内外区分原则

(1)协议内部关系:实质要件。在实际出资人与名义股东之间的内部关系中,即在确认实体权利阶段,应坚持实质主义的判断标准,通过审查实际出资人与名义股东之间的合意,实际出资义务履行情况、股东权利行使情况等认定实际出资人与名义股东之间的股权归属。需要强调的是,法院不应将显名要件适用于确认实体权利阶段。从显名要件的功能看,显名要件是为了保护有限责任公司的人合性和其他股东的信赖利益。而在案外人执行异议之诉中,无论是判决排除强制执行还是判决继续强制执行,都可能涉及新股东加入的问题。如:若法院判决排除强制执行并在判决书中确认了实际出资人的股权归属,那么实际出资人可能会向公司提出显名要求;若判决继续强制执行,那么股权可能会被拍卖给他人,也涉及其他股东的优先购买权和新股东加入的问题。因此,采用显名要件无法实现保护公司和其他股东利益的目的。从确定实

---

① 《北京市高级人民法院关于审理公司纠纷案件若干问题的指导意见(试行)》:"依据《公司法》的相关规定,有限责任公司股东资格的确认,涉及实际出资额、股权转让合同、公司章程、股东名册、出资证明书、工商登记等。确认股东资格应当综合考虑多种因素,在具体案件中对事实证据的审查认定,应当根据当事人具体实施民事行为的真实意思表示,选择确认股东资格的标准。"

② 《山东省高级人民法院关于审理公司纠纷案件若干问题的意见(试行)》:"26、当事人对股东资格发生争议时,人民法院应结合公司章程、股东名册、工商登记、出资情况、出资证明书、是否实际行使股东权利等因素,充分考虑当事人实施民事行为的真实意思表示,综合对股东资格作出认定。……39、股东资格未被工商登记所记载的,不具有对抗第三人的法律效力。工商登记所记载之股东不得以其实际不具备股东资格为由对抗第三人,但被冒名登记的除外。公司债权人依照有关法律规定向被工商登记记载为股东的名义出资人主张权利的,人民法院应予支持。实际出资人直接享有并行使股东权利的,债权人有权要求实际出资人和名义出资人承担连带责任。"

③ 税兵:《在表象与事实之间:股东资格确定的模式选择》,载《法学杂志》2010年第1期,第90-92页。

体权利的功能来看，该阶段是为了确认实际出资人享有提起案外人执行异议之诉的诉权，而非确认实际出资人已具备股东资格，因此无须考虑显名要件。

（2）公司内部关系：实质要件兼显名要件。在实际出资人、名义股东与公司、其他股东的公司内部关系中，股东资格的认定应采取实质要件加显名要件的标准。有限责任公司的建立在很大程度上依赖于股东之间的信任，其具有较强的人合性和封闭性。[1] 若实际出资人向公司主张其股东身份，那么协议内部关系就会进入公司内部关系，应遵循公司法及其相关司法解释，参照适用股东外部转让程序的相关规定。[2] 因此，在股东资格的认定上，除了股权归属的认定，还需要符合显名要件。对于"其他股东半数以上同意"的理解，应从两个方面进行考量：①从"其他股东半数以上同意"的形式看，可以以明示方式表示同意，如在实际出资人提起股东资格确认之诉时签署书面同意说明书，也可以以默示方式同意，如知悉实际出资人行使股东权利且未提出异议；②从"其他股东半数以上同意"的时间看，可以在实际出资人提起股东资格确认之诉之前同意，也可以在实际出资人提起股东资格确认之诉之后同意。需要注意的是，在案外人执行异议之诉中，法院可以审理案外人提出的确认其权利的诉讼请求，该确权在于股权归属的认定，而不在于实际出资人的显名。对于实际出资人显名的诉讼请求，由于涉及公司和其他股东的相关利益，应根据《公司法司法解释（三）》的相关规定，[3]以公司作为被告，通过另行提起股东资格确认之诉的方式解决。

（3）外部关系：以形式要件为主，实质要件为辅。在实际出资人、名义股东与第三人的外部关系中，即在排除强制执行阶段，应坚持形式主义为主、实质主义为辅的判断标准。在申请执行人属于商事外观主义原则所保护的"第三人"范围时，应适用形式主义说的判断标准，优先保护申请执行人的信赖利益；反之，应适用实质主义的判断标准，法律应优先保护实际出资人的真实权利。至于"第三人"的范围，是案外人执行异议之诉中的关键问题，将在下文进行论述。在适用形式主义说的判断标准时，还可能产生另一个问题：当不同的形式要件之间发生冲突时，哪个形式要件具有优先效力？笔者认为，应综合第三人对于形式要件的可得性及形式要件本身的法律效力，确认其优先效力。以工商登记和股东名册为例，从效力上看，《公司法》明确了工商登记的对

---

①李劲华：《有限责任公司的人合性及其对公司治理的影响》，载《山东大学学报（哲学社会科学版）》2007年第4期，第90—91页。

②《最高人民法院关于适用〈中华人民共和国公司法〉若干问题的规定（三）》（2020年修正）第24条第3款："实际出资人未经公司其他股东半数以上同意，请求公司变更股东、签发出资证明书、记载于股东名册、记载于公司章程并办理公司登记机关登记的，人民法院不予支持。"

③《最高人民法院关于适用〈中华人民共和国公司法〉若干问题的规定（三）》（2020年修正）第21条："当事人向人民法院起诉请求确认其股东资格的，应当以公司为被告，与案件争议股权有利害关系的人作为第三人参加诉讼。"

外最高效力和股东名册对内的最高效力;从可得性上看,第三人可以通过国家企业信用信息公示平台等公开资料中获取工商登记文件,而股东名册属于公司内部文件,尽管《公司法》规定公司应将股东名册的内容登记在工商登记上,但实践中经常出现两者不一致的情形,甚至很多公司并没有设立股东名册。① 因此,在处理外部关系时,应优先以工商登记记载的信息为准。

(二)明确股东资格认定中商事外观主义原则的适用范围

1. 明确商事外观主义原则不适用于内部关系

商事外观主义原则保护的是基于权利外观的虚像而产生信赖利益的第三人,在协议内部关系中,实际出资人与名义股东双方均知晓真实权利的实像,不存在需要保护的信赖利益;在公司内部关系中,对于股东名册、工商登记等文件中所记载的事项与真实情况不相符的情形,公司和其他股东可以通过是否同意实际出资人显名的程序进行修正,无须通过商事外观主义原则进行保护。

2. 明确商事外观主义原则不适用于非善意第三人

商事外观主义原则的适用是为了平衡实际权利人和第三人之间的利益冲突。具体而言,其保护的是基于工商登记的公示公信和权利外观而产生信赖利益的第三人。若第三人已经知道或者应当知道名义股东与实际出资人之间的股权代持关系,那么第三人不会产生合理的信赖,不符合商事外观主义原则的构成要件,无利益保护的必要。在恶意第三人与实际权利人之间,应遵循实质正义,避免因过度适用商事外观主义原则而损害实际权利人的利益。

从立法者本意看,在股权代持关系中,商事外观主义原则的适用主要体现在《公司法司法解释(三)》第 25 条规定的参照适用善意取得制度和《公司法》第 32 条规定的登记对抗主义。对于与名义股东之间存在股权交易的第三人而言,其取得股权的要件之一即"善意",已有法律明文规定。对于与名义股东不存在股权交易的第三人而言,虽然我国《公司法》经过两次修正仍然未对"第三人"的善意或恶意进行限定,但2017 年颁布的《民法总则》②第 65 条(《民法典》第 65 条③)明确规定了法人实际情况与登记事项不一致的,不得对抗"善意相对人"。在这两个条文的关系及其适用方

---

① 刘凯湘:《以工商登记作为判断股东资格的法定依据》,载《法律适用》2018 年第 22 期,第 17 页。

② 《中华人民共和国民法总则》,本文简称《民法总则》。

③ 《中华人民共和国民法典》第 65 条:"法人的实际情况与登记的事项不一致的,不得对抗善意相对人。"

面,《九民纪要》第 3 条①也做出了明确的回应,即在《民法总则》第 65 条有意修正《公司法》第 32 条第 3 款的情况下,应当优先适用《民法总则》的规定。上述修正将"不得对抗"的对象从"第三人"变为"善意相对人"。具体到股权代持纠纷中,"相对人"不仅包括是指因信赖登记事项而与法人实施民事法律行为的相对人,还包括与名义股东进行交易的相对人。因此,申请强制执行的名义股东的债权人也应符合"善意"的要件,即对于知道或者应当知道实际出资人与名义股东之间的股权代持关系的第三人,不适用商事外观主义原则。

3.明确商事外观主义原则可适用于非股权交易第三人

有部分学者和法官主张商事外观主义原则不可适用于与案涉股权不存在交易关系的第三人,他们认为商事外观主义原则保护的是基于公示而与名义股东进行股权交易的第三人,其目的在于维护交易安全,降低交易成本。因此,其适用范围应限于我国《民法典》第 440 条②规定的股权质押、我国《公司法》第 71 条③规定的股权转让等涉及股权处分的交易行为。而在非股权交易第三人与实际出资人之间,应优先保护实际权利人。但是,笔者认为,在案外人执行异议之诉中,商事外观主义原则同样可适用于非股权交易第三人。

首先,对于商事外观主义原则维护交易安全目的的理解,不应局限于微观层面的某一具体交易。商事外观主义原则是民法中信赖利益保护原则在商法领域的具体体现,其是商法的基础性原则。商法追求商事交易的安全和商事交易的效率,对于安全

---

①《全国法院民商事审判工作会议纪要》第 3 条:"【民法总则与公司法的关系及其适用】民法总则与公司法的关系,是一般法与商事特别法的关系。民法总则第三章'法人'第一节'一般规定'和第二节'营利法人'基本上是根据公司法的有关规定提炼的,二者的精神大体一致。因此,涉及民法总则这一部分的内容,规定一致的,适用民法总则或者公司法皆可;规定不一致的,根据《民法总则》第 11 条有关'其他法律对民事关系有特别规定的,依照其规定'的规定,原则上应当适用公司法的规定。但应当注意也有例外情况,主要表现在两个方面:一是就同一事项,民法总则制定时有意修正公司法有关条款的,应当适用民法总则的规定。例如,《公司法》第 32 条第 3 款规定:'公司应当将股东的姓名或者名称及其出资额向公司登记机关登记;登记事项发生变更的,应当办理变更登记。未经登记或者变更登记的,不得对抗第三人。'而《民法总则》第 65 条的规定则把'不得对抗第三人'修正为'不得对抗善意相对人'。经查询有关立法理由,可以认为,此种情况应当适用民法总则的规定……"

②《中华人民共和国民法典》第 440 条:"债务人或者第三人有权处分的下列权利可以出质:……(四)可以转让的基金份额、股权;……"

③《中华人民共和国公司法》(2018 年修正)第 71 条:"……股东向股东以外的人转让股权,应当经其他股东过半数同意。股东应就其股权转让事项书面通知其他股东征求同意,其他股东自接到书面通知之日起满三十日未答复的,视为同意转让。其他股东半数以上不同意转让的,不同意的股东应当购买该转让的股权;不购买的,视为同意转让。……"

和效率的理解应站在宏观层面进行理解。① 在股权代持关系中，名义股东基于工商登记产生了虚假的权利外观，基于整体商事活动的保护，无论是与其进行股权交易的第三人，还是与其进行非股权交易的第三人，都会涉及一定的交易关系，均可适用商事外观主义原则。

其次，根据我国《公司法》的相关规定②，无论是与案涉股权存在交易关系的第三人还是与案涉股权不存在交易关系的第三人，他们均可以向公司登记机关申请查询工商登记信息，其中包括公司股东的姓名或名称，工商登记制度的公示公信力足以让他们均产生信赖利益。从第三人注意义务来看，作为与案涉股权存在交易的相对人，他们更有机会对名义股东名下的股权信息进行调查，可以获取更多关于名义股东财产状况和信用状况的非公示信息③，他们应承担更重的注意义务。而对于与案涉股权不存在交易的相对人，包括存在其他交易和不存在交易的相对人，他们对于非公示信息的可得性更低，他们应承担的注意义务也相应更低。从主体的性质来看，第三人据以申请强制执行的生效裁判文书还可能会涉及侵权之债、不当得利之债等基础法律关系，其属于一般的民事主体；而与案涉股权存在交易关系的第三人，往往是兼具营利性和专业性的商事主体，商主体也应承担更重的注意义务。因此，根据"举轻以明重"的体系解释，既然交易第三人可以适用商事外观主义原则，那么非交易第三人更应该受到商事外观主义原则的保护，不能苛以非交易第三人过重的注意义务和风险责任。

再者，从双方的权利救济途径看，司法实践中对于有限责任公司股权的强制执行一般都采取"财产除尽原则"④，即只有在被执行人无其他财产可供执行时，法院才会对股权采取强制性措施。因此，若法院判定准予排除强制执行，那么申请执行人往往将丧失权利救济途径。但法院若判决不予排除强制执行，实际出资人或者名义股东还可以通过内部的股权代持协议进行追偿，甚至还具备通过参加股权拍卖而成为公司股东的可能性。⑤ 即使实际出资人不具备上述救济途径，根据利益与风险一致的原则，也应属于实际出资人应当承担的合理风险范围。此外，申请执行人基于对名义股

① 司伟：《有限责任公司实际出资人执行异议之诉的裁判理念》，载《人民法院报》2018年8月22日。

② 《中华人民共和国公司法》（2018年修正）第6条第3款："……公众可以向公司登记机关申请查询公司登记事项，公司登记机关应当提供查询服务。"

③ 刘俊海：《代持股权作为执行标的时隐名股东的异议权研究》，载《天津法学》2019年第2期，第10-11页。

④ 马鸿雁：《公司认缴资本制下有限责任公司股权处置困境之探究与应对》，载《法律适用》2017年第17期，第93页。

⑤ 陈林莉：《外观或事实：隐名股东执行异议之诉的裁判标准》，载国家法官学院科研部主编：《深化司法改革与行政审判实践研究（下）——全国法院第28届学术讨论会获奖论文集》，人民法院出版社2017年版，第923页。

东权利外观的信赖而向法院提出执行申请,在此过程中又需要消耗一定的时间成本和金钱成本,不能仅仅因为申请执行人非交易第三人而否认其信赖利益。

五、结　语

在股权代持关系中,股东资格的形式要件与实质要件相分离,给司法实践带来了巨大挑战。《公司法司法解释(三)》的颁布是为了解决当时股权代持纠纷中面临的困惑,其已无法应对现今纷繁复杂的股权代持现象,对于实际出资人提起案外人执行异议之诉的案件审理,尚未有明确的立法指引。即使是《九民纪要》和《关于审理执行异议之诉案件司法解释(一)(向社会公开征求意见稿)》在试图回应实务的需要,对于实际出资人能否排除强制执行提出了予以支持与不予支持两种方案,但其始终还是一刀切的做法,没有针对不同的案件情况提出不同的判决路径,难以实现实际出资人与名义股东债权人之间的利益平衡。关于股东资格认定标准的内外区分原则、商事外观主义原则的适用范围仍有待进一步明确。

(责任编辑:李珈娴)

职业足球运动员劳动权益保障的困境与突破

钟念珈[①]

摘　要：职业足球运动员的劳动权益保障问题，是我国劳动法律制度适用于特殊行业中呈现的典型难题。长期以来，中国足协行业规范与劳动法律法规在球员工作合同、争议解决方式等方面有着明显冲突，这不仅为球员的劳动者身份认定增添疑惑，也使球员劳动权益保障的法律适用存在障碍。应当尊重职业足球行业的特殊性，厘清行业自治与国家强制法的边界，对球员劳动权益保障困境予以分层解决：在基本劳动权益层面承认球员具有劳动者身份，保障其享有劳动保护、休息休假、提起劳动仲裁和诉讼的救济路径等权利；而球员工作合同具体履行中涉及转会、合同解除、违约金等与行业机制运行密切相关的特殊问题，本质上属于职业足球劳动力市场上的交易行为，应允许球员和俱乐部双方秉承自愿、合法、公平的原则协商解决。

关键词：职业足球运动员　劳动权益　行业自治　强制法　争议解决

一、问题的提出

在我国体育产业蓬勃发展的背景下，足球职业化、市场化程度的提高在推动足球运动发展的同时，也使得职业足球运动员与职业俱乐部之间的劳动争议问题愈发突出。2022 年春节期间，"国脚"足球运动员蒿某某公开向武汉某足球俱乐部讨薪，随后多名球员转发，引起社会广泛关注。不同于其他运动项目由国家体育总局统筹管理，我国职业足球具有较为浓厚的行业自治特征，尤其是在"政社分开、权责明确、依法自治"的足球改革以后，中国足球协会（以下简称"足协"）作为行业管理组织与国家

---

①钟念珈，四川大学法学院硕士研究生。

体育总局脱钩。① 球员与俱乐部产生的相关争端较多以协商形式于足协内部系统解决，且适用规则主要限于行业规范，如何协调职业足球运动员的劳动权益保障和足球行业自治之间的矛盾成为学界愈发关注的问题。

有关职业足球运动员劳动权益的研究可分为两大类：一是球员的劳动者主体资格问题；二是球员劳动权益保障的法律适用问题。目前主流观点偏向将职业足球运动员纳入劳动者范畴，但需要与传统劳动者相区别，比如班小辉等学者认为职业足球运动员为特殊劳动者，②徐伟康等学者则认为应将其定义为"类劳动者"③，等等。不过，即使承认职业足球运动员的劳动者主体身份，有关职业足球运动员劳动权益保障的法律适用这一问题也众说纷纭，有部分学者注意到《中华人民共和国劳动合同法》（以下简称《劳动合同法》）中劳动合同的解除等制度与职业足球行业习惯的冲突之处④，也有学者从争议解决机制出发探究体育领域中劳动关系的特殊处理⑤。此类研究尚未形成统一认识，无论是面对实践中普遍存在且日益严重的职业足球运动员劳动权益受损问题，还是平衡体育行业自治与劳动法之间的冲突，现有的研究成果均显不足。

诸如欠薪纠纷在普通劳动争端中已有规范化处理流程，但在职业足球业仍然依赖"舆论施压"等较为原始的举措。足协相关文件和管理制度与劳动法律法规之间有较大矛盾，行业自治与球员基本劳动权益之间的利益平衡有待调整。鉴于此，在振兴足球运动、建设体育强国之际，应探究目前职业足球劳动法规范的内在缺陷，回应职业化体育行业中劳资双方的共同诉求。

简单地说，上述问题可以分为以下几点：一是职业足球运动员权益为劳动法律法规所规制的必要性、现实困境何在？ 二是实践中，职业足球运动员与俱乐部之间的法律适用纠纷体现为何？ 高度的行业自治与劳动保护的矛盾点和平衡点于何处？ 三是

---

①2015 年，国务院下发的《中国足球改革总体方案》（国办发〔2015〕11 号）提出，中国足球协会与体育总局脱钩，不设行政级别；2017 年 1 月，国家体育总局足球运动管理中心正式注销，足协成为独立的社团法人。相比于足球而言，其他运动项目的运动员劳动权益问题并不显著，截至 2022 年 5 月，分别以"羽毛球""网球""乒乓球"等运动项目为关键词于中国裁判文书网上检索，得到的案例数量大多仅为个位数。其他运动项目的行业规范亦不如足协规章文件这般发挥较强效果，比如我国篮球协会的行业规则没有明显与我国劳动法律法规相冲突之处，与篮球运动员相关的劳动争议案例中，无论是当事人援引还是法院判决依据，篮协相关文件的"存在感"均较弱。

②班小辉、吴宇轩：《论职业足球运动员的身份定性与法律保护》，载《长江论坛》2021 年第 2 期，第 87 页。

③徐伟康、徐艳杰、郑芳：《论职业运动员"类劳动主体"的构建》，载《南京体育学院学报》2019 年第 3 期，第 27 页。

④董金鑫：《论职业足球劳动合同中的法律适用冲突》，载《天津体育学院学报》2020 年第 6 期，第 722-728 页。

⑤于鸿贤：《类型化界分下职业体育用工的法律关系认定》，载《体育科学》2021 年第 10 期，第 82-83 页。

对于职业足球运动员这类特殊劳动者的权益保障问题,如何完善法律与行业规范之间的衔接、实现体系自洽?

二、职业足球运动员劳动权益保障面临的困境

(一)职业足球运动员的劳动者身份争议

劳动者资格的确认是某一群体能否受劳动法保护的基础,有关职业足球运动员劳动权益保障的诸多疑问、争端都始于此。不可否认的是,职业足球运动员的诸多职业特性使其与一般劳动者相区别:第一,传统劳动法调整的是强弱对比明显的劳资双方,但职业足球运动员的弱势地位并不显著,甚至往往还能与俱乐部在话语权上"平起平坐"。第二,球员与俱乐部的关系较为复杂,除了工作履约外,还有合资关系要素。① 第三,球员的从属性并不明显:球员与俱乐部均须统一受足协的管理,且球员工作的自由程度也远高于一般劳动者。②

基于职业足球工作的突出特征而否定该行业的劳动属性,固然有其合理性,但所谓突出特征能否反映行业的普遍情况呢?以高薪酬和强势地位为例,明星球员只是少数,能参与中国足球协会超级联赛(以下简称"中超联赛")的球员只有数百人③,仅占我国上万名职业足球运动员的极少部分。《扬子晚报》的记者张昊称:"中国足球协会乙级联赛"(以下简称"中乙联赛")的 2021 年赛季中,部分月工资 3000 元的球员遭遇长期欠薪,有些"中乙联赛"球队在赛区里连伙食费都交不上。④ 绝大多数中层、底层的职业足球运动员与俱乐部相比,仍处于弱势地位。在劳动关系从属性方面,球员与俱乐部之间达成工作合意,球员在训练、比赛等方面均受俱乐部管理,比如现广州队曾于 2019 年发布过管理森严的队规,明确规定球员的"九必须、九不准、九开除"⑤。球

---

① 侯玲玲、王全兴:《我国职业足球运动员的劳动者地位和劳动法保护》,载《当代法学》2006 年第 4 期,第 35 页。

② 朱文英:《职业足球运动员转会的法律适用》,载《体育科学》2014 年第 1 期,第 44 页。

③ 根据足协于 2022 年 4 月 25 日发布的《中国足球协会关于公布 2022 赛季各级职业联赛参赛俱乐部名单的通知》,获得中超联赛 2022 赛季参赛资格的俱乐部共计 18 家。截止至 2022 年 5 月,各俱乐部的在队球员大多为 30 余人,其中,山东泰山足球俱乐部的在队球员 38 人、上海海港足球俱乐部的在队球员 33 人、长春亚泰足球俱乐部的在队球员 30 人。各赛季年度,参加中超联赛的职业足球运动员人数在 500~700 之间。

④ 张昊:《中乙月薪 3000 的球员也被欠薪!降薪+联赛时间初定倒闭股改!债务成老大难》,载微信公众号"昊运动力",2022 年 2 月 15 日,https://mp. weixin. qq. com/s/Sdir9Hne 6kBYmFFpT-A9MA。

⑤ 欧兴荣、胡雪蓉:《"三九"队规+优胜劣汰 恒大多措并举让从严管理落地》,载人民体育网 2019 年 2 月 26 日,http://sports. people. cn/n1/2019/0226/c22134-30903405. html。

员的自身经济利益也与俱乐部表现相挂钩,若球员参加的是级别较低的联赛或隶属于知名度不高的俱乐部,不仅在薪酬上未具备显著优势,在工作稳定性方面也会极度依赖于俱乐部成绩。司法实务中早已有法院就职业足球运动员劳动者身份的定性问题作出判决,比如在周某与广东省足球运动中心劳动争议案中,法院以从属性为基础,从劳动力提供、管理与监督、工资发放等方面,确认当事人之间存在劳动关系。[①] 在多数情况下,即使职业足球运动员有诸多职业特性,其与俱乐部之间的从属依赖关系仍未脱离传统劳动法理论的适用范畴。

现有的法律法规和政策文件也从未将职业足球运动员排除于劳动法的适用范围外。《中华人民共和国劳动法》(以下简称《劳动法》)第2条规定,我国境内企业、国家机关、社会团体等和与之建立劳动合同关系的劳动者由该法规制,职业足球运动员和俱乐部毫无疑问地属于此条指向。《劳动法》虽明确部分特殊群体适用其他特别规定,但并未将职业运动员纳入其中。[②] 2016年,人社部等四部门出台《关于加强和改进职业足球俱乐部劳动保障管理的意见》(人社部发〔2016〕69号)(以下简称《意见》),明确球员和俱乐部的关系属于劳动用工管理,要求"俱乐部依照劳动合同法等法律法规,探索建立适应职业足球特点的劳动用工、工资分配、工时和休息休假等制度",正式对球员的劳动者身份进行定性。

不过,有关球员劳动者身份的困惑并未因此停止,究其原因,概为《意见》的效力位阶不高,且劳动法律法规相关制度亦难以适应职业足球行业的工作特殊性,导致球员劳动者身份认定在实操层面陷于困境。

截至2022年4月30日,以案件类型"民事案件"、文书类型"判决书"、案由"劳动、人事争议"、全文关键词"运动员""足球"为检索条件,在中国裁判文书网上共能检索到101份裁判文书。经筛选,排除重复的、与职业足球运动员劳动权益问题不相关的案例,最终得到有效样本为60份。

一方面,样本量较小,这与我国职业足球运动员群体基数小有关,但更多是因为大部分球员相关纠纷化解于法院之外,其中的原因将在下文详细阐述。另一方面,此类样本中,案由为劳动争议纠纷或劳动合同纠纷的样本有20件,合同纠纷有4件,其余的36件均为追索劳动报酬纠纷。根据原《最高人民法院关于审理劳动争议案件适用法律若干问题的解释(二)》第3条的规定,拖欠劳动报酬争议按照普通民事纠纷处理,即使在政策文件明确球员与俱乐部构成劳动关系的情况下,以"追索劳动报酬"为

---

①参见广东省广州市白云区人民法院(2012)穗云法从民一初字第559号民事判决书。

②《中华人民共和国劳动法》(2008年12月29日第十三届全国人民代表大会常务委员会第七次会议修正)第14条规定:"残疾人、少数民族人员、退出现役的军人的就业,法律、法规有特别规定的,从其规定。"

案由的案件往往不区分该纠纷属于严格的劳动纠纷还是普通的民事纠纷,法院在对相关争议进行判决时倾向于依据民法、民事诉讼法的基本原理,而避开有关劳动关系、劳动合同的说理论述。比如在云南飞虎足球俱乐部与张某等24人的争议案、森科控股集团有限公司与代某等10人的争议案件中,球员与俱乐部因欠薪、合同履行瑕疵产生纠纷,法院选择从原告主张的证据是否充分、双方关于薪酬等内容的约定是否为真实合意这两个角度考虑,弱化了《劳动法》《劳动合同法》的作用。[①] 此类案件约占所涉样本案例的68.3%,比例较高。可见,司法实务对职业足球运动员的劳动者身份和法律适用问题的态度仍是模糊暧昧的,并未形成统一的认知。

(二)劳动法律制度在职业足球行业中适用的困境

职业足球运动员与职业俱乐部之间构成劳动关系,在目前的立法规制层面并不存在明显障碍,但长期以来实务界和学界仍对此颇有疑虑,其根本原因不在于其劳动关系从属性之薄弱,而在于身份定性后造成的两难困境:一方面,如果不承认球员为劳动者,就会使得球员为俱乐部工作却无法获得劳动法上的保护;另一方面,如果将球员认定为劳动者,并且毫无差别地按照劳动法律法规的规定对其进行规制,则似乎又忽视了球员在诸多方面与一般劳动者的特殊差异,强行适用甚至可能破坏职业足球行业的正常运行。

足球行业规范与劳动法律法规不相适应之处主要集中于两个方面:一是职业足球行业内争议解决机制与劳动仲裁、诉讼机制的冲突;二是职业足球工作合同与《劳动合同法》的冲突。

1.职业足球行业争议解决机制存在争议

足球行业规则与劳动法律法规的适用冲突,在解决职业足球相关争议过程中表现得尤为突出,即争议案件的管辖权问题。若认为职业足球运动员与俱乐部之间为劳动关系,其工作合同属于劳动合同,则根据《中华人民共和国劳动争议调解仲裁法》第5条和《劳动法》第79条的规定,球员与俱乐部就劳动事项发生争议,应先申请劳动仲裁,对仲裁裁决不服的可以向法院起诉。

不过,职业足球劳动纠纷通过其内部自设争议解决机制进行协调已成为行业惯例。我国原《体育法》规定,竞技体育活动中发生的纠纷由体育仲裁机构处理[②],但并未明晰"竞技体育活动中发生纠纷"为何种纠纷,且所谓的"体育仲裁机构"等制度也

---

①参见云南省丽江市古城区人民法院(2019)云0702民初711号民事判决书、云南省丽江市古城区人民法院(2019)云0702民初719号民事判决书、北京市东城区人民法院(2015)东民初字第11087号民事判决书、北京市东城区人民法院(2015)东民初字第05382号民事判决书等。

②参见《中华人民共和国体育法》(2016年11月7日第十二届全国人民代表大会常务委员会第二十四次会议修正)第32条。

尚未构建完善;2022 年 6 月修订的《体育法》增加"体育仲裁"一章,专门规定了劳动争议不属于体育仲裁范围①,即明确体育仲裁与劳动仲裁为并行关系,而非替代关系。现行《体育法》虽然完善了体育仲裁相关规定,于立法层面上抹平了体育仲裁与劳动仲裁原先存在的适用冲突,但并未从根本上解决行业自治规范与法律规定之间的不兼容问题。足协发布的《中国足球协会章程》(足球字〔2019〕929 号)第 11 条、第 14 条有关俱乐部会员的条款中,将"管辖权限定于行业机构内"作为会员入会的要求之一和应尽义务之一②;第 54 条的争议管辖权条款更是直接规定"有关争议应提交本会或国际足联有关机构解决"③。《中国足球协会职业俱乐部工作合同基本要求》(足球字〔2016〕86 号)第 20 条亦有类似规定,不区分纠纷的类型而要求统一交由行业内机构解决。④ 由于足协在国内足球职业赛事安排上具有垄断地位,职业运动员若不隶属于足协下属各俱乐部,就无法从事自己的足球职业;俱乐部亦需按照足协的规定展开工作。因此,足协相关文件在总则章程、工作合同、仲裁管理等不同方面均将行业纠纷排除于法院管辖的规定,已远远超出意思自治的范畴,属于强制性的管辖规定,在实践中也确实达到较强效果。

行业内部争议解决机制与国家法律适用之间的矛盾,是球员在诸多一般劳动争议中难以得到救济的主要原因之一。以老生常谈的"欠薪"为例,俱乐部欠薪会导致丧失职业联赛资格,而丧失职业联赛资格后其不再是足协的注册会员单位,足协亦不再对其享有管辖权,即使出具了裁决书也不具有强制性约束力;地方劳动仲裁机构和法院往往以工作合同约定的中国足协仲裁委员会管辖而作出不予受理的决定或裁定,即自行排除了司法管辖,这两种情形之叠加会直接导致球员最基础的工资债权难以得到实现。

截至 2022 年 4 月 30 日,以案件类型"民事案件"、文书类型"裁定书"、案由"劳

---

①参见《中华人民共和国体育法》(2022 年 6 月 24 日第十三届全国人民代表大会常务委员会第三十五次会议修订)第 92 条。

②《中国足球协会章程》(足球字〔2019〕929 号)第 11 条第 2 款规定:"申请成为本会会员,应当提交以下材料:1. 申请书。申请书须对以下事项作出承诺:……(3)保证不将在国际足联、亚足联和本会章程规定范围内的争议诉至法院,国际足联、亚足联和本会章程另有规定的除外。"第 14 条第 3 款规定:"承认并接受本会仲裁委员会和国际足联争议解决机构对行业内纠纷的管辖权,并在其章程中载明。"

③《中国足球协会章程》(足球字〔2019〕929 号)第 54 条规定:"(一)除本章程和国际足联另有规定外,本会及本会管辖范围内的足球组织和足球从业人员不得将争议诉诸法院。有关争议应提交本会或国际足联的有关机构解决。(二)争议各方或争议事项属于本会管辖范围内的为国内争议,本会有管辖权。其他争议为国际争议,国际足联有管辖权。"

④《中国足球协会职业俱乐部工作合同基本要求》(足球字〔2016〕86 号)第 20 条规定:"(一)合同双方在履行合同过程中发生争议时,由双方协商解决。(二)合同双方不能协商解决时,应向中国足球协会仲裁委员会申请仲裁,中国足球协会仲裁委员会的裁决为最终裁决。"

动、人事争议"、全文关键词"运动员""足球"为检索条件,在中国裁判文书网上共能检索到 166 份裁判文书。经筛选,排除重复的、与职业足球运动员劳动权益不相关的、未生效的文书,最终得到有效样本为 97 份,此类案件的争议焦点均为管辖问题。

在所收集到的案例中,裁定相关争议不由法院管辖的案件有 46 例,裁定由法院管辖的案件有 51 例,呈现出"五五开"的明显分歧。裁定争议不由法院管辖的案件,有 40 份援引原《体育法》第 32 条等规定,从特别法优于一般法的角度进行考虑;有 37 份案件直接以足协文件为依据,可见足协文件所起的实际作用不小。比如在曲某与银川贺兰山足球俱乐部追索劳动报酬纠纷案中,法院认可中国足协管理全国足球事务的权限,肯定了《中国足球协会章程》《中国足球协会仲裁委员会工作规则》等文件的适用效力,认为"曲某与贺兰山足球俱乐部约定的上述纠纷解决方式,已排除了人民法院管辖,且符合足球行业特点……双方均应遵照执行"①。

认为相关争议由法院管辖的案件,有 94% 是二审案件,多为一审判决不由法院管辖,二审再判决驳回的。其中,一部分案件是因为所涉俱乐部已被取消足协注册资格的而无法适用足协相关规定,并非基于法院对此类案件本就具有管辖权的原因,实质上仍是肯定了足协相关文件在球员争议的管辖问题上的效力。此类案件占比约为三分之一。在姜某与福建天信足球俱乐部劳动争议案中,法院以"球员提起诉讼时,涉案俱乐部已经不是足协注册的职业足球俱乐部"为由,认为该案属于人民法院受理范围。②剩余三分之二的案件,大多以《劳动合同法》、《中华人民共和国民事诉讼法》(以下简称《民事诉讼法》)等法律为依据明确法院对此类劳动争议有管辖权,比如在于某与沈阳东进足球俱乐部劳动争议纠纷案中,法院以《劳动法》第 79 条和《劳动合同法》第 2 条为依据,认为"双方之间的关系符合劳动关系的特征……该纠纷属于劳动纠纷"③。对比在舆论场域经常可见的球员维权事件,能完整走完法院诉讼程序的案子实属少数。

如前所述,在球员与俱乐部产生的劳动争议的解决方式上,我国劳动法律法规并未将职业足球运动员排除于劳动仲裁和诉讼的适用范围外,2022 年修订的《体育法》亦明确体育仲裁与劳动仲裁诉讼为平行并列的两条路径。然而,我国足协相关文件在俱乐部入会资格、球员工作合同管理等方面均将体育仲裁作为强制性条件,由此产生的冲突进一步导致司法实务中出现显著的"同案不同判"情况,法律规定与职业足球行业的实际需求之间的适配程度有待提高,亟须对不同规范间的效力和利益予以协调、明确。

---

① 参见银川市西夏区人民法院(2020)宁 0105 民初 3866 号民事判决书。
② 参见福建省福州市中级人民法院(2020)闽 01 民终 7447 号民事判决书。
③ 参见辽宁省沈阳市中级人民法院(2016)辽 01 民终 1972 号民事判决书。

2.球员工作合同与《劳动合同法》的冲突

《劳动合同法》为保持劳动关系的稳定性、倾斜保护劳动者权益,对劳动合同的期限、解除事由、违约责任等方面作出明确规定。在合同期限方面,《劳动合同法》第14条第2款第3项设置了固定期限劳动合同向无固定期限劳动合同转换的机制,连续订立两次固定期限劳动合同且没有发生解除劳动合同情形的,应当订立无固定期限劳动合同;而职业足球的工作合约以赛季为周期续签,球员转会更是常有之事,足协发布的关于工作合同基本要求的文件里直接规定工作合同不得超过五年。① 此处《劳动合同法》为追求劳动关系稳定所做的"下限"设置与竞技体育市场供需自由所要求的"上限"规则相冲突。

在违约责任方面,根据《劳动合同法》第25条的规定,只有在劳资双方约定有竞业禁止和保密义务的情况下,才能在劳动合同中约定劳动者承担违约金责任的情形,正常的"跳槽"行为不能适用;而在职业足球行业,球员的签约与转会涉及巨大的商业利益,各个俱乐部为了防止别的球队挖墙脚,都会设置高额违约金,此条款在职业足球工作合同中亦为常规条款。

在合同解除方面,《劳动合同法》第37条赋予劳动者无因单方解除劳动合同的权利,但也设置了"提前30天通知"这一条件;反观足协发布的行业规则,由于赛程时间本身不长,职业球员普遍不享有提前30天任意解除合同的权利;且在竞技性团体运动中,每个运动员都具有不可替代性,若使职业球员享有无因单方解除合同的权利,则可能发生球员于赛季中途辞职离队且不需要承担责任的情况,不仅会影响赛程的正常运转,还会对整个职业足球行业的经济稳定性产生负面影响。行业内已有"转会期"制度对球员自由择业的利益进行兼顾,球员和俱乐部应在每年固定的时间段完成转会注册手续。根据足协相关规定,在此期间以外的球员单方解除工作合同的行为,往往需要以"俱乐部拖欠工资"等"正当理由"为基础,球员不能无因解除和俱乐部签订的工作合同。②

在劳动合同试用期等方面,足协相关规定亦与现行劳动法律法规有所出入。比如职业球员与俱乐部的劳动关系确立行为受转会期限制,基本不存在球员"试用"这一概念,而行业内普遍适用的"试训期"在性质上则与劳动法层面的"试用期"有较大差

---

①《中国足球协会职业俱乐部工作合同基本要求》(足球字〔2016〕86号)第16条规定:"工作合同期限不得超过五年"。

②《中国足球协会职业俱乐部工作合同基本要求》(足球字〔2016〕86号)第19条第4款规定:"俱乐部有下列情形之一的,球员有权解除合同:1.未按合同约定提供劳动条件或劳动保护的;2.凡出现拖欠球员工资或奖金情况的;3.未依法或按合同约定为球员办理保险的;4.对球员进行侮辱、体罚、殴打或逼迫球员从事违法、违纪活动的;5.俱乐部规章制度违反法律、法规的规定,损害球员权益的;6.其他正当理由。"

别,等等。《劳动合同法》的诸多制度与职业足球工作合同惯例产生冲突,部分不同之处可理解为是行业规范对劳动法律法规的细化和补充,但仍有不少表现为行业惯例与劳动合同法基本制度的矛盾。

总体而言,球员劳动权益保障的主要矛盾点在于职业球员劳动争议的解决方式问题及《劳动合同法》相关制度与职业足球行业的衔接问题,并进而影响球员作为劳动者的基本身份归属和配套权益制度。足球行业规范与国家劳动法律法规适用之间的冲突,不仅可能导致职业足球行业变为劳动法的真空地带,而且致使球员维权之路受阻;其中所涉职业足球行业自治规则效力位阶不明等问题,亦不利于该行业长远、健康地发展。

三、职业足球运动员的劳动权益保障困境的分层解决

(一)正确处理行业自治与国家强制法之间的关系

在社会劳动分工日趋完善、社会关系日趋复杂的今天,由政府或法律来管理一切社会事务是不切实际的,因此,很多社会事务管理的职能都由专业化的社会机构来承担[1]。与国家法律体系相比,足球行业规范同样是一个相对独立的规范系统,对于职业足球这一商业利益巨大、市场化程度高的行业而言,足协发布的相关规制文件更是占据着举足轻重的作用。国家公权力虽不对专业性社团的具体事务管理进行干预,但仍需对其进行正面引导和监督。[2] 概括而言,职业足球范围内球员的劳动者权益保障制度,离不开行业自治和国家规范体系的共同建造,对于其中与国家法律之间的不兼容、矛盾之处,根本在于明晰国家强制法与行业规范的边界。

将问题回归至劳动法有关争议中,在职业足球运动员能否被视为劳动者,以及其薪酬、休息休假等权益能否得到保障,能否通过诉讼路径获得权利救济等问题上,着重考量的是球员能否获得最低的劳动权益保护,这类普遍性的、兜底性的问题应得到统一解决;而如何使劳动法律法规在职业足球行业得以更加顺利且有效地适用,则需侧重衡量如何处理行业的客观特殊性,平衡行业自治和国家强制法的关系,可以按照《劳动合同法》、足球行业规范的相关规定,基于市场功能而发挥能动性和灵活性,由球员和俱乐部双方依法协商解决部分事宜,无须强行适用法律的统一规定。

部分国家对职业运动员的劳动属性亦进行分层规制。比如日本也肯定职业球员

---

[1] 周林彬、蔡文静:《社会治理角度下的民间规范与地方立法》,载《甘肃社会科学》2018年第1期,第168页。

[2] 肖永平主编:《体育争端解决模式研究》,高等教育出版社2015年版,第61页。

具有劳动者属性,对于职业球员的人数稀缺、高报酬等特殊性,日本从集体劳动关系入手,不将职业球员排除于劳动法保护范围以外,而是使其依据集体劳动关系法通过工会与使用者进行自主交涉,以维护和改善其劳动条件。① 美国职业体育中,诸如"工资帽""球员保留"等篮球行业的特色制度,可以获得劳动法、反垄断法等法律的豁免。② 除竞技体育外,还存在诸多特殊群体或特殊工作无法完全套用于传统劳动法律规制的情形,比如近年来涌现的新业态劳动者,其工作特殊性对传统劳动法理论提出挑战。对于此类特殊工作形式,域内外实务上的观点主张将其分为两个问题予以整体对待:一是何为不可动摇的根本劳动权益问题,即在劳动基准、劳动争议解决等层面"以不变应万变";二是区分何为可以协调变通以适应其工作特殊性的劳动权益问题,即在工作合同和行业规范层面对特殊问题进行调整。

(二)保障职业足球运动员的基本劳动权益

从基本权益的视角考察职业足球运动员劳动保障问题,应当一以贯之的是"底线"思维,应当在最低工资、救济路径等方面保障职业球员的基本劳动权益。

1.明确职业足球运动员的劳动者身份

如前所述,职业足球运动员与职业俱乐部之间构成劳动关系,在法理上未见明显障碍,因为法律适用层面的困境而倒推否定球员的劳动者身份定位,实属因噎废食之举。承认球员的劳动者身份不仅是构建、完善球员劳动者权益保障制度的基础,也是遵循劳动者权利本位的体现。虽然有部分明星球员具有较高的职业自由度和磋商能力,但在分析劳动者身份时应着眼于职业足球运动员这一群体的普遍情况,大部分球员与俱乐部之间的关系并未脱离传统劳动关系的范畴,广大职业球员的相关权益仍期于劳动法的保护。

现有法律法规并未直接明确职业运动员的劳动者主体身份,《意见》在一定程度上对此问题予以认可,但该文件作为部门规章的效力位阶不高,在司法实务中亦未能产生明显的引导作用。可以于未来的立法或司法解释中明确球员的劳动者身份,鼓励实务界多从劳动关系、劳动合同层面考虑和分析球员与俱乐部的相关纠纷,为具体法律适用扫清基本障碍。在职业球员为劳动关系主体这一认知被普遍认可的基础上,探讨职业足球行业的特殊性,以期寻求法律法规与行业自治之间利益博弈的平衡点。

2.明确劳动基准法在球员权益保障中的根本地位

第一,应当保障职业足球运动员在薪资待遇和社会保险方面的合法权益。目前有

---

①娜鹤雅、仲琦:《中日劳动法规视角下职业球员的劳动者属性》,载《上海体育学院学报》2020年第6期,第42-44页。

②[美]马修·J.米顿:《美国职业体育联盟中劳动关系的法律适用》,郭树理译,载《民商法论丛》2019年第1期,第305-325页。

关职业足球运动员与俱乐部有关的争议多源于欠薪,由于职业足球运动员有其职业特性,且该行业内欠薪纠纷频发的原因亦已不再是劳动法律法规本身的规定不够完善,而须考虑经济利益方面的威慑力度。近年来,中国足协出台了一系列相关规定遏制欠薪发生,将按时足额支付俱乐部运动员、教练员以及其他工作人员薪酬作为俱乐部准入参加中超、中乙等联赛的强制性标准;存在欠薪情况的俱乐部甚至可能被取消注册资格①,这种直接影响商业利益的举措或许能达到更大效果。

第二,在休息休假方面,职业足球运动员也应当同普通劳动者一般享有这项最基本的劳动权益。但是,标准休息休假制度难以应对赛季开始后开展的集中备赛、比赛等情况,足协有关合同范本中指出"为保证训练、比赛安排的需要,甲方(俱乐部)可对此做出相应的调整"②,体现了俱乐部在此项内容上的强势地位,运动员往往无条件地遵从俱乐部的安排。对此,足协应发挥行业管理的作用,在其工作合同规范文件、足协章程等具有指导意义的文件中明确球员休息休假的最低要求;另一方面,在体育法律法规或劳动法律法规中补充有关运动员休息时间的规定,对于俱乐部侵犯球员基本休息权的情形建立相应的责任机制,比如规定球员可以要求经济补偿;等等。③

第三,球员在劳动过程享有获得劳动安全卫生保护的权利。在职业足球行业,该权利的主要体现为职业足球运动员在训练、比赛中的伤病医疗保障问题,俱乐部应当建立球员医疗服务和保障制度,队内配备专业医师和理疗师,对于球员伤病进行全面的防范和及时的处理。此外,从保护球员安全和健康的角度出发,俱乐部也不得强迫、纵容球员使用兴奋剂等违禁物品。

除上述根本劳动权益以外,职业足球运动员理应享有劳动基准法层面的其他基本劳动权益,在因职业特性而对工作内容、形式等方面做出调整的同时,须发挥劳基法对球员权益的"兜底"作用。

3. 明确民事诉讼在球员劳动争议解决机制中的重要作用

在收集到的与职业足球运动员劳动权益管辖权有关的 97 份案件中,法院是否支持劳动者与法院是否裁决对案件具有管辖权具有高度同一性,相关程度高达96.9%,即绝大多数案件中球员希望纠纷能由法院审理,而俱乐部则持相反立场。若为职业足球行业的发展而将民事诉讼排除于球员劳动争议解决方式之外,则理想状态

①根据中国足协足纪〔2019〕2 号、足纪字〔2018〕067 号等处罚决定可知,大连超越、海南博盈、沈阳东进等足球俱乐部因为欠薪被足协取消俱乐部注册资格。

②《中国足球协会职业俱乐部工作合同基本要求》(足球字〔2016〕86 号)之附件《俱乐部工作合同样本》第 4 条第 3 项规定:"甲方保障乙方按国家规定享受休假、探亲假、婚丧假、法定节假日休假,但为保证训练、比赛安排的需要,甲方可对此做出相应的调整。"

③韩新君:《职业运动员工作合同法律问题的探讨》,载《天津体育学院学报》2006 年第 3 期,第218 页。

应为球员、俱乐部均能从中受益,但事实上,该设置成为俱乐部与球员利益明显不平衡之体现。厘清职业足球运动员相关争议的管辖矛盾,须明确体育自治的边界以及行业规范与劳动法律法规的效力位阶问题。

首先,对于体育运动的管理,大多倾向于依靠体育组织的自治规则和惯例,在体育争端自治解决更合适的情况下,法院更愿意尊重体育组织的权威,不贸然以司法手段介入,比如美国《业余体育法》即禁止代表美国参加国际比赛的运动员因参赛资格向法院提起诉讼。① 但有关"体育争端"的解释多局限于运动员参赛资格等具有较强专业性、技术性的事项,需要专门机构来论证才能得出适当的结论,②这种在特殊事项上普通法院难以企及的专业性才是体育争端自治的主要缘由,球员与俱乐部之间的劳动纠纷并非属此范畴。部分国家虽承认体育争端的自治解决,但仍倾向于将球员劳动争议排除于行业自治范围外,比如英国法院虽然不受理绝大多数与体育有关的争议,但仍会处理与职业合同相关的纠纷,以保护运动员的工作和生存。③ 我国于 2022 年修订的《体育法》列举了体育仲裁处理的争端类型,以涉及兴奋剂、参赛资格、禁赛处理、运动员注册与交流等事项为主,并将劳动争议排除于体育仲裁范围以外,亦可说明体育行业自治的范围应以"是否为体育专业性事项"为界定标准。

其次,考察司法实务情况可知,部分认可球员与俱乐部相关劳动争议应由专门体育仲裁机构进行处理的观点以尊重球员工作合同意思自治为依据,却忽略了球员工作合同对劳动争议的约定本质上是遵循足协相关文件的"强制性"规定,并无多少当事人双方协商的空间。按照足协对其自身性质的定义,足协属于体育类社团法人,根据法律授权和政府委托管理全国足球事务。显而易见的是,足协并不属于拥有公权力的行政机关,其发布的文件仅能作为行业内部规范和参考,在效力上远不足以与法律、行政法规等相抗衡。而"法律授权和政府委托"是否能赋予其相应能力呢?足协发布《中国足球协会章程》《中国足协球员身份与转会管理规定》等文件并设置多项职业足球行业规定的行为均以自己名义做出,未见有法律授权或政府委托的相关文件。且即使认为该行为获得法定授权,则若出现纠纷,足协就理应成为行政诉讼的被告,这又与实际情况不相符合。④

因此,基于我国现有法律规制和行业规范在球员工作权益上的例外设定,以及足

---

① Amateur Sports Act,36 U. S. C §　§220522,220527,220529(1978).

② 肖永平主编:《体育争端解决模式研究》,高等教育出版社 2015 年版,第 15 页。

③ James A. R. Nafziger, *International Sports Law: A Replay of Characteristics and Trend*,86 American Journal of International Law,508 (1992).

④ 参见北京市第三中级人民法院(2020)京 03 行终 704 号行政裁定书。该案中,法院认为足协是在民政部门登记注册的社会团体,属于行业自律机构,并非行政机关,故起诉人提出的对《中国足球协会乙级联赛俱乐部准入规程》等文件进行违法性审查的诉请不属于法院行政诉讼的受案范围。

协自身的定位和基本公法原理,足协发布的相关文件不具备对抗劳动法律法规的效力。有关管辖权的规定可作为行业惯例供球员和俱乐部在平等基础上展开协商,但足协不得在总领性文件中强制规定管辖方式,以"软"规定对抗"硬"法,将争议解决方式与会员准入标准、参赛资格等相挂钩,并以此达到排除法院管辖的效果。对于职业足球运动员与俱乐部之间的纷争此类案件,法院应以《劳动法》《民事诉讼法》等为依据,依法受理。

(三)在劳动合同层面尊重足球行业自治

《意见》强调,俱乐部与球员可以根据足球行业特殊性而约定其他条款。职业足球运动员与俱乐部之间的劳动法适用困境,除争议解决方式外,大多集中于球员工作合同规范与《劳动合同法》的不兼容上。

1. 完善《劳动合同法》对职业足球运动员的特别规范

基于职业足球行业高商业利益之特性,足球行业在违约金、单方解除合同方面对球员寄予高于一般劳动者的要求。从劳动经济学的视角看,球员工作形式、违约标准等问题,本质上属于劳动力市场上的交易行为;且我国职业足球经过数年的产业化发展,已形成较为成熟和体系化的运作机制,不适宜将《劳动合同法》对一般劳动者的所有规定硬套用于球员身上。

目前,对于球员工作合同和劳动合同立法的冲突,有以下几种主张:其一,专门就职业体育项目中的工作合同关系进行立法,比如葡萄牙、巴西、意大利等老牌足球强国已采取此种做法。[1] 专门立法固然能对球员工作合同问题予以针对性的回应,但相关立法涉及的不仅是劳动法领域内容,亦是体育法项下的重要分支,在我国体育法制度尚未系统化建立的当下,就职业足球运动员与俱乐部的工作合同展开专门立法的条件还不成熟。其二,有学者建议在修订《劳动合同法》时将职业球员排除在该法适用范围之外,从而使法院在审理相关争端时只能将足球行业规则作为裁判依据。[2] 此种方式虽能彻底地解决球员工作合同与法律的矛盾,却忽略了对职业球员劳动权益的保护,《劳动合同法》中有关劳动合同的履行、劳动合同的变更、工会和集体协商等制度仍可适用于职业足球领域,球员的部分劳动权益仍应由《劳动合同法》进行规制。笔者认为,应当将足球行业特别惯例排除于《劳动合同法》部分制度的统一适用,像有关固定期限劳动合同向无固定期限劳动合同的转换制度明显不符合职业足球行业自由

---

① 《巴西贝利法》《葡萄牙职业体育劳动合同法》《意大利职业体育第 91/1981 号法》《比利时职业运动员法》等法律对球员工作合同问题进行专门立法。

② 董金鑫:《国际体育仲裁视野下的职业球员工作合同的约定解除》,载《沈阳体育学院学报》2022 年第 1 期,第 105 页。

转会的运行要求,可以通过补充完善现行法律法规或司法解释的方式对可以适用足协规则的事项予以明确,比如在修订《劳动合同法》时,于该法第14条、第25条等条款的适用部分作例外规定。此外,还可以遵循《劳动法》将残疾人、退役军人、少数民族人员等具有特殊身份劳动者排除于其统一规制的做法,基于职业足球运动员工作合同的特殊性,在《劳动合同法》总则部分明确"职业体育运动员的工作合同,法律、法规有特别规定的,从其规定",既保证了《劳动合同法》一般性规定对职业球员的保护,又尊重了足球行业的行业自治与惯例。

概括而言,应以《劳动合同法》基本原则为依据,参考民商法之法理,发挥市场的资源配置作用,由球员和俱乐部遵循劳动合同法上"自愿、合法、公平"的原则,协商解决有关劳动合同解除、违约金、固定期限劳动合同等问题。球员因"试训期"、违约转会等特殊事项与俱乐部产生纠纷的,法院或体育、劳动仲裁机关应以行业自治规则和工作合同约定为依据进行裁判。

2. 加强球员工作合同的规范化管理

目前,足协已经发布《中国足球协会职业俱乐部工作合同基本要求》,以《劳动合同法》的一般规定为基础,结合职业足球行业的转会等特色制度,对球员订立、履行、解除和终止工作合同的各个环节都进行了初步规范,并要求相关会员须以足协发布的合同范本规范用工。

一方面,足协有关球员工作合同的规制还有发展和完善的空间。在《劳动合同法》与足球行业规则存在明显冲突的当下,足协有关工作合同的行业规则对许多争议点是有所回避的。如前所述,足协文件里仅规定了球员工作合同为固定期限劳动合同,并未回应《劳动合同法》中固定期限劳动合同向无固定期限劳动合同转换的问题;再如球员违约转会的违约金规制,足协相关文件未涉及违约金标准和适用情形等具体问题;虽然相比而言,足协提供的"工作合同范本"对相关事项的规定稍显详细,但该范本仅作为俱乐部与球员订立合同的参考,不具备强制约束力。在相关法律尚未完善的当下,可以尽可能在《劳动合同法》允许的范围内制定行业自治规则;在立法或相关政策明确《劳动合同法》与足球行业规则的适用边界后,足协有关工作合同规则可以总结行业规律和普遍问题,对具体特殊制度进一步细化。

另一方面,球员工作合同范本涉及劳动合同的格式条款问题。足协作为行业自治性组织,在制定格式条款时,应当与球员工会进行磋商,基于公平原则确定当事人之间的权利义务;与利益有关的具体内容如奖金发放标准、社会保险等,应当由使用该合同范本的当事人双方亲自协商。球员与俱乐部的合同范本作为行业自治规范的体现,在制定过程中也须遵循相关程序规则,经相关行业自治组织和劳动行政部门审查和备案,此种安排既能维持合同稳定性、体现双方真实意思、合理规范用工,又使得合同内容兼具劳动监管和体育监管的两重功能,形成良好的足球行业秩序。

四、结　语

　　习近平总书记指出,体育是社会发展和人类进步的重要标志,是综合国力和社会文明程度的重要体现。如何在法律上完善职业足球运动员劳动权益的保障体系,不仅关系职业运动员群体的权益,还会影响国家层面"体育强国"战略具体政策的制定。承前所述,在行业组织自治机制与劳动法律法规适用之间的冲突下,诸如球员劳动者身份定性、争议解决方式、球员工作合同的合法性等问题长期处于争议地带,这为特殊劳动者的保护和体育产业化的发展蒙上一层阴霾。职业足球行业在工作内容、工作时间、薪酬标准等多方面均不同于传统劳动用人行业,应深入理解此类劳动关系的特殊性,明确劳动法律法规和行业规范的边界,把握好足球行业特殊性与劳动法适用规则之间的利益平衡点,切实保障球员的基本劳动权利,并给予球员与俱乐部在行业特殊问题上的协商空间。正如德沃金所言:"法律是一种不断完善的实践。"不断提高法律规制与现实需求之间的适配程度、发挥法律对具体领域的正向引领作用,是构建法治社会的必然要求,也正是本文的目的和意义所在。

(责任编辑:夏凌)

NFT 数字作品的物权属性和主体责任分配研究

陆宇栋①

摘　要:非同质权益凭证(NFT)是区块链根据智能合约生成的能独一无二标识特定数字资产的数据单位,具有 NFT 标识的数字作品称为 NFT 数字作品。NFT 数字作品具有"物"的特定性、独立性和支配性,区块链发挥类似"不动产登记簿"的作用,实现权属流转公示。NFT 数字作品交易是以数字作品所有权移转为交易内容的买卖关系,交易包括铸造、上架和出售三个环节,涉及复制、发行和信息网络传播行为,发行权用尽原则具有可适用空间。发行人未经数字作品权利人许可销售 NFT 的,合法购买者可主张合法来源抗辩以免除赔偿责任,交易平台应承担"通知—删除"规则外更高的审查义务。

关键词:非同质权益凭证　数字作品　物权　虚拟财产　发行权用尽

非同质权益凭证(Non-fungible Token,简写为 NFT,又被译为非同质代币、非同质通证)是区块链技术与数字资产相结合取得瞩目成果的重要创新。2021 年 3 月,艺术家迈克·温克尔曼(又称"Beeple")创作的 NFT 作品 *Everydays:The First* 5000 *Days* 在佳士得拍卖会上拍卖的价格高达 6934 万美元②,这点燃了艺术界和文娱界对 NFT 狂热追捧的热情。③ 自 2017 年"以太猫(CryptoKitties)"引发主流关注起,到 2021 年的 NFT 数字艺术品拍卖引发市场狂欢,NFT 市场的繁荣并非"郁金香泡沫",NFT 解决了数字艺术品的收藏价值低和权属难以确定的问题,其独具的价值稀缺性是符合市场供

---

①陆宇栋,浙江师范大学法学院硕士研究生。

②渠丽华:《NFT 的春天还有多长》,载《经济日报》2021 年 5 月 7 日,第 2 版。

③实践中包括周杰伦、库里等知名明星发布 NFT 产品,也有阿里巴巴、腾讯、Hermes 等企业布局 NFT。典型实例如:推特 CEO 将首条推特铸造成 NFT 艺术品进行拍卖,仅五个英文单词构成的推特却以 250 万美元的高价成交;中国碳中和发行碳资产 NFT,支持机构、企业或个人通过平台购买碳资产 NFT 从而抵消相关排放,实现碳中和;花花公子推出新的 NFT 项目 Rabbitars,包含 11953 个独特兔子形象。

给和消费者需求的。① 不仅如此,在互联网时代,NFT 作品被赋予了社交价值,在虚拟世界用户可以在自己的个人主页展示作品,实现不同用户对作品的交互式欣赏和探讨,促成以 NFT 作品为核心的社交群体的互动与融合。② 从未来发展趋势看,NFT 被寄予厚望的核心价值在于其能实现数字资产化,用来证明数字资产的归属,因此被视为连接元宇宙和现实世界最重要的一块拼图。

市场繁荣的同时,法律纠纷也日益增多。2022 年 4 月 20 日,杭州互联网法院对"奇策公司与杭州原与宙科技有限公司侵害信息网络传播权纠纷"一案(以下简称"胖虎打疫苗案")作出当庭宣判,该案是我国涉 NFT 数字作品的第一例判决,法院对 NFT 数字作品铸造、交易的法律性质作出了界定。但是法院在认为 NFT 数字作品具有特定性、独立性和支配性,是受法律保护的财产性利益后,没有对其物权性或债权性做更进一步的分析。③ 首先,本文认为明确 NFT 数字作品的法律属性具有必要性,并认为采取物权法的保护路径更能实现对权利人的救济。其次,本文从著作权角度厘清 NFT 数字作品交易过程中涉及的专有权利,分析发行方、购买者及交易平台的责任承担。

一、NFT 和 NFT 数字作品的关系

NFT 是基于 ERC721 等区块链技术协议发行的不可分割的、具有特定 ID 的通证,该 ID 可以附加相应元数据,这些元数据可以指向某个特定的数字内容。④ NFT 本质上是一个权益凭证。NFT 可实现数字资产化和资产数字化,其可应用于数字艺术品、门票、游戏、域名等数字领域,也可绑定不动产、私募股权等流动性差的金融资产以提高流动性。将特定的资产代币化的过程称之为"铸造",具体而言,平台通过哈希函数将用户上传的数字内容转化为哈希值,进而将哈希值、权利人、时间、数字内容描述等信息记录到区块链上,生成 NFT。

数字作品是以二进制编码形式表达的各类作品。⑤ 通过"铸造"将数字作品代币化,即本文所称的 NFT 数字作品,其本质是以数字化形态存在的、被独一无二地标记了的、内容具有独创性的一份文件。⑥ 将该数字作品标记的代币即 NFT,形式上是区

---

① 司晓:《区块链非同质化通证(NFT)的财产法律问题探析》,载《版权理论与实务》2021 年第 7 期,第 15 页。

② 江哲丰、彭祝斌:《加密数字艺术产业发展过程中的监管逻辑——基于 NFT 艺术的快速传播与行业影响研究》,载《学术论坛》2021 年第 4 期,第 122-123 页。。

③ 杭州互联网法院(2022)浙 0192 民初 1008 号民事判决书。

④ 司晓:《区块链非同质化通证(NFT)的财产法律问题探析》,载《版权理论与实务》2021 年第 7 期,第 6 页。

⑤ 颜祥林、张雅希:《试论数字作品的知识产权保护》,载《情报学报》2000 年第 2 期,第 144 页。

⑥ 陶乾:《论数字作品非同质代币化交易的法律意涵》,载《东方法学》2022 年第 2 期,第 71 页。

块链根据智能合约生成的一个数据单位,智能合约中包含 TokenURL 函数,该函数的作用在于输入 NFT 的 ID,返回元数据所在的 URL 地址。元数据又称"数据的数据",包含数字作品(原始数据)的描述性信息,如图片作品的颜色、名称、大小等,并且元数据还记录了数字作品的存储地址,点击该链接即可访问存储的数字作品。简单来讲,NFT 与 NFT 数字作品通过元数据得以链接。NFT 本身并非作品或作品载体,其实质是代表特定数字作品的权益凭证,是为了使待交易的数字内容产生稀缺性、实际交易产生客体流转性效果而设计的"工具"。①

尽管 NFT 被寄予厚望,拥有广阔的发展前景,但其在中国的发展不仅称不上顺畅反而阻碍重重。数字作品代币化通常基于以太坊等公有链完成,以代币(token)的形式呈现,其本身源于公有链,因此通过智能合约可以无障碍地实现与虚拟货币的兑换以及类似资产证券化操作发行虚拟货币,故虚拟货币在我国受到严厉监管。2021 年 9 月 15 日中国人民银行发布《关于进一步防范和处置虚拟货币交易炒作风险的通知》(下称《通知》),明确比特币等加密虚拟货币不属于货币,进行虚拟货币交易属于非法活动,同时加强对加密资产的监管。

本文认为 NFT 数字作品并非虚拟货币,而是可被权利人独立支配的"物"。数字作品代币化后的交易模式不同于获取作品需得到版权许可的传统模式。在该交易模式下,参与流通的是作为"凭证"的 NFT,该凭证与作为交易客体的数字作品具有独一无二的对应关系,权利人得以通过拥有 NFT 宣示对财产的"占有",NFT 起到类似"物权凭证"的作用。

二、NFT 数字作品的物权属性探究

(一)NFT 数字作品属于网络虚拟财产

1. NFT 数字作品、加密虚拟货币、区块链数字资产与网络虚拟财产

美国国家标准与技术研究院(NIST)2018 年发布的报告认为:加密虚拟货币(crypto currency)是通过密码学和区块链技术得以实现的,能够以自己的账户单位计价,实现无中介状态下的对等传输。比特币是第一代加密虚拟货币,也被称为同质化代币(fungible token)。区块链数字资产(blockchain digital assets)指基于区块链技术发行、登记、存储、持有、转让或交易的新型无形资产,其具有无形性、加密验证机制、使用分布式账本、去中心化等典型特征。② 可见,无论是 NFT 数字作品或是加密虚拟货

---

① 陶乾:《论数字作品非同质代币化交易的法律意涵》,载《东方法学》2022 年第 2 期,第 71 页。
② 司晓:《区块链数字资产物权论》,载《探索与争鸣》2018 年第 12 期,第 82 页。

币均是以区块链技术为核心的无形资产,二者均是区块链数字资产的下位概念①。

区块链数字资产是网络虚拟财产的一种。虽然法律上未对虚拟财产的概念作出界定,但学说仍值得参考。美国学者给出了网络虚拟财产的经典定义:虚拟财产是竞争性地、持续性地和互联性地模仿真实世界特征的计算机代码。② 林旭霞教授立足上述观点,认为虚拟财产指:在网络环境下,模拟现实事物,以数字化形式存在的、既相对独立又具独占性的信息资源。③ 显然,区块链数字资产符合这些特征。

2. NFT 数字作品不同于加密虚拟货币

对 NFT 数字作品法律属性的探究不仅应落实于 NFT 数字作品本身,还应着眼于作为"凭证"的 NFT。首先,数字作品代币化后的产物称为 NFT 数字作品,其仍是版权法意义上的作品的一种,显然不同于加密虚拟货币。其次,实践中易发生混淆的是 NFT 与加密虚拟货币,二者均源于区块链技术,具有去中心化、公开透明、不可篡改等共有特征,但本质上截然不同。

首先,NFT 与加密虚拟货币的价值来源不同。拥有 NFT 意味着取得了对应的 NFT 数字作品的所有权,因此 NFT 的价值一方面取决于发行的数量,另一方面取决于指向的 NFT 数字作品的价值。正因为 NFT 具有实际的价值锚定物,具备价值稳定性,因此其不同于比特币等加密虚拟货币,后者的价值取决于"挖矿"的生产成本以及市场群体的信任,其缺乏稳定的价值来源,一旦失去市场群体的信任,那它就仅是存在于网络中的数字而已。④

其次,NFT 与加密虚拟货币在流通领域所起的作用不同。数字作品代币化后构建的交易模型中,NFT 数字作品以商品的形式出现,NFT 是使该商品产生流转性的"凭证",所起的作用在某种程度上类似于海商法中的海运提单。而加密虚拟货币作为记账符号具有货币属性,一般作为支付工具投入使用,德国、日本等国家更是认可比特币为合法货币。⑤

NFT 数字作品与加密虚拟货币的共同点仅在均属于区块链数字资产,不该因此限制其交易,如果 NFT 数字作品内容不违法,就应当受到法律保护。

---

①列支敦士登 2020 年 1 月 1 日生效的《代币和可信赖技术服务提供商法案》(*Token and Trustworthy Technology Service Providers Act*)将区块链资产分为"代表空容器的代币(empty container)"和"代表权利的容器的代币(container)",前者指比特币等没有实际价值抵押的代币,后者指实体资产或权利的代币化。

②Joshua A. T. Fairfield, *Virtual Property*, Boston University Law Review, 1053(2005).

③林旭霞:《虚拟财产权研究》,法律出版社 2018 年版,第 58 页。

④齐爱民、张哲:《论数字货币的概念与法律性质》,载《法律科学》2021 年第 2 期,第 87 页。

⑤杨延超:《论数字货币的法律属性》,载《中国社会科学》2020 年第 1 期,第 104 页。

(二)NFT 数字作品符合物权客体特征

根据上文论述,毫无疑问 NFT 数字作品属于受法律保护的合法财产,但作为网络虚拟财产的一种,虚拟财产在民事财产权体系构造中究竟是债权还是物权仍未达成共识。① 债权论者多以论证虚拟财产不是"物"来否定物权说:"物"的有体性是判断"物"最重要的标准,避开"物"的有体性,通过论证虚拟财产的特定性和独立性将其认定为"物"存在先入为主和循环论证的逻辑问题。② 然而上述"物"的判定标准是基于德国法区分有体物和无体物的传统做出的,在我国未必适用,"物必有体"概念的突破是民法对社会物质形态变化的回应。③ 在此基础上有学者进一步指出:物权的支配性体现在物权人只需依照自己的意思行使物权,无须他人意思或行为的介入或者辅助,而虚拟财产权利人行使权利需要第三方辅助,如网络运营商,因而不具备物权法意义上的支配性。④ 上述观点在论述一般虚拟财产时具有一定的合理性,但 NFT 数字作品与一般虚拟财产相比具有更强的支配性、更有效的公示方式,体现出的物权性更加明确和强烈,应采取物权保护的路径。

第一,确定虚拟财产法律属性具有必要性。有学者指出,现有物债二分下虚拟财产法律属性论争由于"先赋权、后保护"的法律解释惯性思维落入了形式主义的窠臼。⑤ 与理论界争论不休的局面相比,司法实践的做法却截然不同,法院通常以《民法典》第 127 条为裁判依据,回避虚拟财产法律属性问题,其裁判逻辑为:先肯定虚拟财产的保护价值,后沿用合同法或侵权法进行救济。⑥ 在"NFT 保护第一案"中,法院也仅认定 NFT 数字作品为受法律保护的财产性利益,可见即使不区分 NFT 数字作品的物权或债权性质,也能找到权利救济的路径。然而,这种以"关系范式"取代"权利范式"的方法虽然对司法实践具有现实意义,却与民法"从具体到抽象"的思维相抵触,理论界对虚拟财产法律属性的探讨不应停止。⑦ 此外,应当强调明确法律属性可

---

①虚拟财产的法律性质定位有物权说、债权说、知识产权说、新型财产权利说和无形财产权说,理论和实务界的争议集中在物权说和债权说。

②李岩:《"虚拟财产权"的证立与体系安排:兼评〈民法总则〉第 127 条》,载《法学》2017 年第 9 期,第 148 页。

③孟勤国:《物的定义与物权编》,载《法学评论》2019 年第 3 期,第 2 页。

④王雷:《网络虚拟财产权债权说之坚持:兼论网络虚拟财产在我国民法典中的体系位置》,载《江汉论坛》2017 年第 1 期,第 125 页。

⑤高郦梅:《网络虚拟财产保护的解释路径》,载《清华法学》2021 年第 3 期,第 193 页。

⑥陈全真、徐棣枫:《再论网络虚拟财产权:范式转换、逻辑生成及保护路径》,载《贵州师范大学学报(社会科学版)》2022 年第 2 期,第 142 页。

⑦沈健州:《从概念到规制:网络虚拟财产权利解释的选择》,载《现代法学》2018 年第 6 期,第 44 页。

以起到强化法安定性的作用,并且由于物权和债权规则的不同,对 NFT 数字作品债权性或物权性的认定将影响整个 NFT 权利体系的建立。

第二,NFT 数字作品属于物权客体。传统民法理论认为物权客体为有体物,但随着自然科学的发展,将空间、自然力等纳为物权法调整对象,"物"的发展呈现出逐步否定"物必有体说"的趋势。① 现代意义上的物之客体不取决于是否有体,而在于是否可控和独立,只要法不禁止,具有自然属性的客观存在都可作为物权客体。② 本文认为,无论物的表现形态如何变化,作为物权客体的"物"必须具备一定规格,即特定性和独立性。③ 物的特定性与独立性的界定应从支配客体的要求着眼,同时兼顾公示要求,支配性是物的核心特征。支配的内涵随社会发展而丰富,突破对客体物理控制的范畴,包括事实支配、法律支配以及"权利联系"支配。④

数字作品存储位置的不同,影响持有者对 NFT 数字作品的支配程度。根据数字作品存储位置的不同,NFT 数字作品可以分为链上存储型和链外存储型。对于链上存储型,NFT 作为一个信息记录存储在区块链上,该 NFT 指向的数字作品存储于同一区块链的其他地方。该存储的优点在于只要区块链存在,则 NFT 数字作品就能得以保存,但数字作品占用的内存很大,即使存储的是图片其成本也非常高昂,因此此种存储方式仅为极少数。绝大多数情况下,出于区块链的存储限额、成本以及区块拥堵的考量,数字作品和元数据通常存储于链外,包括中心化的服务器和去中心化的星际文件系统(Interplanetary File System,简称 IPFS)。所谓"IPFS 存储"是指将存储文件切割为多份小文件分别存储于多个节点,确保文件不被篡改和泄露,节点会返回这个文件的索引哈希值,通过搜索哈希值检索数据。⑤ 对于链上存储型以及采取 IPFS 方式存储的 NFT 数字作品,持有者可以通过私钥控制自己的加密资产,这种控制属于事实控制,是直接力量关系的支配,且无须他人意识或行为的介入。在区块链的世界,NFT 以公钥的形式对外公开,任何人都可以查询到特定 NFT 的公钥哈希值,公钥由私钥生成,私钥仅为所有者私人掌控,通过私钥可以对 NFT 实施支配控制,拥有私钥意味着在技术上拥有对应资产所有权,类似于掌握了银行卡和密码。同时去中心化的特性意味着私钥对应着最高权限,持有私钥便可完全独立自主地控制对应的资产,私钥持有人无须通过登录账户、访问服务器即可实现对资产的排他支配。

① 常鹏翱:《物权法的展开与思考》,法律出版社 2007 年版,第 47 页。
② 杨立新、王竹:《论物权法规定的物权客体中统一物的概念》,载《法学家》2008 年第 5 期,第77 页。
③ 冉克平:《物权法总论》,法律出版社 2015 年版,第 147-148 页。
④ 林旭霞:《虚拟财产权研究》,法律出版社 2018 年版,第 116-119 页。
⑤ 张金龙、赵德政、韩庆敏:《一种基于区块链技术的工业数据安全性保护方法》,载《电子技术应用》2019 年第 7 期,第 86 页。

对于存储于服务器的 NFT 数字作品,对应的数字作品始终存储在铸造者最初上传的服务器中,购买 NFT 数字作品并不会使该数字作品发生数字化语境下存储位置的变动,并且数字作品本身也因未存储于区块链上而不具备唯一性,数字作品可在网络上传播意味着权利人无法通过私钥直接占有该数字作品,但权利人并未失去直接支配该数字作品的效力。区块链向全网公示该作品当前的权属状态,权利人凭借 NFT 实施支配控制,其可以仅根据自己的意志处分 NFT 数字作品,存储于服务器中的数字作品无须移转,区块链会记录权属变更,无须直接占有人的协作即可完成财产权的移转,其支配意志直达所支配的对象,其享有的权利仍具备支配权"对财产拥有决策力并最终控制财产的前途和命运"的核心特征。① 纵然公众可以通过复制、下载等方式取得数字作品,却无法取得所有权。诚然,应当承认数字作品存储于平台服务器中意味着平台可在事实上实施删除等操作,权利人通常情况下只能间接占有 NFT 数字作品,但这并不必然导致权利人支配力的下降。例如,所有权人将有体标的物出租、出质,所有权人虽然丧失对标的物的直接占有,但仍因间接占有人的地位而构成对标的物的法律支配。再者,与网络装备、虚拟游戏币等非区块链虚拟财产相比,后者权利的变动需要网络服务提供者的协助,虽然可以通过"权利联系"的理论解释其直接支配效力,但相比之下权利人直接支配 NFT 数字作品的权属移转就显得更具说服力。换言之,相较于非区块链虚拟财产,权利人对 NFT 数字作品的支配力更强,更接近于有形物。

第三,采取物权法路径保护 NFT 数字作品具有必要性。在力图发现虚拟财产"物性"或"债性"的本质论思维存在论证困境的情况下,有学者提出"后果论"的法学方法,即"把判断诉诸事实和后果,而非概念和一般原则的理论态度"②。与非区块链虚拟财产相比,部分 NFT 数字作品具有一个显著的差异:不存在实际提供服务的网络运营商。以存储于 IPFS 的 NFT 数字作品为例,作品所有权移转是通过在区块上更新权属信息得以实现,而区块链系统本身由数百万的节点进行维护,换言之,该体系中不存在一个中心化的网络服务商。那么,权利人与网络服务商之间的债权——给付请求权,也就无从谈起。进而,如果权利人对其 NFT 数字作品没有支配权、对世权,又不存在指向具体相对人的债权,那当该财产被盗窃时,即使能找到盗窃者,权利人主张权利的依据又是什么呢?可见,尽管"债权说"和"物权说"在面对非区块链虚拟财产时解释效力不相上下,但在遭受第三人侵害时,"债权说"无法实现权利救济。

第四,物权表征和变动需要公示,区块链技术能克服虚拟财产的公示难题,起到类

① 林旭霞:《虚拟财产权研究》,法律出版社 2018 年版,第 121 页。
② 许可:《网络虚拟财产物权定位的证立——一个后果论的进路》,载《政法论坛》2016 年第 5 期,第 48 页。

似"不动产登记簿"的作用。NFT 数字作品的元数据和公钥记载交易记录和权属信息,向全世界或所有参与者公开且具有难以篡改的特性,第三人可以善意信赖区块链上记载的信息。根据公示的权利推定效力,私钥持有人被推定享有 NFT 数字作品的所有权。如果推定的结果与真实的法律状态不符,则私钥持有人并未想要同时成为所有权人。[①] 具体而言,私钥持有人在技术上具有完全的处分能力,然而这并不必然意味着私钥持有人享有物权法上的所有权。例如,用户将存储于个人数字钱包的 NFT 提取到 NFT 交易平台提供的区块链地址进行交易,而该区块链地址的私钥由平台掌握,平台虽然在技术上能够完全支配该 NFT 数字作品,但其所有权仍属于用户,倘若平台未经所有权人许可出售该 NFT 数字作品,该行为属于无权处分,受让人受善意取得规则保护。

三、NFT 数字作品交易中的责任分配

通常情况下,在 NFT 数字作品交易过程中,待交易内容为特定 NFT 数字作品的所有权而不包括相应作品的著作权,成立财产权移转的买卖合同关系而非著作权的授权许可。但在数字环境下,作品交易通常伴随着复制、网络传播等行为,由此产生著作权侵权问题。对此,需要剖析 NFT 数字作品交易的各个环节,分析各环节中涉及的著作权人专有权利,讨论发行方、购买者、平台方应承担何种责任。

(一)发行方责任

NFT 数字作品以 NFT 的形式流转,对于数字作品的创作者而言,想要将创作的数字作品"铸造"成 NFT 予以出售,在流程上至少包括三个方面:铸造、上架和出售。

"铸造"过程包括用户将数字作品上传至平台,该行为的本质是在平台提供的网络服务器硬盘中形成新的数字作品复制件,属于著作权法上的复制行为,因此未经许可将他人作品"铸造"成 NFT 的行为侵犯著作权人的复制权。此外,基于区块链"铸造"完成的 NFT 具有公开的特性,这意味着任何人都可以在自己选定的时间或地点访问该 NFT 的元数据并获得存储链接,因此被"铸造"的数字作品不论是存储在交易平台指定的服务器或是 IPFS 区块链系统上,均属于面向不特定公众的网络环境,符合信息网络传播的特点。

"上架"指的是在交易平台上以商品的形式呈现数字作品,类似于专利法上的"许诺销售"行为,这意味着公众可以在自己选定的时间和地点获得该数字作品,获得作

---

① 于程远:《论民法典中区块链虚拟代币交易的性质》,载《东方法学》2021 年第 4 期,第 149 页。

品的内涵不仅仅包含下载作品还包括在线浏览作品①,因此上架过程中展示作品是受信息网络传播权控制的行为。显然将未经许可"铸造"的 NFT 通过交易平台进行出售必然伴随着数字作品的展示,即侵犯权利人的信息网络传播权,而采取个人对个人的私下交易则缺乏面向公众展示作品的环节,则不侵犯信息网络传播权。

"出售"表现为一方面 NFT 转入购买者的数字钱包,另一方面记录在区块链上的权属信息变更,该过程类似于比特币等数字货币的流转,不同的是其法律后果为购买者取得 NFT 数字作品所有权。② 事实上该行为是以出售的方式向公众提供作品的复制件,应受发行权规制,"胖虎打疫苗案"秉持传统的版权法观点认为发行权的对象只能是有形物质载体③,但细究《著作权法》第 10 条,并没有明确将发行权的客体限制为有形复制件。实际上,权利人将数字作品上传至交易平台出售,用户支付对价后将该数字作品存储到个人设备,该过程与实体作品的发行无实质差异,其结果均为获得作品复制件的所有权,只是流程更加简便,本质上仍属于著作权法上的发行行为。④ "展示"与"出售"行为的区别在于,前者展示作品供不特定的公众浏览,是一种传播行为,无需支付对价;后者通过支付对价的方式获得作品所有权,取得作品复制件,是发行行为。这也是发行权和信息网络传播权得以区分的界限:数字作品原件或复制件的所有权是否发生移转。⑤

可见,NFT 数字作品发行、交易过程至少涉及复制、发行和信息网络传播行为,发行方若未经著作权人许可将其作品铸造成 NFT,则必然侵犯著作权人上述权利。若发行方还存在冒充署名或修改他人作品后再行铸造的行为,则还可能侵犯作者的署名权和修改权。

(二) 购买者责任

购买者购买侵权 NFT 数字作品后如果实施了受著作权人专有权利控制的行为,由于未经许可显然侵犯著作权。但倘若购买后立即进行二次销售,购买者作为转售方是否能主张合法来源抗辩免除赔偿责任? 由于 NFT 数字作品的转售不涉及新的

---

① 王迁:《网络环境中的著作权保护研究》,法律出版社 2011 年版,第 135 页。

② 从交易双方合意来看,目前的 NFT 交易平台都包括转让所有权的内容。例如,幻核的服务协议载明:"您购买 NFT 数字作品后,作为购买者,您的相关信息将写入该作品的元数据中,作为您拥有该作品所有权的凭证。"从达成的结果来看,除限制用户转售的平台外,用户均得以对 NFT 数字作品实施支配性控制。

③ 王迁:《论网络环境中的"首次销售原则"》,载《法学杂志》2006 年第 3 期,第 121 页。

④ 何炼红、邓欣欣:《数字作品转售行为的著作权法规制——兼论数字发行权有限用尽原则的确立》,载《法商研究》2014 年第 5 期,第 24 页。

⑤ 何怀文:《网络环境下的发行权》,载《浙江大学学报(人文社会科学版)》2013 年第 5 期,第 153 页。

复制件生成,转售方实际实施了两种侵权行为,即将数字作品在网络上展示的行为以及销售 NFT 数字作品的行为。《著作权法》第 59 条规定了合法来源抗辩,其适用主体为作品的发行人和出租人,出售 NFT 数字作品性质上属于发行行为,因此转售方符合合法来源抗辩的主体资格。而对于信息网络传播行为,本身并不属于合法来源抗辩的范畴,但一方面转售方展示数字作品的目的并非传播作品而是为了转让作品所有权;另一方面 NFT 本身仅包含对作品信息的描述,而销售者需要将作品直观地呈现给购买者,这意味 NFT 数字作品的出售必然伴随着作品展示,展示行为与出售行为不可分割,应作为整体进行评价。换言之,销售行为吸收了展示行为,转售方履行主观善意的举证责任并尽到合理注意义务后得以主张合法来源抗辩免除赔偿责任,但不能改变实施了侵权行为的性质。

(三)交易平台责任

1."通知—删除"规则

传统电商平台在"通知—删除"规则下,通常仅需承担下架侵权链接的责任。但对于 NFT 数字作品而言,部分平台禁止用户将 NFT 提取至个人钱包,这意味着平台对存放于平台钱包地址的 NFT 具有实际控制权,其负有协助权利人删除侵权产品的义务。然而,由于区块链具有难以篡改的特性①,NFT 一旦铸造完成就难以删除,即使平台下架侵权链接,相应的 NFT 仍记录于区块链中,无法从实质上实现停止侵权的效果。对此,在"胖虎打疫苗案"中,杭州互联网法院对停止侵权的方式进行了探索,并认为将 NFT 打入黑洞地址是可行的侵权救济方式。这种相对删除的替代方案可分为两步:其一,断开区块链接,即阻断 NFT 所指向的内容与相应服务器中所保存的数字内容的连接通道。其二,打入黑洞地址。② 所谓黑洞地址是随机生成的私钥通过不对称加密的方式生成的地址,其效果为无人可以使用黑洞地址上的资产,将其从流通领域中永久去除,相当于 NFT 已被删除。

然而实践中还有更多的平台提供点对点的交易服务,用户使用平台服务前必须先绑定个人数字钱包,NFT 一经铸造完成就转入铸造者的个人数字钱包,基于私钥的绝对排他性,对已经铸造完成的 NFT,平台将无权删除。倘若平台仅承担"避风港"规则规定的义务,将不合理地导致版权人利益损失。

2.完善知识产权审查机制

在"胖虎打疫苗案"中,法院认为交易平台应承担更高的审查义务,并采取"一般

---

① 区块链的难以篡改体现在以联盟链(蚂蚁链、至信链等)或公有链为基础铸造的 NFT,仅当一方掌握 51% 以上算力时才拥有篡改区块链数据的权利,现行的联盟链和公有链几乎不可能实现。

② 陈爱飞:《解释论视域下的区块链个人信息删除权》,载《南京社会科学》2022 年第 6 期,第 117 页。

可能性标准",即初步证据应当排除明显不能证明是著作权、与著作权权益有关权利人的证据,具有使一般理性人相信存在权利的可能性。具体而言,应建立完善的知识产权审查机制。以现有产业实践来看,NFT 数字作品交易平台主要存在两种入驻模式:注册制和邀请制。不同入驻模式下交易平台的盈利模式不同,责任承担亦不同。在注册制下,首先要对本平台的入驻商家做好实名认证,在购买者或真实权利人利益受损时,平台应提供经营者的有效联系方式。其次,在用户注册时,平台应核验用户身份,并妥善保管用户的身份信息。最后,对于审查内容和标准,平台应从作品授权、作品来源及作品内容等方面进行审查,具体可以采取要求上传者提供授权证明、创作素材等方式。在邀请制下,NFT 数字作品发行方需要与交易平台工作人员对接,平台会要求发行方进行实名认证并对发行方提供的作品权属做全面审查,此种情况下即使发行方涉及侵犯他人知识产权也应当认定为平台已尽到合理注意义务。再者,对于知名度高的作品,应当适用"红旗原则",这需要平台给予重点关注。

四、结论与展望:NFT 数字作品"产业化"发展

从长久发展来看,随着 NFT 业务的进一步发展,建立知识产权审查机制将大幅增大交易平台的审核压力。对此可类比现阶段短视频审核模式,不同的是短视频通过下架即可实现停止侵害效果,而侵权 NFT 数字作品一经铸造就难以实质删除,权利人维权成本也将增加。笔者认为,以知识产权审查机制为基础,"所有权移转+版权授予"的"产业化"发展将逐步取代现阶段"收藏式"发展模式。

所谓"收藏式"发展模式是指购买者除对 NFT 数字作品享有所有权外,仅拥有学习、研究、欣赏等权利。目前,国内的"幻核""鲸探"等采取保守交易策略的主流 NFT 交易平台以及开放二级交易的"Bigverse"平台均采取"收藏式"的发展模式,其仅规定平台有展示作品的权利,购买者可以进行学习、研究、欣赏、收藏。① 事实上,上述权利本身就属于用户合理使用的范畴,任何人完全可以通过右键保存至本地的方式得以实现,购买者支付对价取得 NFT 数字作品所有权,但未取得任何实际性权利。此外,对于有形美术作品而言,购买者取得所有权的同时还享有对外展出该作品的权利,购买者通过展示作品彰显自己的品位及地位,获取社交认同,这是除美术作品原件稀有性外构成其价值基础的重要一部分。而对于 NFT 数字作品的购买者而言,其甚至没有

---

① 现有的平台均规定购买者有权展示作品。例如,幻核的服务协议载明:"本软件将会提供数字藏品展示的服务,供您进行学习、研究、欣赏、收藏……"鲸探的服务协议载明:"您有权在平台享受数字藏品的浏览、购买、分享、转赠……以及数字藏品的访问、欣赏、炫耀、信息查看等信息技术服务。"可见展示作品是购买者取得的重要权利之一。

在社交平台上展示其购得的作品的权利,因为展示作品属于面向公众的信息网络传播行为,版权人仅将该权利授予平台而非购买者。此种模式显然不具有长期发展的潜力。

"产业化"模式是指购买者除获得所有权外,还将获得复制权、信息网络传播权、改编权、广播权等除人身性质外的全部版权。购买 NFT 数字作品等同于取得了基础作品后续开发的权利,为后续的商业化利用铺平道路。并且由于智能合约的特殊性,发行方可以设定该数字作品每次转售其能获得的收益的比例,从而保障发行方的利益。从现阶段的产业实践来看,大多数国外的 NFT 交易平台,购买者将 NFT 数字作品用作社交头像已成为常态,这意味"所有权+信息网络传播权"的模式已成为海外 NFT 交易模式主流。[1]该模式下 NFT 数字作品的社交价值得以展现,身份认同刺激用户购买 NFT,所有权人通过展示作品彰显身份,既可以表明其是稀有 NFT 数字作品的所有人而获得炫耀资本,也可以通过 NFT 表明其是某 NFT 社区的一分子;明星、知名品牌等通过发行 NFT 凝聚粉丝,而这也是现阶段 LV、GUCCI 等知名品牌发行 NFT 数字作品的原因所在。至于"所有权+完整版权授予"的完全产业化模式目前仅有少数平台采取,尚未形成规模,如"河洛"开发的数字藏品衍生品制作服务。但毫无疑问,从"收藏式"到"产业化"发展模式是 NFT 数字作品的未来发展趋势。在"产业化"模式下,一方面购买者基本不存在越权行使问题;另一方面所有权与版权相绑定,通过追踪 NFT 数字作品所有权移转即可实现对版权转让的追溯,从而解决因知识产权无形性造成的权利移转不透明问题。

NFT 数字作品交易改变了传统的物权与著作权绝对相分离的情形,开创了"所有权移转+版权授予"的交易模式。一方面,NFT 数字作品凭借私钥的可排他支配性使得网络用户得以真正意义上的拥有数字资产所有权,这与物权理论最为契合。另一方面,NFT 数字作品交易涉及复制权、发行权、信息网络传播权等专有权利,通过智能合约可以做到版权授予条款自动执行。进一步地,将 NFT 数字作品认定为"物",在解释发行权和信息网络传播权区分界限为"所有权移转"的问题上更具说服力,发行权用尽原则在数字环境下有了适用余地。在责任承担方面,交易平台不应仅承担简单的"通知—删除"责任,如何有效实现侵权预防和救济,适度增加其义务,还需更多的实践探索。

(责任编辑:张含钰)

---

① Twitter 用户可以将 NFT 数字作品作为头像,经过验证的 NFT 将以六边形的形态出现在用户的个人资料上,而不是原有的圆形。点击图片会提示有关艺术品及其所有权的细节。

论汽车供应商纵向非价格限制竞争行为的法律规制

杨　辉[①]　孙雪明[②]

摘　要:当前在我国汽车售后市场中典型纵向非价格限制竞争行为包括:汽车供应商对维修保养和配件流通施加纵向限制、限制维修技术信息自由获取、不合理限制配件交易、强制4S经销商接受不合理的配件库存品种和数量。汽车供应商通过这些行为垄断了配件经销市场,阻碍了维修技术信息的自由获取,限制了4S经销商自主经营,损害了消费者的合法权益。然而现行法律法规对此类行为的规制效果并不理想,通过分析可知,在维修信息公开、汽车配件认证及经销商自主经营方面仍然存在法律不足。故而为规制该类行为,应促进维修技术信息公开,开放汽车配件供应,保障4S经销商自主经营。

关键词:汽车售后　纵向非价格限制竞争　法律法规

纵向限制竞争行为是各国反垄断法规制的重点之一,可依据是否涉及价格因素将其分为纵向价格限制竞争行为和纵向非价格限制竞争行为。前者指涉及价格的限制性竞争协议,后者则是指通过非价格手段限制经营活动的协同行为。而在汽车售后市场中,由于我国商务部、国家发展和改革委员会、国家工商行政管理总局于2005年2月颁布的《汽车品牌销售管理实施办法》明确授权经销是汽车经销的唯一合法销售模式,使得汽车供应商在汽车产业链中谋得优势地位。汽车供应商利用其优势地位,在汽车售后市场中实施多种纵向非价格限制竞争行为,攫取高额垄断利润。尽管2017年4月我国商务部颁布实施的《汽车品牌销售管理实施办法》明确了非授权经销模式的合法性,国务院反垄断委员会也于2019年1月印发《国务院反垄断委员会关于汽车业的反垄断指南》(以下简称《汽车业反垄断指南》),禁止汽车供应商实施各类导致排

---

①杨辉,中国科学技术大学公共事务学院副教授。
②孙雪明,中国科学技术大学公共事务学院硕士研究生。

除、限制竞争效果的纵向非价格限制竞争行为,但通过对汽车售后市场走访调查发现①,汽车售后市场中的纵向非价格限制行为的实施主体往往为汽车供应商,且此类行为屡禁不止,典型表现如限制维修技术信息的自由获取、限制4S经销商自主经营、对售后维修保养与配件流通施加不合理纵向限制、不合理限制配件供应商和4S经销商对外交易配件等行为。汽车供应商的此类行为,严重损害了配件供应商、经销商、独立维修商以及消费者的利益,限制了汽车售后市场自由竞争。因而为保护汽车售后市场各方主体的合法权益,保障汽车售后市场的自由竞争,亟须完善相关法律规制汽车售后市场中的多种纵向非价格限制竞争行为。

一、汽车售后市场纵向非价格限制竞争行为表现

(一)对维修保养与配件流通施加不合理纵向限制

通过对一些品牌汽车4S经销商的走访调查得知,在汽车售后保养过程中,往往存在汽车供应商指使4S经销商,要求消费者签订包含限制汽车售后维修保养渠道条款的车辆质保告知书。例如,一汽红旗终身质保告知书声明:未按保养手册规定的保养时间和间隔在汽车4S经销商处进行保养,将被排除在保修服务的对象之外;车辆装饰只能在授权的经销商处加装,在美容店装潢不再享受终身质保权益。这些条款显然意在限制消费者的选择,使其仅能在4S经销商处对汽车进行维修保养。

而一旦消费者在该汽车品牌旗下的4S经销商处进行维修保养,4S经销商随后再通过搭售,将原厂配件与维修保养服务捆绑出售,最终限制了汽车配件的自由流通。毕竟汽车配件与维修保养服务不属于单一产品,二者相互独立并具有可分性,离开维修保养服务,汽车配件仍能正常使用,因此将二者捆绑出售的行为并不合理。然而,这种搭售模式在我国长期存在,早在2012年"刘大华诉东风日产乘用车公司、华源4S经销商垄断经营汽配案"②中,刘大华就对4S经销商在汽车售后维修中的搭售行为提出异议。由于该案发生在2012年,当时授权经销是我国汽车销售的唯一合法渠道,湖南省高级人民法院据此认为搭售不具有必然反竞争性,判决刘大华败诉。而根据2017

---

①笔者实地走访了安徽省亳州市谯城区红旗、吉利等多家品牌汽车4S经销商,以非标准化访问的方式,就汽车售后情况进行自由交谈,并查阅了相关任务委托书和终身质保告知书。通过与被访谈者的交谈,了解了汽车售后市场的现状,归纳出汽车供应商在售后市场中实施的典型纵向非价格限制竞争行为。

②山东省市场监督管理局(知识产权局):《刘大华诉湖南华源实业有限公司、东风汽车有限公司东风日产乘用车公司滥用市场支配地位案》,载山东省市场监督管理局(知识产权局)2019年8月20日,http://amr.shandong.gov.cn/art/2019/8/20/art_93584_7213277.html.

年国务院商务部颁布的《汽车销售管理办法》第 12 条的规定,授权经销不再是汽车销售的唯一合法渠道。由此搭售行为便不再具备合理性,也不应继续存在。但是目前在汽车售后市场中,仍然存在 4S 经销商以拒绝提供维修保养服务胁迫车主购买原厂配件的情况。除此之外,汽车售后市场中也普遍存在 4S 店以车主在其他维修商处维修不再享受终身质保等规定,强迫消费者同时购买原厂配件和维修保养服务。

(二)限制维修技术信息的自由获取

当前我国汽车维修技术领域的纵向非价格限制竞争行为,主要表现为汽车供应商通过扩大知识产权保护范围和排他供应,来限制独立维修商自由获取维修技术信息。汽车维修技术信息通常包含修理该品牌汽车所需的指导、解释、破解或重置安全锁及车辆控制程序信息,这类技术信息也与汽车供应商的知识产权(主要是商业秘密权和版权)相交叠。当然汽车供应商将有关汽车修理信息(如维修手册、设计图、诊断及检测方式)中有关商业秘密的信息隐藏起来,本就是其合法权益。不过商业秘密在立法和司法中的判定也较为模糊,其"独立经济价值"很难固化。[①] 此外汽车供应商主张对其版权的保护是阻碍汽车维修技术信息公开的另一重要手段。如今一些汽车使用超过一亿的代码来运行其计算机系统,汽车甚至被称为"带轮子的电脑"。毋庸置疑电脑化从很多方面改善了汽车,但由于汽车系统软件信息受版权保护,技术人员不能获取车辆安全锁的设置、控制程序等软件信息。部分汽车供应商也会凭借版权保护,拒绝发布或销售设备手册、原理图以及可以帮助维修、识别机器问题的诊断与服务软件[②],可这些设备信息、原理图等软件信息却是汽车维修技术信息必不可少的部分。

另外,品牌汽车供应商还会与 4S 经销商签订授权维修协议,约定仅向 4S 经销商提供特定品牌汽车的维修技术信息、专业技工培训等。在汽车供应商各种手段的综合作用下,独立维修商因得不到汽车供应商的授权,而难以获取与 4S 经销商同等的维修技术信息。

(三)不合理限制配件供应商、4S 经销商对外交易配件

汽车供应商为了获得高额的经济利益,会通过不合理限制配件供应商、4S 经销商对外交易配件,排斥其他配件供应商和购买商的竞争。对于配件供应商而言,限制其对外交易配件主要表现为汽车供应商通过对其知识产权的扩大保护、模糊配件品牌辨识度等措施,来限制配件供应商对外销售配件。比如,汽车供应商要求配件供应商未

---

①刘迪:《论维修权与知识产权之协调》,载《政治与法律》2021 年第 9 期,第 156 页。
②Hanley, Daniel, Claire Kelloway, and Sandeep Vaheesan, *Fixing America: Breaking manufacturers' aftermarket monopoly and restoring consumers' right to repair*, Open Markets Institute, 11(2020).

经其批准,不得向第三方销售含有其公司及关联公司专利权、专利技术或商标权的合同配件;要求配件供应商未经其书面同意,不得将其与汽车供应商订立供货合同、向汽车供应商出售产品一事以广告或者其他方式公之于众。[1]

对于4S经销商而言,限制其对外交易配件则表现为汽车供应商限制其对外销售和对外采购配件。首先,汽车供应商通过协议、商务政策等措施,禁止4S经销商对外销售配件。比如,汽车供应商禁止4S经销商未做到向其备案并保证配件销售的可溯性时,向最终消费者以外的企业或个体销售售后配件。[2] 其次,汽车供应商限制4S经销商对外采购配件,要求4S经销商仅能从特定品牌汽车供应商处或其指定的配件供应商处购买汽车配件[3],不得通过非汽车供应商外的渠道购买原厂配件,也不得未经许可从非指定配件供应商处购买质量相当的副厂件。这种限制行为在各品牌汽车售后市场普遍存在,甚至4S经销商以维修皆使用原厂配件作为"招牌",进行大肆宣传。

(四)强制4S经销商接受不合理的配件库存品种和数量

汽车供应商和汽车经销商分别位于产业链的上下游,若二者市场力量均衡,则汽车供应商与经销商之间可相互制约。但因为我国自2005年起,实施了长达12年的供应商限制汽车供应渠道合法的供应模式,以致汽车供应商在汽车产业链中谋得优势地位。即使2017年颁布实施的《汽车销售管理办法》明示了授权经销不再是汽车销售的唯一合法渠道,可是汽车供应商在汽车产业中已牢牢霸占优势地位,4S经销商也早已成为品牌汽车授权经销的"正统"渠道。汽车供应商依靠其优势地位,强制4S经销商接受不合理的配件库存品种和数量,造成4S经销商配件积压,存货成本居高不下,前期投入大幅增加。[4][5] 这在无形中抬高经销商进入汽车市场门槛,使得汽车经销网络的其他竞争者难以进入市场,纵使其他竞争者侥幸进入市场也会遭到汽车供应商联合4S经销商的打压,难以生存。

纵然依据《汽车业反垄断指南》第6条第(6)项规定:供应商单方制定并强制经销商接受不合理的销售目标、库存品种和数量,有可能导致经销商承担合同产品的排他购买义务,因而排除、限制相关市场的竞争。则相关协议可能被认定为《反垄断法》所

---

① 苏华:《汽车市场反垄断调查研究》,中国政法大学出版社2017年版,第184-186页。
② 苏华:《汽车市场反垄断调查研究》,中国政法大学出版社2017年版,第184-186页。
③ 徐新宇、苏华:《汽车售后市场反垄断对策研究:配件与维修技术信息的价格与渠道限制》,载《中国价格监管与反垄断》2014年第11期,第23页。
④ 刘卫红:《汽车4S店资金管理存在的问题及对策:以XZ投资公司为例》,载《中国市场》2020年第36期,第111页。
⑤ 王绮:《加强汽车4S店资金管理的思考:以F汽车销售服务为例》,载《中国外资》2021年第16期,第74页。

规制的纵向垄断协议。然则纵向协议形式多样，限制手段又极具隐蔽性，汽车供应商强制4S经销商接受不合理的配件库存品种和数量，即使产生了排除、限制竞争效果，也难以规制。因而，该行为屡禁不止，甚至被"合理化"，成为行业惯例。

二、汽车售后市场纵向非价格限制竞争行为反竞争效果分析

限制行为的最终目的是通过消除主体之间的竞争，使得部分主体能以提高产品或者服务价格的方式获得最大化利润。[1] 在正常的交易过程中，经营者若提高产品或服务的价格，交易方则会转向其竞争性同类产品，同时竞争者也会扩大生产满足交易方需求，最终导致经营者交易机会不断流失。而汽车供应商通过对售后维修保养和配件流通施加不合理限制、限制独立维修商自由获取维修技术信息、强制4S经销商接受不合理的配件库存品种和数量、不合理限制配件供应商和4S经销商对外销售或对外采购配件等纵向非价格限制竞争手段，使得消费者无法有效转向竞争性产品，从而被迫接受汽车供应商不合理的高价。汽车供应商实施的此类纵向非价格限制竞争行为，不仅阻碍了维修技术信息公开、垄断了配件经销市场、限制了4S经销商的自主经营，还严重损害了消费者的合法权益。

（一）阻碍维修技术信息公开

汽车维修保养服务安全要求高、技术含量高、配件匹配性要求高，需要使用可追溯的原厂配件或同质配件，配合特定品牌的维修技术信息完成。[2] 汽车维修技术信息作为汽车售后维修保养市场的关键投入品，不可或缺。但在汽车维修保养市场中，汽车供应商通常会以保护知识产权（主要是商业秘密和版权）为由，限制维修技术信息的自由获取，阻碍维修技术信息公开。

在汽车售后维修保养市场中，独立维修商与4S经销商作为竞争者，因独立维修商前期投入成本小，配件来源广、价格低等优势，对4S经销商造成巨大的竞争压力。但4S经销商作为汽车供应商的"白手套"，可帮助汽车供应商在售后维修保养市场中获取超竞争水平利润。因此汽车供应商为扶持4S经销商，采取限制独立维修商自由获取汽车维修技术信息、仅向其授权的4S经销商提供全面的维修技术信息和维修人才培训等措施，限制独立维修商竞争，阻碍维修技术信息公开。最终难以获取维修技术

---

①姚舜宇、文媛、王哲：《试论纵向非价格协议的性质与分析路径》，载《广西政法管理干部学院学报》2021年第4期，第33页。

②徐新宇、苏华：《汽车售后市场反垄断对策研究——配件与维修技术信息的价格与渠道限制》，载《中国价格监管与反垄断》2014年第11期，第23页。

信息,使得独立维修商仅能从事附加值较低的保养与简单的维修工作,4S经销商在汽车售后维修保养市场中"一家独大"。

而汽车供应商之所以"有恃无恐"地实施此限制竞争行为,是因为维修技术信息公开与知识产权保护之间界限模糊。汽车供应商通常是特定品牌汽车维修技术信息的唯一供应源,独立维修商难以从除供应商之外的途径获取维修技术信息。由于保护知识产权被认为是促进技术进步和增加社会福利的重要举措①,汽车维修技术信息又与知识产权(主要是商业秘密权和版权)相交叠。再加上两者之间的界限模糊,导致公开维修技术信息,一旦与保护汽车供应商的知识产权发生冲突,将无法处理。

(二)垄断配件经销市场

汽车配件作为售后维修的关键消耗品,汽车消费者能否对其自由获取是衡量汽车售后市场自由竞争的重要标准。然则在汽车售后配件经销市场中,汽车供应商对售后配件流通施加不合理纵向限制,使得汽车消费者也无法自由获取其他品牌汽车配件。况且消费者在售后购买配件以及维修保养服务中,更希望更换的配件是原厂配件,也不在意配件品牌,长此以往特定汽车品牌观念深入人心。汽车作为耐用消费品,一旦消费者将配件质量的优劣与汽车品牌相挂钩,便难以改变,汽车配件因此丧失独立的品牌辨识度。原厂配件得以在配件市场中"独占鳌头",非原厂配件流通困难。此外汽车供应商通过限制配件供应商、4S经销商对外交易配件,使得原厂配件在汽车配件经销市场中无法自由流通,最终汽车供应商得以垄断配件经销市场。

而造成这一局面主要有两点原因:一是未开放原厂配件的供应。原厂配件作为现阶段我国汽车消费者维修保养的核心诉求之一②,极大影响了消费者对维修保养服务的选择。而在汽车售后配件经销市场中,汽车供应商对售后维修保养和配件流通施加不合理纵向限制、不合理限制配件供应商及4S经销商对外交易配件等纵向非价格限制竞争行为,不仅限制了原厂配件的对外交易,更将原厂配件与维修保养服务深度捆绑。这使得在汽车维修服务中,汽车消费者为获取原厂配件,必须在4S经销商处进行维修保养。二是我国汽车配件质量认证标准不完善,导致其他汽车配件品牌在配件经销市场中难以得到认可,流通困难。在我国汽车售后市场中,原厂配件的质量优于其他配件品牌的观念已深入人心,4S经销商在汽车维修的过程中也往往以原厂配件作为其优势进行宣传,吸引消费者。究其原因是汽车供应商利用其在特定品牌汽车售后市场的优势地位,采取多种手段不合理限制配件供应商外销配件、削弱配件品牌辨识

---

① 张苏秋:《知识产权保护一定有利吗——基于社会福利视角的分析》,载《文化产业研究》2022第1期,第28页。

② 《浅析我国汽车后市场特征及未来发展(二)》,载《汽车维护与修理》2022年第3期,第1页。

度。再者我国汽车配件质量认证标准不完善,消费者和维修商在购买时难以辨别非原厂配件质量的优劣,而对非原厂配件难以信任,最终非原厂配件在市场中流通困难。这就涉及一个问题,汽车供应商通过质保告知书、搭售限制消费者自由购买其他品牌汽车配件。汽车供应商实施此类行为的出发点在于,其认为非原厂配件质量难以评估。若使用非原厂配件可能会使维修效果大打折扣,甚至会因此引发其他维修问题。因而汽车供应商为避免产生此类纠纷,维护品牌形象,会限制消费者购买其他品牌的汽车配件。

(三)限制4S经销商自主经营

在长期品牌单一授权模式的影响下,我国汽车市场已被4S经销模式覆盖。多年来汽车供应商利用其优势地位强制4S经销商接受不合理的配件品种和数量、控制4S经销商实施搭售、不合理限制配件交易等纵向非价格限制竞争行为,限制了4S经销商自主经营,致使汽车售后市场秩序混乱。

汽车供应商作为向4S经销商提供汽车配件、维修技术信息及整车等汽车资源的经营者,相对于4S经销商而言处于绝对的优势地位。4S经销商若想获取授权必须接受汽车供应商对库存、售后维修等方面的要求。首先在建设初期,4S经销商要满足汽车供应商的整体规划和竣工验收,内外形象都要建立统一的标识和风格,因而无法打造专属4S经销商的品牌形象。① 并且汽车供应商通过广告投入、营销宣传强化汽车品牌形象,以致消费者选择售后渠道时,其对汽车品牌偏好及认可起主导作用,对4S经销商和配件品牌的关注度不高。这时汽车供应商提供的原厂配件就成为4S经销商售后盈利的关键,4S经销商为获取原厂配件被迫让渡其部分经营权,受制于汽车供应商。不仅如此,由于4S经销商为满足汽车供应商各方面的要求,投入了大量的运营成本,短期的授权经营并不能保障其盈利。4S经销商为了获得长期取得授权保障营利,被迫服从汽车供应商的各种要求,最后沦为汽车供应商的"爪牙"。汽车供应商再利用对4S经销商的控制,提高配件和维修保养服务的价格,致使4S经销商的汽车配件及维修保养服务价格高昂的形象根深蒂固。最后4S经销商不仅不能自主经营,还因高昂的售后价格减少了其在汽车售后市场中的交易机会。

(四)损害消费者的合法权益

汽车供应商实施的多种纵向非价格限制竞争行为,侵害了消费者的自主选择权和公平交易权,严重损害了消费者的合法权益。汽车供应商通过质保告知书限定消费者只能在4S经销商处进行售后维修。此外汽车供应商还通过限制配件供应商和4S经

---

① 梁渊:《汽车4S店经营与财务管理问题研究》,载《当代会计》2020年第24期,第47页。

销商对外交易配件,使消费者在售后维修时仅能选择价格昂贵的原厂配件。这形成汽车消费者在售后维修保养过程中,无法自主选择维修保养渠道和不同品牌的汽车配件的局面,严重损害了消费者的自主选择权。

在汽车售后维修保养和配件经销市场中,4S经销商集汽车销售、维修、配件和信息服务四位一体的服务模式占主导地位。[①]但考虑到该服务模式所需成本过高,很多4S经销商无法提供高质量的四位一体化服务,维修过程中存在效率低、夸大故障程度等问题。[②]另外,鉴于汽车供应商实施的限制配件交易、限制独立维修商获取维修技术信息等措施,导致独立维修商难以获取维修技术信息和高质量配件,其维修技术水平和服务质量就更低了。消费者在售后维修过程中,被迫为不合理的配件、维修服务价格买单,严重损害了消费者的公平交易权。[③]

虽然汽车供应商实施的这些纵向非价格限制竞争行为,在《反垄断法》《汽车业反垄断指南》《汽车销售管理办法》等多部法律法规中明确予以规制,但是这些纵向非价格限制竞争行为仍十分猖獗。根据中国消费者协会公布的《2022年全国消协组织受理投诉情况分析》,2022年全国消协组织共受理消费者投诉1 151 912件,其中汽车及零部件2022年投诉量为53 836件,同比增长5.31%,约占全部投诉案件的3.8%。在商品细分领域投诉中,汽车及零部件的投诉量居于第三位。[④]这些数据也能直观反映出汽车消费者庞大的投诉需求,然则不畅通的举报渠道,加剧了汽车售后市场中的纵向非价格限制竞争行为。

三、完善汽车售后市场纵向非价格限制竞争行为法律规制

汽车供应商采取的各种限制竞争手段侵害了配件供应商、经销商、独立维修商以及消费者的合法权利。究其根源一方面是由于我国汽车市场早期实行的汽车销售管理政策,赋予汽车供应商相对于经销商的强势地位,控制4S经销商实施纵向非价格限制竞争行为较为容易。即使后期我国实行新的汽车销售管理政策削弱了汽车供应商的强势地位,但汽车供应商早已占尽先机,不仅牢牢把持着配件、维修技术信息这两大

---

①徐海涛:《反垄断背景下我国汽车销售模式的变革研究》,载《汽车工业研究》2017年第4期,第26页。

②尹文荣、吴云、张坤、夏颖:《基于对比分析法的汽车4S店维修服务质量分析研究》,载《汽车实用技术》2020年第14期,第251页。

③公平交易权是消费者在购买商品或者接受服务时所享有的获得质量保障和价格合理、计量正确等公平交易条件的权利。

④参见《2022年全国消协组织受理投诉情况分析》,载中国消费者协会2023年2月15日,https://www.cca.org.cn/tsdh/detail/30582.html。

关键投入品,还控制着4S经销商。另一方面是由于汽车供应商基于行业惯例建立的4S经销模式中的纵向非价格限制竞争行为具有普遍性和隐蔽性,而我国现有举报渠道不畅通,致使规制该行为的法律法规未能严格执行。所以针对汽车售后市场中乱象丛生的纵向非价格限制竞争行为,不仅需要完善相关法律法规,来打破汽车供应商对4S经销商以及配件、维修技术信息的控制,更需要畅通举报渠道,以保障全面规制纵向非价格限制竞争行为。

(一)促进维修技术信息公开

维修技术信息作为汽车售后市场的关键投入品,在维修保养工作开展过程中发挥着至关重要的作用。而各品牌汽车供应商在汽车售后市场中,以保护知识产权(主要是商业秘密权和版权)为由,限制独立维修商获取维修技术信息,阻碍汽车维修技术信息的公开。因而为促进维修技术信息公开,需厘清维修技术信息公开与知识产权保护之间的关系。

2016年1月由交通运输部、环保部、商务部、国家工商总局等八部委联合发布并实施的《汽车维修技术信息公开实施管理办法》(以下简称《办法》)对汽车维修技术信息公开的具体内容作出了规定,同时该《办法》第3条强调汽车维修技术信息公开应遵循保护知识产权的原则。该《办法》更侧重于从技术层面予以规定,而对维修技术信息公开与知识产权保护之间的关系阐述却过于模糊,在实践中难以适用。此外,我国《汽车业反垄断指南》第9条虽然明确规定了汽车售后市场有效竞争需要保障售后维修技术信息的可获得性,但该规定依然未明确维修技术信息公开与知识产权间的关系。因此应厘清维修技术信息公开与知识产权保护的关系,从而找到维修技术信息公开与汽车供应商的版权和商业秘密权之间的平衡点。

商业秘密作为知识产权的一种,其是指具有一定商业价值且经权利人采取一定保密措施的未公开信息,可为持有者赢得竞争优势,带来交易机会。[1] 但是许可符合条件的特定主体使用也是商业秘密权利人实现其商业价值的途径之一,且在具体案件中难以评估其"独立的经济价值"。[2] 同时版权作为可为汽车供应商(权利人)提供激励和回报的控制机制,本应受到法律的强保护。[3] 然而对版权的保护本质上是社会牺牲了对新技术的直接获取,以换取通过创新激励传递利益。创新是一个渐进的、累积的过程,需要获取和适应技术知识,过多的版权保护并不会使社会福利最大化。而且现实中汽车供应商以保护商业秘密和版权为借口,拒绝公布一些开展维修工作所必需的

---

[1]吴汉东:《知识产权法》,法律出版社2016年第5版,第329页。

[2]Hrdy C. A. ,Lemley M. A. ,*Abandoning Trade Secrets* ,73 Stanford Law Review,4(2021).

[3]张奕婕:《著作权技术保护措施研究》,中国政法大学2020年硕士学位论文,第3页。

维修技术信息,已导致独立维修商与经销商维修技术信息获取失调,破坏了维修技术市场的竞争秩序。显然此时再强调加强对汽车供应商知识产权的保护,已不利于汽车产业的创新和社会福利的增加。因而为实现不同市场主体之间利益冲突的弥合,应对汽车供应商的版权和商业秘密权进行保护的同时予以合理限制。故而,可在《办法》中规定:涉及汽车供应商版权或商业秘密的维修技术信息可以免于公开,从而保障汽车供应商的知识产权享有及使用;但汽车供应商一旦以签订许可使用合同的方式,允许部分经营者(主要是4S经销商)知悉、使用此类信息,也应以平等地向符合条件的其他经销商、独立维修商提供,并不得限制通过合法渠道获得该维修信息的消费者为个人需要使用该信息。通过该规定可使汽车供应商无法以保护知识产权(主要是版权和商业秘密权)为由,限制独立维修商获取维修技术信息,进而促进维修技术信息的公开。

(二)开放汽车配件供应

由于汽车供应商采取的多种纵向非价格限制竞争行为,垄断了汽车配件市场,严重损害了其他经营者和消费者的合法权益。为破除汽车供应商对配件市场的垄断,保证各品牌配件的自由流通,保障汽车售后市场各主体间的自由竞争,亟须开放汽车配件供应。

第一,开放汽车配件的供应,需要开放汽车原厂配件的供应。我国《汽车业反垄断指南》第8条是涉及开放原厂配件的规定,其要求在汽车售后市场上具有支配地位的汽车供应商没有正当理由,不得限制经销商之间、维修商之间以及经销商和维修商之间交叉供应售后配件。这实际上是依靠滥用市场支配地位制度对汽车供应商的此类纵向非价格限制竞争行为进行规制。而由于汽车售后市场存在锁定性和兼容性,在汽车经销市场中不具备市场支配地位的各品牌汽车供应商,在其品牌售后市场中与4S经销商、独立维修商及配件制造商相比,具有强大的市场力量。故而在开放原厂配件供应中,更应关注具备强大市场力量的汽车供应商在其中的作用。但是《汽车业反垄断指南》第8条忽略了汽车供应商在保障各方主体平等地获取原厂配件中的作用。开放原厂配件的供应不仅需要经销商之间、维修商之间或经销商与维修商之间的交叉供货不受限制,而且需要从源头处保障各方平等的获取原厂配件。因此我国《汽车业反垄断指南》中应规定汽车供应商要无差别、无歧视地向经销商、维修商供应可溯源的原厂配件,不得附加不合理的条件限制。唯有通过此措施,方可从配件供应源头打破垄断,保障市场各方主体都能通过便利、正规的渠道平等地购买可溯源的原厂配件,最终使消费者可自由选择原厂配件的购买渠道,享受产品、服务公平的价格及质量。

第二,开放汽车配件的供应,应完善我国汽车配件认证标准,促进各汽车配件品牌在市场上自由流通。配件质量认证可提升汽车配件产业的整体质量水平,为消费者带来质优价廉的配件,并有助于合理控制配件维修或更换的成本、缩短维修时间,从而提高消费者对非原厂配件的认可度。[①] 故而完善汽车配件的认证标准,使维修商及消费者能放心使用售后市场流通的配件,成为各品牌配件在售后市场自由流通的保障。目前我国汽车配件通过中国强制认证(即 CCC 认证)就能在售后市场上流通,而 CCC 认证主要依据是国家质量监督检验检疫总局 2009 年公布的《强制性产品认证管理规定》和国家市场监督管理总局 2020 年 4 月公布的《强制性产品认证目录描述与界定表》(以下简称《目录》)。《目录》规定:对除车载移动用户终端和防爆电气或特别说明外,专为汽车设计和制造、具有专门设计和安装结构的产品不在 CCC 认证范围内。[②] 这实际上排除了一些汽车配件的强制质量认证,反映出此《目录》涵盖的汽车配件范围不全面。并且该《目录》对汽车配件分类较为模糊,非同种汽车配件杂糅。此外《强制性产品认证管理规定》第 8 条、第 9 条虽涉及产品质量认证的模式和规则,但其内容较为笼统,缺乏统一、细致的同种类配件质量检测方法和程序规定。

实际上依据涵盖种类全面的《目录》制定的汽车配件认证标准才具有普适性和实践性,故而我国应扩充《目录》所包含的汽车配件种类,为完善汽车配件认证标准夯实基础。另外,由于汽车配件种类多样化,忽视其非同种配件检测方法和标准差异性,制定统一认证标准显然不合理。所以可在《目录》中根据配件是否具备普适性将其所涵盖的汽车配件分为通用性与针对性两大类。[③] 然后对于通用性和针对性汽车配件分别制定质量认证标准和测试方法,统一同种类汽车配件的认证规定,保障其配件的质量。覆盖种类广泛的《目录》、统一的同种类配件认证标准,可有效提升汽车售后市场配件质量,增加消费者对于非原厂配件的信心,调配汽车售后市场产业的合理布局。[④] 此时辅之以原厂配件的无差别供应,才能彻底打破原厂配件在汽车售后市场中的垄断地位,使各品牌配件能在市场上自由流通,最终倒逼汽车供应商停止实施控制配件交易的纵向非价格限制竞争行为。

第三,开放汽车配件的供应,应发挥配件质量认证标准的作用。我国《汽车业反垄断指南》第 6 条第(5)项规定,对不在质量担保范围内的配件,汽车供应商要求汽车经销商、汽车维修商使用原厂配件作为其履行质量担保责任的条件,属于不合理的纵向非价格限制竞争行为。然而此规定并未考虑到汽车供应商对使用非原厂配件的担

---

① 陈琦:《提升汽车后市场配件质量迫在眉睫》,载《汽车与配件》2017 年第 12 期,第 36 页。

② 参见《市场监管总局关于优化强制性产品认证目录的公告》,载国家市场监督管理总局 2021 年 4 月 28 日,http://www.samr.gov.cn/。

③ 王灵龙、王阳、李海斌:《零部件认证助力汽车后市场发展》,载《时代汽车》2019 年第 1 期,第 189 页。

④ 陈琦:《提升汽车后市场配件质量迫在眉睫》,载《汽车与配件》2017 年第 12 期,第 36 页。

忧,在售后中若因使用非原厂配件而引发纠纷,不仅会造成汽车供应商的损失,还会损坏其品牌形象。而配件质量认证作为汽车业各经营主体管理水平、生产一致性控制水平、产品与规范契合度的主要证明,甚至是经营主体产品和服务的重要表征。① 完善的配件质量认证标准,既可为非原厂配件的质量"背书",也可打消汽车供应商对非原厂配件质量的疑虑。因此,可在《汽车业反垄断指南》第六条中规定,对已通过配件质量认证的非原厂配件,汽车供应商不得以使用非原厂配件为由,拒绝履行质量担保责任。

(三)保障 4S 经销商自主经营

2020 年的中国汽车经销商满意度研究(DAS)显示,在 2019 财年不盈利的经销商占比 58%。② 纵然我国商务部于 2017 年破除了汽车品牌单一授权模式的传统,但是基于行业惯例建立的 4S 经销模式早已覆盖了各品牌汽车售后网络,短时间内很难打破 4S 经销模式在汽车售后市场中的主导地位。基于当下汽车售后市场的现状,若想有效规制汽车供应商实施的各种纵向非价格限制竞争行为,则必须保障 4S 经销商自主经营,破除汽车供应商对 4S 经销商的控制。

在实践中汽车供应商往往以提前解除经销协议,强制 4S 经销商接受不合理的库存品种、数量和从指定的供应渠道采购配件,限制其自主经营。终止经销协议在确保汽车供应商限制 4S 经销商自主经营方面发挥着巨大的作用。③ 尽管我国《洗车销售管理办法》第 19 条规定了汽车供应商授权 4S 经销商的期限要求④,我国《汽车业反垄断指南》第 6 条第 6 项也规定当经销商或维修商实施促进竞争行为时汽车供应商不得提前解除经销协议⑤,然而《汽车业反垄断指南》中对促进竞争行为的列举不完全,实践中也很难判断 4S 经销商拒绝实施的一些纵向非价格限制竞争行为(例如:4S 经销商拒绝接受不合理或歧视性的业绩要求)是否具有促进竞争的效果。一旦发生纠纷,4S 经销商将难以运用该规定抗衡汽车供应商。

为保障 4S 经销商的自主经营,应在《汽车业反垄断指南》中完善汽车供应商提前

---

① 陈科:《推行企业质量管理体系认证,规范我国汽车零部件再制造行业发展》,载《汽车与配件》2021 年第 19 期,第 53 页。

② 刘回春:《58%汽车经销商不盈利忠诚受考验》,载《中国质量万里行》2021 第 1 期,第 76 页。

③ Francine Lafontaine, Fiona Scott Morton, *State Franchise Laws*, *Dealer Terminations*, *and the Auto Crisis*, 24 The Journal of Economic Perspectives, 238 (2010).

④ 《汽车品牌销售管理实施办法》第十九条规定:汽车供应商授权 4S 经销商的期限一般每次不得低于 3 年,并且双方协商一致可以提前解除合同。

⑤ 《汽车业反垄断指南》第六条第(六)项中也规定:当经销商或维修商从事了促进竞争的行为,如拒绝执行汽车供应商设置的最低转售价、从汽车供应商以外的渠道购入原厂配件和同质配件用于售后维修等,汽车供应商不得拒绝向经销商供货或提前解除经销协议。

解除经销协议的限制性规定。首先应增加对不得提前解除经销协议情形的列举,可将4S经销商拒绝接受不合理的库存品种及数量要求、拒绝购买任何新的配件或其他4S经销商未订购的商品或服务等反纵向非价格限制竞争行为列入其中。其次,我国应对《汽车业反垄断指南》第6条第6项进行修改,可将4S经销商实施促进竞争行为,作为汽车供应商不得提前解除经销协议情形的兜底性条款。

通过对具体行为的列举,对提前解除经销协议施以核心限制;通过兜底性条款,使相关执法机构拥有一定的自由裁量权,保障法律法规的适用效果。在该措施的作用下可有效防止汽车供应商以提前解除或终止经销协议胁迫4S经销商,保障4S经销商自主经营,进而使汽车供应商无法依靠4S经销模式实施各种纵向非价格限制竞争行为。

(四)建立全国统一的汽车售后举报系统

《反垄断法》第46条规定:反垄断执法机构依法对涉嫌垄断行为进行调查。对于涉嫌垄断行为,任何单位和个人都拥有向反垄断执法机关举报的权利。举报采用书面形式并提供相关事实和证据的,反垄断执法机构应当进行必要的调查。然则我国汽车售后举报渠道不畅,且经销商、独立维修商乃至消费者都不具备反垄断专业性。当其受到纵向非价格限制竞争行为侵犯时,由于维权周期长、举证困难很难通过诉讼或举报维护自己的合法权益。另外,根据我国近年来汽车业反垄断案件可知,案件的调查主要通过国家市场监督管理总局对相关汽车供应商、经销商的"突击检查"实现。可是我国汽车售后市场品牌纷杂且数量众多,仅依靠国家市场监督管理总局从外部筛选和调查涉及纵向非价格限制竞争行为的汽车供应商,因工作量巨大会使调查进度十分缓慢。

而建立全国统一的汽车售后举报系统,可拓宽相关案件线索来源渠道,集中收集和处理举报信息,从而加强对汽车市场的监管,保障相关法律法规的实施效果。所以对于汽车售后市场而言,国家市场监督管理局应当搭建全国统一的汽车品牌售后匿名举报平台。第一步,信息收集。在该举报系统中,按照汽车品牌及售后问题类型进行分区,使各类消费主体能在分区下填写具体举报意见。第二步,信息分析。可对各类消费主体的举报信息进行分类归纳,核实举报信息,并对有效举报信息给予初步受理反馈。第三步,需求落实。将有效举报信息反馈至对应地方的执法机构,督促其尽快处理,给举报主体进行回复。第四步,归纳总结。间隔固定的周期对平台举报信息的数量、处理后的结果进行归纳总结。提取其中多次收到举报投诉的品牌汽车供应商,并横向比较各品牌汽车关于涉嫌实施纵向非价格限制措施的投诉数量。对收到举报数量最多的品牌汽车供应商及涉事4S经销商进行"突击检查"。通过全国统一的汽车品牌售后匿名举报平台的搭建可提高反垄断执法机构的执法效率,增加前期信息收集、筛选的保密性。在掌握大量信息的基础上,联合当地反垄断执法机构进行"突击检查",才可令调查建立在更加全面真实的资料基础上,真实地反映汽车供应商经营情况。通过举报信息的收集、筛查,反馈给相关地方执法机构,对举报投诉事件进行处理,才可形成从监督到执法的良性循环。通过搭建全国汽车售后举报系统信息数据库,才可更加真实地了解汽车售后市场经营状况;对频繁实施纵向非价格限制竞争行为的品牌汽车供应商,积极地执法干预,提高执法效率;与往期举报数据相比较,更直观地反映执法效果,发挥举报监督的积极作用。也唯有建立了全国统一的汽车售后举报系统,才能更有效地打击汽车供应商在售后市场中实施的纵向限制竞争行为,使相关法律法规得到切实的执行。

四、结　语

汽车售后市场中肆虐的纵向非价格限制竞争行为造成的恶劣影响不容小觑,而现有法律法规在遏制汽车供应商对配件、维修技术信息以及4S供应商的控制上并不完善,举报纵向非价格限制竞争行为的通道也不够高效、便捷。市场充分竞争的前提是市场资源未被纵向非价格限制竞争行为所裹挟。因此为保障汽车售后市场的充分竞争,理应规制此类行为,完善相关法律法规,建立通畅的举报渠道,使我国汽车售后市场朝着秩序化、规范化方向前进。

（责任编辑：夏凌）

我国航空旅客个人信息保护的立法问题研究

郭力榕①　　贺富永②

摘　要:大数据时代的发展给我国航空旅客个人信息保护带来冲击,航空运输产业是我国的重要战略产业,航空旅客个人信息除了具有真实有效性、高度流动性、涉及主体多元性、人格和财产双重性等基本特点外,还具有国家安全性,这使得航空旅客个人信息的泄露可能造成严重后果。但是在实践中,航空旅客维权却面临立法不足而产生责任主体推诿、权利与义务关系不明、举证责任过重等维权难的问题,亟须通过完善《民用航空法》为核心的旅客个人信息保护法律体系、明确界定航空旅客个人信息保护相关主体的权利和义务、适当放宽航空旅客信息案件被侵害方的证明责任标准、推进告知同意原则的有效实施等举措完善相关立法。

关键词:航空旅客　个人信息　旅客信息保护　民用航空法

一、引　言

大数据时代,计算机信息技术日新月异,这使得各类信息储存、收集、传播、利用以及信息资源的共享发生了翻天覆地的变化,冲击到社会各个领域。航空领域也不例外。虽然数据流动创造价值,适度的航空旅客个人信息收集、流动,能促进航空业发展、预防航空犯罪,但航空旅客个人信息的过度收集和滥用可能对航空旅客的隐私、航空企业的信息安全甚至我国航空领域的国家战略资源造成损失。自 2006 年以来,我国民航在旅客运输量方面连续 14 年位居全球第二,2021 年超过美国民航 5000 万人次,首次登顶全球第一。③ 我国作为航空大国,旅客群体庞大,实践中已经出现了许多

①郭力榕,南京航空航天大学人文与社会科学学院硕士研究生。
②贺富永,法学博士,南京航空航天大学人文与社会科学学院副教授。
③基金项目:中央高校基本科研业务费专项科研项目《中国航空立法史》(NR2020028)。参见《客运量超美国民航 5000 万人次,中国民航首次登顶全球第一》,载环球旅讯 2021 年 2 月 18 日,https://www.traveldaily.cn/article/143457。

侵犯航空旅客个人信息的现象,如庞理鹏诉北京趣拿信息技术有限公司、中国东方航空股份有限公司隐私权纠纷案①(下文简称"庞理鹏案"),如何保障旅客个人信息流动与保护好旅客的个人信息的双重价值成为一大难题。随着全球订立个人信息法的浪潮掀起,旅客对个人信息权的保护意识日渐加强。虽然我国《个人信息保护法》已经实施,《网络安全法》第76条、《民法典》第1034条对个人信息也做出了较为明确的界定,但是对于航空旅客个人信息的保护尚缺少专门立法。

本文拟围绕我国航空旅客个人信息保护的立法问题,以我国航空旅客信息安全保护的现行立法为重要基础,归纳航空旅客个人信息的特点,以实践中的航空旅客信息安全保护面临的困境为重点,探讨航空旅客个人信息保护相关责任主体和责任认定,以期完善相关立法,更好地保护航空旅客个人信息。

二、航空旅客个人信息的法律界定

(一)航空旅客个人信息的概念

对航空旅客信息进行有效保护,首先要对个人信息的内涵和外延进行准确界定。对此学理层面与立法层面有着不同解释。学理层面上,多数学者认为航空旅客个人信息是由个人信息的概念延伸而来,存在理论上和实际上的逻辑关系,因此其研究不可避免地带有个人信息的影子。"个人信息"是我国和日本在法律层面明确采纳的称谓,实践中"个人信息"与"个人数据""个人资料"常常被混用并且出现称谓之争,这三者该如何界定,学者们持不同观点,总的来说,三个概念的出现是各地区法律传统和习惯所导致,表述上有所差异,并无本质区别。②

立法层面上,国内现行立法对此有不同规定。2016年通过的《网络安全法》第76条第5款规定:"个人信息,是指以电子或者其他方式记录的能够单独或者与其他信息结合识别自然人个人身份的各种信息,包括但不限于自然人的姓名、出生日期、身份证件号码、个人生物识别信息、住址、电话号码等。"2017年通过的《最高人民法院、最高人民检察院关于办理侵犯公民个人信息刑事案件适用法律若干问题的解释》第1条采用了《刑法》第253条对"个人信息"的界定:以电子或者其他方式记录的能够单独或者与其他信息结合识别特定自然人身份或者反映特定自然人活动情况的各种信息,包括姓名、身份证件号码、通信通讯联系方式、住址、账号密码、财产状况、行踪轨迹

---

① 一审:北京市海淀区人民法院(2015)海民初字第10634号民事判决书。二审:北京市第一中级人民法院(2017)京01民终509号民事判决书。

② 杨咏婕:《个人信息的私法保护》,中国法制出版社2016年版,第6页。

等。2019 年发布的《信息安全技术个人信息安全规范（征求意见稿）》将"个人信息"界定为：以电子或者其他方式记录的能够单独或者与其他信息结合识别特定自然人身份或者反映特定自然人活动情况的各种信息。2021 年 1 月开始施行的《民法典》第1034 条规定："个人信息是以电子或者其他方式记录的能够单独或者与其他信息结合识别特定自然人的各种信息，包括自然人的姓名、出生日期、身份证件号码、生物识别信息、住址、电话号码、电子邮箱、健康信息、行踪信息等。个人信息中的私密信息，适用有关隐私权的规定；没有规定的，适用有关个人信息保护的规定。"2021 年 11 月开始施行的《个人信息保护法》规定："个人信息是以电子或者其他方式记录的与已识别或者可识别的自然人有关的各种信息，不包括匿名化处理后的信息。"从我国现行立法对于个人信息的界定来看，个人信息这一概念经历了多次修正，从单一"识别"标准，逐渐转变为综合"识别+关联"标准。所谓"识别"是指能根据信息的特殊性对应到特定自然人，如身份证号码、手机号、银行卡号等；所谓"关联"是指前述特定自然人在活动中产生的有关信息，如个人行动轨迹、浏览记录、通话记录、聊天记录等。

2021 年 9 月 1 日开始施行的《公共航空运输旅客服务管理规定》第 30 条："旅客在办理乘机登记手续时，承运人或者其地面服务代理人应当将旅客姓名、航班号、乘机日期、登机时间、登机口、航程等已确定信息准确、清晰地显示在纸质或者电子登机凭证上。"根据这一规定可知以上信息均属于航空旅客个人信息的范畴。《民法典》第111 条规定："自然人的个人信息受法律保护。任何组织或者个人需要获取他人个人信息的，应当依法取得并确保信息安全，不得非法收集、使用、加工、传输他人个人信息，不得非法买卖、提供或者公开他人个人信息。"航空旅客作为公民，作为航空运输领域的消费者，其个人信息的概念涵盖在《个人信息保护法》《民法典》等对"个人信息"的界定之中。

(二)航空旅客个人信息的特征

在对航空旅客个人信息的概念进行界定后，我们不难发现航空旅客个人信息具备公民个人信息的普遍特征，同时又有其特殊性。

1. 真实有效性

根据我国《公共航空运输旅客服务管理规定》第 18 条、19 条、21 条的规定，航空旅客购票时应当向承运人或者其航空销售代理人提供国家规定的必要个人信息以及旅客真实有效的联系方式，由承运人或者其航空销售代理人准确录入旅客订座系统；同时，承运人、航空销售代理人、航空销售网络平台经营者、航空信息企业应当保存客票销售相关信息，并确保信息的完整性、保密性、可用性。而在实践中，我国机票均实行实名制，即订购机票的人需要向航空公司或代理售票点提供乘机人的真实姓名和身份证号码、护照号码或者港澳台通行证号码，并出示证件，才能订到机票。可见，航空旅客个人信息具备真实有效性的特征,这也有利于保障民航运输安全。

2.高度流动性

在航空运输活动中,航空旅客信息的处理会经过售票平台、航空公司、机场等相关主体之手,这必然是一个交互、流动的过程,而为了提高航空运输活动的效率与效益,航空旅客信息必然高速在各主体间流动而具备高度流动性,这也在一定程度上增加了信息泄露的风险。

3.人格、财产双重性

我国《民法典》第四编人格权编将"个人信息"归纳到"人格权"的范畴,航空旅客信息作为个人信息的一种也当然具备人格属性。同时,由于航空旅客信息具备商业价值,其又同时具备财产属性。

4.国家安全性

由于航空运输自身天然具备国际性,在航空活动中,航空旅客信息免不了会跨境流动。民航业是国家信息安全重点保障的行业,作为交通运输业的一部分,拥有"关键信息基础设施",运营者对收集和产生的个人信息原则上应存储于国内,特殊情况下在境外存储或跨境传输需要进行安全评估。① 由此,可知航空产业作为重要战略产业,关系到我国的国家安全,这使得航空旅客信息跨境流动也具备了国家安全性的特征。

5.涉及主体多元性

在航空旅客个人信息泄露案件中,航空公司、网络购票平台、机场等被告通常以其非掌握航空旅客个人信息的唯一主体进行抗辩,第三方信息处理者的多元性大大提升了航空旅客信息保护的复杂程度,给航空旅客信息保护带来不可控的风险。

三、航空旅客个人信息保护的责任主体

《公共航空运输旅客服务管理规定》第30条规定:"旅客在办理乘机登记手续时,承运人或者其地面服务代理人应当将旅客姓名、航班号、乘机日期、登机时间、登机口、航程等已确定信息准确、清晰地显示在纸质或者电子登机凭证上。"航空运输过程中的相关主体都可能成为航空旅客个人信息保护的责任主体,应承担保护航空旅客个人信息的义务;反之,若对于航空旅客个人信息处理不当,则可能成为旅客个人信息的侵权主体。

(一)航空公司

有关航空旅客信息泄露的案件,以最高人民法院发布的第一批涉互联网典型案例

---

① 陈越峰:《关键信息基础设施保护的合作治理》,载《法学研究》2018年第6期,第180页。

中的"庞理鹏案"为典型代表,集中反映了航空旅客遭受信息泄露所面临的问题。该案中,庞理鹏委托鲁超通过北京趣拿信息有限公司(下文简称"趣拿公司")下辖网站"去哪儿"平台订购东航机票一张,该订单页面显示登记的乘机人信息为庞理鹏及其身份证号,登记的联系人信息、报销信息均为鲁超及其手机号。后庞理鹏的手机收到来源不明号码发来短信称航班取消,而该号码未向鲁超手机发送过信息。鲁超通过拨打东航客服核实,该航班并没有改变飞行计划,证实该来源不明号码发送的信息为诈骗短信。次日,东航向庞理鹏手机发送短信,告知该航班时刻调整。当晚,鲁超再次拨打东航客服确认航班时刻,却被告知该航班已被取消。之后,庞理鹏将趣拿公司与东航诉至法院。庭审中鲁超证明其代庞理鹏购买本案机票并沟通后续事宜,认可订票时未留存庞理鹏手机号,庞理鹏由此主张趣拿公司及东航泄露其个人信息,要求趣拿公司和东航承担连带责任。

航空公司收集航空旅客个人信息,其本意是为了保障民航运输的安全,但在此过程中给不法分子提供了可乘之机,他们通过非法收集与出售航空旅客信息获利,或通过被泄露的航空旅客信息进行进一步欺诈,骗取被害人财产。旅客信息安全泄露折射的隐私威胁有两方面:第一,侵犯了旅客的个人隐私和生活;第二,造成旅客财产损失的潜在威胁。[1] 对此,航空公司应当承担责任。

(二)网络购票平台

随着电子商务的普及,航空电子客票逐渐改变了航空旅客享受运输服务的方式,在其带来便捷、高效的同时,也增加了航空旅客权益保护的风险。[2] 上文所述"庞理鹏案"中,庞理鹏主张趣拿公司及东航泄露其隐私信息包括姓名、手机号及航班信息,要求网络平台方趣拿公司与航空公司东航承担连带责任。该案中,从机票销售的整个环节看,庞理鹏本人、鲁超、趣拿公司、东航公司都是掌握庞理鹏姓名、手机号及涉案行程信息的主体。但庞理鹏和鲁超不存在故意泄露信息的可能,这表明东航和趣拿公司存在泄露庞理鹏个人隐私信息的高度可能,且东航和趣拿公司所提供的泄露信息的主体为他案犯罪分子的反证无法推翻这一高度可能。同时,庞理鹏与 APP 运营商技术力量和信息掌握程度的不对等使得作为个人信息真正权利人的自然人举证能力较弱,因此根据民事证据高度盖然性标准,趣拿公司存在泄露庞理鹏隐私信息的高度可能。此外,趣拿公司作为网络购票平台,保护旅客信息也是其合同随附义务。

---

[1]姚闽琴子:《航空旅客信息安全保护的问题与因应——以"庞理鹏隐私权纠纷案"为例》,载《上海法学研究》2021 年第 17 卷,第 131 页。

[2]裴兆斌、翟姝影:《论电子商务环境下航空旅客权益的法律保护》,载《河北科技大学学报(社会科学版)》2018 年第 2 期,第 63 页。

（三）机场

虽然，目前国内并无旅客起诉机场隐私侵权的案件，但是仍不可否认，机场是航空旅客个人信息泄露的高发地。根据《个人信息法》第 69 条的规定"处理个人信息侵害个人信息权益造成损害，个人信息处理者不能证明自己没有过错的，应当承担损害赔偿等侵权责任"，可以推定，机场作为信息处理的必然一环，理应承担举证责任。

（四）直接侵权人

在侵害航空旅客个人信息的案件中，作为罪魁祸首的直接侵权人是不容忽视的。近年来，网络化的飞速发展为个人信息的非法获取与使用提供了土壤，在经济利益的驱动下，侵犯公民个人信息的案件数量呈总体增长态势：2017 年结案 7 件，2018 年结案 35 件，2019 年结案 44 件，2020 年结案 38 件，2021 年结案 42 件。个案涉及的信息数量较大，信息类型包括航空运输领域在内几乎所有民生领域。个人信息监守自盗现象频发，甚至形成黑灰产业链条。① 与此同时，犯罪行为的渗透性、犯罪对象的群体性、犯罪手段的非接触性特征愈发明显——侵害公民个人信息行为多以互联网为载体，被侵害主体缺乏被害感知，犯罪人又往往隐匿真实身份，显著加大查处难度，也使得公民维权愈加艰难。

（五）中国民航信息网络服务有限公司（下文简称"中航信"）

除春秋航空以外，我国其余航空公司均加入中航信，签订《航空公司服务协议》，代航空公司处理旅客个人信息，比如将旅客个人信息对接到机场。旅客购买机票的行为通常未能察觉到中航信的存在，因此中航信是具有隐形性的重要一环。欧盟《一般数据保护条例》（下文简称 GDPR）将"数据控制者"和"数据处理者"相区分，前者依法承担最终责任，而后者仅依其与数据控制者达成的协议承担合同责任。也就是说航空公司与中航信签订服务协议，航空公司是数据控制者，中航信是数据处理者，GDPR 对此类协议作了规范性要求，包括禁止转委托、保密、处理安全、报告义务以及协助数据控制者履行其法定义务等。数据控制者和数据处理者在不同实践中身份可转换，两者会出现重叠合一的情形。②

---

① 李楠：《侵犯公民个人信息罪的罪刑样态》，载《人民司法（应用）》2022 年第 10 期，第 4 页。
② 郑欣：《论航空旅客个人信息的侵权责任》，中国民航大学 2020 年硕士学位论文，第 23 页。

四、我国航空旅客个人信息保护的保护现状及立法不足

(一)我国个人信息保护的法律制度现状

1.法律

我国法律对于"个人信息"的保护最早出现在 2013 年《消费者权益保护法》的第 14 条:"消费者在购买、使用商品和接受服务时,享有人格尊严、民族风俗习惯得到尊重的权利,享有个人信息依法得到保护的权利。"《刑法》第 253 条明确规定了"侵犯公民个人信息罪"。2021 年实施的《民法典》人格权编的第六章对"隐私权和个人信息保护"进行专章规定。2017 年《网络安全法》第 44 条规定:"任何个人和组织不得窃取或者以非法方式获取个人信息,不得非法出售或者向他人提供个人信息。"《未成年人保护法》《电子商务法》《国家情报法》《出入境管理法》《居民身份证法》等也在不同程度上规定了相关信息主体的保障义务。

《个人信息保护法》作为我国个人信息保护领域第一部综合性法律,它的通过、实施,兼顾了人工智能时代对于互联网信息流动与跨境商业贸易的需要,关注个人信息被随意收集、违法存储、过度加工、非法使用、肆意传播、恶意公开等社会公众高度关注的问题,为个人信息提供更强有力的法律保障。《个人信息保护法》完善了航空旅客个人信息的保护路径,具体表现为:其一,对个人信息的保障是全天候、全流程、全场域的;其二,兼具原则性规定和具体性指引,用以规范航空运输相关主体处理个人信息的活动;其三,将因保护不善造成的信息侵权纳入追责范围之中。[①]

2.法规规章

《征信业管理条例》第 42 条规定:"信息使用者违反本条例规定,未按照与个人信息主体约定的用途使用个人信息或者未经个人信息主体同意向第三方提供个人信息,情节严重或者造成严重后果的,由国务院征信业监督管理部门或者其派出机构对单位处 2 万元以上 20 万元以下的罚款;对个人处 1 万元以上 5 万元以下的罚款;有违法所得的,没收违法所得。给信息主体造成损失的,依法承担民事责任;构成犯罪的,依法追究刑事责任。"《居住证暂行条例》第 17 条规定了国家机关及其工作人员对在工作过程中知悉的居住证持有人个人信息的保密义务。《人所得税法实施条例》第 30 条规定扣缴义务人不得擅自更改纳税人提供的信息。此外,2013 年《电信和互联网用户个人信息保护规定》强调电信业务经营者、互联网信息服务提供者在收集数据

---

①郝秀辉等:《航空法评论(第 9 辑)》,中国民航出版社有限公司 2021 年版,第 83 页。

时必须遵守知情同意原则,强化了有关机构的数据安全保障义务,并明确了相应的责任形态。①

(二)航空旅客个人信息保护面临的立法不足

1. 散见式、碎片化的规定,航空旅客个人信息欠缺针对性

不可否认,我国现行法律法规,尤其是《个人信息保护法》对于个人信息保护已经形成体系,但是针对航空旅客个人信息的保护尚缺乏针对性,散见于多个部门规定中,呈现碎片化特点,如 2017 年的《民航网络信息安全管理规定(暂行)(征求意见稿)》、2018 年的《公共航空运输企业航空安全保卫规则》《关于进一步提升民航服务质量的指导意见》、2019 年的《航空运输客运销售代理人业务规范》、2021 年的《公共航空运输旅客服务管理规定》。而且,上述规定多停留在规范、指南、指导意见层面,立法层级较低,也非针对航空旅客个人信息保护而制定。此外,我国《民用航空法》作为保障民用航空领域的专门法律,对于航空旅客个人信息的保护也未做出专门性、针对性规定。

2. 信息管理对象、内容不明,航空旅客信息保护缺乏有效性

由于互联网和信息数据数字化等问题并非积存或者演变的治理关系,因此并没有前序继承的治理规范,立法存在时滞,往往发生了重大危机、事件或者矛盾积累到一定程度,才会通过立法的形式进行治理。② 当前,我国关于航空旅客由于法律规章的制定更多注重解决眼前激烈的矛盾,针对数据权利的权利主体、客体、内容、权属等问题还未进行明确,缺乏相关的法律基础设施建设。③ 以被称为"史上最严"的《网络安全法》为例,对于个人信息的保护在管理的对象,其范围主要针对网络运营者,不包含民航业代理人的销售柜台服务以及企业内部的人力资源部门等,实际上,上述非网络运营者主体也都在收集、接触和处理数据。由此不难发现,《网络安全法》等现行法律、法规并不能够覆盖到所有处理个人信息的主体。其次,对于主管责任单位的界定也不够清晰,主要以网信部门(国家互联网信息办公室和地方互联网信息办公室)为主、公安部门协助处理刑事案件,但是涉及其他的情况还需要具体的部门管理规章进行支撑。

此外,在旅客个人信息主体权利实现的过程中,尽管存在多种实现困境与问题,但

---

① 张平《大数据时代个人信息保护的立法选择》,载《北京航空航天大学学报(哲学社会科学版)》2017 年第 3 期,第 147 页。

② 杨寸思:《中国民航个人信息安全的政府规制优化研究》,华东政法大学 2019 年硕士学位论文,第 36 页。

③ 肖建华、柴芳墨:《论数据权利与交易规则》,载《中国高校社会科学》2019 年第 1 期,第 84 页。

归根结底又回到最原初的问题——如何界定"航空旅客个人信息"。① 我国目前关于航空旅客个人信息保护的规定中，只是笼统表述"个人信息""旅客信息"，并未具体界定航空旅客个人信息的具体内容。当解释不一时，航空旅客个人信息的保护效果也会大打折扣。

3. 举证责任分配规则不公，加大旅客个人信息维权难度

作为数据主体的航空旅客往往成为被操控的一方，不仅对于提供的数据如何被存储、分析、保护等方面均很难知情，只能承受数据被分析、使用甚至泄露等一系列后果而无力反抗；而在维权环节又囿于收集证据能力所限，陷入举证不能或举证不足的困境。② 这种矛盾的实质在于双方权利不平衡导致数据控制者行为缺乏制约而无所不为，数据主体则处于无所可为的尴尬处境。③

实践中，无论旅客因个人信息泄露提起侵权之诉或是违约之诉，司法裁判中的争议焦点一般都集中在信息泄露的举证责任分配方面，举证责任分配直接影响案件的裁判结果。在旅客个人信息泄露侵权之诉中，被告实施了信息泄露行为及该行为与损害结果之间存在因果关系，一直是受害人在诉讼中面临的两大难关。④ 法院在处理这类旅客信息泄露案件时对因果关系的证明责任分配有不同的观点。比如，在"庞理鹏案"中，一审法院采取由权利人证明东航和趣拿公司将庞理鹏过往留存过与本案机票信息匹配予以泄露的路径；二审法院则认为，作为普通人的庞理鹏不具备对东航和趣拿公司内部数据信息管理是否存在漏洞等情况进行证明的能力，因此应当由信息控制者证明其行为与损害间无因果关系，若无法证明，则认定这一因果关系的存在。在法律无明确规定的情形下，司法实践中对于旅客个人信息泄露侵权案件的举证责任分配情况通常是：法院要求由航空旅客证明被告在履约中存有违法泄露其信息的违约行为，甚至要求航空旅客进一步举证证明其所定机票信息是在哪一环节发生的泄露。由于个人信息泄露环节多、技术复杂，航空旅客在举证环节面临诸多困难，这无疑降低了其向信息泄露者追责的可能性。旅客信息泄露案件日益增多，而真正付诸维权的少之又少，进入司法裁判后原告胜诉的更是稀少，这在某种程度上又纵容了泄露个人信息

---

① 姚佳：《个人信息主体权利的实现困境及其保护救济》，载《中国法律评论》2022 年第 6 期，第 138 页。

② 迪莉娅：《个人数据信托的治理功能、模式与发展策略》，载《情报理论与实践》2023 年第 5 期，第 91 页。

③ 冯果、薛亦飒：《从"权利规范模式"走向"行为控制模式"的数据信托：数据主体权利保护机制构建的另一种思路》，载《法学评论》2022 年第 3 期，第 73 页。

④ 刘海安：《个人信息泄露因果关系的证明责任：评庞某某与东航、趣拿公司人格权纠纷案》，载《交大法学》2019 年第 1 期，第 186 页。

行为。①

4. 是否知情同意界限模糊,导致告知同意原则实施的困境

我国现行法律法规尤其是《个人信息保护法》所确立的告知同意原则规范体系会对相关主体的行为产生规范和指引作用,但这一规范体系在实施过程中也面临种种挑战。能否积极应对这些挑战,在很大程度上决定了告知同意原则能否有效实施,甚而影响到个人信息保护制度整体的实施效果,这些挑战主要来自以下两个方面:

其一,"数字鸿沟"令航空旅客难以"充分知情"。尽管随着《个人信息保护法》的实施,因滥用格式条款或默认同意等商业模式所造成的"走过场式告知"情况有望得到改善,但"数字鸿沟"作为信息时代的结构性问题,其影响则难以即刻消除。其二,"法定其他情形"的兜底式例外条款可能被滥用。《个人信息保护法》第13条规定了无须当事人同意的例外情形,其中第7项为"法律、行政法规规定的其他情形"。如果这种"法定其他情形"被滥用,告知同意原则就会被架空而失去实际意义。②

五、我国航空旅客个人信息保护立法的完善路径

大数据时代,数据的战略意义日益显著,目前已有121个国家和地区进行了专门的数据立法③,对我国有良多启示,尤其是欧盟2018年5月25日正式生效的GDPR,我国《个人信息保护法》在立法过程中参考借鉴了GDPR的部分制度架构和制度设计④,这符合数字时代的要求,但不能简单照搬照抄欧盟法的概念。⑤ 该法案的实施对我国民航领域涉及旅客个人信息的系统来说,既是挑战也是机遇,须引起足够的重视。在适应新的法律条款要求的同时,逐步优化数据系统;在为旅客提供个性化服务的同时,加强对用户隐私信息的保护意识。⑥ 结合我国实际,我国航空旅客个人信息保护立法的完善可以从以下几方面入手。

---

① 刘光才、靳璐:《航空旅客个人信息保护的法律规制研究》,载《北京航空航天大学学报(社会科学版)》2020年第1期,第125页。

② 冯健鹏:《个人信息保护制度中告知同意原则的法理阐释与规范建构》,载《法治研究》2022年第3期,第33页。

③ 刘乃贵:《个人信息、社会数据与立法选择:大数据时代数据治理的法治进路》,西南财经大学出版社2022年版,第107页。

④ 高富平:《GDPR的制度缺陷及其对我国〈个人信息保护法〉实施的警示》,载《法治研究》2022年第3期,第30页。

⑤ 刘权:《个人信息保护的权利化分歧及其化解》,载《中国法律评论》2022年第6期,第119页。

⑥ 胡鹰翔:《〈通用数据保护条例〉对我国民航信息化的挑战和机遇》,载《民航管理》2019年第3期,第89页。

（一）完善以《民用航空法》为核心的旅客个人信息保护法律体系

首先，建议在《民用航空法》中专门增加关于航空旅客个人信息保护的条款，明确规定航空旅客个人信息受法律保护，并规定航空公司、网络售票平台、机场的等信息处理主体未经航空旅客同意不能对外提供航空旅客个人信息，任何人、任何组织不得泄露、出售或者非法向他人提供航空旅客个人信息。[①] 其次，整合现有的规范、指南、指导意见，对相关文件进行归纳，争取形成法律，提高立法层级，同时推动征求意见稿、试行稿正式化。

完善立法的过程中，针对航空旅客个人信息的范围及处理，可进行如下区分定义：航空旅客个人信息，是指民航运输相关主体通过开展业务或者其他合法渠道处理的旅客个人信息，包括：个人身份信息、健康状况信息、行程信息、支付信息、信用信息等敏感个人信息，旅客订座记录指令、飞行偏好等与特定旅客购买、使用飞行产品或者服务相关的一般个人信息。针对旅客敏感个人信息在内容和收集目的方面的特殊性，可规定遵循合法、正当、必要原则，经航空旅客或者其监护人明示同意，任何机构不得收集或变相收集与民航业务无关的旅客敏感个人信息。[②]

（二）明确界定航空旅客个人信息保护相关主体的权利和义务

明确航空旅客作为信息主体的各项具体权利，包括信息决定权、信息保密权、信息访问权、信息更正权、信息可携权、信息封锁权、信息删除权、被遗忘权、同意撤回权等[③]，并要求各信息处理主体在合同的隐私条款中示明。目前东航公司在隐私政策中列明了旅客的访问权、纠正权、删除权（被遗忘权）、限制处理权、资料可携性权利、反对权、注销账户权；中国国际航空公司在隐私条款中规定了访问和更正个人信息权、删除权、撤回权、注销账户权、阻止接收信息权。虽然各航空公司对权利使用的名称有所不同，但权利的内容大体相同。在法律法规的制定过程可考虑借鉴并吸收各信息处理主体的规定，明确航空旅客作为信息主体的权利。

从航空旅客个人信息保护相关义务主体来看，主要包括航空公司、网络购票平台、机场、直接侵权人等，其义务应当体现在告知说明、合法正当收集、妥善管理、保护隐私、及时删除等方面。同时，应对承运人施以更严格的注意义务，可规定：承运人应当按照国家档案管理和电子数据管理等规定，采取技术措施和其他必要措施，妥善保管

---

①贺富永等：《中国航空立法研究》，东南大学出版社 2020 年版，第 298 页。

②卢柏宜：《论航空旅客个人信息保护的困境与路径》，载《武汉交通职业学院学报》2021 年第 1 期，第 43 页。

③类延村、徐洁涵：《个人信息法律保护的权利基础与实践逻辑》，载《图书馆建设》2021 年第 1 期，第 90 页。

和存储所收集的旅客信息,防止信息遗失、毁损、泄露或者被篡改。在确认信息发生泄漏、毁损、丢失时,承运人应当立即采取补救措施;信息泄露、毁损、丢失可能危及旅客人身、财产安全的,应当立即向住所地片区的民航管理局报告并告知旅客。

(三)适当放宽航空旅客信息案件被侵害方的证明责任标准

民航运输领域存在着信息流动渠道复杂、涉及主体多元的特殊性,航空旅客与信息处理主体地位悬殊,加之传统隐私权保护机制下举证责任的分配问题,信息遭泄露的航空旅客作为普通消费者,通常不熟悉民航业的信息流转过程和信息操作技术,且不具备证明被告内部数据信息管理是否具有漏洞的能力,加之证明成本高昂,按照目前举证责任的一般规定,普通旅客难以对其个人信息是在哪一渠道、以何种方式泄露出去进行充分举证,这对其维权造成了一定的阻碍。[1]

民事诉讼程序以实现公正与效益为目标[2],针对航空旅客维权的难点,应当基于公平原则将证明标准达到高度盖然性即可,并且将因果关系举证责任倒置理论运用于个人信息侵权案件之中[3]。具体来说,可考虑适当运用举证责任缓和规则,适当放宽信息遭泄露旅客证明的标准,在信息遭泄露旅客提出的证据能够证明其个人信息发生泄漏的事实且能够证明被告有泄露其个人信息的高度可能性时,因客观条件限制了其继续举证,应将举证责任转移给被告;被告的反证不能推翻该高度可能性时,可认定原告的主张成立。[4] 适当放宽旅客的证明标准,能在一定程度上缓解旅客的举证困境,提高旅客维权的积极性和有效性。

(四)梳理明确基础理论框架推进告知同意原则的有效实施

如前文所述,告知同意原则的有效实施的挑战主要来自两个方面——信息时代的社会结构数字鸿沟、法律规范本身的特点(兜底条款),均为深层问题,并非改变具体条文就能直接解决的。因此在完善相关法律条文的同时,有必要从理论上梳理、明确告知同意原则的法理基础和理论框架。

其一,明确告知同意原则的界定。告知同意原则范围和边界的确定是分层次、动态化的。《个人信息保护法》第 13 条规定了告知同意原则的例外情况,这些例外情况

---

[1] 郝秀辉等:《航空法评论(第 9 辑)》,中国民航出版社有限公司 2021 年版,第 104 页。

[2] 谷田园:《论个人信息保护纠纷案件中过错要件事实的举证责任分配》,载《山东警察学院学报》2022 年第 1 期,第 25 页。

[3] 孙淑婷、阿依加马丽·苏皮:《〈民法典〉背景下个人信息侵权举证责任探究》,载《山西省政法管理干部学院学报》2022 年第 1 期,第 49 页。

[4] 杨立新:《侵害公民个人电子信息的侵权行为及其责任》,载《法律科学》2013 年第 3 期,第 150 页。

从反面构成了告知同意原则的范围和边界，因此也是告知同意原则理论框架的重要组成部分。值得注意的是，此处大量采用了原则性的表述，如"为……所必需""在合理的范围内"等，这在很大程度上是由于信息技术的飞速发展和商业模式的复杂多变。也正因为如此，告知同意原则范围和边界的确定应当是动态化的，即在法定原则性规范的框架内，充分考虑使用的必要性、对航空旅客的影响、补偿或救济的可能性等影响航空旅客个人信息使用合理性的因素，恰当地在个案中确定是否需要采用告知同意、采用到何种程度。

同时，由于个人意志的表达包含实质和形式两个方面，可以归纳出旅客知情同意的三类情形：第一类是同时满足实质、形式要件，即获取个人信息在实质和形式上都得到航空旅客同意；第二类是形式上获得了同意，但实质上违反航空旅客个人真实意志的情形，即以误导、欺骗、胁迫等方式获取航空旅客的同意但有悖于其真实意志，所以这类行为也应被视为未经同意非法获取旅客个人信息；第三类是虽然没有获得形式上的同意表达但已经取得实质上的同意，这类行为应当首先被视为未经同意的非法行为，如果航空旅客进行事后追认，则可以阻却其非法性。[①] 由此，对应的告知同意原则的范围和边界应当是分层次的，即"告知同意的例外"并不必然等同于"无须告知同意"，而是有必要根据个人用户知情程度构建阶梯式递减的"需详细告知但无须同意""需概括告知但无须同意"和"无须告知同意"三个层次，从而最大限度地保障航空旅客的知情权。[②]

其二，针对"兜底条款"，理论上可以借鉴刑法解释兜底条款时所采用的"同质性解释规则"，即兜底的具体内容要与已列举的事项一致，从而既确保立法的灵活性又约束其无限扩张的可能性。[③] 但是现有立法并没有提供告知同意原则例外情形的一致性标准，如《个人信息保护法》第 13 条内所列举的例外情形涉及不同的典型场景，从中难以归纳出内在一致性，无法为第 13 条第 7 项的"同质性解释"提供支持。结合相关技术和社会的发展，可以认为立法在这里优先选择了社会适应性，而将确定性留待法律适用和后续的立法，这也是对相关立法进行完善的重要方向。

六、结　语

大数据时代如何保护海量航空旅客个人信息，使其免受侵害备受公众关注。我国

---

①杨军、杜宇：《非法获取公民个人信息的规范阐释》，载《人民司法》，2022 年第 10 期，第 71 页。
②程啸：《论个人信息处理者的告知义务》，载《上海政法学院学报（法治论丛）》2021 年第 5 期，第 73-74 页。
③李军：《兜底条款中同质性解释规则的适用困境与目的解释之补足》，载《环球法律评论》2019 年第 4 期，第 116 页。

现行法律界定了个人信息的范围并对个人信息进行保护,但对航空旅客个人信息的保护相关规定散落在指导意见、规范、指南中,立法层级低,且尚未明确航空旅客个人信息的具体内容及旅客作为信息主体的权利;同时,航空旅客与信息处理相关主体地位悬殊,其维权往往存在一定难度。建议通过整合散见式、碎片化规定,建构以《民用航空法》为核心的航空旅客个人信息保护法律体系,明确界定航空旅客个人信息的具体内容,明确界定航空旅客个人信息保护相关主体权利和义务、适当放宽航空旅客信息案件被侵害方的证明责任标准、推进告知同意原则的有效实施等举措,完善对航空旅客个人信息的保护。

（责任编辑：朱宏瑄）

《宪法》第 51 条的公共利益内涵阐释

——基于人民中心立场

王青云①

摘 要:《宪法》第 51 条中"国家的、社会的、集体的利益"一般被概括为公共利益,而四种利益间的关系究竟为何? 宪法规范内涵具体是什么? 却始终是个无解命题。对此,可将它们置于习近平法治思想中的人民中心立场下进行整体阐释,发现其价值取向的一致性,从而得出结论:社会利益是公共利益的混同表达,两者在内涵上并无本质区别;国家利益集中体现为国家目的,基于我国共产党全面领导的"一元"格局,国家利益消解了公共利益;集体利益在此不宜作经济所有制意义上的理解,而是公共利益的意识形态化表达。此外,公共利益作为公民权利的限制事由,并不享有绝对优先的地位,二者有机统一人民中心立场,在现实场景下须做具体衡量。

关键词:以人民为中心 公共利益 社会利益 国家利益 集体利益

一、问题引入

"出于公共利益得限制基本权利"乃现代宪法学上的一般原则。② 而什么是公共利益? 这不是一个新问题。自古希腊以来,一代又一代学者从不同视角、用不同方法对其进行了各种研究。③ 也正因如此,不同学科关于公共利益的理解可谓大相径庭,无法进行有意义的比较。西方传统上盛行的公共利益概念主要是基于经济学的分析与考量,比如以边沁(Jeremy Bentham)和密尔(John Stuart Mill)为代表的功利主义

---

①王青云,武汉大学法学院硕士研究生。

②张翔:《基本权利的体系思维》,载《清华法学》2012 年第 4 期,第 34 页。

③张方华:《共同善的镜像叙事——公共利益的西方政治哲学考量》,南京师范大学出版社 2016 年版,第 7-8 页。

公共利益说等。① 这些学说缺乏对个体权利和自由的重视,也没有考虑权力地位的不平等因素,由此运用到法学领域便显得苍白无力,常沦为一种过分简单化的多数主义。② 现如今,法学对公共利益的考察一般是在民主价值的语境下进行的,并将其作为规制话语的一部分,即:"使用公共利益概念作为规制私人活动的正当化理据,为追求共同体珍视的目标去限制私人权利的行使。"③对此,要正确发挥公共利益的规制功用,实现具有民主性价值的目标,就必须发掘其在宪法这一根本法中的规范内涵,以免沦为弄权者的遮羞布。

宪法有国别之分,公共利益的宪法规范内涵自然也有国别性。就我国而言,现行《中华人民共和国宪法》(以下简称《宪法》)第51条前半句规定:"中华人民共和国公民在行使自由和权利的时候,不得损害国家的、社会的、集体的利益⋯⋯"这一公民权利限制条件便通常被解释为"公共利益原则"。④ 对此,理论界已然将其视作一种普遍共识,却鲜有学者解释为何"国家、社会、集体利益"表达了"公共利益"的内涵。刘连泰教授曾在2006年发文指出:"国家利益是公共利益的形式表达,社会利益是公共利益的实质表达,集体利益是公共利益的除外形态。"⑤这是厘清四种利益间关系的一次非常具有先导意义的尝试。可问题在于:虽然刘教授在文中旁征博引了各种国内外、跨学科的理论工具进行分析论证,但对我国宪法文本本身的考察却似有不足,这使得其阐释尽管极富理论上的启发性,却有逸出规范框架之嫌,难以突显我国公共利益的独特内涵。直到2018年,刘光华教授再度拾起该问题,通过构建"价值—工具"两层法律利益分类范式,得出了"公共利益是价值形态的利益存在,而国家、社会以及集体利益属于工具形态的利益存在"这一结论。⑥ 这种技术分类为我们理解上述四种利益的关系提供了一定启发,但其亦未立足我国宪法文本进行具体阐述,而是从法理层面抽象地提出了这一范式。由此可见,就规范解释而言,公共利益内涵在《宪法》第51条中的表达问题尚有进一步研究空间。

---

①关于功利主义公共利益说的具体观点,参见 Jeremy Bentham, *The Principles of Morals and Legislation*, Hafner Press, 1948; John Stuart Mill, *Utilitarianism*, J. M. Dent&Sons Ltd. , 1972。

②Artbur Allen Leff, *Economic Analysis of Law*: Some Realism About Nominalism, 60 Virginia Law Review, 451 (1974); Ronald M. Dworkin, *Is Wealth a Value*, 9 The Journal of Legal Studies, 191(1980).

③[英]迈克·费恩塔克:《规制中的公共利益》,戴昕译,中国人民大学出版社2014年版,第229页。

④其实《宪法》第51条从两方面对公民权利的行使进行了限制,即"国家的、社会的、集体的利益"与"其他公民的合法的自由和权利",由于后者属于公民内部"互不侵犯"的权利行使界限问题,规范的是私法领域的平等主体间法律关系,故不在本文讨论范围之列。

⑤刘连泰:《我国宪法文本中作为人权限制理由的四个利益范畴之关系》,载《法律科学》2006年第4期,第37页。

⑥刘光华、张广浩:《祛魅公共利益:基于"价值—工具"法律利益分类范式》,载《兰州大学学报(社会科学版)》2018年第4期,第162页。

实际上，对于"国家的、社会的、集体的利益"这一宪法文本表述，可置于习近平法治思想中的"坚持以人民为中心"立场下进行阐释。习近平总书记曾强调："全面依法治国最广泛、最深厚的基础是人民，必须坚持为了人民、依靠人民。要把体现人民利益、反映人民愿望、维护人民权益、增进人民福祉落实到全面依法治国各领域全过程。依法保障人民权益是全面依法治国的根本目的。"① 可见，在新时代中国特色社会主义的时代背景下与法治实践中，无论是公共利益，还是国家、社会、集体利益都被赋予了以人民为中心的价值底色，所以它们之间规范内涵的一致性也就具备了解释的空间。此外，坚持以人民为中心是习近平法治思想的根本立足点，而习近平法治思想属于习近平新时代中国特色社会主义思想的重要组成部分，习近平新时代中国特色社会主义思想又在现行《宪法》序言第七自然段中被列为指导思想之一。可见在"以人民为中心"立场下解释《宪法》第51条中"国家的、社会的、集体的利益"也恪守了法教义学的立场，即回到宪法文本自身，依靠文义及各条款之间的关联解释，以及通过探究制宪时赋予宪法的目的或者在当下背景中宪法被认为应当达成的目的，来明确宪法条文之含义。② 由此，本文将遵循习近平法治思想中以人民为中心的立场，尝试阐释"国家的、社会的、集体的利益"与"公共利益"规范内涵的一致性。

二、社会利益是公共利益的混同表达

（一）公共利益蕴含于国家根本任务与公民义务条款中

虽然公共利益被普遍认为是一个不确定性概念，无法准确界定其内涵，但是其大致特征有可能被归纳总结，否则实践中有涉于此的相关判断或衡量都将无法进行。从一般意义上讲，公共利益最核心的特征是广泛性和不特定性。广泛性主要体现在地域范围和受益对象两方面；不特定性则是指公共利益代表着公众共同的整体利益，而非特定人的利益。③ 不过，这些放之四海而皆准的抽象特征并不能为我们探究公共利益之于某一国家宪法中的内涵提供实质作用。因为世界上每个国家都有自己的历史发展脉络与底蕴，国情的差异导致了各国宪法中所规定的公共利益内涵也不尽相同。由此，对于公共利益的研究不能受限于西方话语体系，而应当关注我国本土语境中公共利益形成的历史背景以及当下的宪法表达。

实际上，虽然新中国成立以来的历部宪法都存在"公共利益"这一表述，但从来没

---

① 习近平：《论坚持全面依法治国》，中央文献出版社2020年版，第2页。
② 张翔：《宪法释义学：原理·技术·实践》，法律出版社2013年版，第35—39页。
③ 范进学：《定义"公共利益"的方法论及概念诠释》，载《法学论坛》2005年第1期，第16页。

有通过概念界定的方式来直接明确地表达其内涵。① 因为公共利益作为一种基于宪法共同体价值而确定的价值标准,其内涵不仅受限于制宪者的意志倾向,还随着社会变迁而不断发展,根本无法通过固定的语言去界定。② 然而,尽管"不确定性"是立法语言永远逃逸不出的禁锢,但"确定性"亦为立法一以贯之的理想追求,概念界定的缺失并不意味着公共利益内涵在我国宪法文本的阙如。申言之,既然公共利益反映宪法自身的价值追求,那么便可尝试从我国宪法的价值取向入手来窥探公共利益的内涵。对此,曾有学者不无精辟地指出,我国制宪意志表达了改造社会的宏大愿景与集体优位的权利观念,这两者融入公共利益的内涵之中。③ 而具体定位到宪法文本,可分别从"国家根本任务"与"公民义务"条款对公共利益内涵进行归纳。

　　一方面,"国家根本任务"是公共利益内涵的统筹性概括。我国《宪法》"序言"第七段所表述的国家根本任务是执政党基于本国所处的历史阶段而形成的发展纲要,展现出社会主义的远大理想。回溯历史,1954 年、1975 年以及 1978 年颁布的三部《宪法》都并未明确规定国家根本任务,其中 1954 年《宪法》只规定了"过渡时期"的总任务是"逐步实现国家的社会主义工业化,逐步完成对农业、手工业和资本主义工商业的社会主义改造";1975 年《宪法》则带有浓厚的激进色彩,充斥政治宣传口号而缺乏规范表达;1978 年《宪法》仅规定了"新时期"的总任务是:"坚持无产阶级专政下的继续革命,开展阶级斗争、生产斗争和科学实验三大革命运动,在本世纪内把我国建设成为农业、工业、国防和科学技术现代化的伟大的社会主义强国。"直到 1982 年《宪法》颁布,国家根本任务才有了较为明确的规范内涵,同时"国家的、社会的、集体的利益"作为限制公民权利的"公共利益原则"也首次被规定在 51 条中。最初,国家根本任务被表述为"集中力量进行社会主义现代化建设";到 1993 年修宪时,发展为"根据建设有中国特色社会主义的理论,集中力量进行社会主义现代化建设";再到 1999 年修宪时,又发展为"沿着建设有中国特色社会主义的道路,集中力量进行社会主义现代化建设";2004 年修宪再度改成"沿着中国特色社会主义道路,集中力量进行社会主义现代化建设",这一表述一直沿用至今。由此可见,"集中力量进行社会主义现代化建设"始终是国家根本任务之核心要素,这体现了公共利益内涵的稳定性;而"中国特色社会主义"从无到有、从"理论"到"道路"、从"建设"到"沿着"的流变,则体现了公共利益内涵的发展性。

---

　　①参见《中华人民共和国宪法》(1954 年)第 10 条第 3 款、第 13 条、第 14 条;《中华人民共和国宪法》(1975 年)第 8 条;《中华人民共和国宪法》(1978 年)第 8 条第 2 款;《中华人民共和国宪法》(1982 年)第 10 条第 3 款;《中华人民共和国宪法》(2004 年修正)第 10 条第 3 款、第 13 条第 3 款。

　　②韩大元:《宪法文本中"公共利益"的规范分析》,载《法学论坛》2005 年第 1 期,第 7 页。

　　③梁鸿飞:《"公共利益"的法理逻辑及本土化重探》,载《华中科技大学学报(社会科学版)》2017 年第 5 期,第 84 页。

　　另一方面,"公民义务"条款是公共利益内涵的类型化描述。由于公共利益是公权力限制公民权利的正当理由,而我国宪法中对公民权利最明显和广泛的限制就是给公民施加了若干义务,所以可通过梳理公民义务条款来尝试对公共利益内涵进行类型化归整。所谓"类型化",在方法论意义上是指归纳整合特定概念的共有属性以实现概念的具体化。① 我国宪法文本中通过规定公民义务来对公共利益进行类型化处理之目标就在于降低其内涵的不确定性。就我国现行宪法文本而言,为公民施加义务的规范主要分布在"总纲"和"公民的基本权利和义务"两章,其中后一章以第51条为界,又可分为"基本权利附带的义务"与"单独规定的义务"。(参见表1)这些单项义务所体现的是公共利益的各种具体形态,既包括物质意义上的内涵,如土地、税收、自然资源、社会主义公共财产等,也包括非物质方面的内涵,如国家统一、民族团结、各项制度与秩序等,其在公民义务条款中的具象表达展现了个人与国家、社会之间的各种利益关系,总体上显示出一种集体主义的价值取向。

表1 《宪法》中的公民义务条款

章 节	条 文	义 务
总纲	第9条第2款	不得侵占或者破坏自然资源
	第10条第4、5款	不得侵占、买卖或者以其他形式非法转让土地,合理利用土地
	第12条	不得侵犯社会主义公共财产
	第13条第3款	配合国家对其私有财产进行征收、征用
	第15条第3款	不得扰乱社会经济秩序

---

　　①王利明:《法学方法论》,中国人民大学出版社2011年版,第422页。

续表 1

章节		条 文	义 务
公民的基本权利和义务	51条之前	第36条第2、3款	不得强制公民信仰宗教或者不信仰宗教,不得歧视信仰宗教的公民和不信仰宗教的公民,不得利用宗教进行破坏社会秩序、损害公民身体健康、妨碍国家教育制度的活动
		第40条	不得侵犯公民的通信自由和通信秘密
		第41条第1款	不得捏造或者歪曲事实进行诬告陷害
		第42条第1款	劳动
		第46条第1款	受教育
	51条之后	第52条	维护国家统一和全国各民族团结
		第53条	遵守宪法和法律,保守国家秘密,爱护公共财产,遵守劳动纪律,遵守公共秩序,尊重社会公德
		第54条	维护祖国的安全、荣誉和利益
		第55条	依照法律服兵役和参加民兵组织
		第56条	依照法律纳税

(二)社会利益即是公共利益

从宪法文本来看,新中国成立以来的历部宪法中都有关于"公共利益"的规定,而直到改革开放后,1982年《宪法》里才首次出现了"社会利益"这一表述,即第51条。① 对于该条的立法目的,现存公开的立宪资料并没有给我们展示制宪者在1982年《宪法》第51条中规定"社会利益"的用意。刘连泰教授曾当面咨询过参与我国宪法起草工作并撰写了《中华人民共和国宪法史》的许崇德先生,但得到的回答是"该条几乎没有发生过讨论"②。此外,就法律层面而言,除了1982年颁布的《中华人民共和国民事诉讼法(试行)》第204条规定了"社会利益"以外,我国其余所有全国人大及其常委会立法中都再没出现"社会利益"表述,各部门法常常将公共利益和社会利益混

---

① 《中国人民共和国宪法》(1982年)第51条规定:"中华人民共和国公民在行使自由和权利的时候,不得损害国家的、社会的、集体的利益和其他公民的合法的自由和权利。"

② 刘连泰:《我国宪法文本中作为人权限制理由的四个利益范畴之关系》,载《法律科学》2006年第4期,第43页。

称为"社会公共利益"。① 由此可见,我们难以纯粹地从法条出发,通过文义、目的乃至体系解释去明确社会利益的内涵,或者说我国法律体系中的"公共利益"与"社会利益"之间的界限模糊不清。

那么把目光转向理论层面,我国目前对社会利益较为权威的定义是"从社会角度出发与人类活动有关的利益"②。可这并未对"社会利益"中的"社会"概念进行明确,也未能解释清楚法律中公共利益与社会利益表述含混不清的问题。对此,只能尝试借助域外理论,以"他山之石"阐发社会利益的内涵。美国学者罗斯科·庞德(Roscoe Pound)对于社会利益的阐发是在"公共政策"的名义下进行的。其先是引入了"亚利桑那雇主责任系列案"判决中美国最高法院大法官们的争论。皮特尼(Pitney)大法官所代表的多数意见认为:"案涉州立法是基于影响公共利益(public interest)的合理理由,事先确定并适用于类似情况下的所有人,没有侵犯宪法第十四修正案(the Fourteenth Amendment)所保护的基本权利(the fundamental rights)。"麦克纳大法官(McKenna)则反驳道:"目前的判决对所有的个人权利(all rights)都有威胁,使它们将毫无保留地受到公共政策概念(conceptions of public policy)的制约。"③对此,庞德进一步指出,麦克纳大法官所称的权利是指应当由法律保护的个人利益,而公共政策则是指社会利益(social interests)。普通法体系由对互相冲突的个人利益的调整措施所构成,其间经常以公共政策的名义求助于一些社会利益,并由此确定合理的调整界限。④ 不难看出,在以上论述中,公共利益与社会利益通过公共政策这一载体实现了互释。此外,庞德还将社会利益类型化为六种,包括公共安全、社会制度安全、公共道德、保护社会资源、公共发展、个人生活。⑤ 这些也可与我国宪法中的公共利益类型化内涵大致对应。比如《宪法》第 9 条第 2 款规定的公民不得侵占或者破坏自然资源之义务对应"保护社会资源"这一社会利益,第 53 条中的尊重社会公德义务对应"公共道德"这一社会利益,等等。而我国宪法中公共利益内涵的统筹性概括——国家根本任务,则对应"公共发展"这一社会利益。所谓公共发展,是指包含在文明社会的社会生活中的如下主张:发展人类能力和增强人们对自然的控制以满足人类需求;

①《中华人民共和国民事诉讼法(试行)》(1982 年)第 204 条规定:"中华人民共和国人民法院对外国法院委托执行的已经确定的判决、裁决,应当根据中华人民共和国缔结或者参加的国际条约,或者按照互惠原则进行审查,认为不违反中华人民共和国法律的基本准则或者我国国家、社会利益的,裁定承认其效力,并且依照本法规定的程序执行。否则,应当退回外国法院。"

②洪远朋、高帆:《关于社会利益问题的文献综述》,载《社会科学研究》2008 年第 2 期,第 74 页。

③对于双方在"亚利桑那雇主责任系列案"中所持的完整意见,参见 Arizona Copper Co.,Limited,v. Hammer. et al,250 U. S. 400,39 S. Ct. 553(1919)。

④[美]庞德:《法理学(第三卷)》,廖德宇译,法律出版社 2007 年版,第 204 页。

⑤[美]庞德:《法理学(第三卷)》,廖德宇译,法律出版社 2007 年版,第 218-244 页。

要求不断向前推进社会工程;满足某一团体的自我主张向人类能力更高、更完善的方向发展。① 国家根本任务所体现和追求的社会主义远大理想,便是公共发展这一社会利益在我国宪法文本中的真实写照。

综上,通过对我国宪法与法律文本加以分析,辅以域外经典学说的阐发,可以发现,公共利益与社会利益自始至今都是相伴而生、难舍难分的一对概念,两者在内涵上并无本质区别,《宪法》第51条中的社会利益可视为是公共利益的混同表达。

三、公共利益融于国家利益之中

(一)国家利益集中体现为国家目的

对于国家利益的研究,主要集中在政治学中的国际关系领域。美国政治学家汉斯·摩根索(Hans J. Morgenthau)曾将"国家利益"界定为"由权力界定的利益",认为在国际政治中,不管国家追求的最终目标是什么,权力总是最直接的目标。② 这一观点的合理性在于现代很多强势的国家常常将自己的利益包装为普适性价值,无限扩大所追求的"国家利益",以此为名义去损害其他弱势国家真正的国家利益,所以确有必要警惕和防止国家利益沦为国家追求权力的伪装。但是,这并不意味着国家利益就等同于权力本身,国家除政治利益外显然还有其他更为广泛的追求。而且汉斯·摩根索试图通过"权力界定"来祛除意识形态对国家利益内涵影响的做法是稍显偏激的。因为一个国家中统治阶级的意识形态塑造着政治生活的方方面面,国家利益自然也无法免于受其影响,真正需要防范的只是一国利益中的意识形态要素过度扩张去侵害其他国家利益,而非否定意识形态本身。

受西方政治思想影响,中国学者们一般也都是遵循西方逻辑来界定国家利益的内涵。有学者认为,国家利益是指民族国家追求的主要好处、权利或受益点,反映这个国家全体国民及各种利益集团的需求与兴趣。③ 还有学者认为,国家利益决定国家居于支配地位的价值与政策取向,并且决定国家的基本需求和具体的国家目标。④ 这类定义都是一种普适性的抽象概括,可总结为"国家利益是国家对生存与发展的需求,以

①[美]庞德:《法理学(第三卷)》,廖德宇译,法律出版社2007年版,第234页。

②Hans J. Morgenthau, *The Problem of the National Interest*, in Hans J. Morgenthau, The Decline of Democratic Politics, University of Chicago Press, 1962, p. 79. 转引自徐若琦:《汉斯·摩根索的"国家利益"概念探究》,载《国际论坛》2015年第3期,第54页。

③王逸舟:《国家利益再思考》,载《中国社会科学》2002年第2期,第161页。

④李少军:《论国家利益》,载《世界经济与政治》2003年第1期,第4页。

及国家制定方针政策的依据。"①

实际上,由于每个国家地缘、历史、文化以及发展状况的不同,其所要完成的使命与追求的利益也不尽相同。我国的《宪法》文本所蕴含的国家利益集中体现在其所规定的国家目的之中。与前述国家根本任务不同,国家目的落脚于"国家存在",是国家之所以存在的最根本理由,而国家根本任务则指向于"改造社会"。② 我国现行《宪法》序言第七段第四句就是对国家目的的集中阐释,具体而言:"中国各族人民将继续在中国共产党领导下"是对实现国家利益的主体和领导力量进行了明确;"在马克思列宁主义、毛泽东思想、邓小平理论、'三个代表'重要思想、科学发展观、习近平新时代中国特色社会主义思想指引下"规定了国家利益中的意识形态要素;"坚持人民民主专政,坚持社会主义道路,坚持改革开放"是实现国家利益的路径与方针;"不断完善社会主义的各项制度,发展社会主义市场经济,发展社会主义民主,健全社会主义法治,贯彻新发展理念"是国家利益的重要内容与具体体现;"自力更生,艰苦奋斗"传达出中国坚持独立自主维护与实现国家利益的立场与品格,绝不采取牺牲其他国家利益的方式来实现自己的利益;"逐步实现工业、农业、国防和科学技术的现代化,推动物质文明、政治文明、精神文明、社会文明、生态文明协调发展,把我国建设成为富强民主文明和谐美丽的社会主义现代化强国,实现中华民族伟大复兴"构建起国家利益的终极实现形态,即建设成为"现代化"与"协调发展"的社会主义强国,进而实现"民族伟大复兴"。通过上述分析可以发现,我国《宪法》所确立的国家利益是立体而丰富的,几乎涵盖了国家与社会发展的各个方面,并且带有一种强烈的"从没落走向辉煌"的历史印记,以及"从压迫走向复兴"的时代使命。

(二)国家利益消解了公共利益

目前,有不少学者认为,国家利益是公共利益的下位概念,前者侧重于政治利益,而后者是指社会成员所享有的政治利益以外的其他利益,其范围大于前者。③ 这一观点实际上颠倒了我国公共利益与国家利益的关系。如前所述,我国《宪法》中的公共利益主要分布在国家根本任务和公民义务条款中,而国家利益则集中表现为国家目的。国家目的是广泛而全面的,所以我国的国家利益并不限于政治利益。而且国家根本任务和公民义务的规定都是为了实现国家目的,相应地,乃是我国的公共利益融入了国家利益,而非高于国家利益。进言之,前述学者的观点可能受到了马克思提出的"市民社会决定国家"这一命题的影响,由此直接论断社会利益高于国家利益。但若回溯该命题的原意,则会发现其当初是马克思批判黑格尔的国家制度学说时所提出

---

① 刘笑阳:《中国国家利益研究综述》,载《国际研究参考》2016年第4期,第53页。
② 陈玉山:《论国家根本任务的宪法地位》,载《清华法学》2012年第5期,第77页。
③ 高志宏:《公共利益的独立性及当代表达》,载《学术界》2013年第11期,第198页。

的,主要在于强调"家庭和市民社会本身把自己变为国家,它们才是原动力",而不是黑格尔所认为的"家庭和市民社会到国家的推移是从必然性和自由的普遍的相互关系中引申出来的,国家高于市民社会"。马克思称黑格尔为"逻辑的泛神论的神秘主义",本质是唯物主义对唯心主义的批判,而无法推出"社会利益是国家利益上位概念"的结论。恰恰相反的是,马克思肯定"黑格尔正确运用了'外在必然性'这一概念",赞同市民社会的利益从属于国家的利益,国家的利益对市民社会的利益来说是一种必然性(因为市民社会在其独立的和完全的发展中是先于国家的,所以市民社会对国家的利益从属性属于"外在必然性"的关系,即"违反事物内在本质的那种必然性的关系")。①

实际上,之所以说公共利益融于国家利益,主要是基于我国当前社会与国家的"一元"格局提出的,这与西方传统理论中政治国家与市民社会相分离的"二元对立"构架根本不同。2017 年《中国共产党章程》(以下简称《党章》)总纲中最后一段新增规定"党政军民学,东西南北中,党是领导一切的"。可见在我国,任何国家机关、社会团体都位于党的领导之下。现行《宪法》第 1 条第 2 款也规定:"中国共产党领导是中国特色社会主义最本质的特征。"同时,序言中更是明确强调:"中国共产党领导中国各族人民建立了中华人民共和国、取得了中国新民主主义革命的胜利和社会主义事业的成就""中国各族人民将继续在中国共产党领导下实现中华民族伟大复兴"。由此可见,中华人民共和国已经取得的成就与将要取得的成就,都(将)是在党的领导下进行的。中国共产党无疑是国家的实质代言人。由此,在党全面领导的"一元"格局下,"社会"完全是按照国家政策的指引与要求被形塑,"公域"和"私域"具有高度统一性,所谓"公共领域"中的问题也都被消解成了国家问题。这一点可在宪法规范中得到充分印证,比如公共利益最本质的内涵就是"国家"的根本任务——"沿着中国特色社会主义道路,集中力量进行社会主义现代化建设"。并且该任务的最终目标也指向于"国家"目的——"把我国建设成为富强民主文明和谐美丽的社会主义现代化强国,实现中华民族伟大复兴"。同时,蕴含公共利益内涵的公民义务规定也表现出明显的"国家"取向,诸如"维护祖国的安全、荣誉和利益""维护国家统一和全国各民族团结"等等。

最后,需要澄清的是,我国当下的"一元"格局与从前封建时代以及欧洲中世纪的那种国家控制社会的形态存在本质上的区别。封建时代和中世纪的政治国家是统治人民的工具,而我国《宪法》第 1 条、第 2 条就已经明确规定了中华人民共和国是人民民主专政的社会主义国家,国家的一切权力属于人民。《党章》总纲中也强调中国共产党"代表中国最广大人民的根本利益""党除了工人阶级和最广大人民群众的利

---

① 马克思、恩格斯:《马克思恩格斯全集》第 1 卷,人民出版社 1956 年版,第 247–253 页。

益,没有自己特殊的利益"。由此可见,中国共产党作为国家代表所持有的利益就是中国最广大人民的根本利益,国家利益与公共利益在本质内涵上具有同质性。此外,尽管根据科学社会主义揭示的政治发展逻辑,国家政治权威消亡、公共权力祛除其政治属性而全面回归社会是历史发展的必然①,《党章》在总纲中也写明"党的最高理想和最终目标是实现共产主义",然而,《宪法》序言第七段还强调了"我国将长期处于社会主义初级阶段",由此可见,就我国当前发展状况而言,共产主义社会离我们还很遥远,国家形态在未来很长一段时间内都不会自然消失,科学社会主义理论与我国当下公共利益融于国家利益的实然状态也并不相斥。

四、集体利益是公共利益的意识形态化表达

(一)集体利益是社会主义的产物

我国现行《宪法》中有两处关于集体利益的表述,即第 14 条第 3 款中的"兼顾国家、集体和个人的利益",以及本文所探讨的《宪法》第 51 条中的"不得损害国家的、社会的、集体的利益"。其中前者所指的集体利益显然是基于《宪法》第 6 条规定的"劳动群众集体所有制"这一经济所有制而言的,主要是指城乡集体经济组织的利益。这一解释也符合《宪法》第 14 条规定的"劳动""生产""经济"等要素所构成的规范语境。然而,对于《宪法》第 51 条中的集体利益,却不能简单地通过体系解释进行同义解读。主要原因如下:

一方面,就语言表述习惯而言,通常并列的各个词语之间是有一定的内在逻辑联系的,包括范畴由小到大的递增或由大到小的递减、同一整体中不同部分的列举等。例如,《宪法》第 14 条中的"国家、集体和个人"就是基于我国三种所有制形式而言的,在范畴大小上属于递减关系。然而,如前所述,《宪法》第 51 条的国家利益与社会利益只是公共利益不同形态的表达,在内涵上属于一种相融的关系,并无范畴上的大小之分,若在此对集体利益作所有制形式意义上的阐释,其外延是小于国家与社会的,这种并列在逻辑上欠缺周延性,显然与该条的规范语境不搭。另一方面,就该条规范目的而言,其主要在于限制公民权利的行使,但若将集体利益理解为城乡集体经济组织的利益,则显然欠缺实质正当性。根据《宪法》第 8 条第 3 款的规定,国家保护的是城乡集体经济组织"合法的权利和利益",可见:其一,城乡集体经济组织对应的表述是"权利和利益",而国家与社会则只有"国家利益""社会利益",并无"国家权利"

①马克思、恩格斯:《共产党宣言(校注本)》,谢唯真译,中央编译出版社 2021 年版,第 67—69页。

"社会权利"的说法;其二,城乡集体经济组织的权益保护以"合法"为前提,这与宪法对公民权利的保护相类似——以"合法权利"为限。由此不难发现,经济所有制形式意义上的"集体"并非国家、社会这种抽象意义上的开放"主体",而是一个具象而封闭的主体,其法律地位与公民类似,若要成为限制公民权利的正当事由,则应表述为"集体的合法的权利和利益",而不能是"集体利益"。

排除了所有制形式意义上的集体概念后,需要为《宪法》第 51 条中的"集体利益"寻找更为合理的解释。现行《宪法》第 24 条第 2 款规定,国家在人民中进行"集体主义"的教育。这里的集体指具有共同利益的人们"按照一定社会关系所构成的联合体",其并非马克思、恩格斯所说的支配个人、进行阶级压迫的"虚假的集体",而是体现全体成员的利益和意志、肯定个人的独立与自由发展的"真实的集体"。① 《宪法》第 51 条的"集体"也应作相同的抽象理解。在我国的社会主义语境下,集体利益并非无产阶级内部某一团体的利益,而是以无产阶级为核心的所有劳动者的整体利益。② 这里的"劳动者"实际上可以等同于宪法中的"公民"概念,因为我国《宪法》第 42 条第 1 款规定"中华人民共和国公民有劳动的权利和义务",可见在理论上每个公民都是劳动者。由此,集体利益的内涵实质与公共利益相通,只不过因其带有强烈的社会主义色彩,故可视为公共利益的意识形态化表达。③

而之所以在《宪法》中作出此种表达,其实与我国的文化根基与制宪历史息息相关。一方面,正如现行《宪法》序言第一段所描述的"中国各族人民共同创造了光辉灿烂的文化,具有光荣的革命传统",可见我国传统文化里就有一抹带有强烈集体倾向的革命色彩,而非个人至上的自由主义;另一方面,就像《宪法》序言第二至六段所记载的"……中国人民为国家独立、民族解放和民主自由进行了前仆后继的英勇奋斗……在经历了长期的艰难曲折的武装斗争和其他形式的斗争以后,终于推翻了帝国主义、封建主义和官僚资本主义的统治……"可见我国的宪法酝酿于内忧外患、救亡图存的革命之际,其制定就是为了确认社会主义制度的建立以及无产阶级联合的正当性,这些都塑造出了我国宪法的集体主义品格。④ 而《宪法》第 51 条将"集体利益"列为公民权利的限制事由,便是这一规范品格的集中彰显。

---

① 罗国杰:《关于集体主义原则的几个问题》,载《思想理论教育导刊》2012 年第 6 期,第 39 页。

② 耿步健:《从马克思、恩格斯经典论述谈集体利益高于个人利益》,载《求索》2005 年第 9 期,第 107 页。

③ 宪法具有意识形态属性,对中国宪法文本的解释,不能回避意识形态问题,回避意识形态的宪法学理论,不仅解释不了《宪法》序言中的意识形态表述,也解释不了灌注在规则之中的"宪法之魂"。参见刘连泰:《论宪法的意识形态属性》,载《北京联合大学学报(人文社会科学版)》2017 年第 1 期,第 33 页。

④ 陈明辉:《中国宪法的集体主义品格》,载《法律科学》2017 年第 2 期,第 39 页。

（二）集体利益内涵在市场经济中的延续

目前，集体利益所面临的最大争议在于：很多学者认为集体利益只有在计划经济时期具备"公共利益"的内涵，而在如今的市场经济体制下，它已失去了曾经的优越地位。持这一主张的主要有两种论证进路：

第一种是认为在计划经济条件下，国家是集体的代表，集体利益不过是国家利益的分解，故可以借助于"国家利益"的外壳进入公共利益的范畴之内，而在我国进入市场经济后，国家权力逐渐退出经济生活，集体利益也就不再当然地享有公共利益的内涵。这一观点实际上还是将集体利益狭隘地理解为集体经济组织的利益，根据前述论证，这种解释显然是不恰当的。况且我国在1982年《宪法》里才开始规定《宪法》第51条中作为限制公民权利理由的"集体利益"，彼时我国已经推行了改革开放，计划经济日渐式微，直到1993年"市场经济"正式入宪，而《宪法》第51条的"集体利益"仍然存在，并一直延续至今。可见，若狭隘地将这里的"集体利益"理解为只是过去计划经济的产物，而不具有市场经济条件下的正当性，显然脱离了客观的规范环境，难以令人信服。

第二种进路承认了集体利益的抽象内涵，但在此基础上否认了市场经济中集体利益的存在空间，认为市场经济得以发展的基础就在于追求私利，坚持集体主义如今已不合时宜。这显然是对我国社会主义语境下市场经济的误读。虽然邓小平先生曾说过，市场经济并无姓"资"或姓"社"的问题，但其自1992年在我国确立以来一直发展至今，势必嵌入了社会主义的内涵。一般认为，目前世界范围内市场经济体制主要存在三种形式：以美国为代表的自由市场经济体制、法德等国家实行的社会市场经济体制以及我国的社会主义市场经济体制。[①] 现行《宪法》第15条第1款规定，国家实行"社会主义"市场经济。同时，序言第七段也提出了"发展社会主义市场经济"的要求。对此，有学者认为，在社会主义市场经济中，"社会主义"要求国家运用各种措施来确保公有制在经济制度中的"主体"地位以及发挥国有经济在国民经济中的"主导"作用，这与"市场经济"对国家提出的保障市场主体自由平等竞争的要求存在明显冲突。[②] 然而，通过分析宪法文本可以发现，现行《宪法》第1条第2款规定了"社会主义制度是中华人民共和国的根本制度""禁止任何组织或者个人破坏社会主义制度"，而市场经济只是我国当前在"社会主义初级阶段"用来发展生产力的一个权宜之计，或

---

①韩大元：《中国宪法上"社会主义市场经济"的规范结构》，载《中国法学》2019年第2期，第6页。

②潘昀：《论宪法上的"社会主义市场经济"——围绕宪法文本的规范分析》，载《政治与法律》2015年第5期，第90页。

者说是一种工具,其最终还是为了服务于社会主义。概言之,"市场经济"是手段,"社会主义"是目的,对于二者的冲突,后者显然优于前者。由此可知,我国市场经济的特殊性在于,其并非单纯的"自由市场",而更注重国家的"宏观调控",既带有"利己性"的天然倾向,亦包含"共利性"的社会因素,后者为市场经济与集体主义的结合提供了可能。①

总而言之,《宪法》第51条中的集体利益并非计划经济的产物,也不是所有制意义上的概念,其是公共利益在我国社会主义体制下的一种意识形态化表达,在当前社会主义市场经济条件下仍然具有旺盛的生命力。

五、结 语

综上所述,虽然国家利益、社会利益与集体利益的生成路径各不相同,在政治学及社会学领域也都有其独特内涵,但在人民中心立场的统摄下,三者在《宪法》第51条中的规范内涵与外延实质相同,由此可以被概括阐释为公共利益。不过,这四种利益的互释性严格限定在我国宪法规范语境之中,作为限制公民权利行使的正当化事由,不能当然地扩大到其他领域。

还需要注意的是,《宪法》第51条对公民权利施加的"公共利益限制"并不能被当然地阐释为"公共利益优先",因为从"公民在行使自由和权利的时候,不得损害国家的、社会的、集体的利益"的法条表述中并不能反推出"可以为了国家的、社会的、集体的利益损害公民的自由和权利"这一论断。"公民权利保护"毋庸置疑是所有现代国家宪法的核心命题,居于宪法价值的最高地位,我国《宪法》第33条第3款也作了"国家尊重和保障人权"的规定。而在人民中心立场的统摄下,《宪法》51条中的公共利益事由与公民权利保护的本质要求相同——追求公共利益的最终落脚点是为了保护"普遍的"个人利益,实现马克思所说的"每个人自由全面的发展"。② 换言之,可以将公民权利视为"以人民为中心"的法权构造,而公共利益则是"以人民为中心"的本质向度,二者对于社会主义所追求的"人的繁荣"来说是有机统一的,即"以保障基本权利为基础、以实现人类繁荣为目的",这是理论层面的关系。③ 而应用到实践层面,公共利益与公民权利保护并不存在绝对的优先级关系,得在立法、司法与执法等活动中运用比例原则等进行个案衡量。这是因为现实场景下的公共利益和公民权利经由国

---

① 杨通进:《试论社会主义市场经济条件下的集体主义》,载《中国人民大学学报》1997年第2期,第34页。

② 马克思、恩格斯:《共产党宣言(校注本)》,谢唯真译,中央编译出版社2021年版,第69页。

③ 周濂:《后形而上学视阈下的西方权利理论》,载《中国社会科学》2012年第6期,第58-59页。

家机关及公民的行为发生了具体化转向,比如在行政诉讼中公民权利被具体化为起诉人的个体权益,而公共利益则被具体化为行政机关及其执法者所代表与维护的某一特定利益。[1] 那么对于该二者之间的关系与冲突,则须由行政诉讼法律规范进行调整与衡量,究竟谁能胜诉,并没有统一的预设结果,而是取决于该案件的实际情况。

总而言之,《宪法》第51条之所以对公民权利施加公共利益限制,不在于确立公共利益优先的地位,而主要是强调在保障公民权利的基础上,兼顾人类繁荣这一终极目的,这两者有机统一于"以人民为中心"的立场,不得偏废。在现实场景下,两者会发生具体化转向,需要运用比例原则等进行关系调整和价值衡量。由此,《宪法》第51条的公共利益内涵阐释不仅具备了形式上的周延性,也同时具备了实质上的正当性。

(责任编辑:朱宏瑄)

---

[1]白云锋:《保护规范理论反思与本土化修正》,载《交大法学》2021年第1期,第97页。

实务研究

性侵未成年人案件中被害人陈述真实性的认定[①]
——基于 742 份裁判文书的实证分析

樊雯雯[②]　　万石安[③]

摘　要:性侵未成年人案件多发于隐蔽场所,除被害人陈述和犯罪嫌疑人、被告人供述外,直接证据较为缺乏。囿于被害人年幼,其陈述真实性存疑,此类案件理论上存在证据不足、难以定罪的困境。但通过对在中国裁判文书网上检索的 742 份裁判文书进行分析,发现实践中法院已然"灵活"采用"宽松的印证标准",对辩方的质疑一般不予认可。此种证明标准与刑事诉讼法的一般理论并不一致,该做法缺乏正当性。因此,为了在打击犯罪的同时避免冤假错案,此类案件需要关注未成年被害人在生理和心理上的特殊性,重视对未成年被害人陈述这一证据的运用。具体而言,一方面,对已获取的未成年被害人陈述,法院应谨慎予以认定并加强法律论证说理,提高裁判的公信力。另一方面,在对未成年被害人陈述的取证过程中,在保证取证效率的基础上,考虑推广"一站式"取证模式,避免证据被污染。同时,鉴于此类案件证据类型不足的现象,探索运用转述证言及被追诉人不良品格证据运用之可能,用以辅助认定未成年被害人陈述的真实性。

关键词:被害人陈述　性侵未成年人　转述证言　品格证据

近些年来,随着媒体的不断曝光,性侵未成年人案件逐渐得到关注。根据公益组织"女童保护"的统计,2019 年全年媒体公开报道的性侵未成年人案例达 301 起,受害

---

①　本文系中南财经政法大学硕士研究生实践创新项目"性侵未成年人案件中被害人陈述真实性的认定"(项目编号:202110660)研究成果。

②樊雯雯,中南财经政法大学法学院诉讼法学专业研究生。

③万石安,中南财经政法大学法学院法律硕士教育中心法律(法学)硕士研究生。

人数 807 人。① 但媒体报道的侵害案件仅是冰山一角,实际发生的性侵未成年人案件数量远超于此。在中国裁判文书网上以"猥亵儿童罪"为案由进行检索,显示裁判文书就已达 26 000 余份。由于部分案件进行私了,或是犯罪行为较为隐蔽尚未被发现,拐卖妇女儿童罪、强奸罪等案件还存在着大量的犯罪黑数。② 身心发育尚不成熟、防范意识薄弱的特点,使得未成年人更容易遭受性侵害。遭受性侵害会导致未成年人出现睡眠障碍、焦虑抑郁等情况,甚至可能使其出现创伤后应激障碍的迹象。未成年人是国家的未来与希望,我国仅 14 周岁以下的儿童就已达 2.5 亿。③ 保护未成年人健康成长,免受违法犯罪侵害,是亿万家庭幸福安康的必然要求。但性侵未成年人案件具有隐蔽性的特点,案件直接证据往往只有被害人陈述和犯罪嫌疑人、被告人供述,证据不足,从而阻碍对性侵未成年人犯罪的打击。因此,在此类案件中,未成年被害人陈述真实性的认定对于此类案件的追诉起着至关重要的作用,是当前性侵未成年人案件司法证明问题的关注焦点,值得进行深入研究。为了解性侵未成年人案件中被害人陈述的司法认定情况,本文通过裁判文书网案例检索的方式进行实证分析。为确保样本选取的准确性与全面性,设置一定的检索条件。首先,案件类型限定为性侵未成年人犯罪④,并考虑结合犯的情形。⑤ 其次,在文书类型方面,由于裁定书主要用于"维持原判"或者"发回重审",不对事实认定作出新的裁判,因此将文书类型限定为"判决书"。通过上述条件限定,在中国裁判文书网上共检索出包括组织卖淫罪、猥亵儿童罪、强奸罪等 11 项罪名在内的 2 333 份原始案例。随后对提取的样本进行筛选,将被害人是成年人的、辩方对被害人陈述无异议以及重复样本予以筛除,最终得到有效样本 742 份样本。下文将以 742 份有效样本为基础,总结辩方对未成年被害人陈述真实性的质疑理由以及司法裁判的最终认定情况,分析在性侵未成年人案件中被害人陈述真实性认定的实然和应然状态。

一、未成年被害人陈述真实性认定的实证研究

我国性教育普及较为落后,未成年被害人(为方便表述,以下统称为"被害人",下

---

① 参见中国少年儿童文化艺术基金会女童保护基金:《"女童保护"2019 年性侵儿童案例统计及儿童防性侵教育调查报告》,载北京众一公益基金会网站 2020 年 5 月 18 日,http://all-in-one.org.cn/newsinfo/353182.html。

② 王登辉:《犯罪黑数的原因与对策研究》,载《公安学刊(浙江警察学院学报)》2017 年第 3 期,第 78-79 页。

③ 参见国家统计局:《第七次全国人口普查公报(第五号)》,载国家统计局网站 2021 年 5 月 11 日,http://www.stats.gov.cn/sj/tjgb/rkpcgb/qgrkpcgb/202302/t20230206_1902005.html。

④ 参见《关于依法惩治性侵害未成年人犯罪的意见》第 1 条。

⑤ 具体到性侵未成年人案件中,在拐卖儿童过程中实施强奸的,定拐卖妇女儿童罪。因此,在检索案由中增加"拐卖妇女、儿童"。

文所述"被害人陈述"特指"未成年被害人陈述")性知识匮乏,往往难以辨别被追诉人行为的性质。由于被害人年幼、语言表达能力尚未发展完全,其难以完整、清晰地陈述案件事实。从理论分析的角度来看,性侵未成年人案件中,被害人陈述的证明力存疑,案件事实可能无法达到排除合理怀疑的刑事审查标准。但这仅是从"应然"的角度去进行推测分析,司法实践可能会有自身独特的运行逻辑。我们不应停留在纸面上的法,应从制度条文转向司法实践,从辩方对未成年被害人陈述真实性的质疑理由以及司法裁判的最终认定情况的角度对司法实践情况进行分析,寻找社会现实与制度之间的裂痕,以期对现有制度提出建设性批判。

(一)辩方质疑被害人陈述真实性情况

通过实证分析发现,辩方辩护时,会以被害人陈述不合常理、前后不一致、证词存在缺陷等理由直接对被害人陈述质疑。另外辩方可能会否认犯罪事实,间接对被害人陈述质疑。具体数据见表1。

表1　性侵未成年人案件中辩方质疑理由

单位:个

辩方理由	卖淫类	猥亵类	强奸类	合计
完全否认犯罪行为	48	92	151	291
否认犯罪故意	5	12	118	135
认罪的前提下,否认具体情节	40	34	10	84
否认犯罪次数、时间、场所	18	19	6	43
被害人诬告陷害	1	6	28	35
被害人陈述前后不一致	3	17	15	35
被害人年幼,证词有一定缺陷	1	10	13	24
被害人陈述不符合常理	3	2	11	16
被害人受到诱导	3	8	3	14
被害人的陈述没有证据相互印证	5	53	64	122
被害人陈述与其他证据相互矛盾	4	24	15	43

由表1可知,直接否认犯罪行为是辩方最常用的辩护理由。其次,辩方也会对被害人陈述提出直接质疑,包括:第一,被害人诬告陷害,即双方案发前存在矛盾,被害人

进行诬告或趋利避害的夸大性描述。① 第二,被害人陈述前后不一致。② 第三,被害人年幼,证词存在缺陷。③ 第四,被害人陈述不符合常理。④ 第五,被害人陈述受到诱导,其陈述出现超出其年龄认知范围内的词汇。⑤ 如在"吴某猥亵儿童案"中,辩方认为被害人年仅 6 岁,其在陈述过程中所述"阴部""下体"等专业性词汇,完全超出其认知能力。⑥ 此外,未成年人表述能力尚不健全,因此辩方为了获得量刑优待,往往会在次数、具体情节等方面进行辩护。⑦

不同的案件类型,辩方提出的质疑理由也不尽相同。卖淫类案件可能会有聊天记录、交易记录等证据,强奸类案件在少量案件中会提取到被追诉人的生物遗传样本。而猥亵儿童案件案发隐蔽、熟人作案居多、多采用引诱欺骗等非暴力犯罪手段,导致除被害人陈述和犯罪嫌疑人、被告人供述外,案件直接证据通常较少。实证研究也确实发现,在猥亵儿童罪中,辩方认为被害人陈述缺少其他证据予以印证或是与其他证据相冲突的比例略高于卖淫类与强奸类。由于缺少其他直接证据的印证,被害人陈述与被告人供述往往形成"一对一"的局面。⑧ 同样不可否认的是,缺少其他证据印证是性侵未成年人案件认定的共通痛点。

(二)法院对被害人陈述真实性的认定与说理情况

总体上来看,我国性侵未成年人案件中被害人陈述的认定存在理论和实践上的割裂。在 742 份质疑被害人陈述的有效样本中,法院部分认可辩方对被害人陈述质疑的样本有 16 份,全部认可辩方对被害人陈述质疑的样本为 34 份。初步统计来看,此种案件无罪率为 6%,高于我国公诉案件的万分之三,但与学理上分析的性侵未成年人案的无罪率相差甚远。⑨ 换言之,从理论分析来看,在奉行"印证规则"证据分析的前

---

① 参见广东省翁源县人民法院(2018)粤 0229 刑初 50 号刑事判决书;浙江省绍兴市上虞区人民法院(2018)浙 0604 刑初 762 号刑事判决书。

② 参见四川省渠县人民法院(2020)川 1725 刑初 94 号刑事判决书。

③ 参见福建省南安市人民法院刑事判决书(2019)闽 0583 刑初 111 号刑事判决书。

④ 江苏省东海县人民法院(2017)苏 0722 刑初 253 号刑事判决书。

⑤ 江苏省东海县人民法院(2017)苏 0722 刑初 606 号刑事判决书、江苏省东海县人民法院(2020)苏 0722 刑初 21 号刑事判决书。

⑥ 参见北京市海淀区人民法院(2018)京 0108 刑初 2389 号刑事判决书。

⑦ 参见福建省晋江市人民法院(2019)闽 0582 刑初 1166 号刑事判决书;浙江省嘉善县人民法院(2020)浙 0421 刑初 375 号刑事判决书。

⑧ 提取的 264 份猥亵儿童案件样本中,仅有 5 份案件样本中存在除被害人陈述之外的其他直接证据,包括现场监控视频、目击证人证言以及被害人陈述之间的相互印证。参见上海市浦东新区人民法院(2019)沪 0115 刑初 5045 号刑事判决书、贵州省六盘水市钟山区人民法院(2020)黔 0201 刑初 137 号刑事判决书。

⑨ 郭华:《我国疑罪从无的理论省察及规则重述》,载《政法论坛》2021 年第 1 期,第 163 页。

提之下,直接证据的缺乏使得对此类行为定罪变得十分困难,但实证分析数据却显示并非如此。究其原因,为了打击犯罪,我国司法实践对性侵未成年人案件已逐渐发展出"宽松的印证规则",降低对全案证据的要求。① 即便是个别案件细节存在出入,考虑到被害人年幼的情况,法院通常会降低对被害人陈述的审查标准,认可其陈述的效力。如在"夏某某猥亵强奸案"中,法院认为,虽然被害人相应陈述及证言或在细节上有所出入,但被害人年仅 5 周岁,陈述受到年龄限制,语言表达具有一定局限性,其所作表述符合其所处年龄段的认知、记忆、表达水平,亦符合其所处年龄段的思维和性格特征,更可证实其陈述及证言真实可信。②

法院部分采纳辩方观点的案件中,辩方主要对公诉机关指控的部分犯罪事实、法定加重情节(如认为被追诉人不属于在公众场合实施猥亵)、既遂犯罪形态等进行否认。③ 法院完全采纳辩方观点的理由主要为公诉方指控的证据不足,如在"胡某某猥亵儿童案"中,法院认为,纵观本案证据,证人证言所证实的猥亵事实均系传来证据,监控视频亦无法证实胡某某在 2018 年 9 月 1 日至 9 日期间每天均有对被害人陈某甲进行猥亵,故对胡某某辩护人所提相关辩护意见,本院合理予以采纳。④ 由此可见,此种案件确实存在直接证据不足、无法形成完整证据链的情况,法院认定呈现出多样态的特征。具体数据见图 1。

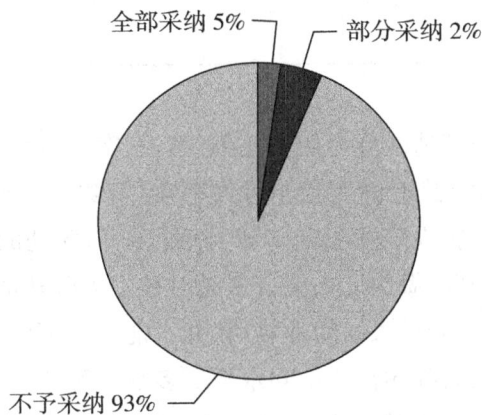

全部采纳 5% — — 部分采纳 2%

不予采纳 93% —

图 1　人民法院对辩方理由认定情况

---

①向燕:《性侵未成年人案件证明疑难问题研究——兼论我国刑事证明模式从印证到多元"求真"的制度转型》,载《法学家》2019 年第 4 期,第 161 页。

②参见江苏省东海县人民法院(2019)苏 0722 刑初 844 号刑事判决书。

③参见广东省东莞市人民法院(2020)粤 1973 刑初 193 号刑事判决书;浙江省杭州市下城区人民法院(2018)浙 0103 刑初 314 号刑事判决书;陕西省渭南市临渭区人民法院(2019)陕 0502 刑初 393 号刑事判决书。

④参见福建省晋江市人民法院(2018)闽 0582 刑初 3094 号刑事判决书。

为了探知理论分析和司法实践不一致的原因,有必要对法院说理进行审视。在742份性侵未成年人案件有效样本中,法院判断被害人陈述考虑因素总结如表2。

表2 性侵未成年人案件中法院说理情况

单位:个

法院说理	卖淫类	猥亵类	强奸类	总计
案发自然、合理	75	206	53	334
被害人陈述有其他证据证明、佐证、补强	3	11	262	276
被害人有一定认识记忆表达能力,陈述符合认知水平	35	60	34	129
被害人陈述稳定	1	19	50	70
被追诉人辩解无其他证据支持	2	15	22	39
双方无宿怨	2	17	12	31
被害人陈述收集过程合法、无逼供诱供可能	10	2	7	19
相隔时间较长,细节上存在误差实属正常	7	9	2	18

由表2可知,法院说理情况分为如下几类:第一,案发自然合理,法院通常会以案发过程流畅自然为由认定被追诉人犯罪行为存在。[1] 第二,被害人陈述能与证人证言、监控视频以及其他被害人陈述相互印证、补强。[2] 但此处的证人并非直接目击证人,而是被害人近亲属,其所做的证人证言多是对被害人陈述的转述。监控视频仅记录被追诉人与被害人曾共同进入封闭性场所,并不能直接证明犯罪事实。第三,被害人有一定认知记忆能力,其陈述符合认知水平。多数法院认为被害人虽然年龄小,但其描述符合相应年龄的正常描述与记忆能力,因此对被害人陈述予以认可。[3] 第

---

[1] 参见江苏省宿豫区(县)人民法院(2019)苏1311刑初400号刑事判决书;重庆市南岸区人民法院(2020)渝0108刑初358号刑事判决书;湖北省黄石市中级人民法院(2018)鄂02刑终64号刑事判决书。

[2] 参见江苏省苏州市相城区人民法院(2018)苏0507刑初563号刑事判决书;上海市浦东新区人民法院(2020)沪0115刑初3493号刑事判决书;贵州省六盘水市钟山区人民法院(2020)黔0201刑初137号刑事判决书。

[3] 参见北京市东城区人民法院(2019)京0101刑初824号刑事判决书;江苏省东海县人民法院(2019)苏0722刑初844号刑事判决书。

四,被害人陈述稳定。① 第五,被追诉人辩解无其他证据支持。② 第六,双方无宿怨。③ 第七,被害人陈述收集过程合法、无引诱可能。④ 第八,被害人年龄较小,细节上存在误差实属正常。⑤

司法裁判是一种通过说理来解决纠纷的活动,但通过分析可知,性侵未成年人案件中的法院说理较为匮乏。这体现在:少部分性侵未成年人案件(特别是强奸类案件)由于有 DNA 鉴定意见及妇科检查等证据,法院会结合该项证据进行较为充分的说理。⑥ 但在案件证据缺乏、辩方质疑被害人陈述真实性的情况下,法院往往仅以"案发自然合理""被害人有一定理解辨识能力"等理由粗略回应,部分法院甚至忽略相关案件说理,径直做出"被追诉人犯罪事实清楚、证据确实充分"的认定。⑦ 仅有极少数法院对辩方提出的被害人陈述前后不一、不稳定等情形作出直接回应。⑧ 但说理匮乏不能完全归咎于法官裁判能力不足,很大程度上是因此类案件证据"天然不足"所致。根据我国刑事"印证规则"的要求,存在两个及以上可相互印证的实质证据才可证明犯罪事实。但司法实践中,由于性侵未成年人案件的特殊性,案件实质证据稀缺。与被害人陈述相印证的证据多为被害人近亲属转述证言,此种转述证言缺少独立信息来源,实质上未能达到刑事证据"印证规则"的要求。在这种情形下,为了落实保护被害人权益、打击违法犯罪的刑事政策目标,降低性侵未成年人案件的证明标准成为司法实践中常见的处理方法。

"印证规则"源于司法实践办案实践经验总结,符合基本的经验逻辑法则,业已成为我国法律制度的有机组成部分。降低证据之间的印证要求,会增加被追诉人错误定罪的风险,亦有违背相关法律之嫌。刑事案件应当实现打击犯罪和保障人权的平衡,对被追诉人的定罪不能出于主观的法感情,而是应依靠证据规则。具体到性侵未

---

① 参见湖北省十堰市中级人民法院(2018)鄂 03 刑初 9 号刑事判决书。

② 参见江西省兴国县人民法院(2020)赣 0732 刑初 40 号刑事判决书。

③ 参见甘肃省武都区人民法院(2019)甘 1202 刑初 290 号刑事判决书。

④ 参见广东省韶关市中级人民法院(2018)粤 02 刑终 192 号刑事判决书。

⑤ 参见四川省资中县人民法院(2019)川 1025 刑初 231 号刑事判决书。

⑥ 参见福建省平潭县人民法院(2017)闽 0128 刑初 230 号刑事判决书;安徽省合肥市中级人民法院(2018)皖 01 刑初 39 号刑事判决书;福建省晋江市(县)人民法院(2018)闽 0582 刑初 614 号刑事判决书。

⑦ 参见山西省晋城市中级人民法院(2018)晋 05 刑终 5 号刑事判决书;安徽省临泉县人民法院(2019)皖 1221 刑初 808 号刑事判决书;四川省成都市新都区人民法院(2019)川 0114 刑初 13 号刑事判决书。

⑧ 参见江苏省东海县人民法院(2017)苏 0722 刑初 606 号刑事判决书。法院认为,结合被害人沈某 1 被解救之后在公安机关的第二次陈述中提到被害人第一次陈述是由于其刚被解救出来,还处于对被追诉人陈×的恐惧、诱骗的谎言中及被害人作为未成年人对发生性关系的难以启齿的心理反映,其在以后的陈述中已作补充说明,并非前后矛盾。

成年人案件中,首先应进一步探寻法院在实践中如此认定被害人陈述是否有正当性及合理性,进一步明确被害人陈述的认定方法,提升司法裁判的公信力。与此同时,侦查机关在取证过程中,在注重取证效率的前提下,需提高取证能力,采取一站式取证方式,避免陈述被引诱,加强对未成年被害人的保护。在现有法定证据类型不足以证明被追诉人有罪或无罪的情况下,可探寻引入辅助证明被害人陈述真实性新证据之可能。

综合辩方质疑与法院认定理由可知,法院较少对辩方质疑直接予以回应,对于被害人年幼、被害人陈述不符合常理、被害人诬告陷害的质疑,法院会以被害人有一定判断能力、案发自然、被害人无诬告陷害之可能予以简单回应。但对于被害人陈述前后不一致、被害人被引诱、被害人陈述没有其他证据相互印证,法院不会提出具体、细致、有力的说理,往往笼统回应。下文将对此三类情形进行针对性的分析,对性侵未成年人案件中被害人陈述真实性之认定与提高及此类案件中其他证据类型之运用进行分析,以期更好地保护未成年人的合法权益。

二、性侵未成年人案件中被害人陈述真实性之认定与提高

性侵案件具有私密性,证明事实过程的直接证据通常只有被告人供述和被害人陈述,在被告人供述与被害人陈述不一致的情况下,必须综合全案证据判断被害人陈述的真实性。在我国当前的司法实践中,法院习惯通过降低相应的证据印证标准来惩治此类犯罪。由此会使定罪缺乏证据支持,法院的司法裁判易受到质疑。但实际上,未成年被害人有作证能力,其陈述真实性可以综合考量判断。在这一前提性问题得到明确的情况下,针对前文总结的被害人陈述不一致及陈述被引诱的质疑,前者是由于未成年被害人有特别的生理和心理基础,后者可以通过制度的构建予以避免,下文将进行详细的阐述。

(一)被害人作证能力之考量

被害人陈述的真实性需要建立在被害人有陈述能力的前提下,即只有当未成年被害人陈述有证据能力时,才可以进一步考量被害人陈述的证明力,即陈述真实性的问题。司法实践中,法院普遍认为性侵未成年人案件中的被害人有作证能力,如在"朱某某猥亵儿童案"中,虽然被害人仅为4岁,但法院仍认为被害人口齿清晰、表达较为流畅,陈述、辨认、指认内容亦与其年龄、智力发育水平相当,因此对被害人陈述予以认可。① 但这种做法是否有理论基础,仍需要进一步分析考量。

---

① 参见北京市东城区人民法院(2019)京0101刑初824号刑事判决书。

在英美法系中，被害人所作陈述属于证人证言，且证人区分作证资格和作证能力。① 在我国，被害人陈述与证人证言相区分。但对于被害人陈述的认定，亦可参照证人证言的认定方式，区分其陈述资格和陈述能力。被害人亲身经历了被追诉人所实施的犯罪行为，其必然具有作证资格。故此部分主要探究被害人的陈述能力，即被害人是否有能力作出陈述、其陈述的真实性能达到何种程度的问题。

社会科学研究表明，儿童具有回忆较长时间之前事件的能力。我国现行法律对作证无最低年龄要求，凡知道案情之人皆有作证义务。但有生理缺陷、精神缺陷或年幼，不能辨别是非、不能正确表达的人不具有作证能力。对该条进行法解释学分析可知，只有被害人年幼且达到不能辨别是非、不能正确表达的程度，才不具有作证能力。年幼并非否定作证能力的唯一要素。通过实证分析可知，司法实践中法院多认可年幼被害人陈述的真实性，裁判理由包括案发自然、被害人有一定认知能力、陈述稳定合理、陈述收集过程合法、与其他证据相印证等。故无论是实践还是理论中，年幼都不能也不应成为直接否定被害人陈述真实性的因素。

对于被害人陈述的认定，应聚焦于其陈述的内容之上，通过以下几个因素来判断陈述的真实性：其一，被追诉人是否提供了其他与被害人陈述相冲突的证据，若被追诉人提供了不在场证明，证明其与被害人无接触可能性，则此时被害人陈述的真实性将大打折扣；其二，被害人陈述是否包含隐蔽性信息，如被害人揭露的信息除非其亲身经历，否则不可能获知，则这种情况下被害人陈述的真实性将极大增强；其三，被害人陈述是否与其自身年龄明显不符，如被害人陈述明显过分成人化，说出该年龄阶段不具备的知识内容，又不能说明该类知识的学习途径，则此时被害人有被教唆的可能性，其陈述需要进一步综合考量。

(二) 被害人陈述前后不一致之认定

实证分析可知，辩方常用的质疑理由为"被害人陈述前后不一致"。法院对该种质疑一般并未直接回应，而是从其他方面肯定了被害人陈述的真实性。但实际上，被害人陈述前后不一致有其生理、心理基础，并非虚假陈述。

在生理层面，未成年被害人受限于年龄，各项能力发育不够成熟，因此成年被害人陈述与未成年被害人陈述存在很大区别。成年被害人对世界的认知较为完整，时间观念相对较强，正常状态下，其陈述具有连续性、一致性的特点。如果其前后反复、言语概括，则有可能是虚假陈述。而被害人为未成年人的，尤其是在年龄较小的情况下，语言前后反复实属正常情况。一方面，语言表达能力尚不健全导致其表述的完整性欠佳，往往难以对发生时间较为久远的事件进行一致性的描述，可能会省略其认为不重

---

①易延友：《证据法学：原则、规则、案例》，法律出版社2017年版，第180页。

要的内容,最终易显现出表述前后不一致、言语概括的情况。① 另一方面,被害人时间观念相对较差,无法按照时间顺序逻辑清晰地陈述事件的情况。故从生理层面来讲,由于被害人的表达能力和时间观念都受限于年龄,因此对被害人陈述的认定标准应当要与成年人有所不同。

在心理层面,由于被追诉人往往和被害人存在照护关系,被害人在陈述被追诉人的犯罪事实时面临的心理压力是巨大的,由此也导致其陈述前后不一致现象的发生。有调查统计说明,不采取明显暴力、胁迫等看得见的强制手段的"熟人强奸",在比例上要大于那些采取看得见的强制手段的"陌生人强奸"。② 长期的抚养和教育使得被追诉人在被害人心中有一定权威,被追诉人在对被害人实施侵犯时,会施加恐吓,防止事件暴露。故对被害人而言,其揭发被追诉人的犯罪事实往往面临着相对严重且真实的后果。③ 同时,被害人尚未成年,在生活上往往受制于被追诉人提供的各种支持。基于前述原因,被害人在陈述伊始,往往不会选择全盘揭发,其揭发是试探性的,只有当其感觉自己受到支持、信任,没有被否定或惩罚时,才会进一步阐明案发事实。在这个过程中,被害人陈述可能发生变化,由此出现前后不一致的现象。

综上,司法实践对被害人陈述前后不一致予以认定的合理性基础在于,未成年被害人与成年被害人存在不同的生理、心理基础,不能以成年被害人陈述的证明标准要求未成年被害人,应当考虑未成年被害人认知的有限性,根据其所处的年龄阶段,适当降低对时间、时长等细节的要求,着重对基本事实和特殊细节的审查,避免因反复询问而诱导未成年被害人无意间作出不一致的虚假陈述。故当前刑事证据审查能将未成年被害人与成年人生理、心理的差异性予以考虑,进而采用不同的审查标准,具有正当性,但法院应加强裁判文书的说理,将分析过程予以阐述,增强裁判的说服力和公信力。

(三)被害人陈述被诱导之避免

侦查机关在处理性侵未成年人案件时,在注重取证效率的前提下,应提高取证能力,避免因多次取证或询问不当对未成年人造成二次伤害。这意味着:考虑到性侵类证据容易消失的特性,侦查机关首先要及时地搜集与案件相关的证据,避免因遗漏证据导致证据更加缺乏、追诉更加困难。但提高取证效率仅是基础要求,通过实证分析

---

① 向燕:《论性侵儿童案件中被害人陈述的审查判断》,载《环球法律评论》2018 年第 6 期,第 50 页。

② 倪晓峰:《熟人强奸理论与实证研究:心理、侦查和预防》,南开大学出版社 2018 年版,第 13- 14 页。

③ 周详、孟竹:《隐性强制与伦理禁忌:"负有照护职责人员性侵罪"的理据》,载《南通大学学报(社会科学版)》2021 年第 2 期,第 101-103 页。

可知,辩方对被害人陈述的理由还包括:被害人易受成年人影响、被害人年幼表达能力受限因而对案件陈述有夸大的成分、被害人是诬告陷害等。这是因为性侵未成年人案件中被害人年龄较小,对世界尚无完整且独立的认识,其陈述易受其成年近亲属的影响,也更容易被侦查人员不恰当地询问引诱。为此,侦查机关在证据搜集阶段须加强被害人的保护,严格遵循询问规则,避免被害人陈述被外界所"污染",同时避免被害人被二次伤害,更好地保护未成年人的合法权益。侦查机关提高证据搜集效率是处理此类案件的基本要求。在"唐某某强奸案"中,被害人在被侵害后及时报警,从案发到警察介入调查,不到四个小时,侦查条件较为有利,侦查机关本应第一时间收集精斑等证明姜某强行与被害人发生性关系的物证,但侦查机关却未及时收集,因而错过追诉机会。① 对侵害者施加处罚,是最为原始古老的法则。现今社会被害方将其"复仇"的权利让渡给国家,以刑事公诉的方式对被追诉人的犯罪行为进行追诉,公诉的失败致使被害方"合法"维护权利的方式丧失。因此,在性侵未成年案件中,迅速介入并高效地搜集证据是保护受害人权利的重要方式。

侦查机关应提升搜集证据的能力,继续探索"一站式"综合保护救助新模式,避免陈述被引诱的同时,避免对被害人造成二次伤害。"一站式"取证模式是指在性侵未成年人案件中,通过被害人取证专门场所和配套设施的建立和完善,尽可能一次完成对被害人的询问及物证提取工作。② "一站式"综合保护救助具体可包括以下部分:第一,发现启动环节,公安机关专案专办与检察机关监督指导。案发后,公安机关委派专办人员办理案件,对被害人进行询问,检察院对专办人员的询问工作提供相应指导,提高取证质量的同时,增强侦查机关取证的程序意识。③ 第二,心理专家到场安抚评估环节,建立心理专家名录、询问前开展心理专家评估工作、由心理专家参与法庭审判活动等。④ 第三,物证提取环节,全面提取性交类证据、伤痕类证据、痕迹类证据,重视微量物证的提取和分析。第四,询问环节,在场所选择方面,选择对被害人而言更熟悉、更舒适、更安全的"家庭录影室",缓解被害人的紧张情绪⑤,应由更加熟悉被害人心理的女性侦查人员负责⑥。在询问方式方面,应采用平和、理解、包容的心态,让被害人感受到自己被倾听、被接纳,避免产生焦虑、恐惧等抵抗情绪。同时也应注意相关技

①参见广西壮族自治区南宁市江南区人民法院(2018)桂 0105 刑初 4 号刑事判决书。

②向燕:《论性侵未成年人案件的证据运用》,载《青少年犯罪问题》2020 年第 5 期,第 60 页。

③李丹等:《性侵未成年人案件疑难问题研讨会综述》,载《青少年犯罪问题》2014 第 6 期,第 113 页。

④樊荣庆等:《论性侵害案件未成年被害人"一站式"保护体系构建——以上海实践探索为例》,载《青少年犯罪问题》2017 年第 2 期,第 38 页。

⑤马忠红:《香港警方办理未成年人遭受性侵害案件的做法及启示》,载《中国青年研究》2006 年第 9 期,第 50 页。

⑥参见《关于依法惩治性侵害未成年人犯罪的意见》第 6 条。

巧,如对于敏感身体部位或者行为的描述,借用玩偶或者绘画的模式让其进行描述①,另外还可以要求被害人闭上眼睛,通过大脑图像激活的方式,帮助其进行相关情景重现②;在询问次数上,以"一次"询问为限,避免"二次伤害"③。第五,庭审环节,以不出庭为原则,减少二次伤害,出庭时,由心理专家全程陪同。④ 如此,方能及时、科学、有效地保护被害人的权利。

三、性侵未成年人案件中其他证据类型之运用

证据能力和证明力是证据的重要属性,证据的真实性属于证明力判断问题。现代国家对证据证明力的审查多采用自由心证原则,我国 2012 年《刑事诉讼法》修订时,在第 53 条"证据确实充分的判断标准"中引入"排除合理怀疑",这表明我国从一味强调"客观印证"开始着眼于主观经验判断。⑤ 但应注意,证据能力规范作为前提性要求,可以保障证据可靠性,对证据的真实性起到事先审查的作用。在性侵未成年人案件中,证据的天然稀缺性呼唤着对现有证据审查规则的突破。但此种突破,应在证据能力规则的前提下,而非直接引入新的证据类型。因此,性侵未成年人案件中广泛存在的被追诉人不良品格证据、被害人近亲属转述证言这些暂未被赋予法定证据能力的其他证据类型,并不能作为定罪证据加以引入,而只能作为辅助判断被害人陈述真实性的方式加以运用。即符合一定条件的转述证言可用来判断案发是否自然、被害人精神状态等情况,被追诉人不良品格可用以证明被追诉人可能的犯罪动机,从而辅助判断被害人陈述的真实性。

(一)转述证言之运用

案件若存在直接证明犯罪事实的视频资料、证人证言,则刑事追诉难度将会大大降低。但根据实证结果可知,案件存在直接目击证人或是现场视频的概率极低。现有案例中,记录犯罪过程的视频资料多为封闭场所的入口或出口视频,证人证言多为转

①岳慧青:《性侵害未成年人案件证据的运用》,法律出版社 2018 年版,第 122 页。

②张林燕:《性侵类案件内倾型人格未成年被害人心理分析及询问模式研究》,载《广州市公安管理干部学院学报》2019 年第 2 期,第 27 页。

③王晓青,单旭丹,刘昊,等:《未成年被害人"一站式"办案模式专家论证会综述》,载《青少年犯罪问题》2019 年第 3 期,第 117 页。

④樊荣庆,钟颖,姚倩男,等:《论性侵害案件未成年被害人"一站式"保护体系构建——以上海实践探索为例》,载《青少年犯罪问题》2017 年第 2 期,第 38 页。

⑤魏晓娜:《"排除合理怀疑"是一个更低的标准吗?》,载《中国刑事法杂志》2013 年第 9 期,第 63 页。

述,并不能确切反映案件事实。① 根据"印证规则"的要求,不具有独立来源的证据不能对主证据进行补强和印证。② 然而在实践认定的过程中,法院确实会认定该类转述证言具备证据能力且有证明力,但并不会进行充分说理。

实际上,如转述证言的内容仅涉及被害人被侵害的过程,由于证人并未亲历案件,陈述缺乏独立性,仅为转述被害人陈述,故不能对被害人陈述进行补强。但如果转述证言是对被害人转述时精神状态、语言状态的描述,则其可以作为辅助性证据证明案发是否自然、被害人的状态是否符合被害人的一般状态,以此辅助证明被害人陈述的真实性。如被害人陈述时出现精神抑郁、烦躁不安等神情,可以辅助证明被害人存在遭受性侵害的可能性。同时,一般而言,在传统保守文化的影响下,部分被害人即使被侵犯,也会选择忍气吞声,足见整个社会、受害人亲属与受害人自身对名誉的重视。因此即使被害人与被追诉人之间存在激烈矛盾,被害人一方通过诬告的方式进行报复的可能性较小,被害人近亲属诬告、陷害的可能性较低,故其证言可以作为辅助认定被害人陈述真实性的依据。

(二)被追诉人不良品格证据之运用

关于品格证据,美国《联邦证据规则》对此有所规定。该证据运用的原则是"一般性排除,例外运用",即:为了防止对陪审团自由心证所可能产生的影响,《联邦证据规则》原则性地排除被追诉人的不良品格证据的运用。③ 但该原则存在一定例外,在"仁慈规则"作为辅助性的间接证据、作为直接证据的情况下,该类证据可以有限运用。④ 需要注意的是,被追诉人不良品格证据的运用仍受一定的规则限制,如限制检察官率先提出该证据、规定检察官的通知义务和法院的平衡审查。亦即法院对此类证据的运用仍遵循《联邦证据规则》第 403 条的规定,需对证据价值和它所可能带来的负面影响进行权衡。若证据价值小于负面影响的,则品格证据不具有可采性,反之则

①参见北京市昌平区人民法院(2019)京 0114 刑初 918 号刑事判决书;吉林省乾安县人民法院(2017)吉 0723 刑初 114 号刑事判决书。

②龙宗智:《刑事印证证明新探》,载《法学研究》2017 第 2 期,第 152 页;陈瑞华:《论证据相互印证规则》,载《法商研究》2012 年第 1 期,第 115 页。

③Federal Rules of Evidence,Rule 403.

④"仁慈规则",即下列情形可以运用品格证据:第一,被追诉人可以主动提供自己的良好品格证据,此时,检察官可以举证反驳;第二,被追诉人可以提出证明被害人不良品格的证据,如果其被采纳,则检察官可以用品格证据举证反驳;第三,凶杀案件中,检察官可以提供被害人性格平和的证据,以此来反驳被害人是第一个侵入者。参见 Federal Rules of Evidence,Rule 404(a)(2). "作为辅助性的间接证据"即:如果品格证据被用于证明被告的犯罪动机、被追诉人存在犯罪机会、被追诉人与犯罪者具有身份的同一性等情形时,则可以运用。参见 Federal Rules of Evidence,Rule 404(b). "作为直接证据"即:如果被追诉人的品格是其出罪、抗辩的基本要素,被追诉人不良品格证据可以运用。Federal Rules of Evidence,Rule 405.

可以采纳。

美国性侵案件中被追诉人不良品格证据的运用不同于一般刑事案件,该类证据在被追诉人涉嫌性侵犯罪时有较大的运用空间。一般认为,性品格证据包括性声誉证据、意见证据和特定行为证据。根据《联邦证据规则》第413—415条之规定,①特定行为证据可以用来证明被追诉人的犯罪行为,即在性侵、猥亵儿童的刑事案件中,允许适用被追诉人曾被指控性侵、猥亵儿童的证据,用以证明被追诉人当前的犯罪行为。但此种情况,检察官仍负有事先通知义务,法院亦需衡平审查。

聚焦于我国的司法实践,我国司法裁判中通常以被追诉人曾经的品格与指控的犯罪事实之间不存在必然关联因而排除该证据的运用。同时,虽然经验主义的观点认为,一个人的人格一旦形成,即会影响个人认识世界和改造世界的方式方法,会指导实践,因而曾经实施过性侵行为的人比其他没有性侵或猥亵儿童癖好的人有更大可能性再次实施性侵行为。② 但实际上,根据美国司法统计局在1989年的研究,美国10.9万名罪犯的再犯率,性侵犯罪的数据为7.7%,盗窃强盗罪的比率高达性侵犯罪比率的四倍还要多,只有谋杀罪比性侵犯罪的再犯率低。③ 这从一定程度上说明,性侵犯罪的再犯率并不是在此类案件中扩大性地运用被追诉人不良品格证据的适当理由。故被追诉人不良品格证据运用于司法实践,更多的是出于公共利益的考量,即考虑到此类案件通常唯一的直接证据就是被害人的证言,证言若没有其他证据予以补强便很容易被动摇,公共利益要求支持指控、动摇辩护的证据进入法庭。④ 同时,该类证据在我国的运用也有实践基础。其一,我国在刑事诉讼中注重实体正义,"有案必破,有责必究"的原则强调打击犯罪、保障被害人权益,一律排除被追诉人不良性品格证据可能更容易让罪犯逃脱法律制裁,对未成年女性的性权利保护是不利的。其二,被追诉人不良品格证据的运用有其犯罪学和心理学理论基础,且其运用有利于查明犯罪、提升判决的社会认同。⑤ 其三,将是否运用该类证据的选择权交给法官具有可行性。我国事实审与法律审不相分离,法官可以依靠自身的专业素养,准确界定"证据确实充分"的标准,运用自由裁量权,排除与事实不符的被追诉人不良品格证据的运用。同时,对裁判的说理也降低了法官滥用审判权的风险。易言之,被追诉人不良性品格证

---

①Federal Rules of Evidence, Rule 413—415.

②何家弘:《用品格证明人身危险性的探索——评刘立霞博士的新著〈品格证据在刑事案件中的运用〉》,载《河北法学》2009年第2期,第198—199页。

③Edward J. Imwinkelried, *A Small Contribution to the Debate over the Proposed Legislation: Abolishing the Character Evidence Prohibition in Sex Offence Prosecution*, 44 Syracuse Law. Review. 1125(1993).

④Robert F. Thompson II., *Character Evidence and Sex Crimes in the Federal Courts: Recent Developments*, 21 UALR Law. Review. 241 (1999).

⑤戴建军:《品格证据的客观获取与规范使用》,载《人民司法》2020第10期,第84-85页。

据的运用并不必然导致被追诉人不能接受到公正审判。将被追诉人不良性品格证据交予法官自由裁量是可行的。

故鉴于性侵未成年人犯罪中直接证据较少的现状,在厘清被追诉人不良品格证据的复杂机理的基础上,可以有限地运用该类证据。但应注意,被追诉人不良品格证据并非一种独立有效的证据类型,而仅具有辅助作用,可用于证明可能的犯罪动机。[①] 此种运用不直接指向案件事实,而是用以增强或削弱另一在案证据(如被害人陈述或犯罪嫌疑人、被告人供述)。同时,也应设置必要的限制手段,如加强对法官职业技能的训练、重视裁判文书说理等,由此实现在司法审判过程中程序与实体共进,更好地实现刑法的双重机能。

四、结　语

通过实证分析可知,在性侵未成年人案件中,司法实践中的证明标准与刑诉法的一般理论并不一致。出现这种情况的原因可能是此类案件证据方面的特殊性及法院保护未成年人利益及维护社会稳定的目的。但从裁判文书上看,由于法院并未进行充分说理,使得这种证明标准的降低缺乏正当性。实际上,与成年人相比,未成年人在生理和心理上存在特殊性,其对世界的认识有限,且受到所处年龄阶段的限制,其表达能力也受到一定限制,对性侵未成年人案件的认定确应与成年人有所不同。但这种不同,不应仅是出于情感上的保护未成年人的角度,而是应加强对被害人陈述真实性的认定与提高,同时适当增加证据类型,辅助性认定被害人陈述的真实性。

被追诉人与被害人权利保护的平衡是刑事诉讼法永恒的话题,无论是在性侵类犯罪,抑或是在其他的犯罪中,都会出现二者的矛盾。因此,应对性侵未成年人案件中证据不足的问题,不是只厘清证据规则就可以解决的,而是要从更多维度上完善制度设计,这需要社会学、教育学等各个学科的共同努力。如此,才能更好地保护未成年人的权益,更好地促进法治建设。

(责任编辑:温晖蕾)

---

① 宋洨沙:《被告人品格证据在我国刑事审判中的运用》,载《中国检察官》2020年第15期,第33页。

家庭暴力犯罪刑罚适用实证研究

——以全国306份故意伤害罪一审裁判文书为研究对象

于　跃①

摘　要:由于缺少具体的法律规范,家庭暴力犯罪刑罚适用规则在司法实践中较难统一,各量刑情节的作用不甚清晰。通过运用 SPSS 软件对 306 份以故意伤害罪定罪的家庭暴力犯罪裁判文书进行统计分析发现,在具体量刑情节层面,"防卫过当"仅对减轻主刑量刑结果影响显著,"多次施暴"仅对加重主刑量刑结果影响显著,"被害人为多人"仅对限制缓刑适用影响显著,"积极赔偿或取得谅解"对减轻主刑量刑结果以及增加缓刑适用可能性均有显著影响。统计结果表明,实践中存在自由裁量权过大导致同案不同判、公权力较难介入家庭内部矛盾纠纷、反击家暴认定成立正当防卫面临困难、缓刑效果缺乏评估等问题。可以考虑通过规范适用酌定量刑情节、贯彻恢复性司法理念、放宽正当防卫认定条件、完善缓刑适用配套机制等措施应对解决。

关键词:家庭暴力犯罪　量刑情节　主刑量刑　缓刑适用

2020 年 7 月 25 日,杭州市公安局披露了"杭州杀妻案"的具体案情,死者丈夫许某某为重要犯罪嫌疑人,这起家庭内部发生的恶性暴力杀人案件引起了国内舆论的广泛关注。国外也在对由宗教引发、具有集体性质的荣誉谋杀类②家庭暴力开展深入研究,家庭暴力问题已成为全球范围内危害社会和谐稳定的重要因素。世界卫生组织将家庭暴力(domestic violence)定义为特别是夫妻间或亲密伴侣关系暴力(intimate partner violence,IPV),主要指现任或前任伴侣对其采取的身体、心理、性和其他具有侵

---

①于跃,北京师范大学法学院硕士研究生。
②"荣誉谋杀"指家庭成员以挽回家族荣誉为借口杀害家庭成员,受害者几乎都是女性。被杀害的原因主要是"失贞"和"不检点"。杀害手段包括枪击、石砸、焚烧、活埋、窒息、刀刺等,极其残忍。

害性的控制行为。① 我国《反家庭暴力法》也明确规定了家暴是指家庭成员之间以殴打、捆绑、残害、限制人身自由以及经常性谩骂、恐吓等方式实施的身体、精神等侵害行为。就主体范围而言,家庭成员是指在法律上具有权利义务关系的近亲属,除此之外,共同生活的非家庭成员也视为家暴的主体。② 根据上述定义及目前的审判实践,本文认为,任何发生在家庭内部、近亲属之间的侵害性行为都可以纳入家庭暴力的范畴,小到争执打闹,大到持刀杀人。家庭暴力由于多发生于家庭内部,属于家庭内矛盾纠纷,具有相对隐蔽性,且常与家庭伦理价值、传统文化观念相联系,除非严重犯罪行为,一般较难为人知晓。俗话说:"清官难断家务事。"针对严重的家庭暴力犯罪,应当如何细化量刑、重点考虑哪些量刑情节值得研究。

基于上述考虑,本文拟采用裁判文书大数据分析和定量研究的实证研究方法,概括描述我国目前以故意伤害罪定罪的家庭暴力犯罪刑罚适用基本现状,厘清对刑罚适用具有影响作用的量刑情节,揭示司法实践量刑的实然状态;并对家庭暴力犯罪刑罚适用中存在的问题进行反思,提出相应的完善措施。

一、研究设计及目的

(一)研究对象

本文以全国 2017 年 4 月 1 日至 2020 年 3 月 31 日的 306 份裁判文书为研究对象,于 2020 年 8 月 18 日登录聚法案例网,以"案由:故意伤害罪","全文:家庭暴力"或"全文:家暴","裁判时间:2017-04-01 至 2020-04-01","文书性质:判决书","审理程序:一审"这 6 项关键词进行检索,直接获取 330 份裁判文书。对文书的内容进行阅读,剔除 2 份重复的裁判文书、1 份罪名不符的裁判文书、21 份故意伤害并非发生在家庭成员之间的裁判文书,得到有效样本 306 份。(见表 1)

---

①World Health Organization, *Global and regional estimates of violence against women: prevalence and health effects of intimate partner violence and non-partner sexual violence*, World Health Organization(Sept. 18,2020), http://apps. who. int/iris/bitstream/10665/85239/1/9789241564625_eng. pdf.

②夏吟兰:《反家暴法构建起预防和制止家庭暴力的制度体系》,载《人民日报》2016 年 3 月 22 日,第 21 版。

表1　全国2017.4.1—2020.3.31家庭暴力类故意伤害罪裁判文书样本数量及有效百分比

年　份	直接获取裁判文书数量/份	有效裁判文书数量/份	有效百分比（%）
2019.4.1—2020.3.31	104	96	31.4
2018.4.1—2019.3.31	118	111	36.2
2017.4.1—2018.3.31	108	99	32.4
总　计	330	306	100.0

首先,本文选取以故意伤害罪定罪的家庭暴力犯罪样本为研究对象,原因有二:其一,故意伤害罪在所有家庭暴力犯罪中占比最大,数量最多,样本量最丰富;其二,故意伤害罪量刑幅度较大,既可以判处实刑也可以判处缓刑,主刑范围从管制到死刑,包含所有主刑刑种,便于开展后续量刑情节影响研究。其次,由于最高人民法院发布的《关于常见犯罪的量刑指导意见》(以下简称《量刑指导》)于2017年4月1日实施,因此选取2017年4月1日之后最近三年度的裁判文书进行研究。最后,为了避免案件重复,本研究只收集一审程序的裁判文书。

（二）研究内容及方法

本研究使用SPSS22.0软件中的描述性统计分析和回归分析方法,进行两个层次的研究。

首先,采用描述统计的方法对以故意伤害罪定罪的家庭暴力犯罪刑罚适用基本现状进行概括描述。主要内容包括主刑量刑分布的统计描述和缓刑适用情况的统计描述。

其次,研究具体量刑情节对家庭暴力犯罪刑罚适用的影响规律。查阅裁判文书提取到18个量刑情节,包括累犯、危害后果严重①、主犯、自首、坦白、被告人未成年、被告人限制刑事责任能力、防卫过当、前科或劣迹、多次施暴、被害人为弱势人员、持有工具、被害人为多人、初犯或偶犯、积极赔偿或取得谅解、当庭认罪、被害人有过错、积极救治,其中主犯、被告人未成年两个量刑情节出现次数均为3次以下,数量较少,不适合作为自变量纳入回归模型②,因此保留剩余16个自变量;分别将"主刑量刑""缓刑适用"确定为因变量。由于"主刑量刑"为连续性变量,因此对以"主刑量刑"为因变量的模型进行多元线性回归分析;由于"缓刑适用"为二水平分类变量,因此对以"缓刑适用"为因变量的模型进行二项逻辑回归分析。

---

①包括致人重伤、致人死亡、别残忍手段致人重伤造成严重残疾。
②回归分析可以检验在多个情节的综合作用下,各情节对判决结果是否存在显著的影响,同时可以通过对回归系数的比对得知各情节影响力的大小情况。

(三)数据编码

第一,对上述自变量"有""无"两个水平进行"1""0"编码。第二,对因变量"缓刑适用"的"是""否"两个水平进行"1""0"编码。第三,由于主刑刑罚种类不同,故采用白建军教授提出的"刑罚强度"概念对刑期长短进行无纲量化,以"有期徒刑月"为基本测量单位①,将免于处罚、管制、拘役、无期徒刑、死刑转化为相应月数。参考高通副教授提出的转换标准,将免于处罚、管制标记为 0 个月;拘役直接转换为有期徒刑月数;无期徒刑以最高刑期 25 年为标准,记为 300 个月;死刑立即执行在本研究中没有涉及,死刑缓期两年执行记为 400 个月。②

二、家庭暴力犯罪刑罚适用基本现状的描述性统计分析

(一)家庭暴力犯罪主刑量刑分布

表 2 表明犯罪人被判处三年以下有期徒刑的数量居多,为 181 人,占所有样本犯罪人总数的 56.4%,免于处罚以及判处管制、拘役、三年以下有期徒刑的犯罪人累积占比 68%。整体来看,法官基于对危害后果不甚严重以及犯罪行为由家庭内部矛盾纠纷引发的考量,对以故意伤害罪定罪的家庭暴力犯罪整体处罚不重。

表 2 主刑量刑分布

变 量		频率	百分比(%)	有效百分比(%)	累积百分比(%)
有效	免予处罚	9	2.8	2.8	2.8
	管制	5	1.6	1.6	4.4
	拘役	23	7.2	7.2	11.6
	三年以下有期徒刑	181	56.4	56.4	68
	三到十年有期徒刑	55	17.1	17.1	85.1
	十年以上有期徒刑	30	9.3	9.3	94.4
	无期徒刑	16	5.0	5.0	99.4
	死刑	2	0.6	0.6	100.0
	总计	321*	100.0	100.0	

* 由于存在共同犯罪,在 306 份裁判文书中,共有 321 名被告人被判处主刑。

①白建军:《量刑基准实证研究》,载《法学研究》2008 年第 1 期,第 97-105 页。
②高通:《故意伤害案件中赔偿影响量刑的机制》,载《法学研究》2020 年第 1 期,第 154-170 页。

（二）家庭暴力犯罪缓刑适用情况

表3表明被判处三年以下有期徒刑或拘役的犯罪人适用缓刑的数量少于不适用缓刑，前者为82人，仅占有效样本比例的41%，小于故意伤害罪整体缓刑适用比例。[①] 说明整体来看，法官在对实施相对较轻家暴行为的犯罪人决定适用缓刑时较为谨慎。

表3　缓刑适用情况

变量		频率	百分比（%）	有效百分比（%）	累积百分比（%）
有效	是	82	41.0	41.0	41.0
	否	118	59.0	59.0	100.0
	总计	200*	100.0	100.0	

*在306份裁判文书中，共有204名被告人因故意伤害罪被判处拘役或三年以下有期徒刑；其中4名被告人犯数罪，数罪并罚后不符合缓刑适用条件。

三、具体量刑情节对家庭暴力犯罪刑罚适用的影响规律

（一）具体量刑情节对家庭暴力犯罪主刑量刑的影响

以"主刑量刑"为因变量，16个具体量刑情节为自变量，建立多元线性回归模型。对16个自变量进行共线性检验，结果容忍度大于0.1，且方差膨胀因子（VIF）小于10，表示自变量之间无多重共线性，可以使用多元线性回归模型。使用 Forward 方法进行自变量筛选，剔除与主刑量刑之间关系不显著的自变量，最终建立模型1，结果如表4所示。模型1复相关系数 $R=0.721$，说明自变量与主刑量刑之间的回归关系比较密切；判定系数 $R^2=0.519$，说明模型可以解释51.9%的主刑量刑结果变化；方差分析 $F=85.324$，$P<0.01$，说明至少有一个自变量的回归系数不为0，回归模型有统计学意义。

---

①2017年故意伤害罪缓刑适用比例为60.64%，2018年为59.74%，2019年为60.57%。参见秦泽文：《大数据报告丨文化程度与缓刑适用——基于故意伤害罪的实证分析（上）》，载天津市法学会网2020年4月9日，http://www.tjsfxh.com/2020/ssfx1_0409/14097.html。

表4　具体量刑情节与主刑量刑结果的多元线性回归分析

变量 （参照组）	B	标准误差	Beta	t	自由度	P	B 的95%置信区间 （95% CI）	
							下限	上限
危害后果严重	112.423	6.488	0.703	17.328	1	0.000***	99.658	125.188
防卫过当	−77.445	15.243	−0.208	−5.081	1	0.000***	−107.436	−47.455
积极赔偿或取得谅解	−26.409	6.284	−0.168	−4.202	1	0.000***	−38.773	−14.044
多次施暴	17.194	6.542	0.106	2.628	1	0.009**	4.322	30.065
常量	19.882	5.794		49.308	1	0.001**	8.483	31.281

＊＊在置信度（双侧）为0.01时显著,＊＊＊在置信度（双侧）为0.001时显著。

数据分析结果显示:第一,危害后果严重对主刑量刑影响显著,且对主刑量刑变化有很强的解释力。危害后果严重的 P 值小于0.05,表示危害后果严重对主刑量刑有显著影响。危害后果严重的偏回归系数 B 为正值,说明存在危害后果严重的量刑情节会加重主刑量刑结果。将危害后果严重这一量刑情节从模型1中去除,可以发现模型的 R^2 由原来的0.519下降到了0.149,模型的解释力下降了37%,意味着危害后果严重对主刑量刑的解释力很强,能解释37%的主刑量刑变化。因此,危害后果严重是法官作出加重刑罚判决的重要裁判依据,可以说明在《刑法》具体的量刑指导下,法官可以遵循统一的加重量刑标准。

第二,防卫过当、积极赔偿或取得谅解均对主刑量刑影响显著,后者对减轻主刑量刑结果的影响大于前者。在所有的从轻情节中,仅有防卫过当和积极赔偿或取得谅解的 P 值小于0.05,说明防卫过当是唯一对主刑量刑结果具有显著影响的法定从轻量刑情节,积极赔偿或取得谅解是唯一对主刑量刑结果具有显著影响的酌定从轻量刑情节。防卫过当、积极赔偿或取得谅解的标准偏回归系数 Beta 分别为−0.208和−0.168,说明与积极赔偿或取得谅解相比,防卫过当对减轻主刑量刑结果的影响作用更大。

第三,多次施暴对主刑量刑影响显著,其显著性略小于上述其他三个量刑情节。多次施暴的 P 值为0.009,小于0.05,表示其对主刑量刑影响显著。但是,多次施暴的 P 值略大于危害后果严重、防卫过当、积极赔偿或取得谅解,表明多次施暴的影响显著性与其他三个量刑情节相比较弱。与危害后果严重相比,多次施暴的标准偏回归系数 Beta 为 0.106,小于危害后果严重的 0.703,说明多次施暴对加重主刑量刑结果的影响作用较弱。

(二)具体量刑情节对家庭暴力犯罪缓刑适用的影响

以"缓刑适用"为因变量,16 个具体量刑情节为自变量,建立二项逻辑回归模型。对 16 个自变量进行共线性检验,结果容忍度大于 0.1,且方差膨胀因子(VIF)小于 10,表示自变量之间无多重共线性,可以使用二项逻辑回归模型。使用 Forward:LR 方法进行自变量筛选,剔除与主刑量刑之间关系不显著的自变量,最终建立模型 2,结果如表 5 所示。利用 Hosmer-Lemeshow 拟合优度评价模型拟合效果,拟合度高达 67.0%;模型系数的综合检验(似然比检验),$\chi^2 = 39.439$,P(Sig.)<0.05,说明自变量的偏回归系数不为 0,模型整体检验有统计学意义。逻辑回归模型能够将 71.5% 的缓刑适用观测正确分类,模型预测能力较强。

表5　具体量刑情节与缓刑适用的二项逻辑回归分析

变量 (参照组)	B	标准误差	瓦尔德	自由度	P	Exp(B)	95% Exp(B)的瓦尔德置信区间(95%CI)	
							下限	上限
被害人为多人	-2.212	1.078	4.211	1	0.04*	0.110	0.013	0.906
积极赔偿或取得谅解	1.360	0.325	17.506	1	0.000***	3.896	2.060	7.367
当庭认罪	1.081	0.479	5.279	1	0.022*	2.947	1.172	7.408
常量	-1.902	0.455	17.484	1	0.000***	0.149		

*在置信度(双侧)为 0.05 时显著, * * * 在置信度(双侧)为 0.001 时显著。

数据分析结果显示:第一,被害人为多人对缓刑适用影响显著,是唯一一个限制缓刑适用作用显著的量刑情节。被害人为多人的 P 值小于 0.05,表示被害人为多人对缓刑适用影响显著。被害人为多人的偏回归系数 B 为负值,说明存在被害人为多人的量刑情节会降低缓刑的使用可能性。且在纳入模型 2 的三个自变量中,仅有被害人为多人的 B 值为负值,表明被害人为多人是所有从重量刑情节中唯一对缓刑适用结果具有显著限制作用的因素。第二,积极赔偿或取得谅解、当庭认罪对缓刑适用影响显著,前者显著作用明显,且对增大缓刑适用可能性的影响大于后者。积极赔偿或取得谅解、当庭认罪均为酌定从轻量刑情节,P 值均小于 0.05,且前者 P 值小于后者,表明积极赔偿或取得谅解对缓刑适用影响的显著性大于当庭认罪。"Exp(B)"为"发生比率",即出现某一情节而加重主刑量刑的概率是无此情节的多少倍,可以直接体现出该情节对缓刑适用的影响大小。二者的 Exp(B)值分别为 3.896 和 2.947,说明存在积极赔偿或取得谅解量刑情节时,适用缓刑的概率是无此情节的 3.896 倍;存在当庭认罪量刑情节时,适用缓刑的概率是无此情节的 2.947 倍,积极赔偿或取得谅解对促进缓刑适用的影响作用更大。

(三)小结

首先,在主刑量刑与缓刑适用两个阶段,法官均重点考察犯罪人是否具有积极赔偿或取得谅解的量刑情节。原因可能有二:其一,家庭暴力犯罪为家庭内部发生的犯罪案件,除非造成严重危害后果,公权力一般谨慎介入;而且即使存在《刑法》规定的入刑情节,法官在审理案件时也会重点考虑维系家庭稳定,"劝和不劝分"。因此,法官在量刑时重点考察积极赔偿或取得谅解的情节也是尊重被害人意愿的选择,如果被害人得到了充足的赔偿并且自愿谅解施暴者,法官作为独立于家庭成员关系之外第三人,就没有必要对犯罪人判处严苛刑罚、限制缓刑适用。其二,《量刑指导》第三部分常见量刑情节适用的第 9 条明确规定了犯罪人积极赔偿被害人经济损失并取得谅解的具体量刑幅度①,对于法官审理适用刑罚提供了充分的参考依据。这也可以解释为何当庭认罪对缓刑适用影响显著,以及为何危害后果严重对主刑量刑影响显著,具体的量刑指引可以极大地帮助审判人员公正合理地适用刑罚。

其次,多次施暴对主刑量刑影响显著,但并未显著影响缓刑适用。分析原因如下:在阅读裁判文书时发现,多次施暴情节认定在大部分案件中存在困难,导致法官在论述具体裁判意见时较少提及多次施暴的加重情节。出现这一现象主要是由家庭暴力犯罪的隐蔽性导致的,案件之所以能够被提起公诉、接受审判是因为出现了较为严重的危害后果,但是对于案发之前的多次施暴情节由于后果不甚严重、缺少有关证据材料较难达到刑事立案及证明标准,导致前期多次施暴情节较难认定,对法官的量刑考察造成一定困难。即使部分多次施暴情节经过有关证人证言及被害人留存在伤情报

---

①对于积极赔偿被害人经济损失并取得谅解的,综合考虑犯罪性质、赔偿数额、赔偿能力以及认罪、悔罪程度等情况,可以减少基准刑的 40% 以下;积极赔偿但没有取得谅解的,可以减少基准刑的 30% 以下;尽管没有赔偿,但取得谅解的,可以减少基准刑的 20% 以下。其中抢劫、强奸等严重危害社会治安犯罪的应从严掌握。

告得到证实,也多在第一阶段的主刑量刑环节发挥影响作用,即推动法官判处三年以上有期徒刑的刑罚,不会作用于缓刑适用阶段。此外,即使存在多次施暴情节,犯罪人在主刑量刑环节被判处了三年以下有期徒刑的较轻刑罚,在决定是否适用缓刑时,多次施暴情节也会被积极赔偿或取得谅解情节消解,即认为被害人已经谅解了施暴者的所有施暴行为。如在"赵某某故意伤害案"①一案中,公诉机关强调犯罪嫌疑人有多次家暴行为,建议法庭量刑时予以注意,但是由于被害人对其丈夫予以谅解,法官最终仅判处犯罪人有期徒刑一年,缓刑一年。因此,审判人员基于上述考虑在决定是否适用缓刑时不会过分关注多次施暴的因素。

再次,被害人为多人对缓刑适用具有显著限制作用。说明与针对单一被害人多次施暴相比,法官更加关注针对多个被害人实施家庭暴力的犯罪行为。因为后者的侵害对象部分超出了家庭成员的范畴,不是简单的家庭暴力类故意伤害行为,犯罪人再次实施犯罪行为针对的犯罪对象以及暴力犯罪类型都有可能突破家庭暴力的范围限制,可以推断犯罪人的人身危险性较大。因此,存在被害人为多人的量刑情节会显著限制缓刑适用。

最后,防卫过当对主刑量刑影响显著,对缓刑适用未产生显著影响。具体来说,306 份裁判文书中存在防卫过当情节的犯罪案件有 15 起,均产生了重伤以上的严重危害后果,大多数案件出现致人死亡的危害后果;有 2 起案件被告人被判处三到十年有期徒刑,其余被判处三年以下有期徒刑;有 6 起案件被告人未适用缓刑,其余均适用缓刑。由于目前我国审判实践中出现了反击家暴案件中正当防卫制度异化,即法官在认定是否成立正当防卫时多以防卫结果为逻辑判断的起点,只要发生严重结果,就认定为防卫过当②,对于被告人法官更倾向于减刑而非免罪。因此,与普通类造成重伤以上严重危害后果的故意伤害案件相比,大多数法官在对此类案件进行量刑裁判时考虑减轻处罚,选择三年以下有期徒刑的刑罚幅度;但是,在是否适用缓刑的问题上,部分法官表现出相对谨慎的态度,总体上呈现出防卫过当对缓刑适用影响不显著的结果。

四、家庭暴力犯罪刑罚适用的问题梳理

通过对以故意伤害罪定罪的家庭暴力犯罪刑罚适用量刑情节实证分析,本研究发

---

① 昆明市呈贡区人民法院(2017)云 0114 刑初 476 号刑事判决书。
② 张建鸿:《法律的温情:涉抗家暴刑事案件轻缓化处理的实现路径　兼论抗家暴防卫的司法判断》,载胡云腾主编:《司法体制综合配套改革与刑事审判问题研究:全国法院第 30 届学术讨论会获奖论文集(下)》,人民法院出版社 2019 年版,第 1235 页。

现在目前审判量刑实践层面存在以下四点问题。

（一）自由裁量权过大导致同案不同判

多元线性回归分析结果表明：不同的酌定量刑情节对量刑结果的影响不同。部分酌定量刑情节，如"被害人过错""持有工具""积极救治""初犯或偶犯"等对量刑结果无显著影响；部分酌定量刑情节，如"积极赔偿或取得谅解""被害人为多人""多次施暴""当庭认罪"对量刑结果影响显著。其中，"积极赔偿或取得谅解"对主刑量刑和缓刑适用均有显著影响，但是"多次施暴"仅影响主刑量刑，"被害人为多人"以及"当庭认罪"仅影响缓刑适用。上述结果反映出，在不同的案件中，法官基本上均可规范适用《刑法》《量刑指导》以及《关于依法办理家庭暴力犯罪案件的意见》（以下简称《意见》）①明示的法定量刑情节和酌定量刑情节，对于《量刑指导》和《意见》未具体列举的酌定量刑情节、未明确区分影响主刑量刑或是缓刑适用的情节，法官拥有过大的自由裁量权，较难形成对量刑结果的统一影响。除此之外，考虑到家庭暴力犯罪发生于家庭内部的特殊性，部分酌定量刑情节针对家庭暴力犯罪的调节比例应当区别于同种案由的其他犯罪案件。目前司法实践中缺少针对家庭暴力犯罪的专门量刑规定，《意见》虽然列举了部分影响家庭暴力犯罪的关键量刑情节，但是不仅存在列举不全、针对主刑或缓刑作用不明的问题，而且未对具体裁量幅度进行详细规定。总体来说，《量刑指导》②和《意见》对家庭暴力犯罪刑罚适用的指导能力有限，导致审判实践中出现法官在考虑酌定量刑情节时表现出过大的自由裁量权，产生同案不同判现象。

例如，在"王某某故意伤害案"③中，犯罪人与妻子常年感情不好，多次因家庭琐事对其妻子实施家庭暴力。某日犯罪人以妻子醉酒不做饭为由，使用皮带抽打其妻全身多个部位，致使被害人当场死亡。犯罪人到案后，如实供述自己的罪行，且当庭认罪，被判处有期徒刑十三年。但是，在"王某故意伤害案"④中，犯罪人王某怀疑其前妻韩某某与理疗患者有不正当关系，与前妻理论时使用水果刀捅伤其前妻及前妻的母亲，致使后者送医抢救无效死亡，前者体表受轻微伤。有证人作证表明，犯罪人经常殴打韩某某，二人离婚后，犯罪人亦多次闹事。王某到案后，如实供述自己故意伤害他人的罪行，被判处死刑缓期执行。与前述案件相比，此案中，除了增加受害人为多人这一

---

① 2015 年 3 月最高人民法院、最高人民检察院、公安部、司法部等联合印发的《关于依法办理家庭暴力犯罪案件的意见》第三部分定罪处罚内容第十八条列举了部分影响家庭暴力犯罪的量刑情节。

② 在 2021 年 7 月 1 日发布的新版《关于常见犯罪的量刑指导意见（试行）》中，酌定量刑情节列举不全、量刑情节针对主刑或缓刑作用不明等问题仍未得到解决。

③ 参见扎赉特旗人民法院（2019）内 2223 刑初 279 号刑事判决书。

④ 参见海口市中级人民法院（2018）琼 01 刑初 41 号刑事判决书。

酌定从重量刑情节之外,其余情节几乎相同;虽然此案存在两位受害人,但其中一位仅鉴定为轻微伤。法院最终判决此案被告人死刑缓期两年执行,与前述案例判处有期徒刑徒刑十三年相差巨大,同案不同判现象严重。可见,由于多次施暴、被害人为多人等酌定从重量刑情节没有具体的量刑指引,不同法官基于自由裁量作出的判决相差悬殊的情况普遍存在。

(二)公权力较难介入家庭内部矛盾纠纷

家庭暴力犯罪区别于同类故意伤害罪,属于家庭内部矛盾纠纷范畴,必然决定了对于家庭暴力犯罪的公权力干预要有别于同种案由的其他犯罪案件。因此,"刑法必须在亲情义务与法律义务之间寻求一个平衡点,把亲情义务作为一个衡量定罪与量刑的标准"[1]。《意见》第18条规定,法官在办理家庭暴力犯罪时要切实贯彻宽严相济刑事政策,在适用罪刑法定、罪刑相适应原则的同时,兼顾维护家庭稳定、尊重被害人意愿等因素。在部分家庭暴力案件中,夫妻感情与相处方式较为复杂,受情绪因素影响,被害人在不同阶段针对施暴者的不同行为向法院提出不同诉求,如何审慎处理这一问题对于法官来说具有一定困难。

例如,在"刘某某故意伤害案"[2]中,犯罪人刘某某因家庭琐事殴打妻子尹某,事后主动将妻子送医救治并承担所有医疗费用,同时承诺不会再犯。某日又因情绪冲动对被害人实施殴打,事后在其母亲带领下主动投案自首。被害人尹某遭受家庭暴力后,最初提交申请要求公安机关依法打击处理;后又表示自己住院期间的费用均由丈夫所出,不再提起附带民事诉讼,现已谅解丈夫,同时表明其丈夫现在对自己很好,没有再次发生殴打情况,且刘某某为家庭经济支柱、孩子的父亲,希望家庭合睦,也希望法院可以对刘某某从轻、免于处罚。

在此案件中,行为人因难以控制情绪冲动多次对被害人实施家庭暴力,案发后又对自己的行为表示悔过并积极补偿;受害人也深陷暴力痛苦与谅解施暴行为、维系家庭稳定的反复循环中,夫妻二人的情感并未完全破裂,相处方式较为复杂。法官作为家庭关系之外的第三方处于相对尴尬的地位,从罪刑法定的角度来看,被告人主动供述犯罪事实、犯罪证据确实充分,理应依法审理裁判;从尊重被害人意愿的角度来看,将犯罪行为非罪化更有利于修复夫妻双方的情感关系,维持家庭内部稳定和谐。因此,与同种案由的其他犯罪案件相比,公权力介入解决家庭内部矛盾纠纷必然遭遇一定阻力。

---

[1] 姜涛:《刑法如何面对家庭秩序》,载《政法论坛》2017年第3期,第40页。
[2] 参见元氏县人民法院(2019)冀0132刑初118号刑事判决书。

(三)反击家暴认定成立正当防卫面临困难

本研究梳理的所有以故意伤害罪定罪的家庭暴力犯罪案件,无一认定为正当防卫;在确有反击家暴的防卫情节时,法官通常认定为防卫过当。这一统计结果表明,实践中反击家暴认定成立正当防卫面临极大困难。除了上文提及的正当防卫制度异化问题这一原因,还有一点值得考虑。

美国临床法医心理学家雷诺尔·沃克博士通过对 400 多名受虐待的妇女进行临床研究提出了"受虐妇女综合征"的概念,即长期处于暴力关系中的妇女,因长期受到虐待会形成的一种特定的心理和行为模式,在"暴力循环"的模式下表现出"习得性无助"。① 在"自某某故意伤害案"②中,犯罪人自某某婚后多次遭受其丈夫(被害人)的无端打骂。某日被害人再次对自某某进行辱骂、恐吓、拖拽与追打,自某某积聚多年的怨气爆发,其捡起院子中的柴棒将被害人击打倒地;柴棒打断后,被告人重新捡起一根柴棒继续实施殴打至被害人不再动弹。事后,被告人主动投案自首,同时积极抢救被害人,然而被害人因伤势过重抢救无效死亡。法院最终未采纳防卫过当的辩护意见,以故意伤害罪判处被告人有期徒刑四年。

在此类案件中,家庭暴力施暴者的一次侵害行为可能不会对受害者造成严重的身体伤害,但是长期性的人身攻击环境会对受害者的心理健康与精神状态产生持续不良影响,加之外部经济和工作压力的双重挤压,多重不良因素累积聚集,一旦施暴人再次实施轻微攻击行为,就会导致受害者"触底反弹"实施猛烈反击。但是,在现实司法裁判时,正当防卫的认定并不会综合考虑行为人以往的受害经历、评估行为人实施侵害行为时的精神心理状态。这导致在大部分上述类似案件中,即使被告人和辩护律师辩称具有正当防卫情节,不应当认定为犯罪,法官也不会采纳该意见,至多认定为防卫过当,甚至完全否认被告人具备防卫因素。

(四)缓刑适用缺乏有效评估

虽然描述性统计结果显示缓刑适用整体比例偏低,但是回归分析表明大部分从重量刑情节并未对限制缓刑适用产生显著影响,其中前科劣迹、多次施暴、持有工具等表明人身危险性较大的从重量刑情节并未发挥限制缓刑适用的作用,仍有部分存在上述

---

① "暴力循环"是指一个家庭暴力周期是由三个阶段构成:愤怒积累阶段——暴力殴打阶段——道歉和好阶段;"习得性无助"是指受虐妇女在长期遭受家庭暴力的影响下,出现的一种无法摆脱施虐者的心理状态。参见 Maria Rowena Amelia V. Guanzon, *Legal and Conceptual Framework of Battered Woman Syndrome as a Defense*, 86 Philippine Law Journal, 125 (2011).

② 参见景东彝族自治县人民法院(2017)云 0823 刑初 130 号刑事判决书。

情节案件的犯罪人被适用缓刑。例如,在"王××故意伤害案"①中,犯罪人王××有故意毁坏财物罪的前科和多次实施家庭暴力的劣迹,公安机关曾针对其家暴行为出具告诫书,并对被害人出具人身安全保护令。某日犯罪人驾车将被害人的电动车逼停,再次用拳头殴打被害人致其轻伤二级。犯罪人具有前科劣迹、多次施暴、使用工具,人身危险性较大,但法院仍判处其有期徒刑六个月,缓刑一年三个月。可以看出,目前司法实践中对犯罪人是否可以适用缓刑缺乏有效评估,人身危险性因素的识别与判断过程不透明。

除此之外,在法院判决犯罪人适用缓刑后,缓刑适用效果是否达到预期也较难评估。《意见》第24条指出,应充分运用社区矫正措施,对因实施家庭暴力构成犯罪被判处管制、宣告缓刑、假释或者暂予监外执行的犯罪分子,依法开展家庭暴力行为矫治,通过制定有针对性地监管、教育和帮助措施,矫正犯罪分子的施暴心理和行为恶习。目前我国社区矫正的实施正处于起步阶段,针对家庭暴力缓刑犯的有效追踪在实践层面有待细化,部分家庭暴力常习性施暴者回归家庭后并未严格约束自己的言行,反而变本加厉地折磨、虐待受害人。② 受害人在施暴者的控制下失去原本的求助途径,缓刑适用后产生的二次家庭暴力行为的隐蔽性显著加强,受害人的安全保障问题难以通过法院的审判量刑得到有效解决。

五、完善家庭暴力犯罪刑罚适用的可能进路

针对家庭暴力犯罪刑罚适用审判实践中出现的上述四个问题,可以考虑以下四个方面的完善措施。

(一)规范适用酌定量刑情节

酌定量刑情节的规范适用可以有效指导审判人员自由裁量权的合理化,主要表现在整体性和结构性两个方面。首先,整体性要求法官在判断犯罪嫌疑人的刑事责任时不能只关注案件的某个情节和事实,应当辩证地将酌定量刑情节置于整体的案件环境中。③ 一方面,综合考量不同量刑情节,决定最终的量刑结果。以"积极救治"的适用为例,犯罪人在实施犯罪行为后及时将被害人送往医院救治,可以表明犯罪人的人身危险性有所降低,可以酌情从轻处罚。但是最终的量刑结果可能并未从轻,因为综合考虑多个不同的量刑情节,每一个情节影响刑罚轻重的功能是否发挥、如何发挥等均

---

① 参见镇江市丹徒区人民法院(2019)苏1112刑初258号刑事判决书。
② 李洪:《家庭暴力犯罪及其刑事处罚的探讨》,中国政法大学2006年硕士学位论文,第36页。
③ 石震方:《酌定量刑情节的适用困境与出路》,载《量刑研究》2019年第2期,第113页。

需通过分析其他情节来认定。① 另一方面,针对特定的量刑情节,应仔细审查该情节所隐含的真实情况。例如,对于存在"取得谅解"情节的案件,如果被害人出具谅解书,则需审查是否系被害人的真实意愿,如果被害人仅仅是因为自身经济压力或是出于对子女物质精神生活的考虑勉强原谅犯罪人,则量刑上的从轻幅度需相应缩减。

其次,结构性要求量刑指导意见的制定应当规范合理,裁判文书的说理应当严谨清晰。一方面,考虑制定家庭暴力犯罪针对性量刑指导意见,以司法实践为指引,全面考量家庭暴力案件可能涉及的量刑情节,明示这些情节的内容及调节比例。考虑到实践中案件的复杂多变,与量刑指导意见规定情形的有限性之间的矛盾不可避免②,可以确立"列举加兜底"的酌定量刑情节规范适用模式③。具体来说,对《意见》第 18 条中的酌定量刑情节进行全面的补充列举,区分各个情节对主刑量刑和缓刑适用的不同影响,同时细化各情节的量刑增减幅度,并增加"其他没有明确规定,但影响被告人刑事责任程度的情节,法官应当予以考虑并合理确定相应调节比例"这一规定。④ 另一方面,为了保证适用兜底条款量刑结果的实质合理性,应当要求法官在适用量刑指导意见未具体说明的酌定量刑情节时,说明该种事实作为量刑情节予以考量的法理依据;而不能直接给出审判结论,或是简单提及、未予详述。

(二)贯彻恢复性司法理念

恢复性司法是指"与特定犯罪有利害关系的各方共同参与犯罪处理活动的司法模式"⑤,在犯罪方和被害方之间建立一种对话关系,首先由犯罪人主动承担责任,从深层次化解矛盾,消弭双方冲突,并通过社区、社会组织等的参与,修复因为犯罪而受损的社会关系。⑥ 针对家庭暴力犯罪案件适用恢复性司法具有一定的合理性。首先,家庭暴力犯罪的侵害法益是受害人个体的生命健康权,不涉及国家社会公共利益及他人合法权益,因此在受害人的同意下,尊重被害人的意愿适用恢复性司法不会超出《刑法》的原则和理念。其次,适用恢复性司法并不意味着必然免除施暴者的刑罚,对于危害后果相对严重需要公权力介入的家庭暴力犯罪案件,对于被害人谅解及犯罪人赔偿等从轻量刑情节,在刑罚裁量、减刑假释、缓刑适用阶段作为恢复情况充分

---

① 廖瑜:《论犯罪情节》,西南政法大学 2008 年博士学位论文,第 113 页。

② 石经海:《量刑个别化的基本原理》,法律出版社 2010 年版,第 376-377 页。

③ 冯骁聪:《酌定量刑情节规范适用的司法困境与优化路径》,载《犯罪研究》2021 年第 3 期,第 46-61 页。

④ 冯骁聪:《酌定量刑情节规范适用的司法困境与优化路径》,载《犯罪研究》2021 年第 3 期,第 46-61 页。

⑤ 吴宗宪:《恢复性司法述评》,载《江苏公安专科学校学报》2002 年第 3 期,第 69 页。

⑥ 包雯、张亚军、翟海峰、王韬:《家庭暴力引发犯罪刑法适用问题研究》,中国检察出版社 2012 年版,第 256 页。

考量,既可以回应当事人的需求,也可以保障刑法的权威。

目前,泰国在家庭暴力类犯罪案件中优先适用恢复性司法程序,解决传统刑事司法程序的缺陷。主要考虑因素有二:其一,大多数案件被害人不想让她们的丈夫被监禁,只是想停止遭受侵害并希望改变施暴者的暴力行为;其二,即使案件进入了刑事司法程序,为了维系家庭稳定和谐、保障孩子和自身的人身权益,被害人经常会请求侦查人员或检察官撤回案件。① 2001 年,泰国为了解决家庭暴力犯罪问题,创设了"丈夫矫治诊所"项目,旨在对家庭暴力施暴者在起诉阶段进行分流处理。在起诉阶段,如果满足被害人同意、加害人悔过并愿意接受治疗项目以及案件的严重性程度不高三个条件,检察官将考虑附条件不起诉,将案件转交给缓刑官员。缓刑官员在了解了案件相关情况后召开讨论会,组织被害人、加害人、社区代表等相关人员参加,确定施暴者适合参与的治疗项目,并要求其定期向缓刑官员汇报情况、提供补偿或社区服务。如果加害人在考验期期间没有违反规定要求,则检察官自动放弃起诉,否则检察官将重启起诉程序。② 这种恢复性司法措施不仅推进了受害人和加害人的关系修复,而且有效实现了对施暴者的教育改造。

因此,可以考虑借鉴泰国的司法经验,在我国的家庭暴力犯罪案件处置过程中贯彻恢复性司法理念。在部分不甚严重的家庭暴力犯罪案件中,应当将对家庭完整性的期待置于禁止性规范的价值判断之上,作为刑罚适用的重要影响因素。具体来说,可以鼓励审判人员主动帮助双方当事人搭建沟通交流的桥梁,化解矛盾,推进关系修复;在实践中充分发挥刑罚的教育功能,使施暴者认识到自己行为对家庭和谐稳定的危害,促使其积极认罪悔罪,防止此类恶性家庭暴力事件再次发生。

(三)放宽正当防卫认定条件

在美国,"受虐妇女综合症"是一种专家证言,可以用来证明受虐妇女杀夫行为是具有紧迫性的,构成自我防卫。③ 美国刑法的正当防卫具体可分为四类:自身防卫(self-defense)、防卫他人(defense of another)、防卫财产(defense of property)和执法防卫(defense for law enforcement)。其中,"自身防卫是指法律许可遭遇到侵害的人对侵害者本人运用适度的暴力,如果他合理地认为:①他处在非法的身体侵害的紧迫危险之中;②为了避免这种危险而使用暴力是必要的"④。在"以暴制暴"案件中,"受虐妇女综合征"专家证言的作用通常是证明受虐妇女杀夫行为构成自我防卫:其一,证明

---

①陈晓明:《恢复性司法的理论与实践》,法律出版社 2006 年版,第 104 页。

②张亚欣:《恢复性司法在家庭暴力犯罪中的适用研究》,西南政法大学 2012 年硕士学位论文,第 21 页。

③王新:《受虐妇女杀夫案的认定问题》,载《法学杂志》2015 年第 7 期,第 87-94 页。

④储槐植、江溯:《美国刑法》,北京大学出版社 2012 年版,第 77 页。

被告人在反击时相信她所面临的危险是具有紧迫性的;其二,证明受虐妇女合理相信除了杀死其丈夫之外,没有其他方法可以摆脱施虐者。① 虽然受虐妇女杀夫的部分行为不满足"紧迫性"的要求,如受虐人于施暴人熟睡时将其杀害,但是"在英美法系,只要防卫行为在行为人合理相信的框架之内,根据《模范刑法典》的规定,正当防卫的认定就转化为了相信是否合理的问题"。② 由此将英美刑法的"自身防卫"由正当化事由转化为可宽恕事由,解决了特殊情形下受虐妇女杀夫行为的正当防卫认定问题。③

但是,在我国正当防卫的认定层面强调不法侵害必须正在进行且具有紧迫性,同时不能超过必要限度,造成"以暴制暴"案件中正当防卫认定困难。首先,在刑法理论层面,如何实现英美法系中"受虐妇女综合征"构成自我防卫理论与中国刑法正当防卫理论相契合,还需要深入的理论分析与规范架构。可以考虑适当放宽此类案件正当防卫的认定条件,破解"以暴制暴"案件的出罪之路。其次,在司法实践层面,审判人员并未经历过长期家庭暴力,缺乏对家暴受害者的同理心,其在认定正当防卫时难以站在受害者的角度判断不法侵害的时机条件和限度条件。可以聘请司法鉴定人员对长期家暴受害者的心理精神状态进行鉴定评估,为法官理解家暴受害者实施反击家暴行为的心理发生机制提供充分依据,为辩护律师进行正当防卫辩护提供合理、合法证据,推进此类反击家暴案件正当防卫情节的积极认定。

除此之外,对于确实无法认定正当防卫、应当定罪处罚的"以暴制暴"行为人,应尽可能适用缓刑。一方面,应充分认识到实施"以暴制暴"犯罪行为人是在特殊的长期家暴环境背景下因特定诱发情节刺激实施的暴力犯罪,行为人的人身危险性显著低于实施同类暴力犯罪案件的犯罪人,对其适用缓刑不会对居住社区产生威胁。另一方面,考虑到行为人大多承担养育未成年子女的责任,如果对其适用监禁刑,失去双亲的孩子将会成为社会的负担,在欠缺父母家庭教育的环境中成长,未来很可能成为社会的不稳定因素。因此,无论是从实现刑罚目的还是人道主义角度出发,都应该对"以暴制暴"犯罪人尽可能适用缓刑。

(四)完善缓刑适用配套机制

对家庭暴力犯罪人适用缓刑需要完善相关配套机制,"强化一种'重强、轻弱'的罪刑规范,对强者的自由给予更多限制,给弱者的自由给予更多保护"。④ 首先,审判

①刘立霞、刘蕊:《家庭暴力下受虐妇女杀夫案的量刑研究》,载《燕山大学学报(哲学社会科学版)》2020 年 2 期,第 43-50 页。

②George P. Fletcher, *Basic Concepts of Criminal Law*, Oxford University Press, 137(1998).

③付胥宇:《"受虐妇女综合症(征)"的刑事责任减免意义:美国经验及启示》,载《北方法学》2018 年第 6 期,第 63-77 页。

④姜涛:《刑法如何面对家庭秩序》,载《政法论坛》2017 年第 3 期,第 43 页。

人员在决定对犯罪人适用缓刑之前先要对其进行家庭暴力风险评估,在缓刑适用期间定期对受害人进行受虐情况筛查。国外目前发展了较为普遍的暴力风险评估指南(Violence Risk Appraisal Guide,VRAG)、暴力风险量表(Violence Risk Scale,VRS),用于对决定是否假释、是否解除强制医疗等的犯罪人进行先前评估,考察其人身危险性。[1] 在家庭暴力领域,美国相关评估量表多达十几种。[2] 其中冲突策略量表(Conflict Tactics Scale,CTS)以冲突理论为基础,从协商、心理攻击、躯体暴力、性强迫和伤害5个方面对受害人和施暴者进行评估[3];混合虐待量表(Composite Abuse Scale,CAS)以女权主义理论为基础,由严重混合虐待、情绪虐待、躯体虐待和困扰4个分量表构成,常作为研究受虐者遭受虐待情况的研究工具[4];HITS量表(Hurt,Insult,Threaten and Scream,HITS)从伤害、侮辱、威胁、吼叫4种家庭暴力形式的维度临床筛查女性受虐情况[5]。加拿大刑事司法系统也普遍适用简明配偶攻击危险评估量表(Brief Spousal Assault Form for the Evaluation of Risk,B-SAFER)作为亲密伴侣暴力危险评估和风险管理的结构化专业判断工具;我国学者于2011年对其进行本土化修订,在河北、陕西、内蒙古三个单位试点,证实B-SAFER可以作为中国大陆司法工作人员对家庭暴力进行危险评估的科学指导[6]。我国上海市虹口区于2019年发布《反家庭暴力白皮书》,推出全国首创家庭暴力风险评估量表,针对受害人、施暴者进行评估,将家暴风险程度与相关法律干预手段相结合。[7] 家庭暴力风险评估量表可在试点应用后实现全国推广,通过对施暴者的风险评估和受虐者的危险筛查,为法官决定是否适用缓刑提供审判依据,为司法人员考察缓刑适用情况提供有效参考。

其次,对判处缓刑的家庭暴力犯罪人采用危险管理与个案管理结合的方式,进行

---

[1] P. Hartvig,J. O. Roaldset,T. A. Moger & et al. ,*The First Step in the Validation of a New Screen for Violence Risk in Acute Psychiatry*:*The Inpatient Context*,26 European Psychiatry 99 (2011);G. Harris,M. Rice & V. Quinsey,*Violent Recidivism of Mentally Disordered Offenders*:*The Development of a Statistical Prediction Instrument*,20 Criminal Justice and Behavior 335 (1993).

[2] 张迎黎、张亚林、何影、柳娜:《几种常用家庭暴力评估工具介绍》,载《中国临床心理学杂志》2010年第3期,第320-322页。

[3] M. A. Straus,Sherry L. *Hamby*,*Sue Boney-McCoy & et al.* ,*The Revised Conflict Tactics Scales* (*CTSZ*):*Development and Preliminary Psychometric Data*,17 Journal of Family Issues 283 (1996).

[4] H. Kelsey,S. Mary & S. Cynthia,*A Multidimensional Definition of Partner Abuse*:*Development and Preliminary Validation of the Composite Abuse Scale*,14 Journal of Family Violence 399 (1999).

[5] K. M. Sherin,J. M. Sinacore,X. Q. Li & et al. ,*HITS*:*A Short Domestic Violence Screening Tool for Use in a Family Practice Setting*, 30 Family Medicine 508 (1998).

[6] 毋嫘、洪炜:《家庭暴力危险评估工具B-SAFER的修订》,中国心理学会"心理学与创新能力提升"——第十六届全国心理学学术会议论文,2013年11月2-3日于南京,第1070-1072页。

[7] 胡蝶飞:《虹口区发布〈反家庭暴力白皮书〉,推出全国首创家庭暴力风险评估量表》,载《上海法治报》2019年3月20日,第A03版。

有效监控。一方面,通过社区矫正教育犯罪人认识到家庭暴力的危害,对其进行特定心理辅导,提高其行为控制能力和情绪抑制能力,培养理性思维模式;帮助犯罪人改善心理行为问题,更好地回归家庭生活。① 另一方面,定期组织矫正对象参加社会服务公益活动,帮助在家暴案件中受到伤害的受害人,在服务中悔罪。

除此之外,关注被害人的基本安全保障问题,在对犯罪人实施社区矫正的同时,配合使用人身安全保护令措施。"司法实践如果没有正确对待被害人的人身权益保护问题,反而给家庭秩序带来更进一步的伤害,成为一种有害的补锅式惩罚。"②因此,社区工作人员以及基层司法行政机构除了定期对施暴者进行监督考察之外,还要适时关注被害人的生活状况,包括其人身安全问题以及经济负担问题,如遇困难者,及时向相关司法行政部门反映有关情况,对其提供必要帮助。

六、结　语

国内对家庭暴力犯罪的量刑研究主要集中于受虐妇女反击家暴这类特殊案件,学者们大多从刑法教义学的视角论证防卫性因素对定罪量刑的影响,未考虑从定量研究的视角对家庭暴力犯罪的量刑特征进行整体描述,并从整体描述走向多方面的具体分析。本文的研究表明,家庭暴力犯罪主刑与缓刑的适用均存在不甚合理之处,不仅表现在防卫性因素认定方面,而且在法官酌定自由裁量、刑法介入家庭秩序、缓刑适用配套机制等方面均有体现。不同方面量刑的问题甚至相互中和,呈现出整体量刑结果较为合理的假象。③ 因此,不论是单纯对家庭暴力犯罪的量刑结果进行整体描述,还是仅仅关注受虐妇女反击家暴的定罪量刑,都不能对我国家庭暴力犯罪的量刑现状实现全面把握。未来关于家庭暴力犯罪的量刑研究应以整体描述为基础,重点关注防卫性因素认定之外各方面的具体情况,完善家庭暴力犯罪量刑研究的理论体系。

（责任编辑:邱丽云）

---

①钱松:《家庭暴力犯罪刑事救济路径的选择与优化》,载《青少年犯罪问题》2016 年第 4 期,第 11-21 页。

②姜涛:《刑法如何面对家庭秩序》,载《政法论坛》2017 年第 3 期,第 46 页。

③比如,家庭暴力犯罪缓刑适用的描述性统计结果显示,以故意伤害罪定罪的家庭暴力犯罪的缓刑适用比例小于故意伤害罪整体缓刑适用比例,这一结果似乎说明司法人员能够合理认识到,家庭暴力作为一类公认的习惯型犯罪,与其他以故意伤害罪定罪犯罪人相比,家庭暴力犯罪人的人身危险性更大。然而,逻辑回归结果显示,"多次施暴""防卫过当"这两类表明人身危险性的重要量刑情节并未对缓刑适用发挥显著影响。因此,上述描述性统计结果的合理性极有可能只是表面现象,是两类情形——应当适用缓刑(犯罪人"防卫过当")而未适用、不应适用缓刑(犯罪人"多次施暴")反而适用——的中和作用结果。

专著书评

立宪非立宪：战前佐佐木惣一的宪治思想

洪　骥①

摘　要：佐佐木惣一是日本战前著名法学者，也是法学界之"京都学派"的代表人物。二战前的明治宪法秩序下，立宪主义在日本的发展与实践筚路蓝缕，步履维艰。佐佐木从"立宪"这一核心概念入手，通过探讨具体政治过程中"非立宪"的现象并加以批判，进而联想到日本国民性与立宪主义之间的关系问题。最终的落脚点在于近代型个人"责任"意识的确立，这也是佐佐木宪治思想的精髓。

关键词：佐佐木惣一　立宪　非立宪　日本宪法　责任之观念

佐佐木惣一（1878-1965）是活跃于二战前的日本宪法学家，曾任京都帝国大学法学部教授，终其一生，他与日本近代立宪主义宪法学的鼻祖美浓部达吉（东京帝国大学教授）齐名。时代是日本轰轰烈烈的"大正民主期"，书是佐佐木当年汇集了自身明治以来长年思考帝国宪法之结晶的呕心之作。《立宪非立宪》《立宪政治的道德含义》《吾国立宪制度的由来》《现代政治与信念》《一票所投之处》《设置宪法裁判所之议》等六篇学术文章有序排列，交相辉映地呈现出其中的最大公约数，也即该书的标题——"立宪非立宪"（『立憲非立憲』弘文堂书房，1918年）。

时过境迁，将近一个世纪之后，日本著名学术文献出版机构"讲谈社"（講談社KOUDANSYA）于2016年以"文库版"（便携口袋书）的形式将佐佐木的上述原版图书以同样的书名再版印刷，一时洛阳纸贵，在人心动荡的"新时代"重新唤起了日本国民对于"立宪主义"的思考。而作者早在大正七年（1918）为初版图书所作之序中即阐明了深刻的问题意识："立宪政治之本义何在？我国缘何至今尚未实现真正的立宪政治？"②为解决上述问题，作者进一步指出："不能仅从宪法制度的条文解释去审视，而

---

①洪骥，南京航空航天大学法律系讲师，法学博士。
②佐々木惣一『立憲非立憲』（講談社学術文庫，2016年）4頁。

应从我们生活的角度去体察宪法制度。"①由此观之,该书当初的编写目标并非局限于学院派内部的观点争鸣,而是宪法学专业人士瞄准普通国民而作的"法治科普读物"。本文聚焦该书的开篇之作,也是六篇文章中分量最重并与书名重合的文章——《立宪非立宪》,以期在最大限度尊重原文表意的基础上凝练概括出佐佐木宪法思想的精髓。

一、人类文化与日本立宪制度

经过了整个"光荣的 19 世纪",除了俄国之外的主要先进国家基本确立了立宪制度,而世界主要国家的立宪体制也都形成了一个相互影响的"连锁",即"英吉利→亚美利加→法兰西→比利时→德意志→日本"这样一种传导性结构。② 而作为东洋最早文明开化的国家,日本"是否可以圆满地适用立宪制度这一问题,实际上等价于立宪制度是否称得上是一种适合普通人类性情的制度"③。也就是说,"立宪思想看似是政治之主义的问题,实则与一般文化息息相关。"④"如果日本无法圆满地施行立宪制度,则说明日本文化与西洋文化之间存在着一道难以逾越的鸿沟。"——这已经不是"是非的问题",而属于"异同的问题"了。⑤ 对于此问,佐佐木虽未给出明确的结论,却指出:"只要是人类,无论东洋还是西洋,其性情在根本上是相同的,而在同样的社会情况下,也具备同样的要求。因此,进步到一定阶段的人类均无差别地要求立宪制度。"⑥而"当下"日本人对于立宪主义的怀疑,佐佐木认为有必要针对其性质加以区分,如果是"永久性"的态度则别无他法;但若是"暂时性"的态度则有必要努力祛除产生它的根源。⑦

二、欧美人对日本宪政的怀疑

西洋人认为日本施行立宪制度乃一大"奇迹",因为他们"经历了漫长的苦斗才终于得到手中的猎物",日本人却在"谈笑风生之中唾手可得"⑧。有德国人认为日本早期的议会制度解散频发,而每次解散后的选举过程中又会出现各种"壮士"扰乱政治

①佐々木惣一『立憲非立憲』(講談社学術文庫,2016 年)4 頁。
②佐々木惣一『立憲非立憲』(講談社学術文庫,2016 年)17 頁参照。
③佐々木惣一『立憲非立憲』(講談社学術文庫,2016 年)17 頁。
④佐々木惣一『立憲非立憲』(講談社学術文庫,2016 年)18 頁。
⑤佐々木惣一『立憲非立憲』(講談社学術文庫,2016 年)18 頁。
⑥佐々木惣一『立憲非立憲』(講談社学術文庫,2016 年)18 頁。
⑦佐々木惣一『立憲非立憲』(講談社学術文庫,2016 年)19 頁参照。
⑧佐々木惣一『立憲非立憲』(講談社学術文庫,2016 年)19 頁。

集会的现象,这导致日本的立宪政治犹如画饼充饥。① 有英国人认为,日本的宪法政治由于政党的缺陷和国民的无识或漠不关心而迟迟难以发达,此谓"日本特色之立宪状况"②。也有美国的研究者指出,日本政治依赖权威主义,而非立足于国民协同主义,由于日本国民严重缺乏牢固的独立之精神,故而致使议会无法成为强有力的国民代表机关,但可否一直仅以权威主义作为国家生活之安全的基础是颇值得怀疑的。③ 另还有美国人认为,日本的立宪政治,其运作机理来源于不以议会为根本遵循的政府及元老滥用君主大权这一特殊现象。④ 佐佐木甚至还列举出了当时一位自称住在日本的德国人匿名者的讽刺小文,以此来"佐证"西洋人对日本立宪政治的怀疑态度。该匿名者在小文中谈到了第二次西园寺公望内阁的轶事,即因著名的"两个师团增设问题",陆军大臣上原勇作辞职,西园寺内阁旋即倒台(1912 年)。匿名者于是继续冷嘲热讽起来:"事情的起因是新增师团所需要的那么点费用支出的问题,背后却蕴藏着重大的政治含义。陆相的辞呈未经首相而直达天皇一事本已奇妙至极,首相无法得到继任的陆相人选更是妙趣横生。实际上,问题本质……在于西园寺内阁与元老政府的冲突。日本在纸面上是一个立宪国家,但议会却苍白无力,政府更加没有存在感。那么长久以来到底是谁在支配日本的政治呢? 是元老。那元老又是什么? 这是一个极其难下定义的概念……"最后还特意打了个比方用来讽刺,说"日本的立宪制度好似鞋店老板不脱工作服的围裙就直接戴上了本该用来搭配燕尾服的高筒礼帽"——显得极其不伦不类了。⑤ 无论此人身份的真伪,佐佐木在引用其讽刺小文时,一面表达了自己怒火中烧的"合理民族主义情绪",另一面又保持克制以法学者的理性呼吁常人要有兼听的雅量。

三、日本人的宪政悲观论

西洋欧美人对于日本的宪政不看好者居多,那日本人自己又是何态度呢? 佐佐木总结出了两种不同类型的日本人"宪政悲观论",其一是"对于立宪政治本身的悲观";其二是"从(日本)国民之立场而看到的悲观"。⑥ 关于第一种悲观论,佐佐木指出:一些日本人觉得"立宪政治本身是不好的政治",而评判的标准来源于"眼前的结果",即"对于结果的失望"。而造成失望的原因在于他们"对立宪政治寄予了本不该有的期

①佐々木惣一『立憲非立憲』(講談社学術文庫,2016 年)21 頁参照。
②佐々木惣一『立憲非立憲』(講談社学術文庫,2016 年)21 頁参照。
③佐々木惣一『立憲非立憲』(講談社学術文庫,2016 年)21 頁参照。
④佐々木惣一『立憲非立憲』(講談社学術文庫,2016 年)22 頁参照。
⑤佐々木惣一『立憲非立憲』(講談社学術文庫,2016 年)22–23 頁参照。
⑥佐々木惣一『立憲非立憲』(講談社学術文庫,2016 年)24 頁。

待", 也即佐佐木所命名的"立宪政治的误想"①。具体来说, 首先, 世人期待"立宪政治是减轻国民负担的东西"。众所周知,"国民负担"有身体上的(比如对自由的限制), 也有财产上的(比如租税的赋课), 一些人认为"只要实现了立宪政治, 就极大地获得了自由, 或者极大地减轻租税", 如此想法实乃"政治思想幼稚之国民在所难免的"。然而作为国家的一员, 国家为达成目的会在必要范围内限制我们的自由, 也会向我们征收租税, 甚至随着国家的发展这些(限制)会不断扩大。不过和专制政治不同的是, 立宪政治下, 以上的限制都基于国民自身的意思实施, 而非取决于个人的肆意妄为。因此, 以为"立宪之后就不用交税"的想法过于无知了。② 更有甚者, 世人还期待立宪政治必然带来"非凡的结果", 这又是一个重大的误区。对此, 佐佐木给出了"立宪政治是平凡的政治"的论断。③ 因为, 在立宪政治之下, 政治准则业已定型, 政治活动皆受到这些准则(即宪法)的约束, 而宪法所规定的结果无非就是行政权力在法与预算的范围内行使, 这些相较于毫无限制的专制政治而言, 自然也就显得"平凡无趣"了。④ 佐佐木在此还引用了中国古典《宋文选》卷二十三中的话为证, 即"自古法无全是亦无全非而人之忠佞智愚贤不肖至为辽绝故任法之世无甚利亦无甚害而任人之世非大治则大乱矣"⑤。另外, 立宪政治不同于专制政治下只看重伟人的个人意见, 它最大限度地尊崇多数人的意见。也正因为这样, 立宪政治的结果才显得"平凡"。⑥ 由此观之, 对立宪政治结果之平凡的失望, 其实是一种误解。况且, 立宪政治在某些人眼中显得"平凡"也只是特定时代的产物, 如果从历史的角度观察之, 它和专制政治一样都促进了人文的进步。⑦ 关于第二种悲观论, 即撇开立宪政治的内容本身不谈, 而从日本人的立场出发担心立宪政治的前途。这又分为"(日本的)国民性终究无法适应立宪政治"和"只是当前的状况下立宪政治尚未收到成效"两种观点。⑧ 佐佐木指出, 持前一种观点的政治家与论客意在从"感情论"的角度反对立宪政治, 究其缘由, 恐怕是因为立宪政治阻碍了一小撮本可以垄断政权之人的既得利益, 这部分人自然视立宪政治为洪水猛兽。佐佐木阐明自己属于第二种立场, 即只对日本的立宪现状表达忧虑, 而不放弃对于立宪政治的追求并主张通过改良的手段努力达成这一理想。而如何去"改良"现状, 就需要先了解立宪政治的含义了。⑨

---

①佐々木惣一『立憲非立憲』(講談社学術文庫,2016 年)24 頁。
②佐々木惣一『立憲非立憲』(講談社学術文庫,2016 年)25 頁参照。
③佐々木惣一『立憲非立憲』(講談社学術文庫,2016 年)26 頁参照。
④佐々木惣一『立憲非立憲』(講談社学術文庫,2016 年)25 頁参照。
⑤佐々木惣一『立憲非立憲』(講談社学術文庫,2016 年)26 頁。
⑥佐々木惣一『立憲非立憲』(講談社学術文庫,2016 年)26-27 頁参照。
⑦佐々木惣一『立憲非立憲』(講談社学術文庫,2016 年)27 頁参照。
⑧佐々木惣一『立憲非立憲』(講談社学術文庫,2016 年)27 頁。
⑨佐々木惣一『立憲非立憲』(講談社学術文庫,2016 年)28 頁参照。

四、君权行使的限制

君主在行使其总揽的国家统治权之时，作为一般法理，特别是就现代君主所承担的使命而言，其权力行使应当被施加限制。该限制又可分为目的限制与手段限制两类。第一，关于目的的限制是指君主行使统治权必须是为了达成国民的利益。君主不可以为了达成自己的个人利益而行使统治权。此乃政治原则，而非法的原则，所以即使君主为其个人利益而行使统治权当然也不违法，然而，如此一来就无法实现君主的使命了。从前就有"仁君"和"暴君"的提法，如果将其转换成现在法言法语，便是"为了国民的利益而行使统治权的君主是为仁君""为了自己的个人利益而行使统治权的君主是为暴君"了。① "不为自己个人利益而为国民的利益行使统治权"是"君主之道的根本奥义"，所有时代和任何国家，无论专制君主还是立宪君主都应该去遵守。② 第二，关于手段的限制是指君主行使统治权需要依赖于独立的国家机关的参与。君主不可能一人事必躬亲，他需要若干国家机关的参与方可治国理政。不过，这些国家机关参与君主统治权之行使的方法不尽相同，大致可分为两类。其一，各种国家机关唯君主之意志马首是瞻，换言之它们只是在简单执行君主的意志；其二，各种国家机关相对于君主而言以其各自独立的意志参与统治权行使的活动中来。第一种方法的参与是对君主的辅助，第二种方法的参与乃是对君主的限制。于是，承认对君主施加限制的制度被称为"制限君主制"，与此相反只承认对君主进行辅助的制度则是"专制君主制"了。但需要注意的是，即使在专制君主制度下，君主也并非任何时候都无视各种国家机关的意思，只不过君主无论是积极还是消极层面都不受国家机关的任何约束，可以依照自身的意思开展政治活动。专制君主和制限君主之别乃法的原则，它不同于简单的"暴君"与"仁君"之别。专制君主体制下亦可出现"仁君"，而制限君主体制下也不见得都是"仁君"，但现代国家的制度架构却迫使"暴君"在客观上无法作恶——这便是立宪主义思想的出发点了。③ 制限君主体制下，对君主大权实施"限制"的机关被称为"制限机关"，其具体构造与适用场合等问题又是一门学问。首先，制限机关的产生方法既可以是由君主任命也可以是由国民选择，后者意味着国民将自身的意志反映到政治活动中的一种手段。发端于西洋并不断壮大的制限君主制秩序下，可以参政之"国民"的范围一开始是相当狭小的，即依照门第与职业对参政权加以限制。随着时代的推移，最终才扩大到所有普通国民。依照门第与职业而限定范围的"国

---

① 佐々木惣一『立憲非立憲』（講談社学術文庫，2016 年）29 頁。
② 佐々木惣一『立憲非立憲』（講談社学術文庫，2016 年）29–30 頁参照。
③ 佐々木惣一『立憲非立憲』（講談社学術文庫，2016 年）30–31 頁参照。

民"——假使称之为"高级国民"——将他们的意思反映到政治活动中的做法虽然可谓"制限君主制",却不是"立宪主义"。立宪主义的参政范围一定要涵盖所有普通国民。君主不得不参酌的普通国民之意志是到了近代以后才有的事,至此,国民也开始自觉到自己的这般能量,是为"觉醒年代"。换句话说,近代以前的君主也并非全都无视普通国民的意志,只不过彼时他们的所谓"参酌"仅仅是一种自律行为罢了。① 接下来的问题是,君主在何种情形下接受何种机关的限制。这便涉及"国家作用"的概念。众所周知,该作用分为立法、司法与行政三种,君主具体就何种作用接受制限机关的参与,因时代与国家的不同而各异。纵观世界大势,一般而言,君主在行使立法权时受到限制的情形要早于司法和行政。而在当世,这三权的行使均已设立了相应的制限机关,不过这才仅仅构成了立宪主义的半壁江山。另一半在于解决"君主任命之机关实施限制的思想不发达,设立国民选择的制限机关的思想相对发达"的不协调问题。其实,时至今日,君主任命的国家机关也可以是制限机关了。而且,与该任命的"制限机关"相并列,另外还有普通国民(绝不是"高级国民")自主选择的制限机关——二者合称"议会"。君主在任命上院议员时,该议员绝不像普通的官吏那样只会机械执行君主的意思,而是针对君主保持独立的意思并参与君主的政治。考虑二者之间的关系,一般都将立法以及行政中最重要之预算事务的参与权交给由国民自主选择的制限机关(即"下院"),而将普通行政与司法事务的参与权交给由君主任命的制限机关(即"上院")——这便是立宪主义的另一半。最后,在上述诸多信息中,将立法以及行政中最重要之预算事务的参与权交给国民自主选择的制限机关或曰承认国民之意思参加到这些国家作用中来的思想,正是立宪主义的根本精神。②

五、到达立宪制度的过程

在讨论立宪主义之得失的问题时,一般而言把普通国民是否参与统治权的行使中作为评判标准。而这种参与分为直接和间接两种。前者如国务直接诉诸国民投票去决定,但因实施困难,一般采用后者的方法。由国民选举产生议会,再将国务诉诸议会解决。所以现今一般的立宪制度也都伴随着议会制度,但这并不意味着议会制度是国民参与手段中唯一合适的方案,而只能说它是人类迄今为止所能想到的所有方案中最合适的一个。③

议会制度同样也非一朝一夕即可建立,它经历了漫长的发展过程。起初在 13 世

---

① 佐々木惣一『立憲非立憲』(講談社学術文庫,2016 年)32-33 頁参照。
② 佐々木惣一『立憲非立憲』(講談社学術文庫,2016 年)33-34 頁参照。
③ 佐々木惣一『立憲非立憲』(講談社学術文庫,2016 年)34+35 頁参照。

纪左右的欧洲"等级会议"盛行，这也是一种对君主统治权起到限制作用的制度。特权阶级为了维护自身利益，成立了这样的团体并参与国王行使统治权的过程中。君主在赋课租税前都要征询等级会议的同意，某些情况下甚至立法也需要。等级会议制度外观上类似于议会制度，但二者本质不同。近代议会的任务是考虑全体国民的利益，而等级会议只考虑特殊阶级的利益。一开始，等级会议不被看作"国家机关"，其自身相对于国家拥有独立的人格，它一直以来和代表国家的君主保持对抗的姿态，这种"二元型思想"自然也就阻碍了国家观念的发展，乃至阻碍了国家自身的发展。不过该思想后来得到缓和，等级会议逐渐也被当成"国家机关"看待。等级会议制度虽然客观上对君主权力起到了限制作用，并且在思想上与立宪君主制较为亲近，但在历史上由此并未直接产出现代立宪君主制度。君主与利益集团互相对抗的结果无非以君主的获胜而告终，于是，从16世纪开始走向了专制君主制这个极端。路易十四"朕即是国家"的豪言壮语很好地映衬了那个时代。不过，专制君主制终究只是历史的尘埃，从英国到欧洲大陆，该制度陆续被抛弃，取而代之的正是近代立宪君主制。①

六、立宪制度与东洋的君主之道

东洋与西洋的上述情况不同，它没有等级会议君主制的时代。日本历史上不存在那种"属于特权阶级的国民团体"为了针对国家利益主张自身利益的经历，所以从近代一开始就遵循"普通国民为了考虑国家利益而形成国家机关并参与其中"的思想，即从专制君主制直接迈入立宪君主制。佐佐木认为此乃"国之幸事"，承载上述思想的法的载体正是《大日本帝国宪法》了。② 不过，虽说君主行使统治权必须考虑普通国民意志的法原则是由帝国宪法所确立的，但"考虑一般国民意志为好"的思想绝非宪法首创，或者说，自古以来东洋君主之道的精髓也正在此。③ 佐佐木于是盛赞明治天皇的帝师、日本著名儒学者元田永孚（1818-1891）在进讲录中的说法，即从《尚书·舜典》中的"辟四门、明四目、达四聪"推导出开设议院（国会）的正当性，以此实现"选贤任能、广开言路"之功效。此外，还引用了《孟子·梁惠王章句下》中的话作为佐证材料："左右皆曰贤，未可也；诸大夫皆曰贤，未可也；国人皆曰贤，然后察之；见贤焉，然后用之。左右皆曰不可，勿听；诸大夫皆曰不可，勿听；国人皆曰不可，然后察之；见不可焉，然后去之。左右皆曰可杀，勿听；诸大夫皆曰可杀，勿听；国人皆曰可杀，然

---

① 佐々木惣一『立憲非立憲』（講談社学術文庫，2016 年）35-37 頁参照。
② 佐々木惣一『立憲非立憲』（講談社学術文庫，2016 年）37 頁参照。
③ 佐々木惣一『立憲非立憲』（講談社学術文庫，2016 年）37-38 頁参照。

后察之；见可杀焉，然后杀之。"①

据此，佐佐木认为，国家政治并非君主之私物、君主行使统治权时最好倾听普通国民之意的思想，乃东洋君主之道的特征与根本精神，立宪主义不过是将此"君主之道"确立为法的原则而已，所以立宪主义会破坏东洋固有之君臣关系的说法自然也是极大地被误解了。② 既然如此，那么制定宪法的意义又何在呢？佐佐木进一步道出了核心观点，理由有二。其一，制定宪法可以将君主倾听民意的方法固定下来；其二，制定宪法可以产生无论任何君主的时代都可以一成不变倾听民意的效果。③ 按照东洋传统的思想，只要君主自觉遵守上述"根本精神"就能实现太平盛世，但谁来担保（监督）这个过程呢？"国家不能只是一味地被动期待明君圣主的出现。"④漫漫历史长河中总保不齐会有不想遵守"君主之道"的君主出现，"如若要将此君主之道永久维系，就必须把它确立成法的原则"⑤。换个角度说，东洋固有的方法只把"君主之道"当成君主一人的心得体会（或曰修养），而宪法要做的事情却是将"君主之道"作为法上的义务去规定。如此一来，即使出现主观上不想遵守的君主，依照宪法也不得不履行义务去倾听民意了。质言之，对于明君而言，有没有宪法都一样，但明君不常有，确保在任何君主统治之下都能践行"君主之道"的做法，正是宪法的目的。⑥

七、立宪主义的实行

立宪主义在各国的实际制度虽有微妙差别，但大体持有类似的倾向性。这就需要了解立法、司法、行政三种作用运行过程中，对于君主行使统治权的限制方法。

第一，对君权限制程度最大的领域是司法。换句话说，君主最大程度上不得干预司法。这种所谓的"干预"又可分为直接干预和间接干预。在直接干预层面，君主必须完全放手司法，即不得自己行使司法权而是依赖裁判所（法院）行使之。裁判所行使司法权之时完全独立于君主，君主不得有任何指示。欧洲各国与日本的帝国宪法中有"裁判所在君主的名义下行使司法权"的规定，不过这绝不意味着君主可以干预司法。裁判所的独立（司法独立）是针对从前的君主专断裁判而生的制度，其结果必然要求君主丝毫不干预司法。在间接干预层面，君主可以通过决定裁判所之构成人员的裁判官去留从而起到干预司法的作用。不过，这种程度的"干预"也将受到极大的限

---

① 佐々木惣一『立憲非立憲』（講談社学術文庫，2016 年）38-39 頁。
② 佐々木惣一『立憲非立憲』（講談社学術文庫，2016 年）39 頁参照。
③ 佐々木惣一『立憲非立憲』（講談社学術文庫，2016 年）39 頁参照。
④ 佐々木惣一『立憲非立憲』（講談社学術文庫，2016 年）40 頁。
⑤ 佐々木惣一『立憲非立憲』（講談社学術文庫，2016 年）40 頁。
⑥ 佐々木惣一『立憲非立憲』（講談社学術文庫，2016 年）40 頁参照。

制。虽然君主可以任命裁判官,但后者的地位直接受到宪法的保障,君主无法肆意撼动。当裁判官完全不遵照君主的意思行使司法权力时,君主也只能束手无策。①

第二,相对于司法领域,君主对立法的干预程度要高。在直接干预层面,立法作用的实现需要通过议会的协助与赞成(「協贊」),而非全靠君主一人之意志。不过,这只是消极意义上的限制,而不是强制君主遵守议会意志的积极限制。议会通过了某项法律议案之后,必须经过君主的批准(「裁可」)才能生效,而批准与否就是君主的自由裁量了。由此可见,立法作用上对于君主的限制要比司法的情况小得多。在间接干预层面,议会多数组成人员的产生方法并非君主任命而是国民选举(下院),除此之外,即使是君主任命的议员(上院)也保持相对于君主的独立性,因此,在立法领域,君主完全无法实施间接层面的干预。②

第三,行政领域对于君主的限制最少。行政事务分为两个部分:其一是君主亲自实施的国务内容;其二是君主以外的国家机关接受委任实施的国务内容。后者在这里不产生任何问题,但对于前者的行为如何进行限制?首先,就国务内容本身来看,君主必须依赖国务大臣的辅弼,也即君主不可独断专行地实施国务。虽然古代也有大臣辅弼君主的做法,但那并非君主的义务,君主可自由决定是否接受大臣的辅弼或建议,但现代的大臣制度要求君主必须接受辅弼,这是古今二者的本质区别。③ 接受大臣辅弼之国务的范围如何划定?这因各国制度不同而异,日本帝国宪法规定天皇实施的所有国务都需要有国务大臣的辅弼。当然日本也有学者主张天皇实施的国务中亦可划定不必接受大臣辅弼的内容,但佐佐木反对该观点,坚持上述"全面覆盖说"。所谓"国务上的行为"和"非国务上的行为"又如何界定?佐佐木指出有些天皇的行为明明性质上属于"国务行为",可国法却偏偏将其规定为"非国务行为"(比如天皇的授爵行为),从而排除了国务大臣的辅弼(副署),这样的国法显然是不当的,属于"恶法",应予以迅速废止。④ 其次,就国务大臣的产生方法来看,因为君主可以任意任免国务大臣,所以其间接干预行政的程度是不受限制的。不过,这也只是法上的权限,在实际运用过程中却相当困难。国务大臣的"辅弼"指的并非原封不动地执行君主的意志,而是在法上、政治上对君主加以"辅佐",如果国务大臣与君主的意志出现相左的情形,大臣应先尽力使二者契合,如若不能,则应主动辞职。故而所谓"君主的意志"便完全没有必要出现在议会中了,因为君主所有国务上的行为最终都是"国务大臣辅弼的结果",只需讨论国务大臣之行为即可;况且在议会中讨论君主之国务行为的时

①佐々木惣一『立憲非立憲』(講談社学術文庫,2016 年)40–42 頁参照。
②佐々木惣一『立憲非立憲』(講談社学術文庫,2016 年)42 頁参照。
③佐々木惣一『立憲非立憲』(講談社学術文庫,2016 年)42–43 頁参照。
④佐々木惣一『立憲非立憲』(講談社学術文庫,2016 年)43–44 頁参照。

候,多半都是在追究责任,而君主一般都是"免责"的,所以在国会中不宜提及。另外,在议会中讨论"君主的意志"是有害的,因为这样会致使议员们产生寒蝉效应,从而影响对具体事务评价的公允性。佐佐木据此主张"国务大臣在国会中接受质询时最忌讳的事情便是把'君主的意志'挂在嘴边"(或曰"假传圣旨"),这自然也就是阻碍宪政制度发展的绊脚石了。①

八、责任的归结

政治伴随责任,终极问题也就是责任的归结去向。一般而言,在君主制国家,都必须使其君主在法上不承担任何责任(免责)。而在立宪君主制国家,使君主免责更显得必要。因为君主在履行国务时,绝不可独断专行,而必须接受国务大臣的辅弼。宪法中规定君主"神圣不可侵犯"便是其免责条款。于是,责任就归结到国务大臣那里。不过,国务大臣并非代替君主承担责任,而是为自己"辅弼君主"的行为承担责任。各国宪法规定了大臣的责任便是这层含义。相比之下,专制君主制度下,由于君主可以不接受大臣的辅弼而直接专断国务,故而也无法确立大臣责任制度。因此可以说,大臣责任制度是立宪君主制度的特色。② 大臣不仅对君主的国务行为(无论是作为还是不作为)都要承担责任,而且对自己的行为也要负责。佐佐木在此处列举了一个当时的实际案例,即大隈重信内阁农商大臣大浦兼武(1850-1918)在任内为使陆军增设师团与海军造舰扩军法案获得通过而贿赂收买在野党国会议员的丑闻(史称"大浦事件"),借此说明大臣责任的问题。佐佐木认为,大浦的行为就属于"和天皇无关的大臣自己的行为",其本人毫无疑问要承担责任,即使连内阁中间接关涉此案的所有大臣也应负责。对于大臣所要承担之责任的类型问题,学界有观点认为大臣只有在个案中的具体行为涉嫌违法之时才需承担"法上的责任",普通的政策判断失误不是"违法"而是"不当",只能对此追究"政治上的责任"。佐佐木对该观点表示反对,他指出,即使在"不当"的情况下,正是法原则才让其产生了责任,故而无论产生责任的事由如何,都应该归为"法上的责任"。这其实也是防止大臣在个案中以自己"并未违法"为由而企图逃脱追责的一种学理解释。③

九、罢免、弹劾与辞职

大臣确定承担(法上的)责任之后,便需要排除其地位。为达这一结果的程序问

---

① 佐々木惣一『立憲非立憲』(講談社学術文庫,2016 年)44-46 頁参照。
② 佐々木惣一『立憲非立憲』(講談社学術文庫,2016 年)46-47 頁参照。
③ 佐々木惣一『立憲非立憲』(講談社学術文庫,2016 年)48-49 頁参照。

题最值得关注，其可分为如下三种方法：第一，君主根据自身提议命令大臣退出其职位，此谓"罢免"。第二，依照国民的意思，大臣退出其职位（并非国民直接辞退大臣，而是国民敦促大臣尽快作出最终去留的决定），这同时也是国民向大臣问责的制度，佐佐木称其为"大臣责任制度的本质"。该制度与君主的"免责"形成鲜明对照，而君主不承担任何责任也正是针对国民而言的。即国民无法向君主问责，但可以向大臣问责。那么，国民向大臣问责的具体程序又如何呢？但实际上，当时的日本国民是无法直接向大臣问责的，盖因国法并未就该程序作出任何规定。不过，放眼环球，诸国向大臣问责的具体程序大致分为两类。其一是议会（其中的一院）提起问责之诉且仍由议会负责判定结果；其二是议会提起问责之诉后由议会之外的机关（如普通的法院或特别法院）进行判定。判定主体机关的异同实则反映出是将该问题视作"法的问题"还是"政策的问题"，无论如何，问责大臣之诉都被称为"弹劾"。佐佐木借此批判了当时日本帝国的国法制度，既然明确了大臣之责任却又不具体规定弹劾的方法——实在不伦不类。① 佐佐木认为在国法上缺失弹劾制度的情况下议会又屡次实施弹劾的政治行为，这在法上毫无意义。而政治家们应该努力让弹劾制度尽快落实到纸面。因为议会权威极高，它又是监督政府违法行为的国家机关，自己当然不能带头违法。国法上如果没有关于弹劾制度的规定，议会在无国法授权情况下就擅自作出实质上的弹劾行为，实乃违法。退一步讲，即使避开权限不谈，议会一直重复着毫无依据的弹劾实务（法上无意义之举）也有损其权威。② 第三，大臣根据自身意志退出职位的做法叫作"辞职"。这同样也分为两类。其一是因承担责任而辞职；其二是因意见相左而辞职。比如君主不听从大臣意见之时，大臣又坚信为了国家利益其意见不可妥协，即大臣无法尽到辅弼之职责，故而只能辞职。但若君主改变心意又愿听从大臣的建议，那大臣则应该留任。不过，大臣与普通官吏因承担责任而辞职的情形不同。普通官吏若其自身提出辞职，但其上官经过判断认为其责任尚未达到辞职的程度而劝告其留任，这就不必辞职。因为该情况下的责任由该官吏与挽留他的上官共同分担了。与此相比，大臣因承担责任而辞职就不一样了。君主对于大臣的辞意立刻听从的情况无须讨论，但若君主不接受大臣的辞呈，问题便复杂化。佐佐木认为，这种情况下，只要是遵守立宪制度的基本规则，该大臣是没有任何余地留任的。关键在于大臣对于君主的辅弼职责。君主决定大臣的去留问题（是否接受其辞呈）本身也是个重大的"国务问题"，既然是国务问题就应该毫无保留地接受大臣的辅弼，而只要是该大臣经过了一番深思熟虑之后作出的辞职判断，那么他此时履行"辅弼职责"的唯一方法就是促使君主罢免自己了，即"辅弼君主罢免自己的国务行为"。如果君主不听执意挽留，便意味着其在

---

①佐々木惣一『立憲非立憲』（講談社学術文庫，2016 年）50-52 頁参照。
②佐々木惣一『立憲非立憲』（講談社学術文庫，2016 年）52-54 頁参照。

行使国务行为之时逃脱了大臣的辅弼作用,这是违反宪法的。因此,大臣在深感责任的同时也应慎言辞职,一旦决定辞职,定是深思熟虑的结果;一旦提出辞呈,就应贯彻到底履行最后的"辅弼"职责。至于大臣试探君主口风的"非正式辞呈"(「進退伺い」),虽然该现象在当时的日本政界非常普遍,国民亦见怪不怪,但佐佐木站在"立宪"的角度对此持批判态度。这种做法实质上是涉事大臣企图逃避"辅弼之职"的渎职行为,也是违宪的。①

十、立宪主义与议会政治

立宪主义和君主主义可否兼容是一个十分值得探讨的问题。君主主义作为民主主义的对义词,其与立宪主义之间的兼容便意味着"立宪主义不是民主主义"。而君主主义与民主主义之间的差异,无外乎统治权是由君主总揽还是由国民总揽。君主行使其统治权受限制完全不妨碍君主的本质,因此可以说立宪主义与民主主义毫无关系。立宪君主制度下,不会因国民所组成的国家机关即国会拥有巨大权威就意味着立法层面的统治权由君主转移到议会了,君主作为"统治权之总揽者",无论是在立宪君主制度下还是在专制君主制度下,都没有变化。②

在立宪制度下,议会作为实际上的政治运行机关实乃大势所趋,譬如发行国债和编制预算等事务都需经议会同意方可顺利开展。而之前说到君主的所有国务行为都要有大臣的辅弼,那么这就必须考虑到国务大臣与议会之间的关系,二者如若关系恶劣,日常工作将寸步难行。所以,君主在任用大臣时如果将其立脚点放在与议会的和谐关系上,便可以称之为"广义上的议会政治"了。但光有这个还不够。具体而言,承担辅弼君主之职的国务大臣必须要得到议会多数党的认可才能顺利开展日常工作,但前者未必就一定包含在后者中。国务大臣既可以直属于议会多数党(即为多数党党员),当然也存在不属于议会多数党但却听命于多数党并开展工作的情形。不过,随着现代政党制度的发达,第二种情形几乎难以为继,所以君主在任用大臣之时多半会选择直接从属于议会多数党的人物——这种倾向被称为"狭义上的议会政治"。③

世人皆言"立宪政治即为议会政治",却很少有人能辨明"议会政治"之内涵。西洋学者对于议会政治是有精密定义的,它主要包含两层含义。其一,君主为了顺利施政,思考出适当的方法而选择任用从属于议会多数党的人为国务大臣;其二,君主在国法上不得不选择任用从属于议会多数党的人为国务大臣。相比之下,第一种含义的议

---

①佐々木惣一『立憲非立憲』(講談社学術文庫,2016 年)54–57 頁参照。
②佐々木惣一『立憲非立憲』(講談社学術文庫,2016 年)57–58 頁参照。
③佐々木惣一『立憲非立憲』(講談社学術文庫,2016 年)58–60 頁参照。

会政治实乃立宪主义最完美的表现形式,亦称"运用中的议会政治";第二种含义的议会政治存在一个对君主的"客观强迫力",故称"制度上的议会政治"。君主在任用国务大臣之时如果不得不从议会多数党中选择,那么就等同于君主在简单地执行议会的意志,这对君主主义而言无疑是一种巨大的破坏力,故而"制度上的议会政治"与君主主义是无法兼容的。反之,"运用中的议会政治"则不会抵触君主主义,二者可以兼容。佐佐木在此举出了"宪政母国"英吉利的例子,援用英国学者自己的通说并指出该国并非通过"宪法规则"而是通过"宪法适用"来达到议会多数党施政的效果。因此,英国便是"运用中的议会政治"了。① 由此观之,"运用中的议会政治"乃伴随立宪政治的自然结果。立宪政治的发达自然会带来这样的现象——君主一方面任用从属于议会多数党者为大臣,另一方面会罢免失去议会多数党的国务大臣(更精确地说是失去了多数党信任的大臣自己辞职,君主听任这一行为的发生与完成)。不过,其中暗藏着君主自身的"主观判断",即其"认为这样做更好"。所以,君主认为要照顾到议会多数党的地位之时自然就任用其所属人物,但若断定"这样做不好"之时其实也是可以反其道而行之的。只不过这样做的代价过大,难度极高,只要不是特别独断专行的君主,通常都会考虑到议会多数党的势力与地位而选择照做不误。在形式上与议会进行对抗仅限于"非常情况",这时候就无视了议会的意思。即便在"通常情况"下,君主也只是在"利用"议会多数党,而绝不是"服从"之——这才是立宪制度中君主的用意。②

十一、违宪与非立宪

政治当然不能违反宪法,不过仅仅不违反宪法并不意味着"立宪",因为还存在虽然不违宪但"非立宪"的情形。违宪的含义就是违反宪法,而"非立宪"的含义则是违反了立宪主义的精神。违宪自然也就是"非立宪",但即使不违宪也可能是"非立宪"。佐佐木认为政治家应该在区别"违宪"与"非立宪"的前提下,确保自己的行为既不违宪也不要"非立宪",仅仅以违宪不违宪互相攻击或辩护的行为实乃"低级政治家"的态度。③

不违宪但为非立宪的情况,特别需要注意国务大臣的行动以及议会的行动。首先,国务大臣需要时刻铭记自己的责任,这当然也是立宪主义对大臣施加的义务。佐佐木指出,在没有大臣弹劾制度的帝国日本,更加需要重视这一问题。大臣承担责任

①佐々木惣一『立憲非立憲』(講談社学術文庫,2016 年)60-61 頁参照。
②佐々木惣一『立憲非立憲』(講談社学術文庫,2016 年)61-62 頁参照。
③佐々木惣一『立憲非立憲』(講談社学術文庫,2016 年)62-63 頁参照。

的方式一般就只有辞职一种，虽说不能轻言辞职，不过一旦决定辞职，则应贯彻到底。如果辞职了但未得到君主的许可，国务大臣依然是可以留任的，而这种情况也绝对不"违宪"。不过，作为辅弼君主的方法，大臣的此般行动因为没有将辞职贯彻到底，所以就免不了被称为"非立宪"了。① 佐佐木在此特别强调大臣应该注意遵守立宪主义的基本精神，切忌钻制度的空子（日本国法上没有大臣弹劾制度的硬伤），且又狡猾地利用君主的权威，从而达到自私的留任（不辞职）目的。更有甚者，鉴于日本自古以来臣民对君主之圣裁心悦诚服的"美风"，以上大臣的"非立宪"做法还起到了损害这一传统的效果。②

其次，是关于上下两院之间关系的问题。两院意见一致时不产生任何问题，但若产生分歧则事态会复杂化。比如，就某一议案两院各执己见、互不相让，这种情形自然不违反宪法，然而，从立宪主义精神的角度出发，若议案的内容关涉普通国民的财产负担，则应取两院中更加接近国民意志的那一方意见，这当然也就是下院了。即此种情况下，上院一定程度对下院作出让步才符合立宪主义的精神。至于下院是否就一定更能代表国民意志，这是不值得讨论的问题。退一步说，即使其出现违背国民意志的情况，国法上也存在解散下院并重新进行选举进而获得民主正当性的制度手段，这也就足以确保下院的"优越性"地位了。再如，政府的命运问题同样也值得探讨。政府因为下院的反对而倒台乃不得已之事，但如果得到下院支持的政府因上院的反对而倒台就有待商榷了。佐佐木举出了山本权兵卫内阁被上院推翻的例子，表达了对日本政界的忧虑。他认为"受到下院支持而成立的内阁被上院颠覆的情况，对于一国宪政之发达实乃堪忧之恶例"，这会造成今后想要倒阁的政治势力为借助上院的力量，不惜积极煽动上院反抗情绪的现象发生。佐佐木认为这已经不是简单的政党问题了，而是日本宪政制度本身的问题。③

十二、宪政与日本国民性

日文有古语云："制度是死的，人是活的。"但佐佐木在引用这句话的同时也附加了一些值得关注的说明。他认为："制度怎样都无所谓，只要人合适就万事大吉了。"这样从上述古语衍生出的解释就有失偏颇了，因为这和立宪政治及法治行政互不相容。佐佐木认为，在当时的帝国日本，某些"具有反动倾向的人"在使用上述惯用语的时候意图向国民鼓吹一种专制政治的思想，这种对语言的"恶用"是极其危险的行为。

---

①佐々木惣一『立憲非立憲』（講談社学術文庫，2016 年）63 頁参照。
②佐々木惣一『立憲非立憲』（講談社学術文庫，2016 年）64-65 頁参照。
③佐々木惣一『立憲非立憲』（講談社学術文庫，2016 年）66 頁参照。

该格言并不意味着"制度怎样都无所谓"，制度当然得是好制度，只不过即使制度很好，运用制度的人不行的话，好的制度就难以达到本该有的效果，所以这才最终归结到人的问题。佐佐木认为应该这样去理解。该格言将政治的问题归结到人，在立宪制度的语境下更显得意义重大。专制制度下从事政治的人是最狭义范围的"政治家"，而立宪政治下从事政治的人乃是最广大的国民。这就衍生出一个值得玩味的论点——立宪政治与国民性之间的关系问题。①

实现立宪政治需要具备怎样的国民性（格），是一个经常讨论的话题。佐佐木认为最关键的乃是"责任之观念"，它根植于国家机关的地位以及一般国民的地位这两方面。第一，从国家机关地位的角度看，明确责任归属是维系立宪主义不可或缺的条件，而明确责任的前提是行动公正严明。国务大臣需要在议会答辩、议会内部议事公开等具体制度设计正基于此。总之，所有的政治行动都必须公正严明，这又在客观上要求普通国民之间充盈着尊崇其公正严明之态度的风气。第二，从一般国民地位的角度看，无论其是否具备国家机关的地位，都应该时刻保持对政治的责任感。政府需要对议会负责，而议会是通过国民选举产生的，所以立宪政治归根结底要求国民将其看作自己的责任加以运行。② 国民承担政治责任的问题在直接层面与议会、间接层面与政府的关系上得以体现。首先，在和议会的关系上，国民不但需要慎重行使选举权，更要时刻注意当选议员的行动。其次，在和政府的关系上，国民应时常留意政府的政策，从而无所顾忌地评论之，甚至在某些时候应当郑重要求政府的更迭。就这一问题，佐佐木犀利地指出了当时对于日本官民关系的两点误解。其一是有人觉得"反官家（本身）这一行为很了不起"。佐佐木认为该观点十分幼稚，因为如若在君主专制时代抑或帝国宪法公布之前，或许可以说"反官家需要付出巨大的牺牲"，但行宪之后个人言论与行动自由得到保障，"反官家"本身的行为并不需要具备多少了不起的觉悟，"反对该反对的、赞成该赞成的"，这样的态度才值得称道。其二是虽然没到前者的程度但依然有人认为社会应该提倡"民尊官卑"的风气。佐佐木同样觉得该观点相当荒谬，因为既然立宪政治要求国民通过议会乃至政府主动参与政治，那么在精神上官民应该是一体的才对，不仅近代以前的"官尊民卑"思想与立宪政治水火不容，上述"民尊官卑"的臆想同样是不可取的。国民乃至一部分政治家所提倡的"处江湖之远视为尊贵、居庙堂之高视为卑贱"是极其幼稚的思想。政治家接近并试图获得政权并不等同于"恶"，我们应该具体审视其目的是否为实施政策、其手段是否正当，仅此而已。毫无政治理想又不择手段去夺取政权的政治家才是应该被排除的对象。③

---

①佐々木惣一『立憲非立憲』（講談社学術文庫，2016 年）67-68 頁参照。
②佐々木惣一『立憲非立憲』（講談社学術文庫，2016 年）68-69 頁参照。
③佐々木惣一『立憲非立憲』（講談社学術文庫，2016 年）69-70 頁参照。

佐佐木进而结合当时日本政界状况以及国民对政治的态度,判断普通国民的"责任之观念"尚有很大的进步空间。那日本人究竟可否涵养出合格的"责任之观念"呢?佐佐木对此进一步作了探讨。他拿日本武士切腹自杀为例,指出西方人对此行为表达出钦佩其勇气的姿态,但其实却是特殊阶层"承担责任"的一种极端表现形式,且武士复仇讲求光明正大而避免背地讨伐的习惯倒也体现出一种"公正严明"之精神。只不过以上做法只通行于特殊阶层,而没有在普通国民之间得到发扬。明治维新之后,一般阶层的国民也都参与到国家政治活动中来,而本来具有"境遇上责任之观念"的特殊阶层在与普通国民的不断接触中逐渐消磨该精神,导致整体缺乏责任意识。佐佐木认为应该将一部分特殊阶层固有的道德观念发展成普通的国民道德,这样才能克服当时日本政治不负责任的窘境。不过,佐佐木也承认,"听命于他人从事公务而产生的责任观念"和"自主地参与政治活动而萌生的责任观念"不是一回事,立宪政治需要的当然是后一种责任观,这恰恰又是日本国民本来所不具备的。不具备的原因正在于国民长时期无法自主地参加政治活动。但是,佐佐木并不承认"此种自主的责任观念"与日本的国民性格水火不容,因为"人类都有自我主张的欲求",政治上的主张便是其中之一。自主地参与政治活动便是立宪政治,其中有的国民表现出了自主参政的强烈欲望,也有一些国民看似无欲无求,但他们也只是当下尚未表露出自己的想法而已,从人类普遍的性情来看,他们的诉求是潜在的、尚待开发的。对于此等"低调"的国民,佐佐木认为但凡他们意识到自我主张的需求,或曰"尝到甜头",今后定会"一发不可收拾"地贯彻诉求到底。而推动普及政治教育与扩大选举权等工作,只有在立足于人类普遍性情或一般欲求基础之上时,才能凸显出重要意义。佐佐木因此认为日本国民绝对可以自主地参与政治并涵养出立宪主义的责任之观念,社会上的有识之士应该科学引导国民意识到人类本性之要求,帮助他们早日成为国家政治活动的主体。最后,佐佐木回望当时行宪二十多年(1889—1916 年)的历史,呼吁政界与国民不要放弃立宪主义的美好理想,只要走向宪治的大方向不变,那么需要具备的条件就只有每一个具体国民的自信与努力了。[1]

十三、总　结

在 1918 年结集出版之前,《立宪非立宪》作为一篇单独的学术文章,诞生于更早的大正五年(1916 年),距离该书 2016 年再版整整跨越了 100 年的时间了。作者在该文中提出了很多至今仍然值得玩味的问题,并给出了充分的解答。比如当时世人对于"立宪政治的误想",以为立宪政治"包治百病",一旦拿来,便可立刻药到病除、实现富

---

①佐々木惣一『立憲非立憲』(講談社学術文庫,2016 年)71–74 頁参照。

国强兵与民族振兴等宏图大业这些对于立宪主义严重缺乏常识的想法时至今日在某些国家仍屡见不鲜。再如,文章提倡的核心概念,也即实现立宪主义的关键要素是"责任",而佐佐木在大正年间主张的国民性格的"责任之观念"与后世思想家的言说不谋而合。二战后的民主主义浪潮中,日本社会科学的代表性人物当推丸山真男与大冢久雄。前者从政治参加的角度提倡近代型"国民主义(ナショナリズム)",后者则从经济生产的角度颂扬近代型"经济伦理(エートス)",二者之间在涵养自主自律的近代国民人格的立意上高度契合,并试图从共同的战争体验中为日本真正的近代化寻求一剂良方。作为宪法学者的佐佐木惣一,在日本全体主义思想远未盛行的1916年,就已经注意到了个人"自主性"与责任问题在立宪政治中的关键作用,并在自己的作品中通过学理分析发出了振聋发聩的呐喊,堪称时代的先觉者。

仔细品读佐佐木的宪治思想,我们不难得出这样的启发:"非立宪"不必然等同于"违宪",而是一种利用立宪制度字面意思钻空子的"脱法行为",归根结底是一种对政治责任的逃避。这种近代型"主体个人责任"的缺位也正导致了日本国家从那以后一路加速狂奔到天皇制法西斯全体主义体制的黑暗深渊,并给亚洲各国人民与世界造成了深重的灾难。补"立宪主义"这一堂课是每个尚未实现真正"近代化"的国家和地区都需要面临的艰巨任务,而源头的解决方法在于培养国民"个人主体责任观"的意识,从长远来看,也只能寄托于宪法(公民)教育了。

立宪的汉语拼音首字母是LX,与"理想"重合,这也似乎暗示着为实现该理想需要永不停歇地接受"溯洄从之、道阻且长"之锤炼的心理预期。所以,立宪政治(宪治)绝不可能在某天突然达到一个过去完成时,而永远会是一个现在进行时,并且需要一群自主之人的集合体不断努力维系下去。自由不是自己不受任何约束,更非特定个人或团体所"恩赐"的活动空间,而是大家自发地聚在一起平等接受合理约束的过程,这同时也正是宪治环境下形塑的"责任公民"。

(责任编辑:朱宏瑄)

青年洞见

中国法学思想的数字转向与数字中心主义

潘天乐①

2023 年 6 月 2 日,中国政法大学法学院院长、知名法理学学者雷磊教授到访中南财经政法大学,并以其发表在《中国法学》上的最新文章《新科技时代的法学基本范畴:挑战与回应》为基础,作了同主题的演讲,引起了在场师生的热烈讨论。笔者本想在现场提问环节表达一下自己的阅读体会和疑惑(也许是质疑),但机会难抢,没能与雷磊教授展开对话,于是便动笔写下本文,见识浅薄,观点粗略,权当自说自话记录之。

一、当代中国法学思想的数字转向

"数字转向"是湖北大学魏敦友教授在评论於兴中教授思想时提出的概念,是对当代中国法学研究趋势和思想变迁的理论总结。仔细体察近年来法学核心期刊的文章主题,当知这一概念之准确。2017 年被称为法学界人工智能研究的元年,自那时起,各个核心期刊几乎都专辟栏目刊载人工智能、数字法学、算法与大数据等专题论文,更有以数字法学研究为使命的新期刊应运而生,整个法学界都浸淫在数字时代的研究浪潮之中。对于法学理论而言,这种数字转向体现为研究内容和对象的转移。由此可见,中国法学思想的数字转向体现在两方面:一是数字研究的兴起,二是法学学者的心态转向。前者带来了新的研究领域,后者才真正意味着作为主体的人之思想的转向。

雷磊教授意识到这个时代的到来,按其表述这是从弱人工智能到强人工智能的转型时期,也即"新科技时代"。虽然"科技"一词有些"不时髦",也不足以表征数字化、信息化、智能化时代的核心特征,但这只是语词之争,其指涉的具体物质生活符合基本的共识。这种共识就是,社会本身在转型,不仅是社会关系和社会结构的转型,其核心特征和根本动因是数字化、智能化带来的主体与客体关系的变化,是社会生活实践样态的转型。必须承认和把握的一点是,社会生活的数字化促成了法学思想的数字转

---

①潘天乐,中南财经政法大学法学院硕士研究生。

向。至于生活在这个数字社会的人们,他们的思想有没有发生转向?肯定是有的,但在何种意义和方式上去考察,这是一件很难的事情,我们只能把握住以文本形式呈现出来的法学思想的数字转向这一学术现象。

二、数字社会转向与数字中心主义

"数字社会转向"可以被用来描述社会物质生活条件的变化,但这种变化并不等于所有社会条件的数字化,易言之,前数字社会的物质生活条件依旧存在,且大量存在。我们可以借用"传统—现代"这一对范畴来理解。现代社会是鲜明区别于传统社会的,在经济模式、政治制度、文化类型等方面均有较大差异,但这并不意味着现代社会没有一丝一毫的传统元素。人类进入现代社会是以标志性事件为历史节点的,例如西方社会的启蒙运动、工业革命等,而不是以全部传统社会元素的自然消亡为标准的。严格地说,现代社会不是以现代元素占据整个社会为特征的,而是现代元素与传统元素的并存、博弈、此消彼长为内涵的。这个道理对数字社会同样适用,前数字社会的元素和条件依旧存在,且在数字社会的运行中起到相当基础性的作用,抽离了这些基础,或许无法构成一个社会。当然,这是二元论思维给我们带来的思维陷阱,传统与现代、前数字社会与数字社会本就不是截然对立的,不过我们要刺破这层面纱,看到真实的社会状态。

在数字社会转向的背景下讨论法学研究和法学思想问题,需要严格限定时空维度:在时间上看,前数字社会与数字社会在历史时段上是交织的,更准确地说是前数字社会元素与数字社会元素在当下历史时段中交融;在空间上看,在全球化的世界结构中,中西方共同步入数字化社会,数字社会转向是世界性的历史进程,几乎不存在地域沟壑(更准确地说是数字化消弭了地域沟壑,打通了区际联系)。数字社会转向导致了三种不同倾向的法学思想:第一种是以马长山教授为代表的"迈向数字社会的法律",全面推进数字法学研究,笔者称之为"数字中心主义"的法学思想,这一思想的前提判断是社会的数字化乃至全面数字化,从而导引了"法学的数字化"。第二种是以陈景辉教授为代表的保守立场,其主张数字法学的应用法学特征和特定部门法属性,独特之处在于他认为数字法学只能归入传统公法学范畴。这种立场的价值取向表现为坚守传统的法学基本范畴,认为数字社会对作为知识体系的法学没有产生根本的冲击。雷磊教授则表达出第三条法学思想路线:"现代法学知识体系和法律制度建立在数百年来发展起来的一套大体自我圆融的概念和范畴的基础之上,这些概念和范畴不可能被一揽子抛弃或予以颠覆性重建。"雷磊教授的这一结论性观点应当引起我们的高度重视,因为他暗示了一项基本的前提性判断:前数字社会(前新科技时代)赖以为基的条件并没有发生颠覆性变化,适用于前数字社会(前新科技时代)的法学基本范畴仍大体有效。因而他在文章中意欲从事的工作便是改造传统法学基本范畴的"失灵"部分,如取消法律关系客体理论的独立价值、取消法律部门的划分等,以适应和应对数字社会的新条件和新问题,如大数据、算法等。这一立场比较符合前述分析的数字社会转向的基本要求,也就是一种"过渡期"认知。但是,在当前的中国法学思想中,数字中心主义几乎占领了绝对优势,不仅在法理学领域(如数字人权),而且在民商法(如个人信息权利保护)、刑法(如 AI 刑事归责)、诉讼法(如大数据侦查)等各个部门法都展示出如火如荼的研究热潮,一时间仿佛整个社会已经迈入了高度数字化的智能时代。数字中心主义的价值出场,表现出法学思想的时代性和前沿性,但也暴露出激进和失控的态势。

三、数字中心主义的迷雾与祛魅

笔者之所以要讲数字中心主义是一种激进和失控的态势,是因为它制造了法学理论的层层迷雾,稍不留神就掉入数字中心主义的圈套。一方面,依然不能脱离数字社会转向的前提事实,如前文所述,数字社会是多重元素交织构成的,有数字的元素,也有非数字的元素,但数字中心主义却有意无意地忽视了这一重要事实。数字中心主义的法学思想将社会的数字化视之当然,对非数字社会或传统社会的条件、元素、结构的遗存熟视无睹,以为这些在数字化进程中会当然地消失,这未免过于天真。想想从传统社会进入现代社会的中国之历史进程,时至今日都无法人为地消除传统因素,更勿论使其天然地消亡。另一方面,数字中心主义很容易让认识到上述事实的人也不自知地掉入圈套,将应对复杂元素交织的数字社会问题与应对全面数字化社会问题相混淆。雷磊教授仿佛就掉入了圈套。他的文章很有价值,立场可取,但从结论倒回去审视论证过程,会发现他所提出的对法学基本范畴的放弃与重构仍是数字中心主义的。例如,他认为法律关系客体与法律部门在应对算法、大数据、信息等问题上,失去了理论效力和作为独立理论的价值,因此该放弃;狭义法律行为因人的意思表示行为的根本变化而招致重构命运,而法律权利的证成基础也需要再建。但是,这些都是针对所谓的数据、算法、信息等数字化元素而进行的"改良",他试图挽回传统法学基本范畴的失灵状态,可问题在于改良后的法学范畴又怎么适应于非数字化元素呢?改良的结果会不会对原来有效规范的事物产生新的失灵状态呢?讲座现场张继成教授就从法逻辑角度指出,取消法律关系客体的做法不可取,因为在保留主体和价值的基础上,不可能没有客体,因为价值就是客体对于主体需求的满足。雷磊教授仿佛顾此失彼,虽然他坚持"大体自我圆融的概念和范畴不可能被一揽子抛弃或予以颠覆性重建",他也认识到了非数字元素与数字元素交织的社会事实,但依然不自觉地进入了数字中心主义的语境来讨论问题。

或许可以雷磊教授为出发点，我们继续探索在当代中国法学思想的数字转向语境中，如何实现法学知识的突围，又如何拨开数字中心主义的迷雾。之所以要这么做，根本的前提依然是对数字社会转向的客观认识。笔者以为，应当改造雷磊教授的结论——这套建基在西方理论之上的几百年来大体自我圆融的概念和范畴就应当予以"颠覆性"重建，但这种"颠覆"不是数字中心主义的，而是以数字社会转向为基准的，即以融合数字元素和非数字元素、现代元素与传统元素的当下社会形态为基准。这项工作可能比数字中心主义的做法更为艰难，因为必须把握复杂元素的共性与个性，在共性基础上提炼具有普遍性的价值命题和理论话语。这或可为一个独立阶段，虽然一定会招致二元论者的批判——要么数字化，要么非数字化，何来交融状态？但历史告诉我们，步入现代社会的国家在相当长的历史时期无法也无必要革除全部的传统因素，即便是在现代化的道路上我们"必将"实现全面的现代性，也无法否定这一长时段过渡期的正当性。既然我们可以认为，在相当长的时段内，数字社会一直在"转向"中，那么这一时段的学术使命就在于提出符合它的理论体系，如果涉及必须"颠覆"既有概念和范畴，那么大胆颠覆又何妨？至于如何颠覆重构，不是本文能立马解决的。有未来视野的人会认为我们必将驶至数字的彼岸，那请到达以后再说吧，正如张继成教授在讲座评议时的呼吁："让我们慢下来吧，先把现有的知识搞清楚吧。"

匆草于中南财经政法大学文澴楼 301 室

2023 年 6 月 3 日

（责任编辑：朱宏瑄）